国家社会科学基金教育学一般课题"贵州省民族文化传承的课堂志研究"
最终成果（课题批准号：BMA120097）

贵州民族文化传承的课堂民族志研究

孟立军 著

中国社会科学出版社

图书在版编目（CIP）数据

贵州民族文化传承的课堂民族志研究/孟立军著 . —北京：中国社会科学出版社，2017.10

ISBN 978 - 7 - 5161 - 9701 - 1

Ⅰ.①贵… Ⅱ.①孟… Ⅲ.①中小学—少数民族—民族文化—课程—教学研究—贵州 Ⅳ.①G633.592

中国版本图书馆 CIP 数据核字（2017）第 210432 号

出 版 人	赵剑英
责任编辑	刘晓红
责任校对	周晓东
责任印制	戴　宽

出　　版	中国社会科学出版社
社　　址	北京鼓楼西大街甲 158 号
邮　　编	100720
网　　址	http：//www.csspw.cn
发 行 部	010 - 84083685
门 市 部	010 - 84029450
经　　销	新华书店及其他书店

印　　刷	北京明恒达印务有限公司
装　　订	廊坊市广阳区广增装订厂
版　　次	2017 年 10 月第 1 版
印　　次	2017 年 10 月第 1 次印刷

开　　本	710 × 1000　1/16
印　　张	22.75
插　　页	2
字　　数	365 千字
定　　价	99.00 元

目　录

导　　论

一　问题提出

本课题研究的是少数民族文化在学校传承的问题，也就是研究我国各少数民族在历史上创造、积淀和传承下来的那些最佳经验的文化形态，如何有意识地和有效地从上一代传递给下一代，并得以弘扬光大的过程。

要对本项课题进行研究，首先必须对研究过程中涉及的核心概念进行界定。

所谓民族文化，是指我国各少数民族在其各自发展进化过程和长期生产生活实践中产生和创造出来的，能够体现相应民族特点的，包括制度、道德、风俗，以及生活方式等方面的一切物质和精神财富的总和，是古代社会所累积的最佳经验的文化形态，它集中了一个民族的物质文化和精神文化的成就，反映和代表着一个民族、社会的整体意识和总的倾向，是各民族共同生存和发展的重要条件。民族文化具有多层次性、新旧交融性、多种文化圈并存性的特点。[①]

文化传承，目前学界还没有给出一个权威的定义。一般认为：传，传递，这里是传授的意思。承，托着，接着，这里是继承的意思。传承，泛指某种学问、技艺、教义等在师徒间的传授和继承的过程。[②] 有学者认为：文化传承是指文化在一个人们共同体（如民族）的社会成员中接力棒似的纵向交接的过程。文化传承实质上是一种文化的再生产，是民族群体的自我完善，是社会中权利和义务的传递，是民族意识的深层次积累，是纵向的"文化基因"复制。[③] 文化传承指文化事物或现象从一代人

---

① 孟立军：《民族教育对民族文化传统创弃机制初探》，《贵州民族研究》1990 年第 4 期。
② "传承"，http://baike.so.com/doc/5568095-24851425.html。
③ 赵世林：《论民族文化传承的本质》，《北京大学学报》2002 年第 3 期。

传到另一代人的过程。①

本书要对这一问题进行研究，主要是基于以下几点考虑：

（一）推动我国基础教育课程改革的需要

《中共中央、国务院关于深化教育改革全面推进素质教育的决定》和《国务院关于基础教育改革与发展的决定》中都提出：要试行国家课程、地方课程和学校课程三级课程体系，这是我国新一轮基础教育课程改革的重要内容。

根据三级课程设置的要求，我国民族地区在地方课程和学校课程建设过程中，注意突出民族特色和地方特色，设置了一大批丰富多彩的民族文化类地方课程和校本课程。民族文化是各民族在长期生产生活中创造和积淀的文明成果，学校是文化传递的中心，集中了社会及民族文化主流的教育意识和教育行为，代表着主体文化的走向，影响着民族的进化和进程。

随着当代社会文化的发展，学校的职能与任务日趋多元化，已成为跨文化冲突和执行文化功能的竞争场所。在学校开展优秀民族文化教育，关系到民族文化持续性保护和长远性发展，是传承我国优秀民族传统文化的需要，是全面贯彻推进素质教育，依托丰富多彩、积极向上的民族文化活动这一载体，立足于本土实际，努力推动并形成厚重的、具有学校特色的校园文化积淀和清新的校园文化风尚的过程。学生们可以在感受传统民族文化魅力的过程中陶冶情操，也可使学校教育工作更加凸显民族特色和地方特色。

从目前实施的效果看，此项工作虽然已经取得了很大的成绩，但地区间、学校间的发展仍不平衡。在有的地区已得到了大面积推广，而在有的地区，这一工作则刚刚起步，甚至在有的地区还没有真正开展起来。应将优秀民族文化因素纳入学校教育内容，特别是开发具有民族特色和地方特色的地方课程和校本课程，进一步做好民族文化资源的开发、利用和保护工作，亟待各方的相互协同，切实统一思想，提高对这项工作的认识。

此项研究除了具有重要的理论意义外，还具有明显的应用价值。本

---

① 王朝阳：《日本茶道文化传承的教育人类学研究》，硕士学位论文，中央民族大学，2008年。

课题除了探讨民族文化类地方课程和校本课程在校园建设的基本理论外，还侧重于民族文化类地方课程和校本课程的对策性研究，这对于促进优秀民族文化的发展，弘扬优秀的民族传统文化，构建民族文化与学校教育、校园文化和谐发展的良性互动的社会生态环境等，具有重要的理论和实践意义。

（二）探索学校传承民族文化新路径的需要

随着全球化和现代化的飞速发展，不同文化形态之间相互渗透和交融的程度日益提高，外来文化已不知不觉地涌入我国民族地区，强烈地冲击着民族文化，严重地挤压着民族文化的生存空间，使一些民族文化元素气息奄奄，正面临着消失殆尽的危险境地。有人不禁疑问，民族文化的保护和传承到底还有没有必要？还有没有价值？是应该顺应主流文化，任由我国民族文化偃旗息鼓，成为历史的"陈列品"呢？还是应尽全力地抢救它，让它重放光芒呢？

在一个民族的发展历程中，文化扮演了举足轻重的角色。文化是基石，它厚重到积淀了一个民族千百年的光辉历史；文化是海洋，它广博到无处不渗透着一个民族的智慧结晶、生活习惯和价值取向；文化是动力，它强大到支配着一个民族的意志，是一个民族生生不息的力量本源。可见，保护和传承民族文化具有很大的价值，这项工作已是当务之急，刻不容缓，任重而道远。

我国是一个多民族国家，各个民族在长期的生产生活与交流碰撞中创造出了具有浓厚历史底蕴、特色鲜明的民族文化，共同构成了丰富多彩的中华民族文化。文化，作为一个民族的象征，如何在现代社会里仍然保存它应有的魅力？民族文化是否能够得到传承和能否得到有效的传承，在一定程度上决定着这个民族的前途和命运。在历史长河中，民族文化的习得一般是通过耳濡目染、言传身授、口传心记等共同的生活习惯以潜移默化的方式来进行的。民族歌舞、民族工艺、民族习俗等成为了民族文化传承的重要途径和主要载体，少数民族人民群众在这种文化氛围的熏陶下，自然而然地习得了本民族文化。

当前民族地区经济状况乃至生活方式和地区文化生态都发生了翻天覆地的变化，民族文化在现代文化和市场经济全面挑战中，日渐让步于现代文化，尤其在青少年求变求新的心态影响下，民族文化意识缺失问题变得日趋严重，如何保护和传承优秀的民族文化成为亟待解决的难题。

此外，面对经济全球化与市场经济的双重冲击，家庭与社区文化传承场域也已经遭到严重破坏，早期的那种民族文化生活场域也已不复存在，其民族文化传承的功能已微乎其微。如此看来，民族地区的学校，特别是中小学，就义不容辞地担负起了民族文化传承这一重任，它们除了要完成国家教育所规定的科学文化教育内容外，还担当着传承和创新优秀民族文化的历史使命。

社会的发展，使文化、经济和教育这三者的关系越发密不可分。教育促进了经济的发展，使人们尽情地享受着现代文明。在这种状态下，我们如何能够使接受教育的新一代人，在推崇现代文明的同时也不忘却传统文化，这是当今时代学校教育面临的一大挑战。学校教育是传承与发扬传统文化的重要途径，在当下科技迅猛发展、文化多元的大背景下，保证民族文化不被遗忘，并顺应时代的变革得以发展，成为目前人们不得不关注和深思的问题。

（三）审视民族文化类课堂特殊意义的需要

学校教育是民族文化传承的主要途径。教育和文化有着难以割舍的关系，它们相辅相成，互为前提。一方面，文化是教育内容的重要来源，文化的性质和文化发展的水平制约着教育，教育的内容和渗入其中的价值观都反映着文化，并且教育也是为文化服务的；另一方面，教育在传递和深化文化的同时，构成了文化的本身，即教育具备文化的双重性，因此，教育在文化中具有非常特殊的地位。[1] 教育在本质上具有文化传递的功能，即教育的本质是社会遗传的机制（方式），或者说是对人类文化、文明的积累和积淀的统一。[2] 教育作为传承文化的能动性活动，具有选择文化、传递文化和创造文化的功能，其无论是在人的文化培育，还是在民族优秀文化传承中都起着巨大的作用。总之，如果抽去了文化，教育的内容就会变得干涸而空洞；同样，如果抛弃了教育，文化就好似无根之木、无源之水，人们就不可能进行任何有价值的创造性活动。

文化要得到传承，必须依靠教育，必须把教育作为民族文化传承的主要途径。教育的形式有很多，大体上分为家庭教育、学校教育和社会

---

① 周芸：《贵州省丹寨县实施"民族文化进校园"活动的价值研究》，硕士学位论文，中南民族大学，2015年。

② 程少波：《教育本质研究之批判》，《教育理论与实践》1995年第4期。

教育等。相对于家庭教育和社会教育而言，学校教育在基础设施、师资力量、政策扶持等方面都具有明显的优势。只有将学校教育与民族文化资源结合在一起，使每一个少数民族学生受到平等的教育，接受优秀民族文化的感悟，才能最大程度地实现民族文化教育的价值。

学校教育对民族文化传承的重要性可以体现在以下几个方面：第一，学校教育活动中的教学内容是经过科学的筛选而产生的，对于民族文化而言，要"去其糟粕，取其精华"而授之，教育者传递着的是民族传统文化中正面的价值规范、思想观念，这一过程促进了优秀民族文化的保存。第二，学校教育符合文化生态视阈要求的可持续发展，可以在各代的教育者与受教育者源源不断地传承民族文化的过程中，加速民族文化的沉积。第三，在学校中传授优秀民族文化知识、教授民族精湛技艺，有利于促进受教育者对于民族文化的心理传承，最核心的一点就是增加了受教育者的民族认同感。可见，学校是民族文化传承的重要场所，学校教育才是传承民族文化的长久之计。

学校传承优秀民族文化功能的发挥，一般通过学校教育中的民族文化类课堂来体现。从当前我国民族地区的实践过程看，主要是通过设置极具民族特色和地方特色的地方课程和校本课程来实现的。地方课程和校本课程有两个层面的含义：从广义层面看，地方课程和校本课程指的是学校施教的所有课程，包括国家课程、地方课程和学校开设的校本课程；从狭义层面看，地方课程和校本课程，特指地方教育主管部门和学校立足于本地方、本校的实际，整合校内外资源，为满足学生个体发展需要和彰显学校办学特色而自主设计并实施的课程。从地方课程和校本课程的性质来看，两者具有一致性，区别主要体现在课程开设的范围上。一般而言，地方课程特指那些由地方教育行政部门统一安排，在一定区域内且多所学校开设的课程。而校本课程则是由学校自主开发的且在本校开设的课程。

地方课程和校本课程的开设，可以使教师与学生共同参与到课程的开发中去，拉近了师生彼此之间的距离；扩大了学生的知识面，增长了学生的实际操作能力与实践能力，有利于学生综合素质的培养。地方课程和校本课程的开设，特别是校本课程的开设，也在相当程度上改变了教师的角色，教师不再只是拿着课本的"讲师"，而是课程的设计者、实施者和成果的享有者。

从目前实施的效果来看，开设民族文化类地方课程和校本课程，是使优秀民族文化不被现代文明吞噬和遗忘的一种好途径、好办法。民族文化类地方课程和校本课程因其具有特殊性，所以既能够满足国家课程在文化知识上对学生的要求，也能够提高学生的综合素质以使民族传统文化得到更好的传承。

（四）揭示贵州省民族文化类课程实施价值的需要

贵州简称"黔"或"贵"，位于我国西南地区东部，东毗湖南、南邻广西、西连云南、北接四川和重庆。辖贵阳、六盘水、遵义、安顺、毕节和铜仁6个地级市，黔东南、黔南、黔西南3个自治州，1个国家级新区（贵安新区），7个县级市和79个县（区、特区），其中少数民族自治县11个。2015年末全省常住人口3529.5万。

贵州省是一个多民族省份，境内生活着49个民族，少数民族数量仅次于云南和新疆，位居全国第三。其中，世居少数民族有苗族、布依族、侗族、土家族、彝族、仡佬族、水族、回族、白族、瑶族、壮族、毛南族、蒙古族、仫佬族、羌族和满族16个，少数民族人口占全省总人口的37.9%。[①] 在这片广袤神奇的土地上，蕴藏着丰富的民族文化资源，在漫长的历史岁月中，文化呈现出很强的包容性，各族儿女用自己的聪明才干和勤劳的双手创造了灿烂夺目的民族文化，形成了多姿多彩的"千岛文化"奇观。

新中国成立以后，党和政府高度重视少数民族教育工作，逐步建立起具有中国特色的民族教育体系，包括幼儿教育、基础教育、职业教育、成人教育、高等教育等。但由于民族地区自然环境及社会发展的诸多限制，民族地区教育在一定程度上还存在着发展层次偏低、优质教育资源不足等问题。特别是我国民族地区教育在相当程度上也受到了内地应试教育的影响，从而导致民族地区中小学就学的少数民族学生本来应当成为民族文化传承人，但却空有学识，对本民族文化知之甚少，民族文化传承工作在民族地区中小学教育中的开展也同样遇到了瓶颈。

2002年7月30日，贵州省第九届人民代表大会常务委员会第二十九次会议通过和颁布了《贵州省民族民间文化保护条例》，并于2003年1月1日起施行，这使贵州省中小学民族文化类课程的设置有了明确的法

---

① "贵州概况"，http：//www. gzgov. cn/2005pages/gzgk/gzgk－xzqh. asp。

规和政策依据。同年 10 月，贵州省教育厅、贵州省民族宗教事务委员会联合下发了《关于在我省各级各类学校开展民族民间文化教育的实施意见》，该项目的实施，是促进民族文化传承与学校教育协调发展的一次大胆尝试。随后，湖北、四川、广西等省（区）也相继制定相关法规，促进民族文化在学校教育中的传承工作。

贵州省自 2002 年开始，持续推动民族民间文化教育工作，包括省级部门联合下达系列红头文件、总结经验、开现场会、评选项目学校、评选优质课程、师资培训等内容，可将其概括为：成规模有效应，常创新显特色。目前全省范围内的 2677 所大中小学，共计 70 万名学生接受了民族民间文化教育，走在了我国民族教育实践的前列。①

自 2007 年起，贵州省为了深入开展民族民间文化教育活动，有效传承民族民间文化，促进民族民间文化大繁荣和大发展，开展了每两年在全省范围内评选一批省级民族民间文化教育项目学校工作，并计划在"十三五"期间，建造包括义务教育、高中阶段教育和高等教育等在内的1000 所各级民族民间文化教育项目学校，探索民族文化传承的新路径。

不难看出，贵州省民族地区中小学民族文化传承工作，主要是以民族文化类地方课程和校本课程的方式展开，旨在通过在学校中实施民族民间文化的教育，一方面，使少数民族文化得到很好的传承，保持文化的多样性，最终实现"各美其美，美人之美，美美与共，天下大同"的文化多元一体格局；另一方面，也使民族教育扎根于民族文化的土壤中，从文化特色和具体背景出发，以人为本发展教育，使受教育者得到良好的教育，实现教育在与自然和文化的共生中不断发展。②

虽然贵州省民族中小学在这方面取得了一定的成绩，但也表现出了一些不足。对此进行深入研究，不断总结和反思，不仅有利于此项工作长期健康地开展，更可以为其他省（市、区）在中小学开展民族文化传承工作提供理论参考和实践借鉴。因此，十分有必要以贵州省民族文化类地方课程和校本课程为研究内容，深入到课堂进行研究，全面呈现贵州省民族地区中小学民族文化类课堂教学实施的情况，并在此基础上进

---

① "贵州民族民间文化教育成规模成效应全国独创"，http：//news. 163. com/09/1222/17/5R5H745F000120GR. html，2009 - 12 - 22。

② 同上。

一步思考如何更好地促进优秀民族文化在学校传承的相关问题，实现民族文化传承与民族教育的共同发展。

民族教育是我国教育体系中不可分割的一部分，是以各少数民族成员为教育对象开展的最具特色的教育形式，它不仅关系到民族地区人民群众文化素质的整体提高，更是民族地区政治、经济发展，民族文化传承与创新的重要保障。大力发展民族教育，对完善中国特色社会主义教育体系，加快西部大开发进程，推进科教兴国和人才强国战略，构建和谐社会，实现"中国梦"和中华民族的伟大复兴有着重大的意义。

二 文献综述

（一）国外研究成果综述

我们通过互联网采用关键词搜索的方法，没有查找到关于中国贵州省民族文化类课程研究的外文文献。下面我们从多元文化教育的角度，试图揭示贵州省民族地区中小学民族文化类地方课程和校本课程研究的国际背景。

每个民族都有将风俗、制度、信仰、娱乐和工作代代相传的需求，这就决定了学校教育的必要性。虽然学校教育只是文化传递的方法之一，但却是一种十分重要的方法。国外学界从多元文化教育视角（种族的角度）对中小学民族教育课程的研究主要从以下几方面展开：

1. 关于课程发展的研究

多元文化教育是指不论种族、阶级、性别及特殊儿童等，在教育上都应享有平等的学习机会的教育理念和教育形式。由于此项研究主要是探讨贵州省民族文化在学校的传承问题，因此以下所谈的多元文化教育观点都以民族文化取向来理解多元文化教育在课程上的运用。

多元文化教育源自于西方，它是西方文化追求自由、平等、人性尊严的产物。20 世纪 60 年代西方兴起民权运动，传统论者占有社会大部分的权力、财力等资源，在传播媒体、各级学校、政府机关、出版界等也占尽重要职位，非裔美国人却因种族、性别、身心障碍等特质而遭受差别待遇、偏见以及歧视，他们对此社会现象表达出了强烈不满，并开始争取他们的权利。多元文化教育虽起源于民族权利的复兴，然其范围却已扩及到阶级、性别、语言及特殊儿童的层面。为了实现所有公民享有平等、公正的民主，减少种族、性别和社会经济地位的不同所造成的差异，于是开始研究和探索多元文化的理论与实践问题。①

多元文化理论和观点对教育最明显的结果在于各民族要求学校进行教育改革，他们的诉求为：首先，课程要能关注到他们的经验、历史、文化与观点；其次，学校要雇用较多的黑人教师与行政人员，使学生有较多的成功楷模可以效仿；最后，应促进学校文化环境的改变②。

为了检验多元文化教育在不同文化背景学生中的反应和实际效果，美国多元文化教育的研究者于1993—1995年在不同地区、不同年级的黑人学生中进行了大量的问卷调查研究，得出了以下主要结论③：一是教育中缺乏自身文化的学习与体验。课程与教学中学习的内容绝大多数属于美国白人文化的历史、贡献、成就及成功，缺乏对少数民族族群及文化的反映。二是表现出对自己文化的格外热忱。学生们普遍认为，如果能够在学校中学到他们自己的文化和别的族群的文化，学校教育对他们来说会更具兴趣和吸引力。三是强烈要求开设多元文化教育。学生们普遍产生怀疑：为什么我们一定要学习以主流文化为中心的课程？这些内容与我们有何关系？对我们的现在和将来有何帮助？在他们看来，理想中的教育应该是弃绝偏见和歧视的、与自身文化相关的、富有意义和个性化的。④

在实践方面，各个国家的各高校也积极进行了探索。

首先，在学校开设相关课程。作为一种普遍贯彻实施的文化教育活动，以德、美为代表的国家，设定了相应的多元文化教育教学大纲，在教学目的、标准、策略和法律依据上彼此相似。在美国，高校许多学生必修一门关于种族主义、性别、族裔性或其他有关族裔群体的差异性或者相似性的课程。一些高校将关于多元文化主义的问题或课程融入大学生第一年的文学或写作课程中，或者要求学生学习一门或者多门课程，包括族裔研究、妇女问题研究、国际问题研究、跨文化研究或人类学研究等科目。如1989年，伯克利分校的教师投票通过设立一套"美国文

---

① Freire P. , *Pedagogy of Freedom：Ethics，Democracy and Civic Courage*，Lanham：Rowman & Littlefield，1998.

② James A. Banks，Cherry A. McGee Banks 主编：《多元文化教育：议题与观点》，陈枝烈等译，（台北）心理出版社2008年版。

③ 冯增俊：《教育人类学教程》，人民教育出版社2005年版，第321页。

④ Ford Donna Y. , *Multicultural Gifted Education*，New York：Teachers College Press of Columbia University，1999，p. 68.

化"必修课程。规定每一位刚入学的一年级学生必须学习一门探讨美国的多元文化构成是怎样改变美国历史、生活和国家身份等问题的课程。获准讲授的课程必须采用比较的方法，讨论美国非裔美国人、美国印第安人、亚裔美国人、墨西哥和拉美裔美国人，以及欧洲裔美国人五大少数族裔群体中的三个族裔群体。美国衣阿华州是较早采取多元文化教育的州，1979 年该州就规定：在州管辖内的各学区，皆须采取多元文化、非性别歧视的教育方式。分别从课程、教学法和个体与社会几个不同的维度，运用各种方法对多元文化的学术意义、社会影响和个体发展进行了独具特色的实践探索。

其次，课程内容改革的跨学科性。授课教师大多都来自社会学、历史学、地理学、教育学、人类学和政治学等不同的系室。大学课程设置常常表现为两种类型：一是综合论述型。这种类型针对的并非是个体或单个团体，而是通过某些相关课程来阐述多元文化教育的基本概念以及解释人们对社会行为、科学方法、个体与团体间关系、文化价值与信仰和社会变革动力等理念的认识问题。与此相关的新型课程主要有"社会与个体""时间、空间与人类社会的变革""权力、权威与交流""人与环境""世界城市体系""战争与变革""国家多样性与变革"等，其主旨是拓宽所有学生的知识面。二是专门研究型。这种类型主要研究针对亚裔、非裔、拉美裔和土著等单个族裔的文化，旨在加深学生对族裔文化的理解，使其感受边缘化群体的特殊经历，重新审视并进而转换传统的、普遍的、以盎格鲁—欧洲中心主义为主要内容的学校课程，积极探索与引入先前被忽视或受压制的知识与观念。

2. 关于课程模式的研究

有关多元文化教育理论课程的研究成果主要有：Banks 的课程转化理论、文化回应教学等。

Banks 提出多元文化课程改革的实施途径包括贡献途径、附加途径、转换途径和做出决定与采取社会行动的途径。① 西方多元文化论者希望学校课程能将美国原住民、非洲、亚洲等不同文化对西方文明的影响及其间的互动持平论述，并且在教学中讨论西方文明曾经历的兴衰、困境以

————————

① Banks, J. A. , *An Introduction to Multicultural Education*, Boston: Allyn & Bacon. 1994, p. 101.

及社会中不同群体的奋斗历程。而非单单以主流的单一文化本位为规准看待不同种族文化，造成族群的偏见、歧视与对立。简单地说就是一个尊重他人的基本伦理，人要互相尊重得先互相理解，多元文化教育中的课程与教学，最重要的即在彼此理解，理解彼此对同一件事情的立场、看法及态度，才能增进彼此的良性互动。①

文化回应教学的主要代表人物 Gay 曾经指出："为什么有色人种学生在许多方面的表现很出色，可是在学业成就的表现却难有起色？"② 这是 Gay 在 *Culturally Responsive Teaching*：*Theory*，*Research and Practice* 一书中开宗明义的质疑与提点。③

有些研究者曾经从学校与部落之间文化落差的角度出发思考这样的问题，发现可以从文化回应教学所持的理念中得到解释，了解文化回应教学秉持的教学理念与策略，可以为研究者开启一扇原住民族教育之课程与教学的智慧之窗。传统学校的结构、学习内容、期望及整体运作都深深烙印着欧美文化的痕迹，就连学生的说话气息、学习方式、肢体动作、眼神交会等课堂应对表现也都是以欧美文化为衡量标准。而原住民学生的沟通方式、行为气质、文流互动方式因未能依照老师的期望与标准来表现，常被老师解读为学习的反抗与障碍。④ 甚至有些教育人员把有色人种学生学业逊色的表现归因于该种族之资质天赋不足，严重贬抑有色人种学生的自尊。⑤针对这些对有色人种学生不平等的控诉，文化回应教学理论指出了重点，认为弱势学生学习成绩逊色的主要原因在于"文化差异不被看见"，Gay 指出若要有效地指导少数种族学生的学习，必须了解种族之间的文化差异，教师要善用这些差异对少数族群学生进行教学，要重视而不是忽视这些差异。文化回应教学的定义即是运用学生母文化的文化知识、先前经验、知识架构和表现风格，使学习经验更加切题、更有效率。⑥

---

① Corson D. , *Change Education for Diversity*, Buckingham：Open University, 1998.

② Gay G. , *Culturally Responsive Teaching*：*Theory*, *Research*, *and Practice. Multicultural Education Series*, New York：Teachers College Press of Columbia University, 2000, p. 3.

③ Ibid. .

④ Pai Y. , *Cultural Foundations of Education*, Columbus：Merrill, 1990.

⑤ Tannen, D. , *Gender and Discourse*, New York：Oxford University Press, 1994, p. 203.

⑥ Gay G. , *Culturally Responsive Teaching*：*Theory*, *Research*, *and Practice. Multicultural Education Series*, New York：Teachers College Press of Columbia University, 2000, p. 3.

Banks、Cherry 和 McGee Banks 指出学校教育要积极地看待学生的文化背景，因为一个人的思维与行为都与其母文化的语言、祭典仪式、神话故事、生活方式有相当大的关系，因此教育必须先了解这样的先决条件，以此为基础从事教育才能成功。[①] Harvey、Harjo 和 Jackson 针对中小学的"美国原住民"课程，提出以环境和资源、文化和多元性、调整和变迁、冲突和歧视等概念群为基础的螺旋式课程。[②]

3. 近年来的研究

Webb 的研究探讨了实施多元文化课程会如何影响学校的氛围，以及学生，特别是非裔美国学生的学习效果。研究往往集中在中学的青少年和年轻的成年人，证明民族身份、学校氛围和多元文化课程之间的关系。这些元素的积极和系统的整合被认为能促进文化交流，提高少数民族学生对学校的认同度，并提高学术成果。此外，还有一个额外的好处，在学校实施多元文化课程，可以进一步在学校社区内建立文化交流意识。此研究在一所小学实施多元文化课程，促进和提高多样性意识，探索文化差异化教学，促进健康的学校氛围形成。[③]

Ayodele 的研究表明，在教育背景下，多元社区多元教育的价值取向课程在多元种族和多元文化社会中长期存在的几个问题亟待解决。在一个准备稳步发展的社会中，素质教育是非常重要的。以价值为基础的课程适合所有人，包括文化、语言、宗教，以及个人的归属等方面。然而，Ayodele 的主要观点来自于"考虑宗教、语言和规划课程"，这是一个极大的挑战，需要"整合"作为一种价值源，在培养高素质的教育成就之间的多元种族和多元文化社会的文化权益方面发挥着重要作用。因此，此项研究创建了一个基于统一性和多元种族和多元文化社会期望的模式。[④]

---

① Banks, J. A. and Banks, C. A. M., *Multicultural Education : Issue and Perspective*. Boston: Allyn & Bacon. 1989, p. 401.

② Harvey, K. D., Harjo, L. D., & Jackson, J. K., "Teaching about Native Americans", Washington, D. C.: *National Council for Social Studies*, Bulletin, 1992 (84).

③ Webb, Lauren D., Elementary Student Perceptions of School Climate after Implementing a Multi - Cultural Curriculum in Kindergarten Through Fifth Grades, PCOM Psychology Dissertations, http://digital-commons. pcom. edu/psychology_ dissertations/382, 2016.

④ Ayodele L A., "Demand of Value - Based Education and Curriculum Integration in Multi - Racial and Multi - Cultural Society: Issues of Equity and Diversity", *Journal of Writing in Creative Practice*, Vol. 1, No. 1, January 2015.

　　Hanson 指出中小学教师应根据多元文化教育的目标，积累学习经验并制定战略，努力提高自己的能力，实现目标的可视化。此外，建议使用量化方式解决作业文化方面的问题。①

　　（二）国内研究成果综述

　　以贵州省民族文化类地方课程与校本课程等关键词进行检索查询发现，近几年国内针对这一问题的研究成果主要集中于贵州省人大及其常委会制定的地方性法规和有关政府部门颁发的规范性文件，以及学术期刊发表的学术论文和有关网站发表的博士、硕士学位论文中。

　　地方性法规和规范性文件主要包括：经贵州省第九届人民代表大会常务委员会第二十九次会议通过的《贵州省民族民间文化保护条例》，由贵州省民族宗教事务委员会、教育厅、文化厅颁发的《关于印发〈关于全面推进各级各类学校民族文化进校园工作的实施方案〉的通知》等。

　　发表的学术论文和学位论文主要包括：刘茜在《贵州民族研究》2005 年第 1 期上发表的《贵州省苗族地区中小学民族文化课程开发的现状及对策研究》，严庆、李彬在《贵州民族研究》2007 年第 4 期上发表的《民族文化与民族教育互动发展的助推工程——对贵州省民族文化进校园活动的思考》，余彭娜在《黔南民族师范学院学报》2009 年第 5 期上发表的《开发民族地区校本课程，传承发展民族文化——以贵州省黔南布依族苗族自治州为例》，彭佳贤、李春华在《黔南民族师范学院学报》2010 年第 3 期上发表的《贵州省少数民族地区学院校本课程的开发——丢沙包的校本课程开发研究》，吴晓蓉、张诗亚在《民族教育研究》2011 年第 3 期上发表的《贵州省民族文化进校园的教育人类学考察》，张超在《贵州师范学院学报》2011 年第 2 期上发表的《少数民族地区实施民族文化校本课程的意义——以贵州部分民族地区为个案的分析》，袁凤琴在《贵州师范学院学报》2011 年第 2 期上发表的《民族文化课程研究——以贵州省为例》，邵忠祥在《凯里学院学报》2012 年第 4 期上发表的《民族文化校本课程开发的个案研究——以贵州省黔东南州为例》，赵跟喜在《西北成人教育学报》2014 年第 1 期上发表的《中国西部民族地区农村幼儿园多元文化课程实施研究——以贵州省黄平县为

---

　　① Hanson L M., "Integrating Multi – Cultural Education into the Paralegal Curriculum", *Paralegal Educator*, Vol. 25, No. 1, June 2011.

例》，袁凤琴在《贵州民族研究》2015 年第 11 期上发表的《生计教育视野下民族地区校本课程开发的问题与对策——以贵州省黎平县为例》，徐秋云在《教育现代化》2016 年 4 月下半月刊上发表的《贵州省民族地区文化课程资源常态化开发的影响因素分析》，梁晋芳的《民族文化进校园的课堂志研究——以车民小学为例》，等等。

综合已发表的上述研究成果，主要研究观点集中反映在以下几个方面：

1. 关于核心概念内涵的研究

对贵州省民族文化类地方课程和校本课程进行研究，首先需要了解一些核心概念及其相互之间的关系，对这些基本概念进行研究和加以规范，是实现本课题预期研究目标的基础和现实出发点。

（1）对界定民族文化概念的研究。

刘茜在研究贵州省苗族当前中小学民族文化类课程开发时提出：民族文化是一个民族在长期的发展过程中创造、积淀和传承下来的宝贵的精神财富，有其鲜明的民族特色、独特的价值和丰富的内涵，生存其间的每一个个体总是天然地与本民族文化有着千丝万缕的内在联系。[①] 人种学的研究表明，社会化意味着个人不仅适应着社会及其文化，而且，这种适应过程本身也是受社会文化影响的。[②]

（2）对界定民族民间文化概念的研究。

经贵州省第九届人民代表大会常务委员会第二十九次会议通过的《贵州省民族民间文化保护条例》（以下简称"《条例》"）从保护民族民间文化的角度，对民族民间文化的概念进行了界定。《条例》指出：所保护的民族民间文化是指：①少数民族的语言、文字；②具有代表性的民族民间文学、戏剧、曲艺、诗歌、音乐、舞蹈、绘画、工艺美术等；③民族民间文化传承人及其所掌握的传统工艺制作技术和技艺；④集中反映各民族生产、生活习俗和历史发展的民居、服饰、器具、用具等；⑤具有民族民间文化特色的代表性建筑物、设施、标识以及在节日和庆典活动中使用的特定自然场所；⑥保存比较完整的民族民间文化生态区域；

---

① 刘茜：《贵州省苗族地区中小学民族文化课程开发的现状及对策研究》，《贵州民族研究》2005 年第 1 期。

② ［奥］茨太齐尔：《教育人类学原理》，李其龙译，上海教育出版社 2001 年版，第 71 页。

⑦具有学术、史料、艺术价值的手稿、经卷、典籍、文献、契约、谱牒、碑碣、楹联等；⑧具有民族民间代表性的传统节日、庆典活动、民族体育和民间游艺活动以及具有研究价值的民俗活动；⑨民族民间文化的其他表现形式。①《条例》对民族民间文化的界定，是做好贵州省民族地区中小学民族文化类地方课程和校本课程工作的前提，具有重要的实践指导意义。

2016 年，贵州省民宗委、教育厅和文化厅颁发的《关于印发〈关于全面推进各级各类学校民族文化进校园工作的实施方案〉的通知》提出：要准确把握民族文化进校园的内容。民族文化教育是指以列入国家和省级非物质文化遗产保护的项目为基础，围绕本地优秀民族文化资源特点，以学校为主体，在课堂教学和课外活动中，因地制宜地开展民族歌舞、民族声乐、民族戏曲、民族体育、民族工艺、民族绘画、民族语言文字等教学活动和实践活动。②

（3）对界定校本课程概念的研究。

余彭娜认为校本课程是学校充分利用本地区和学校的办学资源，根据学校办学理念和实际情况自主开设的课程。校本课程开发可以解决学生所学课程与社会生活分离、教师和学生与课程分离等弊端，可使学校凸显自己的课程特色，也可使教师从各种干扰教学的限制中解放出来，使学生从压抑自己能力和兴趣的课程中解放出来。③

袁凤琴认为贵州省民族文化课程是地方课程和校本课程最重要的组成部分，民族文化课程都是以地方课程、校本课程的形式进入到学校课堂的。地方课程的主要内容为当地风土人情和历史、经济和社会情况等知识的传授，较为综合。校本课程主要传授的是学生主体民族的历史和民间艺术，多与音乐、美术、体育等正式课程相结合。如在音乐课上教唱侗族大歌、苗歌等；在美术课上练习水书、刺绣等；在体育课上传授藤球、板凳操等。校本课程开发的形式通常有两种：一是国家课程和地

① "贵州省民族民间文化保护条例"，http://china.findlaw.cn/chanquan/fwzwhyc/fagui/10204.html，2010-05-28。

② 省民宗委，省教育厅，省文化厅：《关于印发〈关于全面推进各级各类学校民族文化进校园工作的实施方案〉的通知》，http://www.gzsedu.cn/Item/131975.aspx，2016-07-15。

③ 余彭娜：《开发民族地区校本课程，传承发展民族文化——以贵州省黔南布依族苗族自治州为例》，《黔南民族师范学院学报》2009 年第 5 期。

方课程的校本化，即学校组织教师通过对国家课程和地方课程的选择、改编、整合、补充、拓展，使之更符合学生、学校的特点和需要；二是学校组织教师在充分考虑当地社区和学校课程资源的基础上，开发旨在发展学生个性特长的、多样的、可供学生选择的课程。①

（4）对界定多元文化课程概念的研究。

赵跟喜认为多元文化课程是进行多元文化教育的重要途径，是以文化多样性为前提，旨在消除歧视和偏见，促进社会正义的一种课程形态。在一定意义上，多元文化课程其实是一种理念和思维。②

（5）对界定民族文化课程资源概念的研究。

徐秋云对民族文化课程资源的概念进行了研究。她认为：民族文化课程资源，是指在长期的历史过程中不断传承和积累的具有民族文化特色的人文精神以及物质体现，并且是可以以课程形式出现的，例如民间文学、传统工艺以及民族生产生活文化等。包含三个层次：第一层次是显性的文化课程资源，如传统工艺、礼仪习俗等；第二层次是民族文化课程资源开发者所认同的价值观，包括民族文化课程资源开发的目标、策略等；第三层次是开发者对民族文化课程资源潜在的假设，包括无意识的、想当然的信仰、思想和感觉等。③

（6）对界定民族民间文化传承人概念的研究。

《贵州省民族民间文化保护条例》在第十五条规定：符合下列条件之一的公民，可以申请命名为贵州省民族民间文化传承人：一是熟练掌握某种民间传统技艺，在当地有较大影响或者被公认为技艺精湛的；二是在一定区域内被群众公认为通晓本民族或者本区域民族民间文化形式和内涵的；三是形成了只有本人和徒弟才有的特殊技艺的；四是大量掌握和保存本民族民间传统文化原始文献、资料和实物，并且有一定研究成果的。④

---

① 袁凤琴：《生计教育视野下民族地区校本课程开发的问题与对策——以贵州省黎平县为例》，《贵州民族研究》2015 年第 11 期。

② 赵跟喜：《中国西部民族地区农村幼儿园多元文化课程实施研究——以贵州省黄平县为例》，《西北成人教育学报》2014 年第 1 期。

③ 徐秋云：《贵州省民族地区文化课程资源常态化开发的影响因素分析》，《教育现代化》2016 年第 4 期。

④ "贵州省民族民间文化保护条例"，http://china. findlaw. cn/chanquan/fwzwhyc/fagui/10204. html，2010－05－28。

（7）对界定民族民间文化传承单位概念的研究。

《贵州省民族民间文化保护条例》第十六条规定：符合下列条件的团体，可以申请命名为贵州省民族民间文化传承单位：一是掌握某一民族民间文化表现形式的技能或者开展相关研究；二是以弘扬该民族民间文化表现形式为活动宗旨；三是坚持经常开展以民族民间文化为内容的活动；四是保存关于该民族民间文化表现形式的资料或者实物的。①

2. 关于民族文化类课程与文化传承问题的研究

（1）民族文化面临着发展的困境。

余彭娜对民族文化面临的发展困境进行了研究。她指出：在全球化快速发展的今天，随着文化的转型，少数民族非物质文化遗产赖以生长的文化生态环境也在迅速发生变化，面临着生存与发展的问题。如黔南州较具特色的"水书"、牙舟陶瓷艺等，正濒临失传的危险。"水书"习俗被列入第一批国家级非物质文化遗产名录，其形状类似甲骨文和金文，至今仍在黔南州水族地区的社会生活中发挥着重要作用。据有关专家考证，水书可追溯至殷商时期，与商周的甲骨文金文有渊源关系。② 长期以来，水书靠誊写抄录来传习，没有统一刻版。在水族地区能较精通地使用水书者绝大多数已是 65 岁以上的"水书先生"。水族人对水书还具有传男不传女、传内不传外、择优而传的传统，目前，水书的传承出现了严重的断层现象，水书资料严重匮乏。③ "牙舟陶器烧制技艺"已被列入国家第二批非物质文化遗产名录。牙舟陶生产始于明代洪武年间，距今有六百多年历史，属自然龟裂的玻璃釉型工艺。④ 陶艺装饰采用蜡染、刺绣等民族工艺，极富文物神韵；贮物泡茶不易变质，有较高的实用价值。随着现代生活日用品的不断丰富，当地年轻人也认为牙舟陶器虽然精美实用，但工艺复杂劳动价值低，宁可外出打工也不愿学做陶艺。牙舟陶艺后继乏人，日渐衰落。如何使少数民族在享受现代文明成果的同时，传承、发展民族文化，是一个值得深思和研究的问题。任何一个民族，都需要通过本民族的历史文化来认识自己，也需要通过其他民族的历史

---

① "贵州省民族民间文化保护条例"，http：//china. findlaw. cn/chanquan/fwzwhyc/fagui/10204. html，2010 - 05 - 28。

② 叶成勇：《水书起源时代试探》，《贵州民族学院学报》2006 年第 1 期。

③ 潘朝霖：《"水书习俗"的文化价值》，《贵州社会科学》2008 年第 3 期。

④ 杨俊：《对贵州牙舟陶研究的价值与意义》，《贵州民族研究》2007 年第 2 期。

文化来认识其他民族，并从中汲取创造的力量。民族文化是连接民族情感的纽带，是增进民族团结、维护世界文化多样性、促进人类共同发展的前提。①

张超认为我国是一个历史悠久的、多民族的文明古国，各少数民族在中华民族大家庭的发展史中，创造了独特的文化，包括大量的有形文化和丰富的无形文化。但随着经济和社会的发展，作为中华民族重要文化财富的民族文化，正在受到现代化和全球化的冲击，许多文化已然消失或正濒临消失。此情此景下，全社会都有义务积极采取措施对民族文化进行保护。教育部门，尤其是基础教育部门，在民族文化保护中尤能发挥独特的作用，因为教育掌握着未来的人才。②

刘茜认为民族文化与文化传承联系密切，相互依存。如果个体疏远了自身存在的文化形态，必然会影响其社会进程。可见，从一个民族的延续和个体的生存、发展的需要出发，传承民族文化尤为重要。③

（2）民族文化与民族教育存在互动关系。

严庆、李彬认为民族文化与民族教育是互动发展的关系。在民族文化生态系统中，民族文化从多方面影响和制约着民族教育，民族教育作为民族文化的重要组成部分，既是民族文化的一种特殊表现形式，又是民族文化传承和发展的基本途径。④

余彭娜认为：一方面，当民族文化的一系列具体内容作为学校教育的重要内容时，它就具有一般知识教育、技能教育所不具备的教育功能。另一方面，在民族文化流衍的过程中，始终存在不同思想的碰撞和激荡。受教育者通过动态思维、接受和辨析，将启发出新的思想观念，激变出新的人生智慧。在这种生机勃勃的教育过程中，民族文化必然得到充实

---

① 余彭娜：《开发民族地区校本课程，传承发展民族文化——以贵州省黔南布依族苗族自治州为例》，《黔南民族师范学院学报》2009 年第 5 期。

② 张超：《少数民族地区实施民族文化校本课程的意义——以贵州部分民族地区为个案的分析》，《贵州师范学院学报》2011 年第 2 期。

③ 刘茜：《贵州省苗族地区中小学民族文化课程开发的现状及对策研究》，《贵州民族研究》2005 年第 1 期。

④ 严庆、李彬：《民族文化与民族教育互动发展的助推工程——对贵州省民族文化进校园活动的思考》，《贵州民族研究》2007 年第 4 期。

与发展。①

（3）学校对传承民族文化具有特殊意义。

余彭娜认为学校教育是传承与发展民族文化的最佳途径。青少年是学校的主体，既是民族文化的传承者、受教育者，更是发展民族文化的实践者。传承发展民族文化，学校教育更具优势。②

吴晓蓉、张诗亚分析了贵州省民族文化进校园活动的社会价值。认为：贵州省民族文化进校园活动，一是使家庭文化、学校文化与社区文化的非连续性得以连接。民族文化进校园即是将民族文化引入到学校教育中，通过对多元文化生态系统的关注，加强本土课程资源的开发与利用，凸显学校教育课程对民族文化与本土知识的开发与利用。③ 由此缓解非同质文化之间的冲突，改善文化非连续性对学生造成的消极影响，帮助学生实现由退缩型适应、同化适应向双重文化适应方式的转变，进而保持学生与民族文化环境的绵续性。此外，从课程内容的选择上使家校文化间的非连续性得以链接，促进民族传统文化的传承与发展，也能在一定程度上满足不同民族个体因发展现实生活而产生的实际需求，继而对学生潜力的发展发挥重要作用。二是使多元文化和谐共生成为可能。通过开设多元文化课程，将各少数民族的文化精华或特色融入学校现有课程中，用以发展学生认知、技能、情意等方面的能力和态度。④ 多元文化和谐共生不仅为学校教育传承民族文化确立了正确的价值取向，也为学校教育传承民族文化提供了实践指导。⑤

（4）校本课程是民族文化传承的最佳方式。

余彭娜认为民族文化类校本课程的建设有特殊的意义和价值。民族地区特有的地域环境和民族文化，使其校本课程的开发意义更为重大，特色更为鲜明，内容更为丰富。一是开发校本课程意味着冶铸学校特色。在民族地区将本民族特有的文化引入到校本课程的开发之中，对于彰显

---

① 余彭娜：《开发民族地区校本课程，传承发展民族文化——以贵州省黔南布依族苗族自治州为例》，《黔南民族师范学院学报》2009 年第 5 期。

② 同上。

③ 吴晓蓉：《我国民族地区学校教育质量提升对策研究》，《民族教育研究》2009 年第 6 期。

④ 王鉴：《多元文化教育：西方少数民族教育的实践及其启示》，《广西民族研究》2004 年第 1 期。

⑤ 吴晓蓉、张诗亚：《贵州省民族文化进校园的教育人类学考察》，《民族教育研究》2011 年第 3 期。

学校的文化精髓、冶铸学校的品牌特色更具现实意义。二是校本课程可使学校教育在传承本国主体文化和其他文化的基础上，更进一步完成该地区少数民族文化的传承，扩大其民族独特文化的影响范围。三是校本课程可培养学生的民族自信心和民族精神，为形成普遍的国家认同和民族认同，为解决国家教育和地方知识之间的矛盾提供了解决的途径。[①]

彭佳贤、李春华通过对贵州省丢沙包校本课程开发问题的研究指出：我国有着悠久的文化历史传统，许多优秀的民间传统体育活动既有利于学生们的身心健康发展，又简单易行，深受学生们的喜爱。但是，随着经济发展和娱乐方式的增多，人们多注意科技含量高的、竞技性强的运动项目，而忽略了一些简单、易行的项目。丢沙包就是一项悠久历史的民间体育项目，它具有其独特的健身价值和民族意义。把丢沙包引进教学，可使这一少数民族项目得到传承与发展。通过开发具有民族特色的体育项目作为体育校本课程，有利于实现和更新体育与健康课程内容，体现了时代性、选择性和民族性。让学生在快乐的民族体育项目中提高学习体育的兴趣，为终身体育打下基础，同时使学生了解和感受民族文化的魅力，培养学生自制教具的能力，使体育教学办出民族体育特色。[②]

3. 关于民族文化类课程实施过程的研究

（1）民族文化类课程建设得到政策支持。

袁凤琴指出，民族文化类课程的设置和实施得到了政策强有力的支持。一是国家政策的支持。2001 年国务院颁布的《关于基础教育改革与发展的决定》明确规定了我国农村义务教育管理体制"实行在国务院领导下，由地方政府负责、分级管理、以县为主的体制"。同年教育部颁布的《基础教育课程改革纲要（试行）》明确提出了三级课程管理的政策，明确了学校在课程管理和设置上的管理者的合法地位。二是贵州省的政策支持。2002 年 7 月，贵州省人大常委会颁布了《贵州省民族民间文化保护条例》，8 月，贵州省教育厅、民族宗教事务委员会联合下发了《关于在我省各级各类学校开展民族民间文化教育的实施意见》。这一政策的颁布，意味着贵州民族文化的保护从"静态"走向上"动态"，教育将在

---

① 余彭娜：《开发民族地区校本课程，传承发展民族文化——以贵州省黔南布依族苗族自治州为例》，《黔南民族师范学院学报》2009 年第 5 期。

② 彭佳贤、李春华：《贵州省少数民族地区学院校本课程的开发——丢沙包的校本课程开发研究》，《黔南民族师范学院学报》2010 年第 3 期。

民族文化保护和传承中发挥重要的作用，极大地推动了民族文化与基础教育的融合。①

（2）民族文化类课程实施过程中的主要问题。

在对贵州省民族文化类课程现状进行分析后，刘茜认为：在"大一统"的课程模式下，民族学生疏远了民族文化，迷失了自我，影响了民族学生个体的社会化。其现状主要表现为：第一，对民族文化高度认同但缺乏了解。一方面是学生对民族文化的高度认同，而另一方面却是对本民族文化的疏于了解。这种矛盾状况的存在可能与以下因素有关：一是单一的课程文化使学生忽略了对民族文化的学习。二是教师所受民族文化影响较小或自身对民族文化缺乏了解，因而对学生的有意识培养重视程度不够。第二，学校课程尚未成为民族文化传承主渠道。学生对本民族文化了解的主要途径是家庭、传媒、教师等，作为主渠道的课程与教材对学生的影响则很少。从目前学校情况来看，学校课程在民族文化传承中的主渠道作用尚未有效发挥，之所以存在这种状况，与当今课程文化单一性有关。第三，民族文化课程开发尚停留在浅层面。主要体现在以下两方面：一是民族文化课程的开发仅是一种自发行为，缺乏规范与系统。民族地区绝大多数学校课程主要采用适合汉族地区的"大一统"课程模式，适应民族特点、照顾不同文化背景的多元文化课程模式尚未形成，民族特色体现不够。二是开发途径单一和低层次。多元文化教育的倡导者主张在学校教育各年级的教材与课程设计中融进多元文化的内容。第四，地方课程资源开发不力。尽管黔东南苗族侗族自治州的课程资源丰富，可资利用和开发的价值较高，但实际开发情况并不理想。表现为：一是地方课程资源开发的内容单一、范围狭窄。二是地方政府与教育主管部门对地方课程资源的开发较支持但支持力度不够。三是教师开发能力不强。教师由于较缺乏地方课程资源开发的理论知识和开发能力，对开发地方课程资源，建设地方课程、校本课程缺乏自信。②

袁凤琴对贵州省民族文化类课程实施过程中的师资状况做过研究。认为在师资方面存在的主要问题有：第一，合格的专职教师很少。师范

---

① 袁凤琴：《民族文化课程研究——以贵州省为例》，《贵州师范学院学报》2011 年第 2 期。

② 刘茜：《贵州省苗族地区中小学民族文化课程开发的现状及对策研究》，《贵州民族研究》2005 年第 1 期。

院校也没有专门培养民族文化课程的教师，绝大多数教师缺乏必要的民族文化知识为有效教学提供保障。一般来说，民族文化课程的教师都由相应学科的教师兼任或聘请民间一些相关艺人来任教。"文化断代"使民族文化传承的潜在危机日益凸显。第二，少有的专家型教师又很难找到继承人。一些民族文化的专家，很难找到继承人，如"水书"。① 她还从生计教育的角度分析了民族地区校本课程开发中存在的问题。认为：在少数民族地区，教育的内容与地方经济文化不相融，与少数民族的谋生方式相脱节，致使少数民族地区学生对学习没有兴趣，学业成绩欠佳，最终培养出一批批既不能升学又没有生计能力的年轻人。这无疑成为我们少数民族地区学校教育的难题。民族地区校本课程的开发就更应该考虑其经济、文化的独特性，从而培养出适应社会经济发展所需要的人才。以生计教育视野下贵州省黎平县校本课程开发为例，主要存在的问题有：第一，校本课程开发的目标比较单一，未能很好地融入生计教育的理念。第二，校本课程的内容浅显，与学生未来生计联系不够紧密。第三，校本课程的教学方式比较传统，知识学习与生活实践体验脱节。②

邵忠祥也特别关注了民族地区民族文化类课程教师队伍建设中存在的问题。他指出：第一，教师对自身民族文化的文化自觉度不高。其原因是对自己的民族文化了解太少，学校领导、教师和学生都缺少必要的对自身文化的自觉。第二，开发动力的内驱力不足。学校作为开发的主体，自身没有开发的愿望。第三，教师课程开发不足，课程意识不强。③

徐秋云认为影响贵州民族地区文化课程资源常态化开发的主要因素包括：第一，与对民族文化课程资源概念的理解有关。第二，与条件的非充要性有关。第三，与教师对民族文化课程资源开发的态度有关。第四，与学校的文化有关。第五，与民族文化课程资源开发和利用过程的复杂性有关。第六，与对学生真实成长的判断有关。第七，与民族文化课程资源开发共同体所起的作用有关。④

① 袁凤琴：《民族文化课程研究——以贵州省为例》，《贵州师范学院学报》2011 年第 2 期。

② 袁凤琴：《生计教育视野下民族地区校本课程开发的问题与对策——以贵州省黎平县为例》，《贵州民族研究》2015 年第 11 期。

③ 邵忠祥：《民族文化校本课程开发的个案研究——以贵州省黔东南州为例》，《凯里学院学报》2012 年第 4 期。

④ 徐秋云：《贵州省民族地区文化课程资源常态化开发的影响因素分析》，《教育现代化》2016 年第 4 期。

（3）民族文化进校园进课堂的成效。

吴晓蓉、张诗亚认为贵州省民族文化进校园进课堂的成效主要体现在三个方面：第一，将民族文化资源纳入学校教育，使文化传承场域由家庭、社区延伸到学校，传承弱化现状有所改善。第二，改善了家校文化疏离的弊端，断裂的家校文化从形式上被连接，校园生活逐步由书本化向生活化和情境化过渡，增加了学生学习的积极性和兴趣。第三，在一定程度上实现了教育分流，为学生特别是初中学生的个人发展提供了一技之长。①

张超在分析民族文化类课程的特殊价值时指出：民族文化校本课程以民族地区青少年为教育对象，他们处于身体成长期和知识能力形成期，很容易接受校本课程的内容。可以说，民族文化校本课程的开设，能有效地培养出一批批民族文化的接班人和建设者，从而使作为当地经济发展资源的民族文化得以代代延续和发展，当地居民的生活水平也会因此而不断改善。同时，民族文化校本课程的开设，还有可能促进当地民族文化产业的发展，进一步改善当地居民生活水平。②

梁晋芳在对黔东南州榕江县车民小学民族文化类课程实施过程进行分析后，认为其成效主要表现在：第一，受教对象范围越来越广。从当初的金蝉歌队到少数班级开设的民族音乐课再到当前班班都设的民族文化课，使越来越多的学生能够接受到民族文化的洗礼。第二，形式逐渐多样。如设置课程的多样、与社区合作的增多、教学方法的不断丰富等。第三，内容不断扩展。从开始只是让学生"唱唱侗歌"到把侗族的民族乐器，如琵琶、牛腿琴（果吉）等引入金蝉歌队排练，随着民族音乐进课堂的开展，教师还为侗族儿童创作了许多脍炙人口的儿歌和童谣。第四，注重同辈群体的教育作用。许多教师在音乐课中引导金蝉歌队的小队员教身边的同学演唱，进行练习，在此过程中经过潜移默化的影响，同辈群体教育价值不断凸显。③

① 吴晓蓉、张诗亚：《贵州省民族文化进校园的教育人类学考察》，《民族教育研究》2011年第3期。
② 张超：《少数民族地区实施民族文化校本课程的意义——以贵州部分民族地区为个案的分析》，《贵州师范学院学报》2011年第2期。
③ 梁晋芳：《民族文化进校园的课堂志研究——以车民小学为例》，硕士学位论文，西南大学，2010年。

（4）民族文化类课程的作用。

严庆、李彬通过对贵州省民族文化进校园活动的研究，认为民族文化类课程的作用可以表现在三个方面：第一，发挥民族教育传承民族文化的功能。民族教育一方面要促进民族个体成员的民族社会化又要促进其国家社会化，使民族个体成员成为民族成员之一，同时也成为国民之一；另一方面还要担负起传承国家文化和本民族文化的任务。由于我国民族族情复杂，民族人口居住格局复杂，民族文化表现形式复杂（有的民族有语言，没有文字；各民族在风俗习惯、艺术表现形式方面存在差异），这就决定了在传承民族文化方面，国家很难出台统一的教材和标准，民族教育传承民族文化的功能，必须依靠地方课程、校本课程来实施。因此，一是校园成为民族文化传承的主阵地。校园作为当地最为重要的文化单位，成为了当地各民族文化的交汇点、交流点，发挥着民族文化传播辐射的重要作用。二是学校教育成为民族文化传承的主要方式。由于学校教育具有人员专业、设备先进、规范长效等优势，故其成为传承民族文化效率、效果、效益最高的方式。三是中小学生成为民族文化传承的主要对象。从民族发展角度讲，青少年是民族的未来，民族文化教育从"娃娃"抓起，有利于民族文化的发展，有利于民族基本素质和民族内部结构的优化，从而有利于民族的不断发展进步。第二，更好地服务于当地经济社会发展。素有"八山一水一分田"的贵州省以高原山地居多，特定的地理位置和复杂的地形地貌制约着当地的经济社会发展，客观上要求民族教育必须更为直接地服务于当地的经济社会发展。民族文化类课程在一定程度上符合民族地区群众发展本民族文化的愿望，实现了民族教育—民族文化—民族经济—民族社会的良性互动，具有旺盛、持久的生命力。第三，推动民族地区教育的改革。一是有利于开创民族教育改革的新局面，促进了各地的课程改革，并体现出因地制宜、因校举措的特点。不仅能让民族学生了解和感悟当地世居民族的优秀文化传统，感受多民族文化的魅力，还能在教学过程中挖掘、整理和保护民族民间文化资源，保护和不断挖掘出具有地方特色的民族文化，培养民族文化后续人才，并使民族文化得到开发利用，实现可持续发展。二是有利于促进素质教育的实施，努力提升民族学生的言语——语言智力、视觉——空间智力、音乐——节奏智力、身体——运动智力和自我认识智力等各个方面的能力，而且这种提高智力的活动及其形式又是来自于亲切而自然的"母体"文化，符合民族学生的心理需要和价值期望，符合民族学生的素质发展规律。①

吴晓蓉、张诗亚认为民族文化进校园对学校的课程建设具有促进作用。表现为：第一，丰富课程内容。贵州省作为一个历史悠久、民族众多的省份，非物质文化遗产资源相当丰富。这一特点反映在了课程上。教学内容中增加了基础理论的学习，如民族文化历史、民族政策、民族传统文化等；依据不同年龄阶段受教育者认知能力的差异，民族文化教育内容呈实践教学难度上升、理论研究增强、专业性趋于明显的发展态势。第二，改善教学形式。在实践过程中，各学校充分挖掘资源、创设条件，既强调教学内容科学性、趣味性的有机结合，又注重教学形式的多样性，主要有校本课程、学科教学、艺术团活动和主题活动四种教学形式。第三，完善教学管理。为确保教学正常有序进行，各学校制定了相应的管理措施。有的学校还成立了工作小组或指定专人负责，确保教学正常有序地进行。第四，开展科研工作。通过相关科研工作的开展，探究民族文化教育与少数民族学生发展的关系，探索新的教育形式与教育方法，以求提高教育成效。第五，制订发展规划。许多学校制定了较为系统的发展规划。②

袁凤琴认为民族文化类课程的作用主要体现在三个方面：第一，民族文化课程的开设可以增加学生对本民族文化的认同感。第二，民族文化课程的开设可以拓展学生的民族文化知识。第三，民族文化课程对青少年有一定的吸引力。③

张超论述了少数民族地区实施民族文化校本课程的意义：第一，有利于民族地区教育的优化发展。民族文化校本课程能在一定程度上改变民族地区学校课程设置及教学方式单一的现状，对国家课程形成有效补充，从而优化地方教育的发展。第二，有利于地方民族文化的传承和发展。在实施国家课程教育的同时开设民族文化校本课程，将当地民族的

---

① 严庆、李彬：《民族文化与民族教育互动发展的助推工程——对贵州省民族文化进校园活动的思考》，《贵州民族研究》2007 年第 4 期。

② 吴晓蓉、张诗亚：《贵州省民族文化进校园的教育人类学考察》，《民族教育研究》2011年第 3 期。

③ 袁凤琴：《民族文化课程研究——以贵州省为例》，《贵州师范学院学报》2011 年第 2 期。

语言、文学、音乐、舞蹈、手工艺等纳入课程之中，让当地民族学生在接受国家课程教育的同时，还能学习和传承本民族的文化，深入了解本民族文化存续的意义和价值，从而培养起自觉传承本民族文化的意识。第三，有利于国家和地区在全球化背景中保持民族性。在民族地区基础教育中实施民族文化校本课程，其目的就是要保护和发展当地民族文化，是保持当地民族文化独特性的有效手段，因此有利于中国在参与全球化过程中保持民族性。民族性得以保持，民族文化传承的基本环境也就得到了延续。第四，有利于地方旅游经济的长远发展。地方民族文化是地方经济发展中不可或缺的重要资源，必须在利用的同时加以保护，使之能延续并持续为后世造福。实施民族文化校本课程，有利于让青年一代更深刻地认识本民族文化传承和发展的重大意义，并在课堂上掌握本民族文化中的一些独特技艺。这样做可使地方民族文化代代相传，代代受益。第五，有利于民族产业经济发展资源的延续，推进民族地区新农村建设和发展。民族文化资源在当今时代完全可以转化为经济力量。对于当地民族文化资源的保护和延续工作，只有作为文化主体的当地居民才能胜任。①

梁晋芳对贵州省民族文化进校园活动的重要意义进行了分析：第一，发挥民族学校教育传承民族文化的功能。一是使校园成为民族文化传承的重要场所。二是使中小学生成为民族文化传承的主体。三是使学校教育成为民族文化传承的主要方式。第二，推进民族地区学校教育改革。一是明确民族教育价值定位。二是实现了民族文化教育方式和当前教育模式的共生。要处理好课程资源的多样性与国家标准课程的融合以及民族地区教育教学方式上应有其独特性这两个关键性问题。三是制定切合实际的教育评价机制。第三，实现民族文化、民族学校教育、民族地区经济社会发展的和谐共生。②

（5）民族地区校本课程开发的优势。

余彭娜认为民族地区学校开发民族文化校本课程的优势具体体现在以下几个方面：第一，生源优势。民族地区的学校生源基本上来自于本

---

① 张超：《少数民族地区实施民族文化校本课程的意义——以贵州部分民族地区为个案的分析》，《贵州师范学院学报》2011 年第 2 期。

② 梁晋芳：《民族文化进校园的课堂志研究——以车民小学为例》，硕士学位论文，西南大学，2010 年。

乡本土，有着非民族地区学生无法取代的认知背景。他们熟悉热爱家乡的山水草木，对自己民族的语言、服饰、习俗、文化等有着独特的情感，对自身民族的了解有着与生俱来的基础。开发校本课程对他们进行民族文化的启蒙、传承将会起到水到渠成、事半功倍的效果。第二，课程资源优势。民族地区学校开发民族文化校本课程，在民俗文化的课程素材如文字、文学、传说、寓言、音乐、舞蹈、曲艺等方面，在民族工艺如蜡染、刺绣、马尾绣、陶瓷等方面都有着得天独厚的课程资源优势。第三，师资队伍优势。在民族地区特别是中小学，教师多来自于本民族，对本民族文化耳濡目染。在本民族文化校本课程的开发中，自然有着极大的优势。第四，普及传播优势。通过开发民族文化校本课程，每一个学生会把所学到的本民族优秀文化成果辐射到每一个家庭，把他们所形成的对本民族文化的情感、态度和价值观有效地传递给其家族的每一个成员，进而将传承发展民族文化的各种信息覆盖到整个民族地区。①

（6）民族文化类课程开发的策略。

刘茜提出了民族文化类课程开发的策略：第一，树立多元文化课程理念。多元文化教育的核心在于多元文化课程。应确立多元文化课程理念，实现从单一文化向多元文化的转变。第二，制定完善的课程政策。可从制定体现多元文化课程理念的国家课程政策、形成配套的地方课程开发的政策、发挥学校的主体作用三个层面着手。第三，鼓励教师参与课程发展。教师要转变教育观念，增强课程意识，不断提高自身素质与能力。第四，形成合理的课程目标。要体现文化多元观和本土意识的目标，一是使学生理解并接受主流文化的风俗、价值和信念，各族人民及其文化和语言等，承认文化丰富性和多元性，消除歧视与偏见。二是培养民族学生对自身民族、文化、语言、宗教等背景的理解与接受精神，形成民族认同感和归属感，提升其自我价值感，并使学生形成热爱家乡、服务家乡的本土意识。第五，重视隐性课程的开发。多元文化课程视野下的课程设计应剔除显性课程与隐性课程中的民族偏见和歧视，在课程设置与教材编写中纳入反映少数民族的文化内容。第六，精心选择课程内容。课程内容的选择应坚持：①符合科学性的原则，促进人类社会进

---

① 余彭娜：《开发民族地区校本课程，传承发展民族文化——以贵州省黔南布依族苗族自治州为例》，《黔南民族师范学院学报》2009 年第 5 期。

步，有利于加强民族团结。②各类材料应明确显示多元文化的社会及其多元的价值准则。③消除对少数民族的刻板印象、偏见和歧视。④承认并允许其他文化或民族的价值，改变用主体民族或主流文化的标准判断非主流文化或非主体民族的传统。此外，应以本民族文化物质为基点，贴近学生生活。第七，充分发掘地方课程资源。民族地区有着灿烂的民族文化，丰富的自然资源，宝贵的人力资源，所有这些均有待于开发利用。第八，寻求有效的课程实施策略与模式。课程实施关系到课程理想能否有效地转化为课程现实。总体而言在选择有效课程实施策略与模式时应坚持弹性原则。①

　　严庆、李彬认为有必要采取积极措施，从四个方面促进工作更好地发展：第一，经费保障问题。学校运转费用十分紧张，无力支付民族文化进校园活动产生的费用。各级政府和社会各界要高度重视民族文化进校园活动对民族文化、教育乃至经济社会发展产生的推动作用，对此项活动给予必要的、长期的经费支持。第二，理顺管理体制。教育行政部门和民族工作主管部门要职责分明，合力推动。教育行政部门应侧重于技术层面的组织、指导和评估，民族工作主管部门应侧重社会协调和对民族文化进校园项目的确定，从专业方面保障健康向上的民族文化进校园，阻止民族文化中落后的、过时的成分进入校园。第三，加强双向研究。一方面，要注意民族文化研究，注意收集、发掘、整理民族民间文化，并把民族传统文化形式和时代内容结合起来，处理好继承、发展、创新三者之间的关系；另一方面，要注意进行民族教育研究，深入研究民族文化教育与民族学生素质发展之间的关系，探索民族文化教育的新形式、新方法、新手段，提升民族文化传承效果。第四，要从民族地区社会生态环境的大视角宏观把握民族文化、民族教育和民族经济社会发展之间的关系，即民族教育传承民族文化，民族文化促进民族教育，民族文化、教育服务于并能够有效促进经济社会发展，使之成为一项长期工程、长效工程，更好地服务于民族地区的和谐社会构建。②

　　袁凤琴认为贵州省民族文化类课程建设中有以下几个问题亟待解决：

---

①　刘茜：《贵州省苗族地区中小学民族文化课程开发的现状及对策研究》，《贵州民族研究》2005 年第 1 期。

②　严庆、李彬：《民族文化与民族教育互动发展的助推工程——对贵州省民族文化进校园活动的思考》，《贵州民族研究》2007 年第 4 期。

第一，厘清民族文化课程的价值定位。只有明确了民族文化课程的价值和意义，才能引起政府、学校和教师的高度重视。第二，加强民族文化课程的制度建设。一是构建民族文化课程的审议机构。二是构建良好的民族文化课程监管制度。第三，争取民族文化课程的经费保障。争取中央政府的财政支持，地方政府采取各种方法筹集资金，才能为民族文化的发展提供一个可靠的保障。第四，提高民族文化课程的教育质量。一是提高校长及教师的民族文化课程意识和能力。二是培养文化应答型的教师。三是提高民族文化课程教师的教学策略。第五，建立学校资源共享系统。同一地区，应建立学校之间的资源共享系统。在不同民族地区之间的学校也需要建立起资源共享系统，这样可以帮助我们互相学习，减少资源浪费。①

为了进一步加强民族文化类课程的开发工作，邵忠祥认为应当首先从教师入手。第一，提高师生文化自觉。提高师生的民族文化自觉是非常必要的，没有他们对自身文化的自觉和反省，民族文化资源的开发将会失去内在的动力。第二，促进教师的专业发展，提高教师的课程意识与课程开发的能力。应注意对教师课程意识与课程能力的培训和提高，改变现有的教师继续教育中只注重如何提高传授课本知识能力的做法。第三，进行合作开发。与高校、科研机构开展合作及开展校际间的合作。第四，改变现有评价方式。应改变现有的对学校和教师的绩效考核方式，对在校本课程开发方面有突出成绩的学校和教师给予适当的奖励，在晋级评优方面要予以优先考虑。第五，加大资金投入。建议上级部门在审批申请开发民族文化校本课程学校的同时，专门匹配相应的校本课程开发基金，专款专用，提高校本课程开发的实效性和学校及教师的积极性。②

赵跟喜在对策研究中提出了促进民族地区多元文化课程改进的策略。第一，凸显民族文化特色，树立多元文化课程理念。民族多元文化课程源于民俗和民俗文化，要让民族学生明白、认同和接纳本民族文化。民族地区强化多元民族文化教育，旨在通过不同民族文化相互交融与渗透

①　袁凤琴：《民族文化课程研究——以贵州省为例》，《贵州师范学院学报》2011 年第 2 期。

②　邵忠祥：《民族文化校本课程开发的个案研究——以贵州省黔东南州为例》，《凯里学院学报》2012 年第 4 期。

的历史，让学生认识到只有吸收其他民族文化元素，才能促进本民族文化的发展和繁荣。第二，回归民族文化课程品性，改换课程内容。一是注重跨文化的理解和尊重。二是重视民族性和国家性的结合。三是强调多样性和相同性的组合。四是应综合考虑民族文化内容。第三，加强民族地区多元文化课程实施，防止出现功利化倾向。一是防止某些学校为了追求升学率，视多元文化课程为"点缀"，或者借多元文化课程对教师素质、实施条件的高要求，使多元文化课程的实施产生阻力。二是避免多元文化课程实施的"近视"行为。民族区域多元文化课程的实施，要以学生深刻体验为基础，通过唤醒学生的文化批判意识，鼓励学生对文化有一个独特的、个性化的领悟与表达，激励学生提问和超越，以增强学生对本民族文化的认同感、归属感以及文化创新能力。第四，加强师资培训，提高教师实施多元文化课程的能力。一是使教师牢固树立多元文化理念，从而能够比较全面、准确地把握多元文化课程。二是使教师熟悉并掌握民族文化，提高民族文化素养。三是让教师能为多元文化课程教学倾注热情，愿意改善他们的教学方法，激发学生的学习热情，与学生学习分享文化智慧，和学生一同成长。①

　　袁凤琴从生计教育角度提出了民族地区校本课程开发的对策：第一，强化校本课程开发者的生计教育意识。只有校本课程开发者真正具备了生计教育意识，才能把民族文化的传承与学生的生活紧密联系，使所传承的民族文化成为"活态"文化，使学生的学习是在生活中、通过生活、为了生活而进行的。第二，建立校本课程与当地"民族生计方式"的有机联系。一是要厘清当地社会和民族的生计方式。二是要提炼出地方民族文化与当地民族生计方式紧密联系的内容，并根据学生年龄特点与已有的生活经验联系程度，以及一定的逻辑顺序编制成教材。第三，践行理论联系实践的教学方法。使动脑和动手相结合，培养劳动意识，养成劳动习惯，习得劳动技能，使孩子们在学校学习的过程就是实践人生的过程。②

---

　　① 赵跟喜：《中国西部民族地区农村幼儿园多元文化课程实施研究——以贵州省黄平县为例》，《西北成人教育学报》2014 年第 1 期。
　　② 袁凤琴：《生计教育视野下民族地区校本课程开发的问题与对策——以贵州省黎平县为例》，《贵州民族研究》2015 年第 11 期。

（三）国内外研究成果评述

从现有的研究成果来看，对民族文化类地方课程和校本课程的研究，还有待进一步深化。主要体现在以下两个方面。

1. 对学校文化传承的研究有待深化

从目前研究成果的数量和研究的深度看，学界虽然对民族文化传承的研究成果为数不少，但对于学校，特别是对我国民族地区中小学采用地方课程和校本课程为主要形式而进行民族文化传承的研究成果较少。

具体来讲，从研究领域看，主要涉及社会传承、家庭传承和学校传承的各个方面。从研究的内容看，主要是对民族文化传承的概念、传承的内容、传承的方式、传承的主体以及传承的趋势等相关问题的研究。相比较而言，对学校教育中的民族文化传承的研究还有待进一步深化，研究成果的数量还远远不够。从研究质量看，也十分需要从实践层面上研究民族地区中小学在教育活动中进行民族文化传承的有见地的研究成果。当然，随着民族教育事业的发展和民族地区实践的深化，对学校教育中的民族文化传承的研究成果也显现出了逐年增多的发展态势，发展前景广阔，但是随着我们对少数民族地区文化传承现状和民族教育事业发展的进一步关注，也十分有必要投入更多的研究力量，更加深入地开展学校教育中的民族文化传承理论与实践问题的研究。

2. 在研究方法上有待进一步创新

从当前国内外对学校民族文化传承的研究成果的研究方法上看，主要采取的是调查研究的方法，主要为：召开座谈会、进行实地考察、集中发放问卷、开展深度访谈等。虽然采取此类研究方法而获得的研究成果，使我们对贵州省民族地区中小学民族文化类地方课程和校本课程的开发和实施有了进一步的了解，进一步加深了我们对民族文化类地方课程和校本课程实施过程和发展规律的认识，但总体来看，主要存在着两方面的不足：一是研究成果普遍显得比较抽象和比较笼统，难以使我们产生身临其境的深刻感受和体验，难以深刻地理解贵州省民族文化类地方课程和校本课程在民族文化传承中所具有的特殊意义和所体现出来的无法取代的价值，也难以使我们感受到那种令人感到震撼的力量。二是研究成果较多反映的是民族文化在学校传承的一般理论、一般过程和一般策略等方面的认识，相比之下，对民族地区中小学民族文化类地方课程和校本课程——民族文化在学校中传承的重要载体，也就是此项研究的研究对象，其关注度和研究程度则显得都严重不足。

正是基于目前研究成果中存在的上述两个主要问题，此项研究的重点聚焦于贵州省民族地区中小学的民族文化类地方课程和校本课程。主要采用课堂民族志的研究方法，深入到贵州省民族地区中小学民族文化类课堂，对课堂教学的过程进行参与式观察，并进行比较详细的描述。通过深度访谈和问卷调查，来了解教师与学生对开设民族文化类地方课程和校本课程的态度，并与课堂观察结果进行对比研究，以揭示贵州省民族地区中小学民族文化类地方课程和校本课程对民族文化传承的特殊意义和价值。

三　研究意义

（一）理论意义

1. 繁荣学校课程开发理论

课程开发（Curriculum Development）是指通过需求分析确定课程目标，再根据这一目标选择某一个学科（或多个学科）的教学内容和相关教学活动进行计划、组织、实施、评价和修订，以最终达到课程目标的整个工作过程。[①] 课程设计是对课程目标和课程内容的设计，是课程开发的前期工作。而课程开发则除了课程目标和课程内容外，还包括课程实施和课程评价等环节。可见，课程开发既是一项系统工程，又是一项创造性工作。贵州省民族地区中小学开展的民族文化传承工作，则主要是以民族文化类地方课程和校本课程来呈现的。这些学校因地制宜，设计了一大批以民族文化和地方文化为主要内容的地方课程和校本课程。对此类课程开发进行探究，揭示此类课程的基本性质和基本规律，将对深化我国学校课程开发理论，特别是丰富具有民族特色和地方特色的课程开发理论具有重要的推动作用。

2. 充实民族文化学校传承理论

当前民族文化传承问题日益受到社会各方的普遍关注。如何在推崇和享受现代文明的同时，不忘优秀的传统文化，特别是少数民族传统文化，这是需要我们认真思考的问题，更是学校，特别是中小学教育面临的重大挑战。贵州省民族地区中小学为了做好民族文化传承工作，充分发挥学校教育的优势，利用地方课程和校本课程的形式，较大范围地对

---

① "课程开发"，http：//baike.so.com/doc/5945227 - 6158162.html。

学生进行了优秀民族文化的普及性教育活动，使学校教育成为了继承与传承民族文化的重要途径。对贵州省民族地区民族文化类地方课程和校本课程的研究，可以进一步揭示民族文化在学校实现传承的客观规律，充实和发展民族文化学校传承的理论。

（二）实践意义

1. 促进课程建设水平的提高

贵州省民族地区中小学开设的民族文化类地方课程和校本课程，是国家规定的三类课程体系中必不可少的课程形式。研究此类课程的开发等相关问题，对于充分认识此类课程对民族文化传承的特殊意义，进一步提高此类课程的教学质量，切实发挥好此类课程在学校教育中不可取代的重要作用，为其他民族地区地方课程和校本课程的建设提供可借鉴的样本和经验等，有着十分重要的实践意义。

2. 提高学生的综合素质

贵州省民族地区中小学开设的民族文化类地方课程和校本课程，在发挥地域优势和资源优势的基础上，为广大学生多样性的发展和综合素质的提升提供了更加宽广的展示舞台。对贵州省民族地区中小学民族文化类地方课程和校本课程进行研究，能够使学生们的各方面特长在学校开设的各类民族文化类课程中得到更好的培养，更加全面地贯彻党的教育方针，更好地满足各类学生发展的不同需要，使学生在民族文化类课程的参与过程中提高自己的综合能力，成为综合素质更强的合格毕业生。

3. 彰显学校的办学特色

贵州省民族地区中小学开设的民族文化类地方课程和校本课程，为彰显学校办学特色探索出了一条新的发展路径。对贵州省民族地区中小学民族文化类地方课程和校本课程进行研究，能够促进民族地区中小学更加积极地整合各类资源，充分发挥学校的地域特色和民族特色，开发出更加适应学校和学生需要的民族文化类课程，进一步促进学校各项事业的健康发展，为学校教育注入了新的内容和新的活力，进一步凸显学校的民族特色和办学特色。

四　研究方案

（一）主要目标

1. 总目标

通过对贵州省铜仁市、黔南布依族苗族自治州、黔东南苗族侗族自治州、遵义市民族文化类地方课程和校本课程的研究，了解少数民族传统文化在学校的传承现状以及教师和学生对于开设民族文化类课程的态度，发现当前民族地区中小学教育中民族文化传承所面临的问题与困难，并在此基础上提出进一步加强民族文化类地方课程和校本课程的建议，以期提高民族地区中小学民族文化类课程的教学质量，增强少数民族学生对本民族优秀传统文化的认同感，继承优秀的少数民族传统文化，以推进民族地区和民族文化的现代化进程。

2. 具体目标

（1）对教师和学生民族文化类课程的态度和教学质量做出估计。

基于对民族文化类课程的观察和各方态度的调查数据，了解贵州省民族地区中小学民族文化类课程在传承民族文化方面的现状，揭示教师和学生对民族文化类课程的基本态度，并对此类课程的教学质量做出初步评价。

（2）探究影响民族文化类课程教学质量的主要因素以及问题的根源。

根据调查数据，总结和归纳贵州省民族地区中小学民族文化在校园传承所面临的问题，进行多角度归因分析，探究影响民族文化在校园传承的主要因素、主要问题以及造成这些问题的主要根源。

（3）提出科学可行的解决方法和行动策略。

针对贵州省民族地区中小学民族文化类课程存在的主要问题，借鉴国内外成功经验，结合贵州省民族地区的特点和实际情况，提出科学可行的解决方法和行动策略，以推进优秀民族文化在学校中传承的工作进程。

（二）研究目的

此项研究旨在通过对贵州省民族地区中小学民族文化类课程实施情况的研究，全面呈现当前民族文化类地方课程和校本课程的课堂教学情况，更好地促进少数民族文化在学校的传承工作以及促进民族地区中小学教育事业的健康发展。

（三）对象择取

此项研究选取的研究对象是贵州省铜仁市、黔南布依族苗族自治州、黔东南苗族侗族自治州、遵义市设置有民族文化类地方课程和校本课程的中小学和承担民族文化类课程课堂教学工作的教师以及接受民族文化类课程教学的学生。

铜仁市现有人口 437 万，面积为 18003 平方千米。辖碧江区、万山区、江口县、玉屏县、石阡县、思南县、印江县、德江县、沿河县、松桃苗族自治县①。

黔南布依族苗族自治州现有人口 397 万，面积为 26197 平方千米。辖都匀市、福泉市、荔波县、贵定县、瓮安县、独山县、平塘县、罗甸县、长顺县、龙里县、惠水县、三都水族自治县。②

黔东南苗族侗族自治州现有人口 441.72 万，面积为 30337 平方千米。辖镇远县、凯里市、黄平县、施秉县、三穗县、岑巩县、天柱县、锦屏县、剑河县、台江县、黎平县、榕江县、从江县、雷山县、麻江县、丹寨县。③

遵义市有人口 800 万，面积为 30762 平方千米。辖红花岗区、汇川区、播州区、桐梓县、绥阳县、正安县、凤冈县、湄潭县、余庆县、习水县、道真仡佬族苗族自治县、务川仡佬族苗族自治县，代管赤水市、仁怀市。④

铜仁市、黔南布依族苗族自治州、黔东南苗族侗族自治州、遵义市是贵州省少数民族主要居住地区，千百年来，各民族和睦相处，共同创造了多姿多彩的贵州民族文化。两市两州中小学开设的民族文化类地方课程和校本课程也是多彩多姿，具有鲜明的地方特色和民族特色，对两市两州中小学地方课程和校本课程进行研究，具有一定的典型性和代表性。

（四）研究方法

此项研究主要采用的研究方法有以下几种。

1. 文献研究法

通过文献检索，侧重收集和整理国家以及贵州省关于民族文化类课程、民族文化学校传承的有关政策文件，以及关于贵州省民族文化类地方课程和校本课程的相关前期研究成果，把握当前贵州省民族地区中小学民族文化类课程开发的现状、主要观点，国内外研究的最新成果等。通过筛选与分析，归纳整理出适用的资料，形成此项研究的原始资料库。在此基础上，分析前期研究成果的主要研究领域及所取得的学术进展，评述其得失，为此项研究活动寻找学术探索的突破口和形成课题的研究思路，为进行田野考察和课堂民族志研究奠定良好的前期研究基础。

---

① "铜仁行政区划"，http：//www.trs.gov.cn/news/2017323/n23.html。
② "黔南布依族苗族自治州"，http：//baike.so.com/doc/1088181 – 1151489.html。
③ "黔东南苗族侗族自治州"，http：//baike.so.com/doc/3395512 – 3574265.html。
④ "遵义市"，http：//baike.so.com/doc/2144387 – 2268984.html。

2. 田野调查法

田野调查法是民族教育研究最重要和最常用的方法之一，是指研究者深入到研究对象中，通过问卷、访谈、观察、体验、统计等具体技术手段的运用，对有关事实材料进行客观的收集、考察和整理分析，了解研究对象开设民族文化类课程的现实情况，为研究收集翔实、客观的事实材料。此项研究除了对研究对象进行全方位实地考察研究外，还采取了访谈研究法和问卷研究法，即在田野活动中对贵州省民族地区中小学校的领导、教师和学生进行访谈和开展问卷调查，了解他们对学校开设民族文化类课程的观点和态度，发现民族文化类课程开设过程中所取得的成绩和存在的主要问题，为进一步改进民族文化类地方课程和校本课程教学工作形成建设性意见。

3. 比较研究法

通过对贵州省民族地区与国内其他地区，以及与教育发达国家和地区的民族文化类地方课程和校本课程开发的对比研究，总结概括当前贵州省民族地区中小学民族文化类课程开发过程中的主要经验和主要差距，特别是分析比较不同地区、不同国家民族文化学校传承中作用发挥的现状，提出具有一定指导价值和操作性较强的解决路径和应对办法，大力推进我国民族文化在学校教育中的传承工作。

4. 个案研究法

通过对个案进行深度观察和分析，把握贵州省民族地区民族文化类地方课程和校本课程在民族文化传承中的实施现状及所显示出来的价值，把握民族文化类课程建设的主要原则、基本过程和发展规律。

5. 课堂民族志研究法

所谓课堂民族志，也称课堂人种志、课堂志等，是教学论与民族志结合的一种研究范式，特指以参与性观察和整体性研究为主要特征的描述性研究方法。要求研究者对特定教学场域中的活动进行全面观察和分析，获取第一手资料，全面描述课堂中发生的教学现象和呈现出的教学规律。课堂民族志具有直观性、描述性、微观性等特点，它是一种结合一定量化研究而进行的质性研究方法[①]。

---

① 王丽媛：《课堂志：一种基于课堂场域中的"田野式"研究》，《教育科学论坛》2008年第10期。

此项研究将贵州省民族地区中小学民族文化类课堂作为获得研究第一手资料的"田野"或"场域"，通过观察和"深描"方法，对特定教学场域中的活动进行全面分析，揭示其反映的特定教育制度、教育过程和教育现象等的有关特征和主要规则。

从事课堂民族志的研究，课堂本身不是研究对象，而是研究活动的场地，因此选择有代表性的民族文化类课程的课堂就显得十分重要。铜仁市、黔南布依族苗族自治州、黔东南苗族侗族自治州、遵义市非物质文化十分丰富，少数民族人口占贵州省总人口的比重较大，特别是各市、县中小学校根据本地文化资源优势开展的民族文化类课程，取得了比较好的效果。此项研究重点选择铜仁市、黔南布依族苗族自治州、黔东南苗族侗族自治州、遵义市具有典型代表性的中小学，深入到松桃县松桃民族中学、盘信民族中学；铜仁市坝黄民族小学；丹寨县扬武民族小学；荔波县瑶山民族中学等20余所学校的课堂，以参与者的角色融入课堂，参与真实的课堂教学，感受课堂的真情实景，通过观察等途径，收集课堂实施情况的第一手研究资料，全面描述课堂中的课程实施和教学活动的现象，体会在教学活动中实现民族文化传承的过程和成果，并进行合理的解释和说明。在此基础上深入反思如何更好地促进民族文化类地方课程和校本课程课堂教学的发展，从而使民族文化得以通过学校进行传承并促进学校教育的健康发展。

（五）实施步骤

在对前期研究成果进行归纳总结的基础上，深入贵州省民族地区中小学民族文化类地方课程和校本课程的课堂，通过深入观察、访谈和问卷调查等，从整体上把握当前贵州省民族地区民族文化类地方课程和校本课程实施的基本情况。通过课堂民族志研究方法的"深描"方法，详细、全面呈现民族文化类课程课堂实施的整个过程；通过对此类课程动机和行动过程的了解，揭示教师和学生对此类课堂的理解；通过效果的评判来解释此类课堂的价值追求；通过对教师和学生的问卷调查和访谈，对此类课程的教学质量进行评价。通过对此类课堂教学过程的考察，展现民族文化在学校传承的模式和机制；通过对课程建设进行理性反思，提出引发我们进一步思考的若干理论与实践课题，以及对贵州省中小学民族文化类地方课程和校本课程发展趋势做出研判。

第一章　政策解析：现实与理想

教育政策是党和国家为实现一定历史时期的教育发展目标和基本任务而制定的关于教育的行动准则，是我们推动教育改革和做好教育实践工作的重要依据和指导力量。研究贵州省民族地区中小学民族文化类地方课程和校本课程，揭示民族文化在学校传承的特点和规律，首先必须对党和国家相关的教育政策等进行梳理。

第一节　国家层面

关于在学校，特别是民族地区中小学进行民族文化的教育，可以在国家和政府颁发的相关法规和文件中得到体现。根据本课题研究的需要，本书全面梳理了近些年来相关法规和文件，主要包括：中共中央、国务院《关于印发〈中国教育改革和发展纲要〉的通知》（中发〔1993〕3号），国家教委《关于印发〈关于当前积极推进中小学实施素质教育的若干意见〉的通知》（教办〔1997〕29号），中共中央、国务院《关于深化教育改革全面推进素质教育的决定》（中发〔1999〕9号），国务院《关于基础教育改革与发展的决定》（国发〔2001〕21号），教育部办公厅、国家民委办公厅《关于印发〈学校民族团结教育指导纲要（试行）〉的通知》（教民厅〔2008〕9号），教育部、文化部、国家民委《关于推进职业院校民族文化传承与创新工作的意见》（教职成〔2013〕2号），教育部印发《完善中华优秀传统文化教育指导纲要》（教社科〔2014〕3号），中共中央办公厅、国务院办公厅印发《关于实施中华优秀传统文化传承发展工程的意见》等。其主要内容包括以下几个方面：

一　应试教育要转向素质教育

中共中央和国务院于1993年2月13日印发的《中国教育改革和发展

纲要》中明确指出："基础教育是提高民族素质的奠基工程"，中小学要由"应试教育"转向全面提高国民素质的轨道，面向全体学生，全面提高学生的思想道德、文化科学、劳动技能和身体心理素质，促进学生生动活泼地发展，办出各自的特色。为此，"必须继续改善办学条件，逐步实现标准化"①。1997年国家教委印发的《关于当前积极推进中小学实施素质教育的若干意见》也提出："全面推进素质教育是中小学的紧迫任务。""实施素质教育是迎接21世纪挑战，提高国民素质，培养跨世纪人才的战略举措"。"在中小学全面贯彻国家的教育方针，积极推进素质教育，已经是摆在我们面前的刻不容缓的重大任务"。

全面推进素质教育是在我们深刻反思"应试教育"弊端的基础上提出来的。目前，相当一部分地区和学校还不同程度地存在着片面追求升学率的"应试教育"的倾向。必须采取有力的措施，全面推进素质教育，使中小学摆脱"应试教育"的束缚。"素质教育是以提高民族素质为宗旨的教育。它是依据《教育法》规定的国家教育方针，着眼于受教育者及社会长远发展的要求，以面向全体学生，全面提高学生的基本素质为根本宗旨，以注重培养受教育者的态度、能力，促进他们在德智体等方面生动、活泼、主动地发展为基本特征的教育。素质教育要使学生学会做人、学会求知、学会劳动、学会生活、学会健体和学会审美，为培养他们成为有理想、有道德、有文化、有纪律的社会主义公民奠定基础"。

实施素质教育是一项复杂的社会系统工程，具有长期性和艰巨性。各级教育行政部门要制定出明确的改革目标，使城乡每所中小学校办学条件达到"标准化"；管理水平达到"规范化"；校长、教师队伍素质优良，数量足够，结构合理，相对稳定；中小学走上促进学生主动、全面、和谐发展的办学轨道。为此，要采取有力措施促进素质教育的实施，要加强薄弱学校的建设；建立和完善以全面提高学生素质为目标的课程体系，优化教学过程；建立素质教育的督导评估体系，改革考试和评价方法；加快升学考试制度改革；切实改进和加强德育工作；努力建设一支高素质的校长、教师队伍；进行素质教育整体改革，开展区域实验；要加强素质教育的教育科学研究；建立奖励机制；调整教育结构，构建人

---

① 中共中央、国务院：《中国教育改革和发展纲要》，http://www.edu.cn/zong_ he_ 870/ 20100719/t20100719_ 497964. shtml，2010 − 07 − 19。

才成长的"立交桥";加强领导;取得家长、社区的支持;依法治教等。

实施素质教育是我国基础教育领域涉及教育方向、教育思想、教育政策、教育内容和方法等方面的一场重大转变,我国社会主义教育在社会转型过程中的自我完善,应当引起我们高度的重视。①

我们的教育观念、教育体制、教育结构、人才培养模式、教育内容和教学方法相对滞后,影响了青少年的全面发展,不能适应提高国民素质的需要。实施素质教育,就是全面贯彻党的教育方针,以提高国民素质为根本宗旨,以培养学生的创新精神和实践能力为重点,造就"有理想、有道德、有文化、有纪律"的、德智体美等全面发展的社会主义事业建设者和接班人。因此,有必要深化教育改革,全面推进素质教育,构建一个充满生机的有中国特色的社会主义教育体系,为实施科技兴国战略奠定坚实的人才和知识基础。要坚持面向全体学生,为学生的全面发展创造相应的条件,依法保障适龄儿童和青少年学习的基本权利,尊重学生身心发展特点和教育规律,使学生生动活泼、积极主动地得到发展。

实施素质教育,必须把德育、智育、体育、美育等有机地统一在教育活动的各个环节中。要有针对性地开展爱国主义、集体主义和社会主义教育,中华民族优秀文化传统和革命传统教育,理想、伦理道德以及文明习惯养成教育,中国近现代史、基本国情、国内外形势教育和民主法制教育。

建设高质量的教师队伍,是全面推进素质教育的基本保证。把提高教师实施素质教育的能力和水平作为师资培养、培训的重点。

全面推进素质教育,是我国教育事业的一场深刻变革,是一项事关全局、影响深远和涉及社会各方面的系统工程。②

二 将民族文化教育融入国民教育

《中共中央国务院关于深化教育改革全面推进素质教育的决定》要求尽快改变学校美育工作薄弱的状况,将美育融入学校教育全过程。中小学要加强音乐、美术课堂教学,高等学校应要求学生选修一定学时的包

---

① 国家教委:《关于印发〈关于当前积极推进中小学实施素质教育的若干意见〉的通知》,http://www.chinalawedu.com/falvfagui/fg22598/21092.shtml, 1997 – 10 – 29。

② 中共中央、国务院:《关于深化教育改革全面推进素质教育的决定》,http://www.edu.cn/zong_he_870/20100719/t20100719_497966.shtml, 2010 – 07 – 19。

括艺术在内的人文学科课程。开展丰富多彩的课外文化艺术活动，增强学生的美感体验，培养学生欣赏美和创造美的能力。中小学要鼓励学生积极参加形式多样的课外实践活动，培养动手能力；各级各类学校要从实际出发，加强和改进对学生的生产劳动和实践教育，使其接触自然、了解社会，培养热爱劳动的习惯和艰苦奋斗的精神。①

实施素质教育，促进学生德智体美等全面发展，应当体现时代要求。要使学生具有爱国主义、集体主义精神，热爱社会主义，继承和发扬中华民族的优秀传统和革命传统；具有社会主义民主法制意识，遵守国家法律和社会公德；逐步形成正确的世界观、人生观和价值观；具有社会责任感，努力为人民服务；具有初步的创新精神、实践能力、科学和人文素养以及环境意识；具有适应终身学习的基础知识、基本技能和方法；具有健壮的体魄和良好的心理素质，养成健康的审美情趣和生活方式，成为有理想、有道德、有文化、有纪律的一代新人。②

教育部办公厅、国家民委办公厅印发的《学校民族团结教育指导纲要（试行）》提出：民族团结教育课程是学校教育的组成部分，要根据国家统一要求列入地方课程实施的重要专项教育。民族团结教育的目标是：使各族学生思想认识和行为自觉地统一到党和国家的要求上来，增进对中华民族的认同和对历史、文化的了解，促进56个民族优秀文化传统的相互交流、继承和发扬；提高各族学生对我国各民族共同缔造伟大祖国历史的认识，增强各族学生维护民族团结、维护国家统一、反对分裂的责任感和自觉性；认识和理解马克思主义关于民族问题的基本理论及党和国家的民族政策；在社会交往中，具备正确对待和处理民族问题的基本素质；自觉维护我国各民族"平等、团结、互助、和谐"的社会主义关系，促进各民族的共同进步和祖国繁荣昌盛。

民族团结教育的主要内容包括：正确认识中华和各民族的特征，普及民族知识，树立民族团结意识；知道党和国家的民族政策及其必要性和重要性，了解我国民族问题的基本特点，学习马克思主义和党的民族基本理论，树立马克思主义民族观；从历史的、世界的视野分析和探讨

---

① 中共中央、国务院：《关于深化教育改革全面推进素质教育的决定》，http：//www. edu. cn/zong_ he_ 870/20100719/t20100719_ 497966. shtml，2010 - 07 - 19。

② 国务院：《关于基础教育改革与发展的决定》，http：//www. jledu. gov. cn/dd/wxzl/zgzyg-wy/2001/0529/2483. html，2001 - 05 - 29。

各种民族现象，进一步认识党和国家的民族政策的优越性；联系实际进行思考、探讨，在思想和行为上培养贯彻执行党和国家民族政策的基本素质和能力。

重视中华历史文化和爱国主义教育，加深师生对民族团结必要性和重要性的认识。不断丰富学校民族团结教育的内容和形式，使各族学生牢固树立正确的祖国观、民族观、文化观；加强"三个离不开"（汉族离不开少数民族，少数民族离不开汉族，各少数民族之间也相互离不开）教育；在处理影响民族团结问题的事件中坚持"四个维护"（维护人民利益，维护法律尊严，维护民族团结，维护祖国统一）原则；开展具有民族特色的教育活动，促进各民族之间的平等团结，树立民族自尊心和自豪感，不断增强中华民族的向心力、凝聚力。

学校是对各民族学生进行民族团结教育的重要场所。① 我国人文历史悠久，文化资源丰富，民族特色浓郁，发展民族文化产业具有得天独厚的优势。将民族文化的传承和发展融入国民教育，不断增强广大师生员工的文化自觉和文化自信，建设优秀传统文化传承体系，弘扬中华优秀传统文化具有重要意义。②

2017 年 1 月 25 日，中共中央办公厅、国务院办公厅印发《关于实施中华优秀传统文化传承发展工程的意见》（以下简称"《意见》"）。《意见》指出：中华优秀传统文化传承发展工程要贯穿国民教育始终。围绕立德树人根本任务，遵循学生认知规律和教育教学规律，按照一体化、分学段、有序推进的原则，把中华优秀传统文化全方位融入思想道德教育、文化知识教育、艺术体育教育、社会实践教育各环节，贯穿于启蒙教育、基础教育、职业教育、高等教育、继续教育各领域。以幼儿、小学、中学教材为重点，构建中华文化课程和教材体系。编写中华文化幼儿读物，开展"少年传承中华传统美德"系列教育活动，创作系列绘本、童谣、儿歌、动画等。修订中小学道德与法治、语文、历史等课程教材。推动高校开设中华优秀传统文化必修课，在哲学社会科学及相关学科专

---

① 教育部办公厅、国家民委办公厅：《关于印发〈学校民族团结教育指导纲要（试行）〉的通知》，http：//www. seac. gov. cn/gjmw/zwgk/2008 - 12 - 16/1229136024014559. htm，2008 - 12 - 16。

② 教育部、文化部、国家民委：《关于推进职业院校民族文化传承与创新工作的意见》，http：//www. chinesefolklore. org. cn/forum/viewthread. php？tid = 38021，2014 - 06 - 30。

业和课程中增加中华优秀传统文化的内容。加强中华优秀传统文化相关学科建设，重视保护和发展具有重要文化价值和传承意义的"绝学"、冷门学科。推进职业院校民族文化传承与创新示范专业点建设。丰富拓展校园文化，推进戏曲、书法、高雅艺术、传统体育等进校园，实施中华经典诵读工程，开设中华文化公开课，抓好传统文化教育成果展示活动。研究制定国民语言教育大纲，开展好国民语言教育。加强面向全体教师的中华文化教育培训，全面提升师资队伍水平。[1]

实施非物质文化遗产传承发展工程，进一步完善非物质文化遗产保护制度。实施传统工艺振兴计划。大力推广和规范使用国家通用语言文字，保护传承方言文化。开展少数民族特色文化保护工作，加强少数民族语言文字和经典文献的保护和传播，做好少数民族经典文献和汉族经典文献互译出版工作。实施中华民族音乐传承出版工程、中国民间文学大系出版工程。推动民族传统体育项目的整理研究和保护传承。[2]

三　建立基础教育三级课程体系

中共中央、国务院《关于深化教育改革全面推进素质教育的决定》（以下简称"《决定》"）要求试行基础教育三级管理的课程政策，这是对我国基础教育课程政策和管理体制的一次重大变革。《决定》提出：要调整和改革课程体系、结构、内容，建立新的基础教育课程体系，试行国家课程、地方课程和学校课程。改变课程过分强调学科体系、脱离时代和社会发展以及学生实际的状况。抓紧建立更新教学内容的机制，加强课程的综合性和实践性，重视实验课教学，培养学生实际操作能力。要增强农村特别是贫困地区义务教育的课程、教材与当地经济社会发展的适应性。[3] 形成适应时代发展要求的新的基础教育课程体系及国家基本要求指导下的教材多样化格局，建立并进一步完善适应素质教育要求的考试评价制度和招生选拔制度，有条件的地方要取得新的突破。[4]

在实行国家、地方、学校三级课程管理过程中，国家制定中小学课

---

① 中共中央办公厅、国务院办公厅：《关于实施中华优秀传统文化传承发展工程的意见》，http://www.scio.gov.cn/zxbd/wz/Document/1541575/1541575.htm，2017 – 02 – 07。

② 同上。

③ 中共中央、国务院：《关于深化教育改革全面推进素质教育的决定》，http://www.edu.cn/zong_he_870/20100719/t20100719_497966.shtml，2010 – 07 – 19。

④ 国务院：《关于基础教育改革与发展的决定》，http://www.jledu.gov.cn/dd/wxzl/zgzygwy/2001/0529/2483.html，2001 – 05 – 29。

程发展总体规划，确定国家课程门类和课时，制定国家课程标准，宏观指导中小学课程实施。在保证实施国家课程的基础上，鼓励地方开发适应本地区的地方课程，学校可开发或选用适合本校特点的课程。①

中小学要设置专门的民族团结教育课程。要通过课堂教学、专题教育活动和实践活动等多种方式，把民族团结教育贯穿到小学至高中教育阶段的教学、育人全过程中，特别要发挥好课堂教学主渠道的作用，确保教学时间和教学质量。

除课堂教学主渠道外，不同学校应根据自身的实际情况，因时因地制宜，灵活选择、使用多种形式、途径和方法开展学校民族团结教育。注意发挥各种民族团结教育方法和途径的综合作用，提高民族团结教育的效果。要充分利用班会、团队活动、升旗仪式、专题讲座、墙报、板报等方式，组织开展"民族知识、绘画与手工、演讲、民族歌舞"等丰富多彩、生动活泼的竞赛活动；定期表彰民族团结先进校、班集体和个人；相关学科渗透，与学校艺术教育与素质教育紧密结合起来；组织师生参观互访，相互学习，积极开展各民族学生之间结对帮学等活动。

各级各类学校、家庭和社会要密切配合，充分利用各种社会资源、自然资源，从学生所在地域的实际生活中捕捉有教育意义的内容。要通过地域性民族特点的介绍，使学生知道家乡的民族特色、风俗文化，关心本地区民族的经济与社会的发展变化，尊重各民族的风俗习惯。同时，通过对各地区民族特点和发展现状的了解，振奋民族精神，凝聚各民族人民的力量，不断增强不同民族学生对中华民族优秀文化的认同，不断增强民族自尊心、自信心和自豪感。

各级教育行政部门和学校必须保证民族团结教育课程的时间安排，小学和初中阶段每学年要保证 10—12 个学时的教学活动时间，高中阶段的普通高中每学年保证 8—10 个学时的教学活动时间，高中阶段的中等职业技术学校每学年保证 12—14 个学时的教学活动时间。②

推进课程改革，提升传承能力。要贴近民族特色产业、文化产业岗位实际工作过程，更新课程内容、调整课程结构，推进职业院校民族文

---

① 国务院：《关于基础教育改革与发展的决定》，http：//www.jledu.gov.cn/dd/wxzl/zgzygwy/2001/0529/2483.html，2001 – 05 – 29。

② 教育部办公厅、国家民委办公厅：《关于印发〈学校民族团结教育指导纲要（试行）〉的通知》，http：//www.seac.gov.cn/gjmw/zwgk/2008 – 12 – 16/1229136024014559.htm，2008 – 12 – 16。

化相关专业课程改革。推进相关专业人才培养与非物质文化遗产传承对接。改变单一的传承方式，制定有效的制度化学校教育传承方法，将口传身授的民间民族技艺整理成规范、系统、科学的教学标准和人才培养方案，鼓励学校开发特色课程、精品课程和校本教材，实现非物质文化遗产的科学传承。①

2017 年 1 月 25 日中共中央办公厅、国务院办公厅印发的《关于实施中华优秀传统文化传承发展工程的意见》也特别强调指出：挖掘和保护乡土文化资源，建设新乡贤文化，培育和扶持乡村文化骨干，提升乡土文化内涵，形成良性乡村文化生态，让子孙后代记得住乡愁。加强中华文化普及和交流，通过开展各类活动，增强国家认同、民族认同、文化认同。②

四　课程要体现民族团结大局

国务院《关于基础教育改革与发展的决定》要求素质教育要加强民族团结教育，加强爱国主义、集体主义和社会主义教育，加强中华民族优良传统、革命传统教育和国防教育，加强思想品质和道德教育并贯穿于教育的全过程。小学从行为习惯养成入手，重点进行社会公德教育，进行爱祖国、爱人民、爱劳动、爱科学、爱社会主义教育，联系实际对学生进行热爱家乡、热爱集体以及社会、生活常识教育。初中加强国情教育、法制教育、纪律教育和品格修养。要对中小学生进行民族团结教育。加强中小学生的心理健康教育。丰富多彩的教育活动和社会实践活动是中小学德育的重要载体。③

教育部办公厅、国家民委办公厅印发的《学校民族团结教育指导纲要（试行）》指出：我国是各族人民共同缔造的统一的多民族国家。必须大力加强学校的民族团结教育工作。在各级各类学校扎实抓好以马克思主义民族观、党和国家的民族政策为重点内容的民族团结教育工作，培养各族学生的民族团结意识，提高各族学生维护祖国统一、民族团结、

---

① 教育部、文化部、国家民委：《关于推进职业院校民族文化传承与创新工作的意见》，http：//www. chinesefolklore. org. cn/forum/viewthread. php？ tid = 38021，2014 - 06 - 30。

② 中共中央办公厅、国务院办公厅：《关于实施中华优秀传统文化传承发展工程的意见》，http：//www. scio. gov. cn/zxbd/wz/Document/1541575/1541575. htm，2017 - 02 - 07。

③ 国务院：《关于基础教育改革与发展的决定》，http：//www. jledu. gov. cn/dd/wxzl/zgzygwy/2001/0529/2483. html，2001 - 05 - 29。

反对分裂的自觉性，增强各民族的向心力和凝聚力，是关系中华民族伟大复兴的战略任务，是巩固和发展"平等、团结、互助、和谐"的社会主义民族关系，维护社会稳定和国家统一的必然要求。①

加强中华优秀传统文化教育非常重要，也十分紧迫。加强中华优秀传统文化教育，是深化中国特色社会主义教育和中国梦宣传教育的重要组成部分。中国特色社会主义道路是在对中华民族5000多年悠久文明的传承中走出来的，具有深厚的历史渊源和广泛的现实基础。加强中华优秀传统文化教育，对于引导青少年学生更加全面准确地认识中华民族的历史传统、文化积淀、基本国情，认清中国特色社会主义的历史必然性，坚定走中国特色社会主义道路、实现中华民族伟大复兴中国梦的理想信念，具有重大而深远的历史意义。

加强中华优秀传统文化教育，是构建中华优秀传统文化传承体系，推动文化传承创新的重要途径。当今世界，文化在综合国力竞争中的地位和作用更加凸显，日益成为民族凝聚力和创造力的重要源泉，博大精深的中华优秀传统文化是我们在世界文化激荡中站稳脚跟的根基。青少年学生是祖国的未来和民族的希望，加强对青少年学生的中华优秀传统文化教育，对于培养中华优秀传统文化的继承者和弘扬者，推动文化传承创新，建设社会主义先进文化具有重要作用。加强中华优秀传统文化教育，对于引导青少年学生增强民族文化自信和价值观自信，自觉践行社会主义核心价值观具有重要作用。

要坚持中华优秀传统文化教育与时代精神教育和革命传统教育相结合。既要大力弘扬以爱国主义为核心的民族精神，又要积极弘扬以改革创新为核心的时代精神，继承和弘扬革命传统文化。

中华优秀传统文化是中华民族语言习惯、文化传统、思想观念、情感认同的集中体现，凝聚着中华民族普遍认同和广泛接受的道德规范、思想品格和价值取向，具有极为丰富的思想内涵。加强对青少年学生的中华优秀传统文化教育，要以弘扬爱国主义精神为核心，以家国情怀教育、社会关爱教育和人格修养教育为重点，着力完善青少年学生的道德品质，培育理想人格，提升政治素养。增强国家认同，培养爱国情感，

---

① 教育部办公厅、国家民委办公厅：《关于印发〈学校民族团结教育指导纲要（试行）〉的通知》，http://www.seac.gov.cn/gjmw/zwgk/2008-12-16/1229136024014559.htm，2008-12-16。

树立民族自信，形成为实现中华民族伟大复兴的中国梦而不懈努力的共同理想追求，培养青少年学生做有自信、懂自尊、能自强的中国人。小学低年级，以培育学生对中华优秀传统文化的亲切感为重点，开展启蒙教育，培养学生热爱中华优秀传统文化的感情。[①]

五　注重地区特点和民族特点

实施素质教育应当贯穿于幼儿教育、中小学教育、职业教育、成人教育、高等教育等各级各类教育，应当贯穿于学校教育、家庭教育和社会教育等各个方面。在不同阶段和不同方面应当有不同的内容和重点，相互配合，全面推进。在不同地区还应体现地区特点，尤其是少数民族地区的特点。[②]

要把中华优秀传统文化教育系统融入课程体系和教材体系。在课程建设和课程标准修订中强化中华优秀传统文化内容。围绕中华优秀传统文化教育的主要任务，适时启动课程标准修订和课程开发的研究论证、试点探索和推广评估工作。在中小学德育、语文、历史、艺术、体育等课程标准修订中，增加中华优秀传统文化内容比重。地理、数学、物理、化学、生物等课程，应结合教学环节渗透中华优秀传统文化相关内容。鼓励各地各学校充分挖掘和利用本地中华优秀传统文化教育资源，开设专题的地方课程和校本课程。还要将中华优秀传统文化教育纳入课程实施和教材使用的督导范围，定期开展评估和督导工作。[③]

六　发挥职业教育的基础性作用

推进职业院校民族文化传承与创新是发挥职业教育基础性作用，发展壮大中华文化的基本要求。文化是民族的血脉，是人民的精神家园。优秀民族文化是我国各民族共有的精神财富。职业教育作为国民教育的重要组成部分，是民族文化传承创新的重要载体。推动职业院校把"授业"与"育人"有效结合，把弘扬中华民族优秀传统文化作为教育教学的重要任务。要发挥职业教育在文化育人和文化传承创新中的基础作用。

---

① 教育部：《关于印发〈完善中华优秀传统文化教育指导纲要〉的通知》，http：//www. gov. cn/xinwen/2014 – 04/01/content＿ 2651154. htm，2014 – 04 – 01。

② 中共中央、国务院：《关于深化教育改革全面推进素质教育的决定》，http：//www. edu. cn/zong＿ he＿ 870/20100719/t20100719＿ 497966. shtml，2010 – 07 – 19。

③ 教育部：《关于印发〈完善中华优秀传统文化教育指导纲要〉的通知》，http：//www. gov. cn/xinwen/2014 – 04/01/content＿ 2651154. htm，2014 – 04 – 01。

通过推进职业院校民族文化传承与创新，提高职业院校学生的民族文化素养，进一步提升学校服务社会主义文化发展的能力；创新人才培养模式，提高民族文化相关专业学生，特别是民族地区学生的职业技能，促进就业，提高就业质量；促进职业教育专业结构调整，优化专业布局，推动民族地区职业教育特色发展；推动职业教育与非物质文化遗产传承人才培养相结合；借民族文化之力，培养高素质技术技能人才，为民族特色产业、文化产业发展提供人才支撑。

要推动民族文化融入学校教育全过程。推动民间传统手工艺传承模式改革。利用职业教育改造民间传统手工艺父子师徒世代相继、口传身授的传承模式，使传承更加规范、系统、科学。推动传统手工技艺与时代发展相结合，与科技进步相结合，与国际市场相结合，提升传统手工艺品的品质，打造具有中国特色、世界一流的高端手工艺品产业。

要围绕区域民族特色产业、民族文化产业，优化职业教育专业布局，使职业教育专业设置更加符合国情、省情、市情。加强传统手工技艺、民间美术工艺、民族表演艺术等民族文化相关专业建设，紧密结合国家重点产业、新兴产业和区域民族特色产业、文化产业的发展需求，使职业教育专业设置更加符合国情、省情、市情。通过专业设置调整与优化，加强相关专业建设，推动民族地区职业教育走特色发展之路。①

七　加强组织领导和政策保障

2017 年 1 月 25 日中共中央办公厅、国务院办公厅印发的《关于实施中华优秀传统文化传承发展工程的意见》指出：实施中华优秀传统文化传承发展工程，必须要加强组织领导和政策保障。

第一，要加强中华优秀传统文化传承发展工程的组织领导。各级党委和政府要从坚定文化自信、坚持和发展中国特色社会主义、实现中华民族伟大复兴的高度，切实把中华优秀传统文化传承发展工作摆上重要日程，加强宏观指导，提高组织化程度，纳入经济社会发展总体规划，纳入考核评价体系，纳入各级党校、行政学院教学的重要内容。各级党委宣传部门要发挥综合协调作用，整合各类资源，调动各方力量，推动形成党委统一领导、党政群协同推进、有关部门各负其责、全社会共同

---

① 教育部、文化部、国家民委：《关于推进职业院校民族文化传承与创新工作的意见》，http：//www. chinesefolklore. org. cn/forum/viewthread. php？ tid＝38021，2014－06－30。

参与的中华优秀传统文化传承发展工作新格局。各有关部门和群团组织要按照责任分工，制定实施方案，完善工作机制，把各项任务落到实处。

第二，要加强政策保障。加强中华优秀传统文化传承发展相关扶持政策的制定与实施，注重政策措施的系统性、协同性、操作性。加大中央和地方各级财政支持力度，同时统筹整合现有相关资金，支持中华优秀传统文化传承发展重点项目。制定和完善惠及中华优秀传统文化传承发展工程项目的金融支持政策。加大对国家重要文化和自然遗产、国家级非物质文化遗产等珍贵遗产资源保护利用设施建设的支持力度。建立中华优秀传统文化传承发展相关领域和部门合作共建机制。制定文物保护和非物质文化遗产保护专项规划。制定和完善历史文化名城名镇名村和历史文化街区保护的相关政策。完善相关奖励、补贴政策，落实税收优惠政策，引导和鼓励企业、社会组织及个人捐赠或共建相关文化项目。建立健全中华优秀传统文化传承发展重大项目首席专家制度，培养造就一批人民喜爱、有国际影响的中华文化代表人物。完善中华优秀传统文化传承发展的激励表彰制度，对为中华优秀传统文化传承发展和传播交流做出贡献、建立功勋、享有盛誉的杰出海内外人士按规定授予功勋荣誉或进行表彰奖励。有关部门要研究出台入学、住房保障等方面的倾斜政策和措施，用以倡导和鼓励自强不息、敬业乐群、扶正扬善、扶危济困、见义勇为、孝老爱亲等传统美德。

第三，加强文化法治环境建设。修订文物保护法，制定文化产业促进法、公共图书馆法等相关法律，对中华优秀传统文化传承发展有关工作作出制度性安排。在教育、科技、卫生、体育、城乡建设、互联网、交通、旅游、语言文字等领域相关法律法规的制定修订中，增加中华优秀传统文化传承发展内容。加大涉及保护传承弘扬中华优秀传统文化法律法规施行力度，加强对法律法规实施情况的监督检查。充分发挥各行政主管部门在传承发展中华优秀传统文化中的重要作用，建立完善联动机制，严厉打击违法经营行为。加强法治宣传教育，增强全社会依法传承发展中华优秀传统文化的自觉意识，形成礼敬守护和传承发展中华优秀传统文化的良好法治环境。各地要根据本地传统文化传承保护的现状，制定完善地方性法规和政府规章。

第四，充分调动全社会积极性创造性。传承发展中华优秀传统文化是全体中华儿女的共同责任。坚持全党动手、全社会参与，把中华优秀传统文化传承发展的各项任务落实到农村、企业、社区、机关、学校等城乡基层。各类文化单位机构、各级文化阵地平台，都要担负起守护、传播和弘扬中华优秀传统文化的职责。各类企业和社会组织要积极参与文化资源的开发、保护与利用，生产丰富多样、社会价值和市场价值相统一、人民喜闻乐见的优质文化产品，扩大中高端文化产品和服务的供给。充分尊重工人、农民、知识分子的主体地位，发挥领导干部的带头作用，发挥公众人物的示范作用，发挥青少年的生力军作用，发挥先进模范的表率作用，发挥非公有制经济组织和社会组织从业人员的积极作用，发挥文化志愿者、文化辅导员、文艺骨干、文化经营者的重要作用，形成人人传承发展中华优秀传统文化的生动局面。①

第二节　地方层面

关于在学校，特别是民族地区中小学进行民族文化教育，还可以在地方政府颁发的地方性法规、规章和规范性文件中得到体现。我们在调研过程中，特别注意收集了近年来，特别是贵州省开展民族民间文化教育活动以来的法规、规章和文件，主要包括：《贵州省民族民间保护条例》（2002 年 7 月 30 日经贵州省第九届人民代表大会常务委员会第二十九次会议通过，自 2003 年 1 月 1 日起施行）、《省教育厅　省民宗委关于在我省各级各类学校开展民族民间文化教育的实施意见》 （黔教发〔2002〕16 号）、《省教育厅　省民委关于大力推进各级各类学校民族民间文化教育的意见》（黔教民发〔2008〕216 号）、《省教育厅　省文化厅　省民宗委关于印发〈贵州省推进职业院校民族民间文化传承创新工作实施办法〉的通知》（黔教民发〔2014〕331 号）、《省民宗委　省教育厅　省文化厅关于印发〈关于全面推进各级各类学校民族文化进校园工作的实施方案〉的通知》（黔民宗发〔2016〕31 号）等。此外，市州教育和民族宗教部门也根据本地区的实际情况，颁发了相应的政策文件，加大了对本地区做好民族文化进校园活动的宏观管理。如 2008 年 5 月 19

---

① 中共中央办公厅、国务院办公厅：《关于实施中华优秀传统文化传承发展工程的意见》，http：//www. scio. gov. cn/zxbd/wz/Document/1541575/1541575. htm，2017 - 02 - 07。

日黔东南州教育局就曾颁发了《黔东南州民族民间文化进课堂实施方案》。其主要内容包括以下几个方面：

一 将民族文化教育纳入素质教育

《贵州省民族民间文化保护条例》第三十条要求：中小学应当将优秀的民族民间文化作为素质教育的内容。少数民族地区的教育机构可以用少数民族语言文字进行双语教学。有条件的高等院校可以开设民族民间文化课程，培养民族民间文化的专门人才。《贵州省民族民间文化保护条例》第三十一条要求：鼓励民族民间文化传承人或者传承单位选择、培养新的传人和依法开展传艺、讲学以及艺术创作、学术研讨等活动。

要全面推进各级各类学校民族民间文化教育。普通中小学，特别是民族地区中小学应当将优秀的民族民间文化作为素质教育的内容。将当地各族人民喜闻乐见的民族民间音乐、绘画、舞蹈、体育、文学，传统手工艺制作等引进教学活动中。[1] 自治地方和民族乡的中小学必须把民族民间文化教育纳入日常教学活动中，围绕当地优秀民族民间文化资源特点，因地制宜地开展民族歌舞、民族声乐、民族体育、民族工艺、民族绘画、民族语言等进课堂活动，尤其是要抓好列入国家和省非物质文化遗产保护的项目进课堂活动。其他地区的学校要从本地实际出发，积极把民族民间文化教育纳入素质教育，将当地各族人民喜闻乐见的民族民间文化引进教学活动中。各职业学校要充分发挥自身的专业优势，立足于丰富多彩的民族民间文化资源，积极开设民族民间音乐、绘画、舞蹈、传统手工艺等专业，有条件的还要开设民族民间文化的特长班，推进民族民间文化传承人才的培养。[2]

在不通晓汉语的少数民族聚居地区，要认真坚持开展"双语"教学。有条件的地方，应将"双语"教学逐步提前到学前教育阶段实施，使这些地方的少数民族学生既能在日常生活中用本民族语言交流，又能使用普通话顺利地完成学业。各级教育行政部门在制订教师培养培训计划中，要把对民族地区"双语"教师的需求作为重点来考虑，制定长期的培养培训计划。要组织力量对本地"双语"教学进行专门研究，不断提高

① 省教育厅、省民宗委：《关于在我省各级各类学校开展民族民间文化教育的实施意见》。
② 省教育厅、省民委：《关于大力推进各级各类学校民族民间文化教育的意见》，http：//www.qnzjyj.cn/Item/283.aspx，2008－07－16。

"双语"教学的质量。

为此，各级教育行政部门和民族事务部门要紧密配合，制定措施，加强民族团结教育，民族法律法规教育。进行广泛深入的调查研究，挖掘、筛选、整理本地有代表性、适合中小学教学的民族民间文化项目，指导学校开展教育活动。要给予必要的经费支持，并制定民族民间文化教育活动的师资培养培训计划。①

2016 年，贵州省民宗委、教育厅、文化厅印发了《关于全面推进各级各类学校民族文化进校园工作的实施方案》的通知，要求进一步推进民族文化进校园工作。从 2016 年起到 2020 年，力争省、市（州）、县（自治县）各级民族民间文化教育项目学校达到 1000 所。②

二 逐渐把民族文化传承由自然引向自觉

中华文化是由各民族的文化共同构成的，我国各少数民族在长期的社会历史实践中创造了自己优秀的传统文化。继承、发展和繁荣少数民族优秀传统文化，对于增强民族团结、提高民族文化素质、丰富各族人民的精神生活、促进社会主义精神文明和物质文明建设，都具有重要意义。

贵州省是全国民族大省之一，48 个少数民族遍布全省。贵州少数民族文化享誉世界，其继承和发展的情况越来越受到社会各界的关注。在实施西部大开发伟大战略，全面推进贵州省各民族经济、文化、教育事业发展的进程中，把贵州定位为建设民族风情与旅游大省，更加显示出挖掘、整理、继承发展贵州省少数民族优秀传统文化的必要性、重要性和紧迫性。对此，贵州省各级教育、民族事务部门和各级各类学校都负有重要责任。为了认真执行《贵州省民族民间文化保护条例》，民族地区中小学校多年来坚持将当地少数民族喜闻乐见的民族民间文化引入课堂，收到了很好的效果，培养了一大批多才多艺的少数民族人才，是因地、因校制宜，积极参与民族民间文化保护的重要内容。③

民族民间文化教育活动的开展，不但丰富了课堂教学内容，培养了

---

① 省教育厅、省民宗委：《关于在我省各级各类学校开展民族民间文化教育的实施意见》。
② 省民宗委、省教育厅、省文化厅：《关于印发〈关于全面推进各级各类学校民族文化进校园工作的实施方案〉的通知》，http：//www. gzmw. gov. cn/index. php? a = show&c = index&catid =33&id =18874&m = content，2016 - 04 -25。
③ 省教育厅、省民宗委：《关于在我省各级各类学校开展民族民间文化教育的实施意见》。

学生学习兴趣，而且传承了优秀的民族民间文化，培养了民族文化艺术
人才，促进了素质教育和办学水平的提高。要深化认识，积极推进各级
各类学校民族民间文化教育。开展民族民间文化教育，是保护和传承优
秀民族民间文化的需要。民族民间文化是各民族在长期生产生活中创造
和积淀的文明成果，是各民族共同生存和发展的重要条件。当今，文化
越来越成为民族凝聚力和创造力的源泉，成为综合国力竞争的要素。随
着经济全球化和我国现代化进程的加快，民族民间文化正受到前所未有
的冲击，许多优秀民族民间文化濒临消失或失传，保护和传承优秀民族
民间文化成为全社会共同的责任。通过在各级各类学校开展民族民间文
化教育，从小培养保护民族民间文化的意识，逐渐把优秀民族民间文化
的传承由自然引向自觉，由家庭引向学校，由分散引向集中，进一步拓
展保护和传承民族民间文化的渠道。通过在各级各类学校开展民族民间
文化教育，不仅能够保护和传承优秀民族民间文化，也可为"多彩贵州"
繁荣发展源源不断地输送民族民间文化人才。①

　　在民族民间文化教育活动中，职业院校担负着重要使命。要推进职
业院校民族民间文化传承创新工作，创建弘扬优秀传统文化的校园环境。
把弘扬中华民族优秀传统文化作为学校教育教学的重要任务，加强校园
文化建设，创建具有民族文化和地方文化特色的校园环境，注重在校园
展示民族民间文化成就、民族民间文化教育成果，开展丰富多彩的民族
文化课外教育传承活动，突出校园环境的民族地域文化元素，推动民族
文化融入学校教育全过程，形成良好的民族民间文化教育氛围。开发建
设一批民族民间文化教育课程。各级职业院校要根据本校专业特点和学
科结构，依托贵州省丰富的非物质文化遗产代表性项目，组织力量深入
挖掘民族民间文化资源内涵，系统收集和整理民族民间艺术、传统生产
工艺和加工技术，积极吸纳社会专业人士和民间力量参与共同开发优质
教学资源，鼓励学校开发特色课程、精品课程和校本教材，实现非物质
文化遗产的科学传承。在课程开发与设计的过程中，要突出贵州自然、
文化遗产和非物质文化遗产与现代科技文化元素的融合，重点构建生活
智慧与生态文化、民间艺术与消费品设计、传统音乐与现代演艺、民族

---

　　① 省教育厅、省民委：《关于大力推进各级各类学校民族民间文化教育的意见》，http://
www.qnzjyj.cn/Item/283.aspx，2008 - 07 - 16。

医药与临床发展、传统民俗与文化创意、民间餐饮与特色食品、民族工艺与旅游商品、传统技艺与数字化保护、民间文学与动漫设计、乡土文化与环保包装等课程模块，为促进多民族文化与相关产业融合发展提供教育服务和专业支持。①

要科学定位课程目标。民族文化教育课程建设要以艺术体育课程为主，突出民族文化特色，加强实践活动环节。要以身心健康为基础，以审美观念和民族文化素养培养为核心，以创新能力培育为重点，科学定位各级各类学校民族文化教育课程。第一，义务教育阶段学校课程要注重激发学生民族文化兴趣，传授必备的基础知识和技能，发展民族文化想象力和创新意识，帮助学生形成一两项民族文化特长爱好，培养学生健康向上的审美情趣、审美格调、审美观念。第二，普通高中课程要满足学生不同民族文化爱好和特长发展的需要，体现课程的多样性和可选择性，丰富学生的民族文化审美体验，开拓学生的人文视野。第三，中职学校和职业院校要根据《教育部 文化部 国家民委关于推进职业院校民族文化传承与创新工作的意见》（教职成〔2013〕2 号）和《贵州省推进职业院校民族民间文化传承创新工作实施办法》（黔教民发〔2014〕331 号）的要求和规定，特别是获得省教育厅、省文化厅和省民宗委支持的职业院校民族民间文化特色重点支持专业（学科）、教育创新团队和教育名师工作室的职业院校，要根据市场需求，利用当地民族文化特色优势，培养学生的民族文化兴趣和特长，将艺术技能和职业技能培养有机结合，为学生融入社会、创业就业和健康快乐生活奠定基础。第四，普通高校课程要依托本校相关学科优势和当地教育资源优势，拓展教育教学内容和形式，引导学生完善人格修养，强化学生的民族文化意识和民族文化创新意识，增强学生传承弘扬民族文化的责任感和使命感。②

三 有效服务地方经济和社会发展

开展民族民间文化教育，是"多彩贵州"繁荣发展的需要。近年来，贵州省委、省政府加大力度对优秀民族民间文化进行挖掘、整理与提高，

---

① 省教育厅、省文化厅、省民宗委：《关于印发〈贵州省推进职业院校民族民间文化传承创新工作实施办法〉的通知》，http：//www. gzsedu. cn/Item/131967. aspx，2016－07－15。

② 省民宗委、省教育厅、省文化厅：《关于印发〈关于全面推进各级各类学校民族文化进校园工作的实施方案〉的通知》，http：//www. gzmw. gov. cn/index. php？a＝show&c＝index&catid＝33&id＝18874&m＝content，2016－04－25。

打造了极具影响力的"多彩贵州"文化品牌，树立了贵州的良好形象。极为丰富、独具魅力的民族民间文化，是"多彩贵州"永不枯竭的源泉。随着"多彩贵州"文化品牌的不断延伸，对各类民族民间人才需求将会增加。通过在各级各类学校开展民族民间文化教育，不仅能够保护和传承优秀民族民间文化，也可为"多彩贵州"繁荣发展源源不断地输送民族民间文化人才。①

要实现民族文化教育更好地服务于贵州省经济和社会发展的工作目标，有必要建立职业教育与非物质文化遗产传承人才培养、优秀民族民间文化教育保护与非教育保护相结合的有效机制。增强职业院校师生的文化自觉和文化自信，提高学生的人文素养和民族文化技能技艺，为民族特色产业、文化产业发展提供人才支撑。创建贵州多民族文化教育保护与产业应用相结合的有效途径。促进职业教育有关学科专业建设与民族民间文化资源优势的有机结合，促进原生态文化资源向产品转化，提升产业发展文化内涵，推进文化传承、文化创意与实体经济融合发展。②

四 民族文化教育形式要多元化

民族民间文化教育形式应灵活多样，可通过地方课程和学校课程开设专门课程，也可以在相关课程中有计划地安排教学内容，并结合课外活动、兴趣小组、劳动技术教育、综合实践活动等进行。③

要进一步强化教学的规范性。开展民族民间文化教育的学校要突出地方民族特色，把民族民间文化教育列入学校的整体教学目标进行安排，纳入年度工作进行考评。科学制定民族民间文化进课堂的教学计划，可以开设专门课程，也可以在相关课程中安排教学内容，还可以结合课外活动、兴趣小组、劳动技能教育、社会实践活动等进行教学。各地教育局教研室要加强对民族民间文化进课堂的教学、教研、教改工作，评选和推出优质课、精品课，组织开展形式多样的观摩教学活动，推动民族民间文化教学水平不断提高。进一步强化成果的展示。开展民族民间文化教育的学校，要广泛组织班级之间、年级之间的民族文化活动，不断

---

① 省教育厅、省民委：《关于大力推进各级各类学校民族民间文化教育的意见》，http://www.qnzjyj.cn/Item/283.aspx，2008 – 07 – 16。

② 省教育厅、省文化厅、省民宗委：《关于印发〈贵州省推进职业院校民族民间文化传承创新工作实施办法〉的通知》，http://www.gzsedu.cn/Item/131967.aspx，2016 – 07 – 15。

③ 省教育厅、省民宗委：《关于在我省各级各类学校开展民族民间文化教育的实施意见》。

充实和改进教学内容，使活动更有观赏性、更具教育功能。有条件的学校要积极组织参加当地传统节日活动及专业比赛，增强民族民间文化的社会实践，不断提高学生的表演才能和动手能力。省教育厅、省民委定期举办民族民间文化教育成果展示，展示和交流各校开展民族民间文化教育的成果和经验，促进相互学习、相互提高。各地也要定期举办民族民间文化教育成果展示活动。①

推行丰富多样的民族民间文化教育教学模式。推行技能训练、情景学习、探究学习、兴趣小组、社团活动、项目教学、案例教学、工作过程导向教学等教学模式。改革民间传统手工艺传承模式，开展学校与民族文化相关企业、民间艺人、非物质文化遗产传承人开展联合招生、联合培养的现代学徒制试点，将经验继承、技艺传承与认知学习有机结合，利用职业教育完善民间传统口传身授的传承模式。支持学生开展与现代科技和时代元素融合的民族文化衍生品、民间工艺美术品、传统手工艺品等的设计制作与展示展演活动。②

要深化学校民族文化教育教学改革。深入开发利用好当地的民族文化资源，在保持民族文化特色的同时，在实践性、观赏性、趣味性和大众性上下功夫，增强民族文化的传播功能。要依托现有资源，搭建开放平台，拓展民族文化教育空间。努力在民族文化进校园项目学校取得一批综合改革的重要成果，发挥示范带动作用，推动学校民族文化教育的整体发展。创新民族文化传承人培养模式。各地在民族文化进校园的过程中要首先对本地民族文化资源进行调研摸底，把具有特殊技艺和传承能力的民间传承人请进校园担任初始的传承教师，在传承的过程中注意发现和重点培养学生中民族文化传承人苗子，用高年级带低年级的办法不断扩大传承面。鼓励各级各类学校组建校民族艺术团、民族文化兴趣小组或民族体育代表队，开展多种形式的培训、比赛和交流活动。有条件的地方，还可以成立民族文化创新工作室等，形成民族文化品牌研发和民族文化传承人后备人才输送的链条。加强民族文化教育科研工作。

---

① 省民宗委、省教育厅、省文化厅：《关于印发〈关于全面推进各级各类学校民族文化进校园工作的实施方案〉的通知》，http：//www. gzmw. gov. cn/index. php？a = show&c = index&catid = 33&id = 18874&m = content，2016 - 04 - 25。

② 省教育厅、省文化厅、省民宗委：《关于印发〈贵州省推进职业院校民族民间文化传承创新工作实施办法〉的通知》，http：//www. gzsedu. cn/Item/131967. aspx，2016 - 07 - 15。

各地应鼓励教职员工和高校高年级本科生、研究生积极从事民族文化研究，并为他们创造研究条件，运用研究成果。从 2016 年起，省民宗委设立民族文化教育专项课题，鼓励各级各类学校师生深入研究民族文化进校园的重大理论和现实问题，打造高校民族文化教育研究的高地和决策咨询的重地。加强基础教育阶段民族文化类学科教研队伍建设，努力造就一支有事业心、有责任感、有竞争力的民族文化科研队伍。①

五　结合自身实际和当地特色编写教材

少数民族聚居地方，可由市（州、地）教育行政部门，民族事务部门统一组织编写相关的地方教材、补充教材，主要供教师使用，② 进一步强化教材的编写工作。组织人员编写《贵州省民族文化教育课程标准》，使民族文化进校园的学校有本可依，按纲授课。同时鼓励各学校结合自身实际和当地特色组织编写校本教材。各地要成立由民族文化专家、学者及有关部门工作人员组成的民族民间文化进课堂教材编写领导小组，在对当地优秀民族民间文化进行深入挖掘整理的基础上，结合教学特点，分别编写小学和中学民族民间文化进课堂的乡土教材。相同文化类型的地区应加强统筹协调，编写和使用相对统一的教材，便于教学。③

六　构建具有贵州特色的民族教育

开展民族民间文化教育，是构建具有贵州特色民族教育的需要。各级各类学校聚集了各年龄阶段的青少年，有利于对民族民间文化进行挖掘和传承，必须勇于担当起弘扬和传承优秀民族民间文化的重任。通过在各级各类学校开展民族民间文化教育，丰富素质教育内容，增强教学吸引力，有利于把广大学生培养成为既能够熟悉、运用、传承优秀民族民间文化，又具有扎实科学文化知识、强烈的民族自信心的中国特色社会主义事业的建设者和接班人，从而构建具有贵州特色的民族教育。

民族民间文化教育项目学校要发挥好示范作用，围绕有一个合理的教学计划、有一套完整的乡土教材、有一支过硬的教师队伍、有一批适

---

① 省民宗委、省教育厅、省文化厅：《关于印发〈关于全面推进各级各类学校民族文化进校园工作的实施方案〉的通知》，http：//www. gzmw. gov. cn/index. php？a = show&c = index& catid = 33&id = 18874&m = content，2016 - 04 - 25.

② 省教育厅、省民宗委：《关于在我省各级各类学校开展民族民间文化教育的实施意见》。

③ 省民宗委、省教育厅、省文化厅：《关于印发〈关于全面推进各级各类学校民族文化进校园工作的实施方案〉的通知》，http：//www. gzmw. gov. cn/index. php？a = show&c = index&catid = 33&id = 18874&m = content，2016 - 04 - 25.

用的教学设施、有一台特色的演示节目的"五有"要求，进一步规范教学计划、教学内容、教材教具，加强教师队伍建设，丰富教学和活动形式，不断提高教学质量，为把民族民间文化教育培育成为贵州省民族教育的特色和亮点做贡献。[①]

要下力气培养一批具有文化传承创新能力的技能人才。根据贵州省培育特色优势产业和推进文化创意和设计服务等新型、高端服务业发展的需要，在部分涉及有关民族特色产业、文化产业的专业改革招生政策，拓宽招生渠道和范围，改进教育传承方式，重视学校教育与产品开发、实训体验和就业需求相结合，重点培养一大批在文化创意设计、民族民间医药、民间特色种养、民族风情旅游、民族手工艺品开发等领域具有民族文化素养和技能技艺的劳动者，服务民族特色产业、文化产业的转型升级，提高贵州制造与服务的文化附加值和国际竞争力。[②]

要建立民族文化育人机制。民族文化的保护传承，需建立学校、家庭、社会多位一体的协调机制，推动民族文化教育协同创新，积极探索建立教育、民宗、宣传、文化、广电、体育等部门及文艺团体的长效合作机制，建立推进民族文化进校园工作的部门间协调机制。要加大经费投入力度。省级民族教育专项补助经费将主要投向民族文化进校园项目学校及双百工程学校，各地教育、民宗、文化部门要向党委政府主动汇报，加强协调，力争把民族文化教育所需经费列入本级财政年度预算。要通过多种渠道筹措资金，满足开展民族文化教育的基本需求，建立学校教学器材补充机制。积极争取将更多的民族文化体育建设项目布点在学校，促使学校资源与社会资源互动互联，推动校内外资源设施共建共享。鼓励各地筹措和利用社会资金加大对学校民族文化教育的投入。要探索建立民族文化教育评价制度。各地要积极开展中小学生民族文化艺术素质测评，抓好一批试点学校，及时总结推广，发挥示范带头作用。实施中小学校自评制度，学校每学年要开展一次民族文化教育和美育工作自评，纳入考核内容，并通过当地民宗、教育、文化部门的官方网站

---

① 省民宗委、省教育厅、省文化厅：《关于印发〈关于全面推进各级各类学校民族文化进校园工作的实施方案〉的通知》，http：//www. gzmw. gov. cn/index. php？a = show&c = index&catid = 33&id = 18874&m = content，2016 – 04 – 25。

② 省教育厅、省文化厅、省民宗委：《关于印发〈贵州省推进职业院校民族民间文化传承创新工作实施办法〉的通知》，http：//www. gzsedu. cn/Item/131967. aspx，2016 – 07 – 15。

向社会公示自评结果。各级民族宗教、文化部门要主动配合教育部门总结本地区各级各类民族文化教育工作，编制年度报告，制定下一年度计划。①

七 培养民族民间文化的专门人才

进一步加强民族文化课程师资的建设。民族民间文化教育是一项长期的工作，教师则是民族民间文化教育能否持续开展并取得实效的关键。各地要制定民族民间文化教育师资培养计划，采取一些特殊政策措施，多渠道、多形式解决师资缺乏的问题。要充分利用现有的教师资源，采取选送进修、短期培训等形式，使那些具有特长的教师能够达到民族民间文化课的教学要求。要充分发挥民族民间艺术人才资源优势，鼓励民间歌师、舞师、建筑师、工匠师及民族民间演出队伍，走进课堂进行教学，尤其是聘请国家和省公布的非物质文化遗产项目代表性的传承人进行授课，解决民族民间文化教育专业师资不足的问题。有条件的高校要设立民族民间文化教师培训基地，加大民族民间文化专任教师培训力度。②

有条件的高等院校应开设民族民间文化课程，培养民族民间文化的专门人才。民族高等院校要加大力度，坚持办好民族史、民族文化、民族语言等相关专业，培养专业人才；为全省民族民间文化教育培养专业教师；加强对民族文化的研究，在全省民族民间文化教育中发挥好"龙头"作用，并有计划地组织专家、学者，指导全省各级各类学校民族民间文化教育活动。③

民族高等院校要坚持办好民族文化、民族体育、民族语言、民族医药、民族艺术等相关专业，积极为全省民族民间文化教育培养专业教师。同时，切实加强对民族民间文化的研究，有计划地组织专家、学者对全省民族民间文化教育活动进行指导，充分发挥在全省民族民间文化教育中的"龙头"作用。还要积极配合教育行政部门编写民族音乐、歌舞、体育、绘画、工艺教育的教材。有条件的高等院校还应开设民族民间文

---

① 省民宗委、省教育厅、省文化厅：《关于印发〈关于全面推进各级各类学校民族文化进校园工作的实施方案〉的通知》，http：//www. gzmw. gov. cn/index. php？a = show&c = index& catid = 33&id = 18874&m = content，2016 - 04 - 25。

② 省教育厅、省民委：《关于大力推进各级各类学校民族民间文化教育的意见》，http：//www. qnzjyj. cn/Item/283. aspx，2008 - 07 - 16。

③ 省教育厅、省民宗委：《关于在我省各级各类学校开展民族民间文化教育的实施意见》。

化课程，培养民族民间文化的专门人才。①

培养一支民族民间文化职业教育传承队伍任重道远。提高职业院校服务民族文化传承创新的能力，促进贵州非物质文化遗产保护与传承，推动民族地区职业教育的内涵建设和特色发展，使职业院校成为推动贵州省多民族文化大发展的重要力量。建设一批体现民族文化优势的特色学科专业。围绕区域民族特色产业、民族文化产业，优化学校专业布局，大力加强与民族民间文化相关的民族医药、民族音乐、传统戏剧、文化创意、产品设计、艺术衍生品设计、广告设计、特色动植物种养、食品制作加工、农耕体验、动漫游戏、旅游服务、传统手工艺品开发等专业学科建设，制订相关专业教学标准，重点建设一批民族文化传承创新专业点。将民族传统工艺、美术、民族医药等特色学科，民族表演艺术、民族传统体育等特色专业打造成在全国有影响的职业教育示范专业、示范学科。在特色学科专业建设的过程中，要特别重视以非物质文化遗产名录为重点的民族民间文学、民间手工技艺、传统舞蹈、传统戏剧、传统美术、传统医药、传统体育、游艺与杂技等的深度调查、专业提炼、学科转化和教育挖掘，从多学科视角加强基础研究，运用现代科学、高新技术对民族民间文化进行专业性挖掘保护和创造性转化发展，以提升贵州民族民间文化教育价值，彰显贵州文化比较优势。教师聘用方面，鼓励歌师、绣娘、银匠、木匠等民间艺人、非物质文化遗产传承人参与职业教育教学，聘请非物质文化遗产传承人等担任职业院校兼职教师、专业带头人、教学顾问、兼职教授等，通过招考、聘用、转型、整合等途径引进培育一批与民族民间文化教育传承有关的专业课教师。支持学校设立合同聘用制的非物质文化遗产传承指导教师特设岗位，建立高技能教育人才绩效工资和特殊岗位津贴制度。2015 年底前，民族自治地方的州、县有关部门要制定民族文化传承人到职业院校担任兼职教师的具体支持政策。团队建设方面，重点围绕贵州省国家级、省级非物质文化遗产名录在学校建设若干民族民间文化教育创新团队，为团队建设搭建工作平台，如设立非物质文化遗产传承人工作室、民族民间文化教育名师工作室、民族民间文化软件工作室等；鼓励整合校内外人力、物力和

---

① 省教育厅、省民委：《关于大力推进各级各类学校民族民间文化教育的意见》，http：//www. qnzjyj. cn/Item/283. aspx，2008 - 07 - 16。

财力资源，设立民族民间文化课程资源开发研究室、民族民间工艺和产品开发中心、非物质文化遗产传习所或传承创新实训基地等。鼓励和支持学术团体、科研机构、企业和职业院校定期举办多种形式的民族民间文化教育研讨交流和专题培训活动，2016 年起，省教育厅、省文化厅、省民宗委将每两年组织举办一次民族民间文化教育成果展（成果评奖活动）或民族民间文化教育论坛。①

要注重民族文化课程师资队伍建设。各级教育部门和各级各类学校要把民族文化师资队伍建设放到重要位置，努力建设一支师德高尚、熟悉业务、结构合理、充满合力的高素质民族文化教师队伍。各地要采取有效措施破解中小学校民族文化教师紧缺的难题。整合各方资源充实教学力量，教育部门要联合和依托文化部门及相关单位，聘请民族文化艺术家和民族民间艺人进入校园，担任兼职民族文化艺术教师。要通过开展民族文化优质课、精品课评选，搭建教学交流平台，加强经验交流和培训。省民宗委将根据近年来与省文联联合开展的 1000 名民族工艺人才培训、100 名民族工艺大师的命名和 10 名民族文化产业领军人才培养以及拟于"十三五"期间在全省挂牌示范 1000 个民族工艺传习所的情况，向有关学校推荐条件合适的对象作为民族民间文化教育师资人选，省民宗委、省教育厅、省文化厅将总结近年来民族文化教育师资培训情况，加大对民族文化带头人特别是乡村教师的培训力度。②

八 加强对民族文化教育的领导

要有效推进各级各类学校民族民间文化教育，必须切实加强对此项工作的领导，推进各级各类学校民族民间文化教育。

第一，制定工作规划。各级教育、民族工作部门要组织有关人员，深入开展调查研究，认真总结工作经验，着力于优秀民族民间文化的保护和传承，结合本地的实际，研究和制定本地民族民间文化教育的规划。报经当地党委、政府审定后，认真抓好实施，确保见到成效。

第二，建立协调机制。各级教育、民族工作部门要将民族民间文化

---

① 省教育厅、省文化厅、省民宗委：《关于印发〈贵州省推进职业院校民族民间文化传承创新工作实施办法〉的通知》，http：//www.gzsedu.cn/Item/131967.aspx，2016 - 07 - 15。

② 省民宗委、省教育厅、省文化厅：《关于印发〈关于全面推进各级各类学校民族文化进校园工作的实施方案〉的通知》，http：//www.gzmw.gov.cn/index.php? a = show&c = index&catid = 33&id = 18874&m = content，2016 - 04 - 25。

教育工作列入本单位的工作规划和年度计划，纳入年度目标管理。健全民族民间文化教育工作协调机制，主要领导亲自抓，分管领导具体抓，业务科（室）全力抓，并落实专职人员负责此项工作。要定期召开专题会议，安排部署民族民间文化教育工作，研究解决工作中遇到的困难和问题，并采取切实可行的措施，推动民族民间文化教育健康发展。要根据各自的职能，明确分工，各负其责，协调配合，抓好落实。要加强经常性调查研究，搞好分类指导，推动工作的全面发展。

第三，抓好典型引路。各级教育、民族工作部门要在全面推进民族民间文化教育的同时，按照所要求的条件和程序，命名一批民族民间文化教育的项目学校，从师资培训、经费安排、业务指导等方面予以重点扶持，真正发挥它们在开展民族民间文化教育中的辐射、带动作用。省教育厅、省民委每两年开展一次民族民间文化教育项目学校的评审。凡申报全省民族民间文化教育项目学校，必须是市（州、地）级民族民间文化教育项目学校；申报市（州、地）民族民间文化教育项目学校，必须是县（市、区、特区）民族民间文化教育项目学校。

第四，加大经费投入。各级教育、民族工作部门要主动汇报，加强协调，力争把开展民族民间文化教育所需经费列入当地财政年度预算。各级教育、民族工作部门要从教育经费和民族教育专项经费中，安排一定数量用于民族民间文化教育，帮助解决教师培养培训、教材编写、教学设备购置等方面的特殊问题。开展民族民间文化教育的学校，每年应从生均公用经费中，安排一定比例用于民族民间文化教育活动。加强对民族民间文化教育专项经费的管理，做到专款专用，使有限的资金发挥最大的作用。

第五，完善考核评估。各级教育行政部门要将民族民间文化教育纳入教学评估和督导的内容，作为对学校教学工作的考核内容之一，定期开展民族民间文化教育工作的检查、督导和评估。建立健全激励机制，省教育厅、省民委将定期组织开展民族民间文化教育优质课和精品课评选，定期表彰民族民间文化教育的先进集体和个人，对做出显著成绩的学校，按照有关规定推荐授予"贵州省民族民间文化保护单位"荣誉称号。①

---

① 省教育厅、省民委：《关于大力推进各级各类学校民族民间文化教育的意见》，http：//www. qnzjyj. cn/Item/283. aspx，2008 – 07 – 16。

对推进职业院校民族民间文化传承创新工作同样提出了要加强领导的要求。

第一，组织保障。建立职业院校民族民间文化传承工作联席会议制度，从2015年起，由省教育厅牵头，省教育厅、省文化厅、省民族宗教事务委员会每年至少召开一次民族民间文化教育传承工作联席会议，重点研究职业院校民族民间文化教育工作推进过程的经费安排、队伍建设和监督考核等工作。

第二，经费支持。每年由省教育厅从职业教育专项经费中安排300万元、省民宗委从省级民族教育专项经费中安排200万元，共计500万元，用于民族民间文化教育特色重点专业建设、民族民间文化教育创新团队建设、非物质文化遗产教育名师工作室建设。推动民族文化教育创新与民间传统手工技艺传承模式改革，重点建设一批民族文化传承创新专业点。

第三，项目支持。到2020年，在职业院校设立民族民间文化特色重点支持专业（学科）30个以上，建立民族民间文化传承创新团队30个左右，从2015年开始每年分别筛选5个以上专业（学科）、教育团队给予一定的经费支持，主要用于民族民间文化的课程资源开发、技术技艺积累创新和教育传承培养方式研究等。在中等职业教育示范专业、高等职业院校示范专业和省级优秀教育科研成果、教学成果的评选中对民族民间文化教育传承创新项目给予倾斜。

第四，加强考核评估。将民族民间文化传承纳入职业院校办学水平和专业教学评估，学校的职业教育质量年度报告必须反映民族民间文化教育传承的成绩。委托社会组织和专业机构对职业院校开展民族民间文化教育传承工作情况进行考核评估，对在民族民间文化教育传承工作中做出重要贡献的教师和学校，授予非物质文化遗产杰出传承人和民族民间文化教育项目学校、少数民族职业教育示范学校、非物质文化遗产优秀保护责任单位等称号。[①]

要切实加强对此项工作的组织领导，还要求形成各部门相互协调、齐抓共管的良好局面。

第一，争取党委政府的重视和支持。各地教育、民宗、文化部门要

---

① 省教育厅、省文化厅、省民宗委：《关于印发〈贵州省推进职业院校民族民间文化传承创新工作实施办法〉的通知》，http://www.gzsedu.cn/Item/131967.aspx，2016－07－15。

加强配合，及时将民族文化进校园工作的开展情况向党委政府汇报，推动党委政府在部署民族文化工作时把民族文化进校园项目学校作为本地区民族文化事业发展的平台；在民族文化教育工作中遇到的师资、经费、器材、场地等困难和问题要及时向党委政府报告，争取研究解决。教育部门应履行好民族文化教育主管责任，负责民族文化进校园的统筹规划、宏观指导和综合管理。文化部门要把学校作为文化传承的主阵地，配合教育部门做好文化传承工作。民族宗教部门要发挥熟悉民族文化、掌握民族政策的优势，协调教育部门把民族文化教育纳入督导指标体系，制定督导办法，定期开展检查，切实当好党委政府在民族文化事业发展方面的参谋和助手。

第二，把民族文化进校园纳入重要工作日程。各地要高度重视民族文化进校园工作，加强领导，精心组织，建立相应工作机制，制定本地区民族文化教育发展规划，实施民族文化进校园项目，明确支持政策，提高管理能力，提升服务水平。省教育厅、省民宗委、省文化厅负责制定全省民族文化进校园示范学校标准，重点抓好省级示范学校建设。市（州、县）教育、民宗和文化部门也应根据本地实际情况，抓好本级示范学校建设。

第三，优化民族文化进校园舆论环境。大力宣传民族文化进校园的理念，民族文化传承功能，校园民族文化先进经验做法，及时报道和传播校园民族文化活动，充分用好全国大中小学生艺术展演活动平台，推动贵州多姿多彩民族文化走出本地，走向全国，在广大学生中掀起学习民族文化、热爱民族文化、传承民族文化、创新民族文化的热潮，在全社会营造关心、支持民族文化进校园工作的良好氛围。①

---

① 省民宗委、省教育厅、省文化厅：《关于印发〈关于全面推进各级各类学校民族文化进校园工作的实施方案〉的通知》，http：//www. gzmw. gov. cn/index. php？a = show&c = index&catid = 33&id = 18874&m = content，2016 – 04 – 25。

第二章 课程开发：内容与价值

我国在全国范围内实行了新一轮的基础教育课程改革，试行了国家课程、地方课程和校本课程三级课程开发与管理体制，有利地推动了我国基础教育改革与发展。

美国学者小威廉姆·E.多尔指出了课程与教学活动的关系：学习和理解来自对话和反思。当我们与他人对话并对我们和他们所说的进行反思时——当我们在我们和他们之间、我们与课本之间"协商交流"时——学习和反思被创造出来（而不是被传递下来）了。课程作为过程的作用在于帮助我们调和这些交流；为达到这一目的，它应是丰富的、回归的、关联的和严密的。①

我国少数民族地区地理条件独特，民族风情浓郁，旅游资源丰富，多姿多彩的地域文化为我国进行课程改革提供了丰富的课程资源。与此同时，民族地区学校也需要通过开发地方课程和校本课程来丰富学生的生活世界，传承优秀的民族传统文化，培养和提高学生对不同民族文化的认同水平，实现民族文化的弘扬和创新。

正是基于这种双重需求，贵州省民族地区中小学开展了以民族文化为主要内容的地方课程和校本课程的建设工作，所取得的成果主要表现在两个方面：第一，民族地区中小学自主设计了大量的以地方文化和民族文化为主要内容的地方课程和校本课程；第二，编写了一大批具有浓郁民族文化特色和地域文化特色的地方教材和校本教材。此类课程和教材都具有内容十分广泛的特点，大致包括学生品德教育、日常行为规范教育、中华传统文化教育、地方风情教育、民族民间文化教育等。其中，民族文化课程的主要内容包括民族体育、民族歌舞、民族文字、民族工

---

① ［美］小威廉姆·E.多尔：《后现代课程观》，王红宇译，教育科学出版社2015年版，第223页。

艺等。

　　具有民族文化特色的地方课程和校本课程的开发，既得到了贵州省各级领导的高度重视，也得到了广大教师与学生的欢迎与支持。各民族地区中小学师生参与的积极性都比较高，出现了一大批积极投身民族文化传承与创新活动的积极分子，赢得了良好的社会声誉。

第一节　课程设计

　　课程设计首先面临的是对优秀民族文化元素的选择问题，这是贵州省民族地区中小学民族文化类地方课程和校本课程设计的重要前提。

　　2009 年我们在贵州省黔南布依族苗族自治州都匀市调研时了解到：都匀市 200 多所中小学通过开展"民族文化进校园"和"一校一特"活动，结合本地区本学校民族文化教育资源，设计了一大批具有浓郁地方文化特色及学校办学特色的地方课程和校本课程。其中影响较大的有阳和水族乡中心学校的"水书"和蜡染、坝固民族小学的"苗文课"和"双语文"教学、洛邦中学的拳击和绕家民族文化（绕家板凳舞、绕家古歌）、民族中学的"艺术"和"体育"等课程和王司镇中心完小编写的《话说王司》、第八小学编写的《交通安全教育》、第十一小学编写的《我爱家乡——都匀》等教材。

　　我国自古就是一个多民族的国家，各民族都有自己独特的文化，也正是因为有了这些独具特色的少数民族文化，中华文化才显得璀璨瑰丽而又源远流长。从各少数民族文化传统的文化元素看，它们的使用范围和存在区域是不同的。从文化元素使用范围看，有些文化元素存在于多个少数民族中，而有些文化元素则只存在于某个单一民族中。从文化元素存在区域看，有些文化元素存在的范围较大，甚至是跨国界、跨省界；而有些文化元素存在的范围就相对狭窄，甚至是"十里不同风，百里不同俗"。民族文化的这一特点，决定了民族文化类地方课程和校本课程设计和实施的多样性。

　　从贵州省民族地区中小学民族文化类地方课程和校本课程设计和实施的情况看，主要存在三种类型，这三种类型间的区别在于民族文化元素存在的范围以及影响力的不同。

一　一般民族文化元素的课程设计

一般民族文化元素的课程是基于民族文化元素存在范围广和影响力大的特点而设置的民族文化类课程。大部分的学校都开设了此类课程，某些课程还是由州、市教育局统一指定在一定范围内开设，课程设置范围广的特色十分明显。

"苗语课程"就是贵州省民族地区中小学在一般民族文化元素基础上开发的民族文化类课程。

苗族，是一个发源于中国的国际性民族，散布在世界各地。在中国，苗族约为 894 万人（2000 年），其人口总量在我国少数民族中位居第四。主要分布于中国的黔、湘、鄂、川、滇、桂、琼等省区，以及东南亚的老挝、越南、泰国等国家和地区，传承苗语具有十分重要的意义。

苗语在民族文化传承上的意义重大。苗族是历史上最早与汉族产生经济文化交流的少数民族之一，拥有着悠久的历史和灿烂的民族文化，这些文化信息大量地保存在苗语中或是需要苗语作为载体进行传承。苗语作为苗族文化的一个重要组成部分，在民族文化传承中的地位十分重要。然而，随着时代的发展、社会的进步，苗族集中居住地区需要不断地从传统社会向现代社会转型，与其他民族建立更广泛的交往。流动性的增大，导致了苗族文化不断地被外来文化所影响。苗语作为一种语言文化，其文化的独特性也因此面临着严重的生存危机。语言是文化的一种载体，学习一种语言就意味着学习一种文化，保存一种语言就意味着保存一种文化。相反，失去一种语言不仅意味着失去一种文化、失去一种思维方式、失去一份珍贵的历史文化遗产，而且意味着人类失去一种可供比较、借鉴的文化和信息来源。[①] 语言学家马提亚斯·布伦金格尔说过，"使用人数很少的那些语言，其生存受到双重的威胁：既有来自外部的威胁，也有来自语言社团内部的威胁"[②]。目前的现实是，使用苗语的人数在减少，使用的范围在变窄，使用的频率在降低，从而导致了苗语的社会功能在下降，这种状况，严重影响着苗语的传承和苗族优秀文化的发展。现今社会，苗语已经不仅是记录和传达信息的载体，更是代表

---

① 王远新：《中国少数民族双语教学研究会第九届学术研讨会暨首届国际双语教学研讨会总结报告》，《满语研究》2000 年第 2 期。

② ［德］马提亚斯·布伦金格尔：《少数民族语言——一种文化遗产》，黄长著译，《第欧根尼》1994 年第 2 期。

了整个苗族，是苗族优秀传统文化的象征和重要表现形式，是苗族民族情感和民族意志的积淀，因此，保护和发展苗语对于促进苗族民族文化的传承具有重要意义。

学校对苗语的传承具有至关重要的作用。教育是培养人的重要手段，人类靠教育来传递先人的经验，推动社会的发展和进步。一直以来，家庭、社会和学校在传承民族文化上承担着同等重要的任务，它们是相互促进、相辅相成的关系。但是随着现代化进程的推进和外来文化的猛烈冲击，家庭和社会中随境式的文化传承方式已经难以支撑和延续。因此，学校作为青少年学习生活的重要场所，不可替代地成为少数民族文化传承中最重要的渠道，承担起了传承少数民族优秀文化的重任。除此之外，学校教育的系统性和目的性也使得它相较于家庭和社会传承更为长久，也更为有效，这为学校教育成为民族文化传承中最重要的方式提供了可能性。如果学校在文化传承中不能发挥其应有的作用，将会导致民族教育陷入两难抉择：少数民族学生疏离自己的民族传统，缺少对本民族的认同，缺乏民族自豪感和归属感，民族文化的传承将后继无人。因此，要想更好地传承少数民族优秀文化，就必须将其积极地引入校园，纳入教育体系，使民族文化传承与民族教育相互促进、协调发展，最大程度地发挥学校在少数民族文化传承中的积极作用。

贵州省在苗语传承上具有代表性和示范性。贵州省总人口约为 3500 万，其中苗族约有 430 万，占全国苗族总人口的 48% 左右，是苗族最重要的聚居地之一，也是研究苗语传承的一个重要基地。此外，贵州省也是国内较早提出和开展"民族民间文化教育"活动的省份之一。2002 年10 月，贵州省教育厅和民族宗教事务委员会联合下发的《关于在我省各级各类学校开展民族民间文化教育的实施意见》就明确提及了双语教学的政策，使得苗语在学校中进行传承有了理论的依据和政策的保障。继贵州省之后，湖北、广西、云南等地也开展了"民族民间文化教育"的活动。因此，研究贵州省民族地区中小学教育中的苗语课堂设计与实施问题，对于其他地区少数民族语言教学乃至整个民族文化的传承也具有一定的指导作用。

为此，贵州省民族地区部分中小学，如台江县番省小学，设计出了苗语课程，旨在通过此类课程的开设进一步推动苗语的传承工作。

二　局部民族文化元素的课程设计

局部民族文化元素的课程是基于民族文化元素使用范围比较窄和影响力比较小的特点而设置的民族文化类课程。此类课程一般仅限于在一所学校开设，课程设置范围窄的特色十分明显。

"牙舟陶艺课程"和"石阡木偶戏课程"就是贵州省民族地区中小学在局部民族文化元素基础上开发的民族文化类课程。

我国是历史上最早制造、使用陶器的国家之一，早在远古的新石器时代，中华民族的祖先就开始制作与使用陶器。当时偏居西南蛮夷之地的贵州，虽然远离文化发展较为繁荣的中原地区，但在陶器技艺发展的历程上，却也有着同样悠远的历史和丰厚的文化底蕴。[①] 据考证，早在新石器时代的贵州平坝飞虎山就已经有了制陶的痕迹，在 20 世纪 80 年代的一次考古行动中就挖掘出了近 2000 片绘有简单纹饰的陶器残片，并且其中一定数量的陶片是绘有彩色线条的彩陶。[②] 当汉朝中央在夜郎地区设立郡县时，就有中原人士带着先进的中原文化、巴蜀文化进入到贵州地区，有效地推动了当时贵州经济文化的迅速发展。明朝时中央集权政府实行了大规模的"移民"政策，这一时期是贵州古代历史上发展最为迅速的时期，大批移民带着各地当时的先进文化和先进技术来到贵州，为贵州的发展奠定了最早期的基础。随着外来文化与贵州山区民族文化的碰撞与融合，在思想与技术的交融后出现了一大批新式的文化、技术，这其中就有之后享誉大江南北的牙舟陶。

作为中国十大名陶之一的牙舟陶自明代洪武年间由江西传入贵州牙舟镇，距今已有 600 多年的悠久历史。牙舟陶作为贵州陶业的代表，却有着一段悠久、曲折的发展历史。在明代移民政策的大背景下，一批江西景德镇的陶艺师带着自己一身制陶的手艺和妻儿家眷，举家向当时瘴气毒虫丛生的西南地区迁徙，最后定居在贵州平塘县牙舟镇。经过数年的历练，这批陶艺师逐渐适应了大山里的生活，并惊喜地发现这里蕴藏着丰厚且优质的制陶泥料，周围的山坡也遍是烧窑时不可多得的柴火。于是陶艺师们重操旧业，以制陶为生。经过了数代人的改良、融合和发展，

---

① 段燃：《贵州省牙舟中学牙舟陶校本课程开发与实施研究》，硕士学位论文，中南民族大学，2014 年。

② 陈梅：《贵州传统陶瓷手工艺的现状及其衰落原因简析——以牙舟陶、白碗窑为例》，《大众文艺》2012 年第 14 期。

牙舟陶成为了具有独特地域文化的特色陶器，并逐渐走出大山，最终成为了当时西南地区一颗闪耀的明珠。牙舟陶融入贵州本土陶文化的内涵，在设计上，选择蜡染、刺绣、挑花等图案，以浮雕的手法进行体现；在制作工艺上，早期生产以原始爬坡窑烧柴为主，从打土胚到制模上釉，皆为手工操作，做工细腻，操作仔细，煅烧时间长，质量上乘；在产品外观上，色彩自然、晶莹光润、神韵别致、富有浓厚的民族特色，在中国陶瓷界独树一帜，极具装饰性、艺术性和观赏性。

牙舟陶不仅在器形上具有很高的审美观赏价值，而且经过多次加工改造后更具实用功能。在民国时期，牙舟镇就有 100 多户农家以制陶为生，建有土窑约 50 座，陶器的起色也由最初的两色扩展为黄、青、白、红四色，仅生产的日用陶器就多达 30 多种，作为欣赏用的陶器更是数不胜数。当时的牙舟陶畅销全国，有的甚至远销到东南亚各国。①

牙舟陶在 20 世纪七八十年代曾取得过辉煌的成绩，曾多次代表贵州陶艺被选送参加全国性比赛或展览，其中"鸡纹双耳罐"和"方纹奶罐"等精品曾分别被评为中国国际旅游会旅游纪念优秀作品和原轻工部优秀作品。有些牙舟陶精品还被选送到日本、丹麦等一些国家参加展览，并远销十多个国家。但由于一些原因的影响，牙舟陶逐渐走向衰落，曾一度从业人员只剩几人，且都年事已高，不成规模。随着经济社会发展和人们观念的改变，镇上的年轻人大多选择外出务工，少数留下的也不愿再从事这个行业。牙舟陶面临着后继无人、手艺濒临失传的境地。

为了能够更好地传承贵州省这一传统工艺，黔南布依族苗族自治州平塘县牙舟中学将牙舟陶艺列入该校的校本课程。

中国木偶戏的历史也十分悠久，可以追溯至先秦时期。长久以来，木偶戏深受各个阶层人们的喜爱，已经成为一种重要的民间文艺形式。②石阡县隶属铜仁市，是一个深处贵州东北部腹地的山区小县，是一个多民族聚居，民族传统文化历史悠久、丰富多彩的地方。境内地形复杂、地貌多样，多地下热泉，自然生态保存相当完好，有"热泉之乡"的美誉。石阡有着悠久的文明历史，早在秦代即在县境内置夜郎县。石阡境

---

① 张兴涛：《古朴典雅的牙舟陶》，http://wuxizazhi.cnki.net/Search/XWCT201505001.html。

② 江瑛：《贵州省石阡木偶戏在学校的传承研究》，硕士学位论文，中南民族大学，2014年。

内现有汉、仡佬、侗、苗、土家等 13 个民族，古代各族人民和睦相处，表现出特有的开放心理。

石阡木偶戏就是植根于这样一种文化生态环境之中的木偶戏剧形式，为宋代时仗头木偶的遗存，远可追溯到汉魏时期的"刻木人像"，宗汉代谋臣陈平为祖师。据口传资料，大约在两百年以前，木偶戏传入石阡，由来自湖南辰溪的吴法灵传入，初期称为"木脑壳戏"，艺人们自称其为"短台"，至今已有八代传人。它以木偶或称仗头演绎故事，伴以锣鼓、唱腔，在这样一个群山环绕的山区小县演绎了两百余年。勤劳睿智的石阡各族人民不仅创造了较为富足的物质文明，同时更创造了优秀灿烂的民族民间文化。石阡木偶戏于 2006 年 5 月 20 日入选第一批国家级非物质文化遗产名录。

石阡木偶戏因其古朴的造型和别具一格的表演，深受当时人民群众的喜爱，鼎盛时期的演出范围可辐射到全县各地及周边湘、鄂、渝、黔等省市边区的各民族中。新中国成立前夕，是石阡木偶戏发展的鼎盛时期。新中国成立后，在政府文化政策和地方文化部门的领导推动下，县文化馆曾组织县城附近的木偶戏艺人进行业余演出，1956 年，将全县几个残缺不全的木偶戏班组成了"石阡县木偶剧团"，大幅度地提高了木偶艺人们的社会地位和技艺水平。不仅对木偶艺术整个行业进行了"推陈出新"的改造，而且通过扶持和培养使得木偶戏的内容和形式也变得更加丰富多彩，除了演出传统的戏曲节目外，还表演话剧、歌舞剧、连续故事、滑稽幽默小品等。剧团曾深入石阡、思南、印江、松桃、德江、沿河、铜仁、玉屏、岑巩等邻县城乡巡回演出，在每个村寨的演出时间为半个月，而且每年必演。全县五六个职业戏班，常年应接不暇，大村小寨，常可以听到木偶戏班的演唱、锣鼓声，深受广大人民群众的喜爱。由此，人们把石阡县誉为"木偶戏之乡"。

1958 年 2 月，木偶剧团并入了石阡县文工团。当时已有部分艺人告老还乡。1960 年，由于经济困难，木偶戏随文工团一并解散。石阡木偶戏逐渐走向衰落。党的十一届三中全会以后，在石阡县委和县政府的重视下，经过几位木偶艺人的共同努力，重制了木偶戏装和道具，使中断了 20 余年的木偶戏艺术得以重新与广大观众见面。但由于各种原因，这一重获艺术生命的艺术形式，在演出 50 余场后旋即停演。

在民族地区改革开放的大背景下，现代文明与传统文化发生着激烈的碰撞，导致石阡木偶戏急剧衰弱。人们的商品意识急骤提升，纷纷下海打工，石阡木偶戏已无后续从业人员。现代化工业艺术产品极大影响了人们的精神文化趣味，石阡木偶戏被贬斥为土、俗气、落后和没品位，毋庸讳言，现今尚存的石阡木偶戏与现代木偶戏相比较，显得比较原始和粗俗，也因此失去了原有的观众群体。伴奏乐器、头子、戏装的损坏；唱腔、表演得不到及时整理以至于迅速失传；演出剧目多停滞在未经整理的一些古老剧目上；剧情显得过于松散拖沓，情节亦多重复，甚至存在某些淫秽与荒诞的内容；有些剧目，由于祖辈口传，没有固定剧本，剧情长短，全由艺人临时编凑，谬误甚多；音乐伴奏，也显得单调；艺人唱腔仍袭用旧的发声方法；灯光、布景更是简陋粗糙。这些都是石阡木偶戏面临的现实问题。

为了传承这一具有鲜明地方特色的文化遗产，石阡县开展了"濒临失传的技艺进校园"活动。2006 年，石阡县民族中学将石阡木偶戏作为特色教改和素质教育的重要举措列入民族文化类校本课程，进入课堂，并按学校教学计划进行课堂教学和练习，专门成立了木偶戏教研组，分类整理石阡木偶戏所有元素，进行系统的研究并组织集中学习，聘请石阡木偶戏第七代传承人，长期为学校师生传授木偶戏的唱腔、戏文和表演技巧。2012 年 6 月，在第 21 届国际木偶联合大会暨国际木偶节上，石阡木偶戏荣获"最佳传承奖"。

三　区域民族文化元素的课程设计

区域民族文化元素的课程是基于民族文化元素存在范围和影响力方面介于一般民族文化元素和局部民族文化元素之间特点而设置的民族文化类课程。此类课程一般在多所学校开设，课程设置的范围比较大的地方特色十分明显。

"竞技陀螺课程"就是贵州省民族地区中小学在区域民族文化元素基础上开发的民族文化类课程。

陀螺是中国古代集观赏、健身、娱乐、竞技、对抗于一身的少数民族民间活动，距今已有 4000 多年的历史。黔南布依族苗族自治州荔波县的瑶山乡在贵州省南部，与广西交界，在这里，两省区村民交叉居住、劳动、生活、习俗互为渗透，不分彼此。居住在这里的白裤瑶是中国瑶族的一个支系，自称"董蒙"，意为"我们是这种人"。白裤瑶被联合国教科文组织认定为民族文化保留最完整的一个民族，有"人类文明的活化石"之称。每逢重大节日，白裤瑶同胞都会举行盛大的活动，以此纪念先祖，求运祈福。人们穿着盛装，举行迎宾仪式、陀螺表演、斗鸡、刺绣和蜡染、拜树神、瑶王赐福、歌舞表演、搭花轿、射瑶山鸡、品瑶王宴、篝火晚会等系列活动。历经千年，瑶族在瑶山生息劳作，看岁月轮回，随时空跌宕，牵风云共舞，演绎了一部荡气回肠的人文之歌。①

在众多民族文化元素中，陀螺文化是贵州省瑶山乡优秀民族文化的一朵奇葩。打陀螺是瑶家人的一项传统体育和娱乐活动，它是由狩猎演变而来的，已经完全融入到了瑶族的民族文化当中。如今，打陀螺已经被列入国家级非物质文化遗产名录，其种类除了全国民运会上的竞技陀螺之外，还有花样陀螺、铜鼓陀螺、蘑菇陀螺、云南陀螺、鞭抽陀螺、罗汉陀螺等众多种类。

在瑶山乡，男女老少都会打陀螺。瑶家人七八岁时就能将陀螺玩得风生水起，谁能技惊一方，谁就是"陀螺王"。在瑶山乡拉片村，几乎所有人都会打陀螺，只要有闲暇，人们就会拿起陀螺进行比赛，并乐此不疲。特别是春节，从正月初一开始，赛陀螺序幕拉开，一直到正月十五赛出当年的瑶山陀螺"明星"为止。

被瑶家人称为"将"的陀螺，其玩法与其他民族的玩法差异很大，其他民族打陀螺是依靠鞭抽；而白裤瑶打陀螺时，一方用绳索旋转陀螺投放在指定点上，另一方则在线外，拿陀螺瞄准正在旋转的对方陀螺"射击"，击中即胜出，比赛韵味十足。除了比"准"之外，还要比"旋"，两人一组同时放陀螺，比旋转的持续时间，最后倒下的为胜。有些技艺高超的选手，还可以将陀螺放在手上旋转，这样的表演更有可看性，因此难度也更大。瑶山乡的白裤瑶陀螺还有一种独有的玩法，称"桩陀"，即在木桩上旋转陀螺：把普通陀螺抛到碗口粗的木桩上，并使其保持飞速旋转状态。木桩高度没有固定要求，一般在30—40厘米。在玩"桩陀"时，首先选好大小相等约十几根木桩，把两头锯平，朝上接陀一面要镶上光滑的铁皮，然后在活动场上按一定距离立好，在对应的木桩旁边各放一个陀螺备用。常见的木桩排列方法有纵形、圆形等不同形状，但每次排法略有差异。在进行"桩陀"表演时，表演者用最快的

① "瑶山：风情刻写的心灵史"，http://culture.gog.cn/system/2013/03/29/012138060.shtml，2013-03-29。

速度依次把陀螺抛旋在木桩上，当十几个陀螺同时在木桩上高速旋转并伴有"呼、呼"声时，场面奇特壮观，令人兴奋，使人愉悦，宣告表演成功。表演时陀手用的木桩和陀螺个数越多、动作越快，就越显得有实力。如在抛陀时出现掉陀或碰桩，则意味着表演失败。表演"桩陀"需要较高的技术和水平。动作要领大致包括"缠线""准备动作""抛陀""抽线"四个步骤，其中技术含量最高、要求最严的是抛陀环节。首先，在抛陀时后脚蹬地，身体重心前移，同时转体两臂前伸，手腕由后向前翻转，靠手指的弹性将陀抛出，同时左手向右后水平方向用力抽线。这一连贯的动作，是控制陀飞方向和准确落点的关键。只有把抛陀过程的"蹬地、伸臂、翻腕、拔指、抽线"五个环节协调连贯，才能保证抛陀成功。①

像其他非物质文化遗产一样，陀螺这项古老的民族运动一度也面临着生存空间被挤压的危机。为了确保陀螺项目能够传承下去，荔波县瑶山民族中学结合学校实际，充分挖掘民族传统文化，不断探索特色教育，把瑶族打陀螺列为校本课程，编写了《竞技陀螺》教材，旨在通过经常打陀螺锻炼身体，增强体质，提高学生综合素质，促使他们的各种能力得到发展，为培养社会主义新人做出贡献。2004 年该校被贵州省民宗委、贵州省体育局、贵州省教育厅授予少数民族传统体育运动项目——陀螺训练基地称号。2005 年 11 月该校被贵州省民宗委、体育局、教育厅授予"贵州省少数民族体育训练基地"称号。2007 年由该校选拔培养的陀螺选手代表贵州省参加在广州举行的全国少数民族运动会，获得男团金牌、女团第五及个人第三、第六的好成绩。

第二节　课程规划

贵州省民族地区中小学民族文化类地方课程和校本课程的开发，要经历一个相互衔接的完整过程。第一步，要完成课程设计工作，有目的地在众多民族文化元素中选择那些优秀的民族文化元素作为课程内容，

---

① "瑶山中学陀螺运动精品——桩陀"，http：//www. gzlbedu. cn/Item. aspx？id = 4075，2012 – 11 – 13。

并应保证这些课程内容能最大程度地体现出教育价值。第二步，就是要对课程教学的全过程做出规划和安排，使之成为民族地区中小学民族文化类课程教学工作的指导纲要。

一　牙舟陶艺课程①

1. 课程目的

（1）继承与发扬牙舟陶。

牙舟陶是牙舟镇的先民为牙舟后代留下的一笔无价的财富，每一个牙舟人都有保护与传承牙舟陶艺义不容辞的责任与义务。学校作为知识交流与传递的场所，在牙舟陶的传承中更是应充分发挥其作用。

（2）满足学生的个性自我发展需求。

学生是参与学校教学活动的主体，更是一个能动的主体。学生具有个体性、差异性和发展的不平衡性，学校应该关注学生的具体差异，因材施教，提高学生的综合素质与实践动手能力，使其在实践中不断成长。

（3）彰显牙舟中学办学特色和办学宗旨。

牙舟中学地处少数民族区域，具有明显的地域特色和民族特色，学校在办学中应充分整合资源，在教学中充分发挥自身优势，凸显办学特色。

2. 课程原则

牙舟陶校本课程的设置使本校教师的教学方式和学生学习方式发生了前所未有的改变，同时也带来了挑战，这对整个学校的发展，乃至平塘县或者黔南布依族苗族自治州的教育都有着重要的现实意义。② 在进行课程开发时务必遵循以下原则。

（1）整体性原则。

必须将牙舟陶校本课程置于国家课程的框架内，在完成国家课程任务的前提下，弥补其不足的地方，满足学生个性化的需求。牙舟陶校本课程强调陶艺文化和操作的学习，难免会忽视国家课程的标准及要求，所以在校本课程开发的过程中，既要保证课程的整体性、统一性，又要兼顾课程的针对性与多样性，要使国家、地方、学校课程三者协调平衡地发展。③

（2）开放性原则。

---

① 段燃：《贵州省牙舟中学牙舟陶校本课程开发与实施研究》，硕士学位论文，中南民族大学，2014 年。

② 张廷凯、丰力：《校本课程资源开发指南》，人民教育出版社 2004 年版，第 2—3 页。

③ 同上书，第 3—5 页。

牙舟陶校本课程的开放性指的是类型、空间和途径三方面的开放性。① 类型的开放性，指不论是以文字形式出现的，如诗歌、故事等关于牙舟陶的资源，还是以实际操作形式出现的，如制陶的各个步骤，还是以其他形式出现的，都应当纳入课程资源。空间的开放性，指的是不论是在校园内课堂上接受陶艺文化、知识的灌输，还是在校外的作坊、陶瓷厂参观学习，只要有利于课程的教学活动，都要对其予以重视。途径的开放性，是指校本课程的设置不要仅限于一种途径，而应该打开思维、寻求帮助，找到多种途径。

（3）针对性原则。

牙舟陶校本课程预期目标分为三个，其中最主要的就是满足学生的个性发展，所以该课程的开发必须以这个目标为前提。要认真分析现有的各种资源以掌握它们的特性，这样才能保证有针对性且有效地利用资源实现课程目标。

（4）科学性原则。

牙舟陶校本课程体系结构要科学合理，即指该课程需要和国家课程相互配合，不能非此即彼，要做到两头兼顾。牙舟陶校本课程的内容也要具有科学性，不仅要教给学生关于牙舟陶的知识和工艺，更要传递给学生一种正能量，一种对祖国传统文化的热爱、尊重与珍惜，以此体现该课程的教育价值。

3. 课程目标

通过向学生展示家乡的优秀民间艺术，培养学生对家乡的热爱之情，使学生更加具体地认识牙舟陶，通过实际动手操作可以内化学生外在的知识和认识，实现满足学生个性需求和培养学生热爱、继承和发扬家乡民间艺术的课程目标。

（1）首期目标。

2004 年 3 月至 2007 年 3 月为试点阶段，在学校所设职教班中进行试点教学。目标是学校实行农村教育综合改革，培养地方适用人才，以调动学校"两基"验收过程中厌学学生兴趣，更好地巩固在校学生。

（2）中期目标。

2007 年 4 月至 2009 年 7 月为扩大范围阶段，在学校初一、初二年级

---

① 韩辉：《小学课程资源开发和利用的实践智慧》，高等教育出版社 2004 年版，第 156 页。

实施。目标是在学校初一、初二年级，更详细地引导学生了解牙舟陶的发展历程、制作技艺、造型特点、装饰手法、釉料调配、窑变等知识。通过欣赏陶艺作品感受陶艺的独特魅力，激发学生自己通过多种渠道了解陶艺知识，掌握制作技能，并在此基础上创造出具有牙舟陶特点的作品，使乡土美术资源更好地为美术课堂教学服务。培养出更多、能力更全面的"牙舟陶艺"人才。

（3）远期目标。

2009 年 8 月以后为普及阶段，将在全校全面铺开。目标是完善制度，形成浓厚氛围，全面挖掘、整理、保护、创新、发展民族民间文化。

4. 课程对象

初一、初二年级学生。

5. 时间安排

每班每周一节陶艺课。

6. 课程结构

牙舟陶校本课程的课程内容可分为三个板块：民族文化、牙舟陶和陶艺实操。

民族文化部分占总课程的 40%，是所占比重最大的一部分。该部分以介绍贵州的风土人情为重点，通过向学生展示家乡的优秀民间艺术，培养学生对家乡的热爱与骄傲之情。

牙舟陶部分占总课程的 30%。该部分以介绍家乡的瑰宝——牙舟陶为主线索，通过向学生展示牙舟陶的辉煌发展史、经济文化和美学价值以及制作工艺和流程，使学生对牙舟陶形成全面的认识，让学生初步了解制陶步骤，培养其兴趣。

陶艺实操部分占总课程的 30%。经过理论上的学习，学生已经初步对牙舟陶产生了兴趣，通过实际动手操作可以内化学生外在的知识和认识，实现满足学生个性需求和培养学生热爱、继承和发扬家乡民间艺术的课程目标。

7. 课程内容

牙舟陶校本课程编制了一套校本实验教材《牙舟陶艺》，该套教材由九课组成，学校规定每课教学 1—4 个课时。这九课的课题如表 2 - 1 所示。

（1）第一课：《绚丽多彩的贵州民族民间美术》，1 课时。

内容略。

表 2 - 1 　　　　　　　　　　　《牙舟陶艺》的课题内容

课程序列	课程名称
1	《绚丽多彩的贵州民族民间美术》
2	《家乡的瑰宝——牙舟陶》
3	《工具的认识》
4	《童年的伙伴》
5	《有趣的泥浆》
6	《转转陶车》
7	《多彩的装饰手段》
8	《牙舟陶的烧制》
9	《融入陶海》

（2）第二课：《家乡的瑰宝—牙舟陶》，1 课时。

观赏牙舟陶的一些优秀作品图片，感受它们的造型美、釉色美、装饰美。通过对作品的欣赏，大胆地用语言表达出自己对这些作品的感受，使学生重视并认识到家乡民间艺术文化的悠久历史和辉煌成就，意识到作为牙舟人的义务和责任，使学生积极主动地了解和学习与陶艺制作有关的知识，以便更好地对民间艺术文化进行传承，为牙舟陶的发展注入新的血液。

本课在编排上，注意采用故事性、趣味性与知识性相结合的方式，培养学生热爱家乡、热爱民间艺术的高尚情操。

（3）第三课：《工具的认识》，1 课时。

通过对工具的认识，为以后的陶坯制作提供选择，达到为造型服务的要求。

编排上先把泥签、泥刀、泥板等放在前面，先简后繁地引出难以驾驭的制陶工具，如陶车，逐步使学生产生学习兴趣。

（4）第四课：《童年的伙伴》，1 课时。

初步尝试手捏成型的制作要领。

编排上以"童年的伙伴"唤起学生的童年回忆，引出泥哨这一伙伴，激发学生动手制作，初步体验陶泥的可塑性。

（5）第五课：《有趣的泥浆》，4 课时。

通过对模具制作过程的掌握，了解注浆成型的优点和注浆成型从

"母子"到陶坯雏形出炉的各个环节。

编排上将重点放在"母子"的制作、翻模、修坯上。

（6）第六课：《转转陶车》，4 课时。

通过对陶车的使用发现问题，教师进行指点，总结经验，掌握陶车的使用方法，拉出陶坯。

编排上将重点放在对陶车的熟练掌握上。

（7）第七课：《多彩的装饰手段》，2 课时。

通过对陶坯外形的审视，对陶坯进行合理的装饰，让陶坯更加完美。

编排上将重点放在各种装饰手法的介绍上。

（8）第八课：《牙舟陶的烧制》，3 课时。

通过对烧制过程——陶坯入窑的盛放，火料的选择，火温的控制，煅烧耗时，冷却后的出炉等知识的学习，全面掌握烧制技艺。

（9）第九课：《融入陶海》，1 课时。

对牙舟陶课程进行总结和提炼。

8. 教学方法

课堂教学方式多种多样，针对不同的课程选用适合的教学方式，可以显著提高教学效果及质量。牙舟陶校本课程应结合课程内容的特点进行教学方式的选择，通过理论知识与实际操作的结合实现预期的课程目标。

（1）形象教学法。

形象教学法是指通过实物或以多媒体影像资料的形式向学生介绍课程所学内容的一种教学方法。民间艺术在某些方面仅通过文字的介绍时会比较抽象，难以让学生得到一个感性、具体的认识，教师有必要通过形象教学法来指引学生学习。以这种生动形象的方式传授知识，让学生可接触、可看见、可感受，能够充分调动学生的好奇心与兴趣，营造浓厚的学习氛围。①

第一课的《绚丽多彩的贵州民族民间美术》，主要使用的就是形象教学法。牙舟镇以苗族和布依族为主，学校教师中也不乏少数民族，比较容易收集到民族民间文化产品，比如校本教材中提到的苗族服饰、布依族服饰、蜡染、织锦等。当这些真实的艺术品摆在学生面前时，他们可

---

① 韩辉：《小学课程资源开发和利用的实践智慧》，高等教育出版社 2004 年版，第 154—156 页。

以触摸、可以仔细观察欣赏，这一感官上的刺激可使学生的心灵产生强烈的震撼。在第三课《工具的认识》这一课中，学校在校外陶艺作坊支持下，将制陶的一些简单便携的工具带到课堂上，通过播放多媒体录制的牙舟陶基础制作工艺视频，让学生观察模仿，学生们拿着工具仿佛身临其境，置身于陶海之中，大展身手，充分调动学生的动手兴趣。

（2）集体活动式教学法。

集体活动式教学法指的是学校定期邀请校外的优秀民间陶艺艺人组织开展陶艺讲座、陶艺交流沙龙、学生作品展等活动的一种教学方法。当学生以个体或小单位学习一些平日不常接触、比较陌生的内容时往往容易走神、难以集中注意力。牙舟陶校本课程实践过程中同样存在学生注意力不集中、容易开小差的问题。① 造成这一问题的原因主要有两个方面：一是教师本身对于课程中的一些专业知识不够熟悉，在课堂讲授时不能做到自如地发挥，显得生涩死板，直接影响到教学质量。二是由于学生对那些专业性过强的知识从未接触过，因此难以产生兴趣，尤其是在当下的大环境背景下，民族文化、艺术知识与升学、就业关系不大，学生不愿对其投入更多的时间和精力。集体活动式教学，可以比较好地解决学生由于对新的事物陌生而产生的注意力难以集中的问题，通过艺人专业且真实有感的讲解，学生能够体会到牙舟陶的魅力，激发学生钻研校本课程的热情。②

（3）工作台式教学法。

工作台式教学法是一种以实情实景为背景，指导学生进行陶艺制作的教学方法。在课堂上通过教师的介绍，学生充分了解牙舟陶的发展历史、繁荣衰退。通过陶艺艺人们的专业讲解，学生更能体会到那些融入在晶莹的釉色、神秘的文饰、细腻的陶泥里的陶艺魅力。但一切知识都只是外化的表象，只有通过实际的陶艺操作才能将学生的所学、所感真实和具体地表现出来。教师通过走出传统的教室，带领学生到陶窑、陶艺操作房这些更大更广阔的教室，进一步实现学生个性发展的需求。通过亲手实践课堂上所学的知识，融入学习过程中对牙舟陶产生的热爱之

---

① 刘旭东、张宁娟、马丽：《校本课程与课程资源开发》，中国人事出版社2002年版，第147页。

② 何芳：《初中课程资源开发和利用的实践智慧》，高等教育出版社2004年版，第107—136页。

情，自然地完成知识内化过程，以实现牙舟陶校本课程的课程目标。

9. 课程特色

牙舟陶校本课程在其实施过程中力求做到两个"整合"。一是陶艺校本课程与国家课程内容的整合。[①] 二是陶艺校本课程与德育教育的整合。这两个"整合"都建立在与国家课程互为补充，构成一个有机整体的基础上，不仅符合学校和学术的教学需求，同时也满足了学生个体性、多样性以及选择性的发展要求。[②]

（1）陶艺校本课程与国家课程内容的整合。

牙舟陶校本课程不仅丰富了课程资源，延伸了课堂知识，拓展了学生的发展空间，更是实现了与其他学科的整合。在语文课堂上，教师在"探寻地方民间文化"这一课堂环节中，鼓励学生在课后积极收集相关资料，以"探寻牙舟古陶的足迹"为题展开课堂讨论；在学生经过一段时间陶艺校本课程教育后，在初一、初二年级开展"兴陶杯"作文比赛。在历史课堂上，教师在讲解我国地方历史时穿插进牙舟陶的辉煌历史，激发学生作为牙舟儿女的自豪感。在化学、物理课堂上，教师以牙舟陶窑变为例，为学生生动地讲解其中的物理、化学变化和氧化反应。在美术课堂上，教师结合牙舟陶的造型、色彩、文饰等理论，联系实际，将同学带到陶艺操作房进行实训，加深学生对课堂理论知识的理解，培养了学生的动手能力。

（2）陶艺校本课程与德育教育的整合。

牙舟陶有着600多年的悠久历史，作为贵州省独特的旅游产品和生活用品，是牙舟人更是全中国华夏儿女的一笔宝贵的财富。牙舟陶以其古朴、粗犷、自由奔放的姿态向世人展示着它来自远古的神秘魅力，为贵州、为国家赢回了无数奖杯与荣誉。牙舟陶校本课程必须牢抓传承与发展牙舟陶这一主线，着力培养学生对民间艺术的审美观、价值观，增强学生对民族文化的认同感与自豪感，感受牙舟陶的独特魅力，自觉形成对民族优秀文化、对牙舟陶的保护、传承与发展的意识。

10. 课程策略

为了能够进一步加强牙舟陶校本课程建设，充分发挥牙舟陶校本课

---

① 崔允漷：《校本课程开发：理论与实践》，教育科学出版社2000年版，第15—21页。

② 杨小微：《全球化进程中的学校变革——一种方法论视角》，华东师范大学出版社2004年版，第89—98页。

程在育人中的作用，有必要在以下几个方面加强牙舟陶校本课程的建设。

（1）整合文化资源，充分利用。

为了进一步加强牙舟陶校本课程建设，整合文化资源是至关重要的。牙舟镇的制陶历史、所处的地域位置，牙舟陶所表现出的文化底蕴、美学价值和制作工艺等这些都是课程设计者可以加以整合利用的有效资源。此外，学生在家庭里获得的关于牙舟陶的知识以及一些生活经验，都可以作为该校本课程的资源，而且这些在家庭里获得的资源是学生在无意识的生活状态中潜移默化得到的，并已内化为学生自己的知识，根据学生的不同智能结构组织不同的教育模式[①]，对于提高学生素质、培养爱国情操、传承优秀文化发挥了不容小觑的作用。

（2）教师是教育的学习者和实践者。

教师是校本课程设计开发的主体，也是唯一的主体。而除学校教师以外的其他组织或人员只能协助参与校本课程的建设过程，却不能代替教师的位置。[②] 教师是教育的学习者，教师们应该积极主动地通过自我学习、参加培训、接受专业指导等途径提高自身的专业素质和专业知识。教师是课程的真正实施者，教师参与到课程建设之中，可以帮助教师更多地从学生角度思考教学工作，拉近彼此的距离，形成良好的教师与学生互动关系，更好地了解学生的真实发展需求，同时也可以促进教学质量的提高和校本课程的优化。[③]

（3）积极整合周边资源。

想要实现牙舟陶校本课程的最终目的，仅靠教师的一己之力是难以办到的，学校必须做好积极整合周边资源的工作。比如聘请当地陶艺艺人以讲座或者培训的形式到学校进行指导，可以是艺人对学生进行陶艺技艺的传授，也可以是艺人对学校教师进行培训，然后再由老师对学生进行教导。也可考虑与上级教育机构合作，期待专家的协助，对学校课程开发过程中的各个环节进行辅助性的指导，如对教材的编写加以指导，使校本教材更加生动形象、充满趣味。或者向有关部门申请经费上的帮助，由教育局配置课程所需的教学用具或实践工具等。

---

① 顾明远：《着力提高教育质量　促进人的潜能充分发展——在中国教育学会第 20 次学术年会开幕式讲话》，《中国教育学刊》2007 年第 11 期。

② 张廷凯、丰力：《校本课程资源开发指南》，人民教育出版社 2004 年版，第 256—257 页。

③ 钟启泉：《现代课程论》，上海教育出版社 2015 年版，第 473—535 页。

二　民族类专业和课程

　　黔东南苗族侗族自治州台江县民族中等职业技术学校在民族文化类专业和课程建设方面进行了积极的探索，力求以学校层面为主体，在教学过程中通过课堂教学方式使学生接受民族文化的熏陶。

　　1. 设置专业和课程

　　台江县民族中等职业技术学校目前设置有五大类专业，包括民族类专业、管理类专业、机电类专业、电子类专业和经济类专业。[①] 在五个专业大类中又细分为 16 个小专业，其中民族类专业中包括民族音乐与舞蹈、苗绣与剪纸、民族服装与设计、旅游服务与管理等小专业。民族音乐与舞蹈是该校的王牌专业，也是当地最受欢迎的专业之一。民族文化特色班主要包括民族音乐班、民族舞蹈班、民族美术班等。该校在语言方面设置有苗语课程；在美术方面设置有苗绣课程与剪纸课程；在民族工艺方面还与银饰工厂合作设置有专门的银饰加工课程等。台江县民族中等职业技术学校部分专业设置如表 2 - 2 所示。

表 2 - 2　　　　台江县民族中等职业技术学校专业设置（部分）

专业名称	学制	业务范围	主要培养目标及就业方向	需掌握的知识与能力
民族音乐与舞蹈	3—4 年	毕业生主要面向高校及民族歌舞团	培养多才多艺的民族艺术家	民族音乐、舞蹈与自我表现力
民族服装与设计	3 年	毕业生面向服装厂与民族设计公司	培养民族服装设计师	服装审美与设计相关知识与创新能力
苗绣与剪纸	3 年	毕业生面向民族文化企业	培养民族手工艺家	苗绣与剪纸的技巧与能力
农村经济与管理	3 年	毕业生面向农村基层管理部门	培养农村优秀管理人才	了解有关农村经济发展政策与实际管理操作能力
旅游服务与管理	3 年	毕业生主要面向旅行社与旅游服务区	培养地区导游与基层民俗文化管理人员	地区民俗文化与旅游服务方面的知识与能力

---

　　① 　陈凤阳：《中等职业技术教育中的民族文化传承研究——以贵州省台江县民族中等职业技术学校为个案》，硕士学位论文，中南民族大学，2015 年。

从表 2 - 2 可以看出：一是该校民族文化类相关的专业种类较多，且学习年限也比较长；二是该校民族文化主要涉及民族音乐与舞蹈、刺绣、服装设计及旅游管理等；三是该校围绕当地特色产业进行有目的的教学工作，凸显了该校办学特色，同时形成了有一定的教学体系、教学目标比较明确，且具有一定发展前景的专业和课程。

该校在各门课程中渗透民族文化的相关内容，如在语文课堂中引导学生学习汉语的同时，也提示苗语的含义，开展适当形式的双语教学；在音乐课堂和美术课堂中通过学习苗歌，练习苗族特有的反排木鼓舞、苗家刺绣、描绘图案和工艺品等，在集体学习中感受苗族文化特色；在地理课堂中引导学生了解当地具有特色的地形地貌，千姿百态的大塘溶洞群，寒武纪古生物化石群等。

为了办好民族类专业，有针对性地开展教育教学工作，该校归纳总结出当地九大民族文化特色：一是以苗族古歌为代表的苗歌历史文化；二是以古葬节为代表的原始宗教文化；三是以服饰为代表的审美文化；四是以银饰加工、刺绣、织锦、剪纸为代表的民族工艺文化；五是以苗族歌舞为代表的艺术文化；六是以姊妹节、独龙舟等为代表的节日文化；七是以万木草虫、河流、梯田为代表的生态文化；八是以独特的吊脚楼为代表的建筑文化；九是以酸鱼汤、炸辣子等为代表的苗族饮食文化。并以此来指导民族文化类相关专业的建设。

2. 贯彻因材施教原则

在教学活动中，贯彻因材施教原则，民族音乐与舞蹈专业开设有专业班与普通班两种班次。专业班学习专业民族舞蹈；普通班则开设满足学生不同需求的选修课程。由于两类班次的教学目的和教学目标都不同，因而所教授的课程与要求也都不一样。通过这种分层学习和训练，有利于培养学生的自信并形成积极的学习态度。在教学过程中还贯彻了课内与课外相结合的原则，主要表现在课时需要与丰富学生课外活动的相互协调上。学校通过在民族节日期间开展文艺汇演、运动会、新年晚会等活动，鼓励少数民族学生在文艺汇演或晚会中发挥民族歌舞的特长，激发他们对民族文化的兴趣，培养学生的民族自豪感与认同感。在一年一度的学校运动会上，学校将陀螺等民间游戏列为比赛的项目，学生不仅对这些民族传统体育运动有了更加清晰的认识，同时也激发了他们的学习热情。该校民族音乐与舞蹈专业学生课表安排如表 2 - 3 所示。

表 2 – 3　　　　　　　　　民族音乐与舞蹈专业学生课表安排

	节次	星期一	星期二	星期三	星期四	星期五	星期六
上午	第一、第二节	语文	英语	数学	舞蹈基础	信息技术	自习
	第三、第四节	苗族民风民俗	信息技术	德育	苗歌	德育	自习
下午	第五、第六节	音乐基础	苗歌	民乐及芦笙吹奏	苗族民风民俗	音乐基础	舞蹈基础
	第七、第八节	体育与健康	舞蹈基础	木鼓敲击技术	专业实训	苗歌	专业实训

从课表中可以看出，民族音乐与舞蹈专业课授课课时较多，对学生学习抓得比较紧，学校重视传统民族文化教育。在具体课程设计上，民族音乐与舞蹈专业的课程以苗族文化为内容而设计的民族文化类课程丰富多彩，有苗歌、苗舞、芦笙吹奏、木鼓敲击课程等；也有苗族民风民俗这些公共类课程，在学习民族歌舞的同时，学习公共类课程也使学生对本民族文化有了更系统化和理论化的了解，民族文化类课程开设得有声有色。

3. 形成特色的教育制度

为保障学校教育教学的效果，学校实行因材制宜的梯度教学法，即按照普通班与专业班两种方式进行授课。普通班平时按照授课标准授课，在每周五班会上进行民族文化交流。专业班进行系统的学习，从文化基础学起。民族音乐与舞蹈、民族剪纸、导游班、农村经济管理通常按专业班进行教学，根据需要也采用普通班与专业班相互交流的培训方式。其他班次，尤其是农业实用技术班和苗语班更多地是根据学生的兴趣采取短期培训方式进行。学校实行三年学制，第一年暑假和寒假提前到校报到，每周上课五天半，周一至周五每天 8 节课，上午 4 节课，下午 4 节课，周六上午自习，下午上课。第二年和第三年，按市教育局规定同其他中等学校一起统一开学、放假与作息时间。民族音乐与舞蹈班由三位具有民族歌舞经验的艺术团教师轮流授课，他们均是土生土长的苗家人，有的还是在民间聘请的擅长民族山歌的教师，其中有两位是在民族工作部门从事苗族文化研究整理工作的兼职教师。

三 特色教育课程

在民族文化类地方课程和校本课程设计过程中，由于各地方民族文化资源不同，课程设计过程也存在着较大不同。贵州省遵义市务川县实验学校在开发以"梦想、创造、未来"为主题的特色课程过程中就显示出其独有的特色。

1. 课程的性质

特色课程是学校课程体系中的一个组成部分。其基本定位是以学校为本，以教师为主体，以学生的需要和兴趣为出发点，以发展学生的个性为目标指向，根据学校的办学理念而开发的课程。特色课程的开发和实施是充分发掘学生个性潜能，促进学生的个性全面和谐发展的途径，也是实现学校办学特色的重要载体。

2. 课程的目标

（1）课程发展目标。结合学校资源状况，审视教师能力、学生需求、家长期望，开发具有本校特色的科技教育特色课程，构建符合自己特色的科技教育特色课程体系。

（2）学生发展目标。使每个学生都成为具有良好科学素养、创新精神和实践能力，能适应现代社会需要的可持续发展人才。

（3）教师发展目标。通过特色课程开发，提高教师课程意识，增强教师课程开发的能力，使教师不仅成为课程的执行者，而且成为课程的开发者和管理者，促进教师的专业整体素质提高。

（4）学校发展目标。通过科技教育特色课程开发，提高科技特色学校办学水平。

3. 课程的内容

根据课程目标有侧重地自行选择教学内容，经过反复的筛选、提炼、修改、完善，挑选出适合学生年龄特点、便于操作、有特色的教学内容，主要包括以下几个方面：

（1）科普知识。选择适合学生接受的自然知识、科技知识，由浅入深、系统地传授给学生，使学生能系统地学到自然科学知识。

（2）仡佬族传统文化和古今中外科学家的故事。选择、整理仡佬族传统文化和古今中外科学家的感人故事或格言，对学生进行理想方面的教育，使学生从小树立热爱本民族和爱科学、学科学、用科学的信念，学习科学家为科学事业、为祖国和人民的利益，甘于献出毕生精力的精神。

（3）科技小制作和小实验。选择传授一些具有一定价值的科技小制作及有趣的科学小实验，不仅培养学生动手、动脑的能力，还培养学生的一技之长。

（4）古今中外科技发展介绍。将古今中外科技发明的构思、原理及作用介绍给学生，对每个学生而言，这不仅是一个学习的过程，同时也激发了学生的创造欲望，启迪了学生的创造思路。

（5）科技小论文介绍。选择一些具有一定科学价值的小论文，通过学习使学生掌握科技小论文的写作方法、写作内容，启发学生观察周围事物，观察自然界中的各种现象，发现和揭示其中的奥秘，写成有价值的科技小论文。

（6）创新方案。学生根据要求，运用掌握的知识和技能，按照自己的意愿和要求想象，自己设计方案，鼓励学生异想天开的求异思维，使学生敢于幻想，勇于大胆创新。

（7）科学幻想画。科学幻想画是引导学生接触科学、探索科学、热爱科学的好方法，也是培养学生想象思维能力的有效途径。儿童科学幻想绘画，体现了儿童对科学发展的畅想和展望，有助于其树立热爱科学，热爱中华民族的思想。同时对培养少年儿童的科学想象力、创新意识和探究性学习的能力，也具有十分重要的意义。

（8）科学小课题。将提出的一些问题纳入小学高年级教学中，各班根据实际情况，组织学生进行课后实践，来完成课题研究。通过科技信息发布会，进行信息交流，把学生带进更广阔的科学世界里。

4. 课程的实施原则

（1）以学生发展为本。

坚持以学生发展为本是特色课程开发与实施的基本原则，必须考虑学生的需要、兴趣和经验，为学生全面而主动的发展提供保障。

（2）与社会、学校相适应的原则。

特色课程的开发与实施要适应学生的兴趣需要和学生的个性发展需求，适应教师的专业能力。

（3）发展学校特色的原则。

特色课程的开发与实施应具有学校自身办学的特色，要充分总结吸取地区和学校以往办学中的经验，挖掘自身资源潜能，发挥资源优势，提高师生开发课程资源的积极性和主动性。

（4）与国家课程、地方课程互补的原则。

国家课程、地方课程和校本课程是基础教育课程的有机整体，具有共同的培养目标，但因三者的课程价值、所需承担的任务和要履行的责任不同，从不同的方面出发共同促进学生的发展。

（5）教师为主体的原则。

特色课程开发的主体是教师，而不是专家。教师是特色课程开发的主人，而不是消极的接受者，必须充分发挥教师在课程开发中的主动性和创造性。

5. 课程的实施

（1）学校根据特色课程的设置，统一安排特色课程的教学时间，并把特色课程的课时安排纳入课程表统一管理。

（2）特色课程实施方式要体现学生的年龄特点，具体安排如表 2 - 4 所示：

表 2 - 4　　　　　　　　　特色课程的具体安排

年级	内容	所用教材
一年级	仡佬名人和科学家的故事	学校在特色课程实施过程中，将从借鉴开始，逐渐整理出一套适合学校自己的教材
二年级	身边的科学知识和仡佬族传统文化	
三年级	科学幻想画、科学手抄报	
四年级	科技发明介绍、车模航模	
五年级	科学小制作、小实验、科技小论文	
六年级	科学小课题	

（3）要根据学生的需要，立足于本校的现有条件，最大限度地挖掘和利用校内外的课程资源。努力把蕴藏于师生中的生活经验、特长爱好转化为课程资源。合理配置设施资源，充分利用和拓展校外的课程资源。重视实践基地的建设，注意发挥家长与社区资源的作用，积极开展与校外机构的合作。学校要为特色课程设施提供必要的物质和经费保障。

6. 课程实施建议

特色课程是一种独立的课程形态，超越了学科课程的逻辑体系，集综合性、实践性、开放性、生成性与自主性于一体，在教学实施过程中要提倡与国家必修课程综合实践活动及其他社会实践活动相结合。

（1）倡导课程整合，拓宽学生视野，克服由于各学科彼此独立对个体施加影响所造成的知识割裂，让学生眼中的世界更完整、客观、真实。

（2）突出从学习者的生活经验出发，注重实践性。在教学实施过程中要充分提供有效的与学生生活情景有关的素材，让学生有感受和体验的过程，加强课程与生活之间的联系。

（3）加强情境教学。教学过程中，可利用文字材料、模型、书籍、多媒体等创设情境，并通过情境激发学生的思维活动。要鼓励教师进行创造性的劳动，提高教学情境的适应性和教学实践的合理性。

（4）关注学习过程的生成性。在教学实施过程中，应重视教学设计的合理性，反对教师照本宣科，多采用调查分析、阅读研究、生活实践、实验操作、交流探究等学习方式，把教师讲授与学生自学和各种活动结合起来，促进学生在获得知识的过程中提升各方面的能力。

7. 课程教学评价

学校将建立特色课程的专门评价机制，加强对特色课程开发与实施的监控和评估。

（1）重视评价主体的多元化。在特色课程的实施过程中，要充分发挥学校、家庭、社会的综合评价功能，突出教师和学生的自我评价。

（2）重视评价内容和方式的多样化。既要注重学生综合知识、个人兴趣特长的扩展和深化，以及对本土文化的认识和理解等素养的评价，也要注重学生综合应用知识解决实际问题能力的评价。特色课程的考试可采用论文、调研报告、作品等多种形式，防止单纯以纸笔考试成绩为依据评价学生和教师。

（3）重视实施的过程评价。要有特色课程实施的总体方案、学年教学计划、教学过程的详细记录，建立相应的教学档案。

8. 课程实施保障措施

（1）学校和每位教师要树立社会大教育观，广泛深入地做好舆论宣传工作，积极引导社会和家长参与并支持特色课程的开发与实施，把特色课程开发与实施作为深化教学改革，全面实施素质教育的重要内容，营造良好的特色课程开发与实施的社会环境。

（2）学校要加强对特色课程开发和实施的检查、监督和评估，积极支持特色课程的开发和实施。

（3）学校应成立由校长、教师、学生、家长及社区有关人士等共同参与的特色课程管理机构，并建立系统的特色课程管理制度。教导处具体负责特色课程的开发、实施、检查、评估的管理与协调工作。

（4）学校要投入一定的专项经费，切实加强图书馆、实验室、专用教室、活动基地等设施的建设，保证特色课程的开发与实施。

（5）学校要充分发挥本校教师的主观能动性，动员教师积极投身到地方课程和特色课程建设中。要合理考虑教师参加特色课程建设的工作量，为特色课程的开发和实施提供人力保障。

（6）学校要构建"学校—家庭—社会"一体化的课程资源，特别是人力资源体系。要建立校际资源、社区资源共享机制，积极争取高等院校、科研院所、教学研究和教育科研部门的指导和支持。

（7）学校要认真总结特色课程建设经验，对积极开展和实施特色课程的教师给予表彰，发挥他们的示范作用。

（8）学校应加强对教师的培训，对特色课程开发者、实施者给予一定的理论和实践指导。可通过多种途径提高教师建设特色课程的水平。

（9）学校、教师应在特色课程开发与实施过程中不断进行反思，对特色课程实施成效做出客观评价，并视实际情况进行适当调整，从而推动特色课程的逐步完善。

四 梦想教育课程

为了更好地适应具体的学校和社区环境，突出特色，培养学生特长，更好地贯彻落实国家的教育方针，更有效地促进学生个体和社会的健康发展，贵州省遵义市务川县第一小学开发了"梦想教育"校本课程。

1. 课程开发依据

"梦想教育"校本课程开发的依据主要包括：

（1）国家教育方针政策。

（2）学校的教育理念或办学目标。

（3）学生需要的评估。由于校本课程的重要价值之一是课程的开设能尽可能满足学生的差异性，充分体现以人为本，促使学生的个性得到发展。因此，校本课程的设置必须考虑学生的需要，使课程成为对学生是"真正有意义"的课程。

（4）学校现有的课程资源。如学校现有的高素质教师队伍、现代化的教学设施、原有的丰富的德育教育资源、艺体教育资源、学校外围的教育环境等。

2. 课程开发原则

（1）"以学生为本"的原则。

课程结构决定着学生的素质结构。学校课程必须以促进学生全面发展为目的，以培养学生的创新精神和实践能力为重点，辩证处理好社会需要、课程体系和学生发展之间的关系。

（2）继承和创新相结合的原则。

对原有的学校课程予以分析、总结，根据现行办学的新要求，将创新能力和实践能力的培养放在重要地位，修改或研制具有时代特点，又符合学校办学特色的课程方案和教材。

（3）整体构建，分步实施的原则。

学校课程是国家课程计划系统工程中的一个方面，必须遵循课程计划的总体要求，在研究整体课程结构的基础上确定学校课程建设的目标和任务，并根据学校实际情况，将成熟的经验进行推广，将必须解决但又尚未论证的内容作局部试验。

（4）普遍性和特色性相结合的原则。

学校课程的研究应在遵循教育规律普遍性的前提下，研究本校教育的个性色彩和学生群体的特点，努力创建学校的名牌特色课程。

（5）理论和实践相结合的原则。

在校本课程开发过程中，要注意运用先进的理论指导学校课程的实验，把握课程理论发展方向，大胆实践，重视实践的理论升华，不断丰富校本课程开发的内涵。

3. 课程开发目标

开发"以学生发展为本"的学校课程，能充分发挥学校教师、学生的特长和积极性，与国家课程、地方课程形成优势互补，从而深化教育改革和课程改革。

（1）通过课程开发，能让教师、学生和社会参与课程决策，体现教育民主，从而提高课程的质量和社会的满意度。

（2）通过课程开发，能最大限度地满足学生的兴趣和需求，有助于他们的个性发展。

（3）通过课程开发，能充分发挥教师的才华和特长，也有利于教师间的团结与协作。

（4）社会的参与能使课程更加适应当地环境，实现学校课程的多样化，同时也能提高全社会对教育的关注度。

4. 课程设置

为了使校本课程的设置科学、规范，具有学校鲜明特色，避免随意性，在保证开发过程中，就学校层面而言应关注以下几个环节：

（1）确定校本课程目标。

校本课程基于本校的实际而开发，从某种意义上说，其目标和意图应更加明确。根据学校校本课程建设方案，所涉及的内容由课程开发领导小组和专任教师来制定。

（2）建构本校校本课程。

校本课程是学校根据国家教育部和贵州省课程计划的有关规定，从实际出发，对本校课程作出的具体安排，由必修课程和选修课程构成。

必修课程是国家课程计划中要求小学生必须修习的课程，学校必须按照要求进行具体安排。

选修课程是学生在学习必修学科基础上，根据自己的爱好、志向和需要，在教师指导下修习的课程。各选修学科是为发展学生兴趣爱好，拓宽加深知识，培养特长，提高某方面能力而设置的，旨在既有统一要求，又有多样性和灵活性，使必修课程与选修课程、核心课程与乡土课程相互依托、相辅相成，并增强课程的基础性和综合性，使之能满足学生因材施教、发展个性特长的需要。

选修课程包括励志类、育能类和拓展类三大板块。

励志类课程主要包括仡佬民间故事、仡佬传统节日、科学家小故事等。

育能类课程主要包括书法（软硬）、国画、剪纸、体操、中华武术（太极、健身气功）、合唱、管乐、普通话、科幻画、车模航模、篮球、仡佬技艺等。

拓展类课程主要包括文学天地、主持播音、交往礼仪知识、红领巾论坛、社区实践活动、学生安全自护知识、环保教育等。

（3）校本课程实施的途径。

校本课程实施是指校本课程付诸实践和走进课堂的过程，它是校本课程开发的重要阶段。针对这一过程必须抓好以下几个环节：

第一，更新观念，统一认识。校本课程开发，其实质是一个以学校为基地进行课程开发的开放民主的决策过程，即校长、教师、课程专家、学生等共同参与学校课程计划的制定、实施和评价活动，它作为一种开放的决策过程和变革过程，意味着课程开发已由教材编写向学校课堂转移，教师在这一过程中是开发者、执行者和实施者。但是，在长期计划体制的背景下，学校和教师完全执行指令性的课程计划，不可能也不需要具备多少课程开发意识和课程开发能力，致使学校和教师的工作方式变得过于依赖和被动服从。我国教育教学中长期存在着"重教育轻课程"的现象，导致教师缺少应有的课程知识和培训。而学校和教师应有的课程开发意识与课程开发能力恰恰是校本课程开发的重要前提条件，因此，要使校本课程开发顺利进行，教师必须更新观念，统一认识，自觉进行课程方面的"补课"，只有这样才能适应教育改革发展的形势。

第二，课时整合。根据学校教学设施设备、师资情况等，一、二年级设置励志类校本课程（由语数科目教师讲授）；三、四、五年级设置育能类校本课程（由学校专职教师或有特长的语数英教师讲授），六年级设置拓展类校本课程（由班主任教师或其他教师讲授）。将校本课程安排在每天下午进行。

第三，教材整合。各学科教材既要与国家教学大纲保持一致，又要适合学校的特点，还须照顾到各类学生知识层次的差异。因此，在教材整合过程要把握好"度"，提高教材整合效益。语文科除用好统编教材外，增加课外阅读书目（书法、仫佬民间故事、仫佬传统节日、科学家小故事、普通话、文学天地等）；数学科除用好统编教材外，低年级增设趣味数学、社区实践活动等；英语科除用好现用英语教材外，根据大纲要求，分年级增设口语训练课；音乐科增设合唱、管乐等；美术科增设国画、科幻画、剪纸等；体育科增设体操、中华武术、篮球等；其他科目增设车模航模、仫佬技艺、主持播音、交往礼仪、红领巾论坛、学生安全自护、环保教育等。

5. 课程开发管理

为确保校本课程开发的健康顺利进行，学校应在开发的过程中切实加强课程的管理。

第一，要处理好课程实施过程中涉及的一些环节，如组织形式、课时安排、场地、设备、班级规模等。第二，要落实好师资，可以要求教师兼修一二门非本专业课程知识，以确保校本课程师资到位。

6. 课程开发评价

校本课程实施结果的评价应该不是单纯的测验和考试，不是把学生分成三六九等。评价方式要多样化，要重视过程评价。学校应该根据开发的课程类型，着眼于学生必须具备的基本素质和能力，将课程目标归纳整合，从而制订出文化素质、身体素质、艺术素质和技能特长等方面的评价细则和标准，并在此基础上采用学生自评与教师评价相结合的方法，考核成绩采用等级制，分优秀、合格与不合格三等。这样，保证每一个学生都能得到充分的发展，享受到成功的快乐。

7. 课程开发保障

为了保障校本课程开发工作有效开展，特成立校本课程开发相关组织机构，具体安排如下：

（1）校本课程开发领导小组（内容略）。

（2）校本课程编写工作组。①励志类；②育能类；③拓展类（内容略）。

（3）领导小组职责。第一，校本课程开发领导小组是校本课程编写工作责任人和课程落实的执行、监督者，业务副校长、教导处、教研组承担校本课程的日常管理工作。第二，教师是课程开发与实施的主要力量，对课程的有效实施、学生成绩评定具有专业自主权。

（4）组织保障。第一，学校成立校本课程审定委员会，由校长、教师代表、学生、家长代表和社区相关人士等构成，同时聘请县教研室人员参与，负责审定校本课程开发项目。第二，教导处、教研组是校本课程管理的专门机构，负责执行、督导、评估学校校本课程执行情况。

（5）管理制度。学校建立校本课程评价制度、校本课程管理岗位责任制及相关激励制度等，各类人员要严格执行各项管理制度，学校负责人要定期检查制度的执行情况。

（6）设备与经费。对校本课程的开发与实施应给予经费上的支持。学校要加强图书室、专用教室、多功能教室等设施的建设，合理配置各种教学设备、器具，设立校本课程管理专项基金，用于课程开发与实施、教师培训、设备配置与对外交流培训等方面的开支。

五 大课间课程

健康的体魄和良好的心理素质是青少年为祖国和人民服务的前提，是中华民族旺盛生命力的体现，是开发学生智力，培养学生良好道德品质的基础，是应对和赢得激烈社会竞争的关键。[①] 大课间体育活动是近期兴起的一项全校性的活动，是体现学校精神面貌的一个重要窗口。石阡县长寿长乐希望小学"传统文化课间操"课堂和雷山县第二中学"苗族舞蹈课间操"课堂就颇具特色。

1. 教育目的

为全面推进素质教育，丰富学生校园生活，充分实现"运动与健康、科技与创新、趣味与竞技"的完美统一，培养学生体育锻炼的兴趣、团体合作精神和个人坚强毅力，促进学生身心全面发展。

为了树立"健康第一"的指导思想，使学生能在大自然中、在阳光下、在操场上体验活动的乐趣，调动师生积极向上的热情，展现良好的精神面貌，推动学校教育的良性发展，为学校增添活力。同时为了保证大课间活动的实效性，使大课间体育活动蓬勃持久地开展起来。

大课间体育活动以学生为中心，发挥大课间体育活动多功能作用，以"以活动促德""以活动辅智""以活动健体""以活动审美"为目的，贯彻大课间体育活动原则，正确处理体育活动中各种矛盾的关系，为提高大课间体育活动质量提供了重要保证。

2. 课程内容

根据素质教育的要求，学校体育教学工作的任务，学生的生理、心理发展规律和特点，学校场地设施建设和体育器材的配备，以及季节、气候的变化来恰当安排。其内容主要包括：武术健身操、广播体操、学校特色操、年（班）级特色操（活动）、主题教育操、健美操、韵律操、器械操、武术操、球类活动、校园舞蹈、身体素质练习、轮滑、跳绳、踢毽、跳皮筋、体育游戏、传统养体健身活动、队列队形练习以及其他各种体育项目。此外，学校还可发挥师生的主动性、能动性和创造性，挖掘和创编有地方、学校特色的适合学生体育活动的其他方法和项目。表2-5为荔波县水利小学2013—2014学年度第一学期大课间活动安排表。

---

① "大课间活动评比方案"，http://www.gkstk.com/article/wk-78500000527113.html。

表 2 – 5　荔波县水利小学 2013—2014 学年度第一学期大课间活动安排表

时间	班级	星期一	星期二	星期三	星期四	星期五
9 月	一	体操	沙包	体操	沙包	体操
	二	体操	跳绳	体操	跳绳	体操
	三	体操	乒乓球	体操	乒乓球	体操
	四	体操	羽毛球	体操	羽毛球	体操
	五	体操	竹竿舞	体操	竹竿舞	体操
	六	体操	篮球	体操	篮球	体操
10 月	一	体操	跳绳	体操	跳绳	体操
	二	体操	沙包	体操	沙包	体操
	三	体操	羽毛球	体操	羽毛球	体操
	四	体操	乒乓球	体操	乒乓球	体操
	五	体操	篮球	体操	篮球	体操
	六	体操	竹竿舞	体操	竹竿舞	体操
11 月	一	体操	沙包	体操	沙包	体操
	二	体操	跳绳	体操	跳绳	体操
	三	体操	乒乓球	体操	乒乓球	体操
	四	体操	羽毛球	体操	羽毛球	体操
	五	体操	竹竿舞	体操	竹竿舞	体操
	六	体操	篮球	体操	篮球	体操
12 月	一	体操	跳绳	体操	跳绳	体操
	二	体操	沙包	体操	沙包	体操
	三	体操	羽毛球	体操	羽毛球	体操
	四	体操	乒乓球	体操	乒乓球	体操
	五	体操	篮球	体操	篮球	体操
	六	体操	竹竿舞	体操	竹竿舞	体操

注：各班可以根据本班需要自行调节。

3. 时间安排

大课间安排在上午第二节课后（10：00—10：30）。

4. 课堂特色

大课间体育活动是在课间操基础上发展起来的一种学校体育活动形式，是对传统课间操的继承和发展，它比课间操的时间长，活动内容丰富，组织形式灵活，深受学生喜爱。随着课时计划的调整，学生在校时间缩短，开展学校体育工作在时间上受到一定影响，很难保证每天一小时的体育活动时间，因此课间操改革势在必行。实行大课间体育活动，将原课间操时间延长，充实内容，提升课间操的教育功能，提高锻炼身体的价值。师生在学校每一天的工作学习生活中，只有课间操是全校性的有组织、有领导的集体活动，如果能充分地利用这一固定时间，科学地安排活动内容，灵活组织，将对学生的身心健康发展，全面提高学生素质具有很重要的作用。

大课间体育活动具有以下几个特点：

第一，教育性。大课间体育活动既是对学生进行教育的内容，也是对学生进行素质教育的手段，不管是创编校本操，还是开展其他活动，都能够发挥其促进学生身心健康发展，对学生进行素质教育的多种功能。

第二，科学性。能够遵循少年儿童身心发展规律，科学合理地安排运动负荷，使其身体得到适宜的锻炼，心理得到恰当的调节。活动时间基本都在25—30分钟，运动量适当。音乐的选择具有时代感，符合青少年的心理发展特点。

第三，目的性。能根据学校体育工作计划，选择大课间体育活动的内容，做到有的放矢，目的明确。

第四，针对性。能根据学校实际，有针对性地开展大课间体育活动。针对学生的年龄、性别、健康状况、技能水平、场地器材、气候条件等实际情况来选择内容，做到因人而异、因地制宜。

第五，群体性。大课间体育活动面向全体学生，保证师生全员参与。教师参与到活动当中，与学生共同活动，使全体师生都能从中受益。

第六，创新性和特色性。大课间活动可以反映现代体育的发展成果，创造出有活力、富有新鲜感和时代感的教学内容，可以形成具有本校特点和特色的并紧扣主题的大课间体育活动。在音乐伴奏下开展大课间体育活动，体现出了当代小学生健康活泼、积极向上的良好精神风貌，使师生在身心愉悦中进行学习。[1]

---

① "小学大课间活动总结"，http://www.gkstk.com/article/wk-12936948966989.html。

第三节　课程价值

贵州省民族地区中小学民族文化类地方课程和校本课程的设置，对人才培养和学校建设具有不容忽视的重要价值。此部分本书主要以平塘县牙舟中学、台江县番省小学、石阡县长寿长乐希望小学为研究个案。

一　地域文化是学校课程开发的基本资源

从贵州省民族地区中小学民族文化类地方课程和校本课程设计过程中，我们可以清晰地看到，地域文化是学校课程开发的基本资源。我国民族地区丰富的民族文化资源和地方文化资源是民族地区中小学民族文化类课程取之不尽、用之不竭的原料源泉。平塘县牙舟中学"牙舟陶艺"课程就较好地证明了这一点。

我国民族地区民族文化资源和地方文化资源之所以能够成为民族地区中小学民族文化类课程的构成要素，是由这些文化元素自身所具有的思想价值、审美价值、实用价值等所决定的。

平塘县牙舟陶的价值可以体现在以下两个方面：

第一，牙舟陶具有突出的文化价值。牙舟镇位于云贵高原向广西丘陵过渡地带，具有十分丰富的自然资源，周围的山上多白石，这是一种富含硅铝的土壤，白石经风化后被雨水冲刷到山坡下的田坝里，形成了富含硅铝成分的优质白泥土，俗称为白胶泥。正是这种只有牙舟镇特有的白胶泥，经过土窑的高温烧制后，最终形成了质地独特的牙舟陶。在制陶工艺上，牙舟陶沿用祖先留下的手艺，制作工艺古朴，长期的民族文化熏染使得牙舟陶在陶器造型上带有明显的民族风味，融入了各种神话、民族生产劳动、祭祀等素材，在造型上不拘一格，更显粗犷、野性，具有很强的视觉冲击力和地域代表性，从而彰显出牙舟陶大气、古朴、神秘的特色。

第二，牙舟陶具有突出的艺术价值。牙舟陶陶器外有一层光滑且晶莹剔透的玻璃质，业界专业词汇称之为"釉"。而牙舟陶的一大特色，就是它的这种特殊的"土釉"。土釉是由当地开采的一种铁矿石混合一定比例的草木灰配比而成的釉料，经过几代手艺人的探索，又在原来土釉的基础上，兑入了一定比例的蓝色玻璃粉末，形成了现在牙舟陶最常用的

"玻璃釉"。玻璃釉与其他釉料有所不同，在烧制陶器过程中，通过陶艺师对温度的精细把控，可以使釉面出现一种犹如冰裂的艺术效果。当这种陶器受到阳光照射时，会散发出一种惊心动魄、动人心弦的美丽光彩。更为神奇的是，因为釉料里混合了铁矿石和草木灰，矿石里蕴含的化学元素与草木灰产生的碱性，在高温的炙烤下会发生神奇的化学变化，会使烧制的陶器的表面釉色发生窑变，显示出以绿、蓝、赭为主色调的色彩变化，可谓是美轮美奂、精彩绝伦。

这种具有超高文化价值和艺术价值的民族文化资源，构成了贵州省民族地区中小学民族文化类课程的核心内容，是贵州省民族地区中小学民族文化类地方课程和校本课程建设中不竭的优质的教育文化源泉。

二　学校课程重在保护和传承民族文化

教育是培养人的重要手段，人类靠教育这种实践活动来传授前人的生产和生活经验，并不断地推动人类社会的发展和进步。牙舟陶所具有的区域性的文化价值和艺术价值，使牙舟陶校本课程开发价值得到凸显。牙舟中学正是根据学生的民族习性、心理特点和文化需求，综合学校的教学资源优势开发学校的校本课程，这样不但促进了学校特色教育的开展，更是满足了学生的个性发展需求，而且体现了学校以人为本的办学理念。每所学校都处在某种特殊的地理范围，多多少少都会受到周围的自然、经济、人文的影响。所以，地域文化是开发校本课程的一个不可忽视的重要资源。我国地域辽阔，拥有丰富的文化资源，民族地区中小学设计开发的民族文化类地方课程和校本课程，可以以开发、保护和传承民族文化为目标，具体体现在以下几个方面。

第一，设置牙舟陶课程可以有效保护和传承民族文化。继承和发扬当地的特色文化，体现了文化的多样性。牙舟镇最具代表性的文化独数牙舟陶文化，自明代洪武年间由江西传入本地已历经了数百年，历史更迭斗转星移，万物消长，牙舟陶历经发源、繁荣到当代的衰退，苦苦挣扎在现代化的夹缝里求生存。牙舟陶有着悠久的历史，沉淀了我国民族地区深厚的物质财富和精神财富，这些财富是祖先留下来的，后人们既有责任，也有义务将它继承下来并发扬光大。学校是保护和传承民族文化的最佳场所，学校教育则是最优的民族文化传承模式。民族地区的青少年学生，不仅是学习科学文化知识的主体，更是民族文化的保护者、传承者、发扬者和实践者。我们分析民族地区中小学在传承民族文化方面所具有的优势时不难发现，当民族文化成为了学校教育的必需内容时，民族文化就具有了其他知识不具有的某些功能：当民族文化中的音乐、舞蹈、手工艺为学生逐渐熟知以后，学生就会慢慢地形成一种思想观念、一种道德观念、一种文化素养，最后演化为一种民族心理和民族品格。

第二，设置牙舟陶课程可以大力发展民族手工艺。牙舟陶艺人对制陶工艺不断的开发、挖掘、更新，逐步地使牙舟陶由最先的土法烧制到后来的技术革新；由最初的混合草木灰与铁矿石的土釉到后来添加了玻璃粉的玻璃釉，这些都是祖先为后代留下来的宝贵财富。作为牙舟镇的文化教育基地的学校，理应担负起保护牙舟陶制陶工艺得以延续的重任。

第三，设置牙舟陶课程可以体现依赖地方人文资源培养人才的精神。民族地区中小学应当依赖特有的人文资源来更多更好地培养人才。悠久的文化历史，使牙舟陶在古代就已闻名四方。牙舟镇作为牙舟陶艺的发源地，拥有土生土长的陶艺师，当地人也大多具有浓厚的陶艺情节。丰富的自然资源，就地取材的生产特色，使牙舟镇的牙舟陶艺术带有浓郁的泥土芳香，分外绚丽和妖娆。牙舟中学为把学校学生培养成更具个性和创造性的人才，充分利用牙舟镇现成的得天独厚的文化、历史和自然资源优势，开发出符合学生发展需要的地方课程和校本课程。通过系统的学习，不仅可以培养学生热爱本民族文化、继承发扬牙舟陶艺的美好情操，而且可以培养学生的兴趣爱好，提升学生的制陶技艺，为学生今后的职业发展打下坚实的基础。

第四，设置牙舟陶课程可以促进特色学校的发展和建设。地方课程和校本课程设计的最终目的是为满足学生的个体发展，正视学生的差异性，支持鼓励民族地区中小学的教师、学生、学生家长、教育专家以及社会相关人士共同参与到课程的规划、设计、实施和评价中去。地方课程和校本课程对于展示课程的民主化以及体现学校的办学特色有着相当重要的作用。它是各个学校依据客观的教学理论，综合学校的实际教学状况以及学生具体的发展要求，充分发挥自身主观能动性而量身定制的课程，并与国家课程紧密联系、相辅相成，形成一个完整的优势互补、各有所长、相互支持的有机课程系统，在充分体现学校的办学特色及办学宗旨方面，地方课程和校本课程更是扮演着极其重要的角色。

三 学校具有民族文化传承的天然优势

牙舟中学将牙舟陶列为校本课程，是学校具有得天独厚的课程开发优势的必然结果。牙舟中学地处素有贵州古陶之乡之称的牙舟镇。牙舟镇具有深厚的文化底蕴，该镇出产的牙舟陶造型古朴敦厚、不拘一格，器形光泽莹润，具有强烈的艺术感染力和民族气息，尽显出陶瓷艺术的精绝和美妙，已被列为国家级非物质文化遗产名录。牙舟陶在民国期间就已畅销全国，甚至远销至东南亚地区。新中国成立后曾多次代表贵州陶艺被选送参加全国性比赛或被选送到日本、丹麦等一些国家参加展览。

第一，牙舟中学开发牙舟陶课程具有地理优势。牙舟镇位于云贵高原与广西丘陵的中间地带，平均海拔 700—900 米，属于亚热带季风湿润气候，常年温暖且恒定，一年四季都可以制陶、晾陶和烧陶。镇周围的大山多产富含硅铝成分的白石，经多年风雨侵蚀与山下的水田混合形成了大量的白泥土层，而白泥是制作牙舟陶的最佳泥料。牙舟镇的森林资源也十分丰富，多以泡桐树、枫香树、麻栎树、白栎树为主，而这些树木自古以来就是烧制陶器的主要燃料。这一切都为牙舟中学开展牙舟陶校本课程提供了前提条件，有了现成的制陶原料，学校组织学生开展制陶实践就有了现实基础。学校还特别注重学生的实际操作能力的训练，通过实践丰富课堂所学知识，并较好地做到了理论与实践的结合和劳逸结合。

第二，牙舟中学开发牙舟陶课程具有人才资源优势。牙舟镇是牙舟陶的发源地，那些陶艺先祖们的子子孙孙们世代生活在这里，几乎家中上了年纪的老人都曾从事过制陶业，或者或多或少地参与过牙舟陶的制作，对牙舟陶历史发展过程也是人人皆知。镇上更是有几户世代从事制陶的大家，虽然现在有的家庭成员开始弃陶务农或者经商，但是祖上传下的手艺却是一点不敢丢和不能丢，他们对牙舟中学开设陶艺课程给予了无私的支持，很多人担当了学校陶艺制作的指导老师。除外，贵州省教科所也一直关心牙舟中学课程的建设工作，该所美术教研室著名水彩画家、贵州省教育学会美术教育专业委员会秘书长、中学特级教师兰岗老师也曾多次到学校指导牙舟陶课题的研究工作。

第三，牙舟中学开发牙舟陶课程具有政策优势。在国家大力推进三类课程建设的大背景下，黔南布依族苗族自治州和平塘县教育局先后为学校拨款近十万元，为学校先后建立了陶窑、陶艺操作房等校内学校实习基地，为学生开展陶艺活动搭建了实践平台。同时，牙舟镇的牙舟美术工艺陶瓷厂和民间陶艺作坊也积极落实相应政策，为牙舟中学学生提供校外实训基地，指导学生更好地掌握牙舟陶制作技艺。

四　增强学校办学特色和推动课程改革

贵州省民族地区中小学民族文化类地方课程和校本课程的设计工作，对民族教育事业有着积极的推动作用，可以在不断地增强学校办学特色和推动课程改革方面迈出坚实的步伐，进而直接影响学生的知识结构和能力培养。台江县台拱镇番省小学的"苗语"课程就是很好的证明。

第一，苗语课程的开设实现了苗语传承和苗族文化的繁荣。民族文化是民族存在的重要标志，更是一个民族发展的重要动力。现今社会，全球一体化已成为不可逆转的潮流和趋势，多元文化共存，保护人类文化的多样性是整个社会、整个世界的共同期待。如何在国家一体化与文化多元化的情况下保存和发展地方性语言文化，是我们目前面临的一个重大现实问题，也是必须突破的一个困境。少数民族语言文化是多元文化的重要组成部分，众所周知，语言的消亡和生物的消亡一样，一旦这种情况发生，造成的伤害将是永远都无法弥补的。因此，保护民族语言文化对一个民族，乃至整个中华民族来讲，都有着重要的意义。在民族地区中小学设置苗语课程，实现了民族语言在学校的传承，为我们寻找到了民族语言面对全球一体化发展趋势的应对措施，必将会推动苗语的传承和苗族民族文化的繁荣。推而广之，我们也可以以同样的姿态面对除苗语外的其他的民族文化，如民族歌舞、民族体育等，采取课程建设的方法来有效地推动民族文化的发展。只有当各民族的文化都能够得到很好的保护和发展时，我国的多元文化才能保持更加鲜明的特色。

第二，苗语课程的开设有效提高了苗汉双语教育水平。"双语教学应该是一种以民族语言为基点，学习汉语和科学知识，了解两种文化，形成跨文化精神的教学活动"[1]。在少数民族地区开展双语教学是我国在民族教育问题上的基本原则和一贯做法，其根本目的在于保证少数民族学生在学习自己本民族语言文字的前提下，学好国家通用的语言文字，为少数民族地区社会、经济、文化等各方面的发展创造良好的双语环境，促进个人以及整个民族、整个社会的进步与发展。在当代社会，学不好民族语言，就无法传承民族文化、凸显民族特色；学不好汉语，就无法

---

[1]　李丹：《少数民族辅助式双语教学的发展困境与消除途径——基于云南省澜沧县拉汉双语教学的考察》，《贵州民族研究》2010 年第 5 期。

融入主流社会，无法实现长远的发展与进步。因此，促进和发展双语教育，不仅可以推动优秀民族文化的传承，也有利于提高民族学生融入现代社会和适应当前经济和社会发展的能力与水平。在民族地区中小学设置苗语课程，能够拓宽民族教育和双语教学领域，丰富我国双语教学理论和深化双语教学实践，为我国双语教学提供可供参照的个案和经验，有效促进苗族学生融入外部世界，适应现今社会，实现个人的全面发展，在推动苗语传承，保证苗族群众自身利益的同时，推进民族地区社会和谐稳定发展。

　　第三，苗语课程的开设有利于探索民族文化类课程课堂教学模式和课程建设规律。民族文化教育主要是针对民族民间文化保护与传承的严峻形势提出来的。这项活动要求民族地区中小学积极发挥教育资源方面的优势，在学校中通过课堂教学等方式来开展各式各样的活动，进行优秀民族民间文化的教育。2002 年，《贵州省民族民间文化保护条例》（以下简称"《条例》"）的颁布，拉开了贵州省民族文化教育的序幕，同年10 月，省教育厅、省民族宗教事务委员会联合下发了《关于在我省各级各类学校开展民族民间文化教育的实施意见》（以下简称"《意见》"），要求各级各类学校认真贯彻执行《条例》精神，因地、因校制宜，积极参与到民族民间文化保护和传承工作中来。《意见》中指出了继承和发展民族优秀传统文化的重要价值，指出了此项工作在贵州省实施的重要性、必要性和紧迫性。苗语地方课程和校本课程的设置，有助于我们探索在新情境和新形势下如何更好地在学校教育中开展民族传统文化教育的新思路和新方法，了解社会各方对民族文化类课程的态度，发现苗语课程开设过程中存在的主要问题，探索适应民族学生民族语言学习的课堂教学模式和课程建设的规律，为民族文化长盛不衰，永葆旺盛生命力而做出积极贡献。

　　第四，苗语课程的开设增强了学生的民族认同感和自豪感。在 21 世纪全球环境背景下，科技、教育、交通、信息技术飞速发展，世界各国的联系在不断增强，"地球村"已不再只是一种概念和理想状态，而是实实在在地呈现在我们面前的客观现实。随着这一进程的加快嬗变，一方面，进一步推动了各种民族文化之间的交流和融合，促进了民族文化的大跨步发展和繁荣；另一方面，各种民族文化间的差异也在不断地缩小，民族文化的多样性和独特性正日益遭到无情的破坏。语言作为一个民族最基础的文化和最显著的特征，以及民族优秀传统文化的承载工具，在维系民族凝聚力、保持民族自豪感上发挥着十分重要的作用。在民族地区中小学设置苗语课程，有利于增强少数民族成员保护和传承民族语言，乃至整个民族文化的意识，加强学生对本民族文化的认同感，增强民族学生的民族自豪感和民族归属感，在了解和掌握本民族优秀文化成果的同时，形成对本民族文化积极的情感、态度和价值观。

五　进一步优化学校的育人环境

贵州省民族地区中小学开设的民族文化类地方课程和校本课程，不能简单地被认为只是一个增加了几门课程的问题。应当看到，正是这些极具特色的民族文化类课程的加入，才使民族地区中小学的课程结构以及课程内容发生了本质性的改变，随之而来的是学校育人环境的巨大变化。

石阡县长寿长乐希望小学不仅通过民族文化类课程积极做好民族文化传承的工作，还以此为契机，积极推动了校园文化的整体建设，颇具特色，我们可以从该校制定的校园文化建设发展规划中清楚地看到这一点。

该校校园文化建设主要任务是：在"爱漫希小，幸福乐园"发展愿景的指引下，以文化建设为抓手，建设精致典雅与城市文化相得益彰的校园环境文化，建设丰富多彩、生动活泼的活动文化，建设人性化与规范化相结合的制度文化，全力构建和谐的精神家园。

为此，该校采取了很多积极的措施，优化了学校的育人环境，具体如下。

第一，打造特色校园环境文化。校园环境文化是指校园所处的自然环境、校园规划格局以及校园建筑、雕塑、绿化和文化传播工具等方面形成的文化环境。校园的环境文化必须处处洋溢浓厚的育人氛围。正如苏霍姆林斯基所说的"要使学校的墙壁也说话"。特色环境文化，正是要体现这种观念，使我们的学生由此而进，如入健康艺术之乡。眼睛所看到的，耳朵所听到的，艺术作品随处都是；使他们如沐春风，如沾花雨，耳濡目染，潜移默化，不知不觉之间受到熏陶，从始至终和优美、理智融合为一。

学校的校园环境文化以墙体和室文化为主。一是打造墙体文化。根据学校育人愿景对学校围墙、各幢楼的墙体作统一装饰，要确定学校主色调，既能体现学校爱的教育主题，又寓意着未来的生机和活力，进行"三个一"建设。即：一组雕塑。校园内"希望之星"雕塑，寓意希望、进步、向上的精神风貌。一系列走廊文化。在各教学楼走廊上，建造主题不一的"走廊文化"版面。一批爱国、爱家乡、爱学校、爱师长宣传图文。在校门口两侧张贴一批宣传石阡及学校发展的宣传图文，以此来培养学生爱国、爱家乡、爱学校、爱师长的情感。二是特色室文化的创设。首先是班级文化。班级文化是学校文化的重要组成部分，教室的环境布置就是其中的一个重要环节。教室的环境布置不仅是为了让教室变得美丽，更重要的是每一个版面都能以学生为主体，成为展示学生风采的一个平台。学校的普通教室文化以"四有"文化建设为切入口，组成班级文化建设。每班有一个口号，构建班级精神文化；每班有一个公约，形成班级制度文化；每班有一个光荣榜，打造班级赏识文化；每班有一个书柜，打造班级书香文化。其次是功能教室文化。在阅览室、计算机教室、舞蹈室、音乐室、美术室、实验室、演播室等公用教室里设计一套适合各室特点的宣传图文。再次是教研室文化。现代的教研室文化应表现为一种民主的、合作的、积极的文化。最后是校史陈列室文化。建立校史陈列室，将学校的发展史陈列其中，可以处处透溢出深厚的文化底蕴与辉煌的办学渊源，并定期向学生开放，进行校史教育。

第二，打造特色校园精神文化。校园精神文化建设是校园的核心文化，也是校园文化建设所要实现的最高目标。学校的校园精神文化建设分为以下六个方面进行。一是对办学理念、办学目标、办学特色、校训、校风、教风、学风等进一步完善、深化和提炼。二是诠释校徽。对于校徽的寓意在全校师生中进行宣传教育。三是创作新的校歌。开展新校歌的歌词、曲谱的征集工作，通过集思广益、博采众长，最后通过专家审定，确定学校的新校歌。四是利用红领巾广播，进行宣传教育。五是进行专题教育文化活动。通过广泛丰富的宣传活动内化为师生的共同理念，进而指导学生的自觉行为。通过开展有针对性的教育活动，使学校的办学理念成为师生共同的理念。在某一时期，针对某一问题，抓住时机，创设情境，进行专题教育活动，或进行专题系列教育活动，形式灵活多变，吸引学生人人参与，营造一种氛围，净化他们的心灵。六是学校校风、教风、学风的养成。校风、教风和学风是校园文化的重要组成部分。它潜移默化地影响着全体师生，在人才培养工作中具有不可替代的重要作用。"三风"建设是学校长期的基础性工作任务，优良的校风、教风和学风要靠长期不懈的建设和积累才能逐步形成。学校充分贯彻"以人为本"的指导思想，根据现代化教育的发展要求和教育质量高标准的要求，组织发动全体师生，集思广益、参与征集"三风"建设的活动，营造一种积极进取、健康向上的校园氛围，促进师生思想道德素质和科学文化素质的提高。

第三，打造特色校园制度文化。制度文化是校园文化中介于表层的环境文化和深层的精神文化之间的一个层面，有着极其重要的"承上启下"的作用，健全的规章制度是校园文化建设不断深入的保证。一是建立一套凸显学校优势，体现校本意识，具有特有文化特色的规范、高效、完整的组织管理系统和制度，构建学校制度文化。深化、整理完善规章制度，制定运作程序，汇编成册，理顺层次、规范程序、行而有据，形成依法办事、民主管理、以德立校的运行机制。同时建立完善学生自主管理制度、爱护公物制度、公共卫生制度、绿化制度和校园养护责任制度等。二是组织学生自主参与班级各类规章制度的制定。一个人的思想品质、心理活动主要是通过行为习惯表现出来的，所以养成教育是我们对学生进行思想教育的一项主要内容，也是校园文化建设的一个重要方面。为此，学校精心组织学生自主参与制订班级的各类规章制度，各班都根据学生自己的生理和心理特点，结合学校制定的各类规章制度，开展内容系统、形式多样的教育活动，并及时总结各项教育活动的经验，把行之有效的措施、方法升华到制度上来。学生自主参与制订班级的各类规章制度，使各班的每一次活动、每一个角落都散发着文化气息，将会于无形之中影响学生的思想观念、行为方式和价值取向。

第四，开展特色校园文化活动。校园文化活动是学校文化的载体，是学校文化最为直接的体现。一是开展以学生为主体的校园特色文化活动。根据教育发展的宏观环境及发展趋势，依据人本发展理论，以学生为主体的校园特色文化活动围绕以全面推进素质教育、培养德智体美等全面发展的高素质人才的目标，努力把思想道德教育的内容融入校园文化建设的各个方面，有力地促进学生的全面发展和健康成长。由教导处和少先队大队部围绕"大阅读""爱的教育"及"科技之春""运动之夏""感恩之秋""艺术之冬"开展特色活动。二是开展以教师为主体的校园文化活动。教师是人类灵魂的工程师，要为人师表，其品德和人格将对学生的成长产生直接的示范影响。加强师德建设是校园文化建设的重要内容，为此，学校首先制订了明确的培养计划和方案，把师德培养纳入师资队伍建设规划，对全体教师进行以加强教师的职业道德、职业精神、思想观念、道德品质为核心内容的相关教育。其次制订了学校师德建设工作条例、师德建设实施细则等，明确教师应尽的师德义务和要求。再次建立了奖惩机制，对师德优秀的教师在晋级、评聘、职称评审方面给予倾斜政策。最后建立健全学校师德监督机制，组织由学校领导、在职教师、退休教师等参加的师德监督检查小组，设立"师德建设"信箱，鼓励教师更新思想观念，完善道德修养，使"师德兴则教育兴，教育兴则民族兴"的观念深入到每一位教师心中。三是开展以"情系教育，根在校园"为主题的文化活动。开展"爱我校园""校园是我家""为校增光""教师幸福论坛""我的教育故事"等活动。四是开展以展示为主体的文化活动。如英语节、艺术周、科技周、体育周、健康周、各类竞赛等文化展示活动。

石阡县长寿长乐希望小学特色校园文化建设取得了丰硕成果，使学校的育人环境得到了极大的改善。

第三章　教学实录：观察与描述

　　民族文化是中华民族优秀的传统文化，是特色校园文化建设的重要内容。将民族文化引进校园和课堂，不仅是对民族文化的传承和发扬，也是推进新课改的重要内容之一。本章将基于课堂民族志的基本研究范式，深入到贵州省民族地区中小学民族文化类地方课程和校本课程的课堂教学中，对民族语文课堂、民族舞蹈课堂、民族工艺课堂、民族体育课堂、大课间课堂等进行参与性观察和深度描述，以获取贵州省民族地区中小学民族文化类课程课堂教学和教学活动的第一手资料，从而形成对贵州省民族地区中小学民族文化类地方课程和校本课程的理解和解释。

第一节　民族语文课堂

一　台江县台拱镇番省小学：苗语课堂

1. 田野点描述

　　台江县位于贵州省东南部、黔东南苗族侗族自治州中部，县城驻地距州府凯里市 48 千米，距省府贵阳市 218 千米。总面积 1208.2 平方千米，辖 3 个镇、6 个乡，5 个居委会，197 个村委会。2002 年末总人口 16.72 万，其中非农业人口 1.55 万。少数民族人口 15.70 万，[①] 有苗、侗、土家、布依等 15 个少数民族，其中苗族占台江县总人口的 97%，有"天下苗族第一县"之称。苗族人口众多为苗语进课堂的实施奠定了良好的群众基础。该县大多数的孩子在进入学校之前，就已经对苗语具有较为深刻的认识，能够大致听懂苗语，有些还能用苗语流利地进行对话。

　　台江县台拱镇番省小学位于台江县北段，距县城 12 千米，是台拱镇

---

　　① "台江县"，http://baike.so.com/doc/5590394 - 5802990.html。

下设的一所小学，现有学生 351 余名，共 10 个班，教师 24 名。该校历史
悠久，底蕴丰厚，人才辈出，被誉为学生腾飞的摇篮，教师成长的沃野。
学校现有一支团结、实干、高素质的具有开拓精神的教师队伍，囊括了
一大批优秀教师，其中包括全国优秀班主任、全国优秀体育教师、全国
优秀教育工作者等。教师们凭借开放的教育思想，领先的科研水平，以
良好的素质、进取的态度、奉献的精神和踏实的作风培养了一批又一批
优秀的学生。学校以"开发潜能、发展个性"为育人理念，从整体改革
实验到差异教育的研究，二级循环活动的尝试到创新教育的思考，以及
网络环境下教学模式的探索，捕捉着现代教育最敏感的话题，走在教育
改革的前沿。学校一贯坚持"品牌、质量、服务"的意识，在全面推进
素质教育的进程中，以一流的教育质量树立了自身的品牌形象，赢得了
社会的赞誉，是老百姓心目中最好的学校之一。①

　　该校于 2002 年开设苗汉双语课程，是全县双语教学的试点学校。该
校使用的苗语课本是由贵州省少数民族语言文字办公室和贵州省教育科
学研究院合编、由贵州民族出版社出版的黔东方言苗文基础教程。

　　该校的苗汉双语课程只在学前班至三年级开设。据了解，其原因是
该地区双语授课的目的主要是进行辅助性学习。因为本地大多数的学生
都未接触过汉语，所以在语文、数学等科目的学习上都存在着一定的困
难。先用双语教学让学生学会汉语，有助于他们进行其他科目的学习以
及在学业上的继续深造。至于为什么高年级不开设双语课程，其最主要
的原因是担心这样会分散学生的学习精力，影响到他们的考试成绩。

　　苗语作为苗族文化的一个重要组成部分，在少数民族文化传承上有着
不可替代的重要作用。在苗族集中聚居的地区，苗语进入中小学课堂成为
一个必然的趋势。下面将对番省小学苗汉双语课堂进行观察和描述。

　2. 课堂教学描述

（2013 年 9 月 16 日，星期一，下午）

　　伴随着清脆的上课预备铃声，我踏入了一年级的苗语课堂。同学们
都端坐在自己的座位上，叽叽喳喳地用苗语小声地交流着，在我的询问

———————

　　① "贵州省黔东南州台江县台拱镇番省小学"，http：//www. aiwenwen. com/Union/
s289695. html，2010 - 06 - 08。

之下，他们告诉我他们是在谈论昨天放学后发生的趣事。上课铃声打响，老师走进教室，顿时，教室里安静了下来。课程开始之前，老师先用苗语和同学们进行了简单的交流，询问了一下同学们课前准备的情况，例如有没有带课本，有没有预习……

紧接着，老师将所用语言换成了汉语，开始了正式的双语课教学。课程一开始，老师先询问同学们在上学之前是否会数数，同学们反应不一，有些同学大声回答老师的问题，而有些却面露难色。老师又将该问题用苗语问了一遍，同学们都大声地用苗语给予了回应。随后，老师便带领着同学们一个数字、一个数字的用苗汉两种语言从一数到了五。通过观察，我发现大多数的同学可以跟得上老师的节奏，由此可以看出，一到五这几个数字无论是苗语还是汉语应该都比较常用，但是仍然有几个同学在数的时候感觉有些困难。在教完了第一遍之后，老师便用苗语与同学们进行交流，要求他们自行用汉语按顺序数这五个数字。在全班共同数完一遍之后，老师开始喊同学单独来数。期间，老师用汉语做出指示，但是很多同学都不明白其中的意思，不予以反应，于是，老师又改用苗语来串接课堂。老师先后喊了两个同学用汉语数一到五，那两个学生都能很好地完成任务，发音准确，但其中有一个同学在数的过程中磕磕绊绊，并不流利。随后，老师又喊了一个同学用苗语数了一遍，数得很快也很流利，很明显，同学们对苗语的熟悉程度远远超过了汉语。

老师继续用苗语做出指示，要求同学们按照其手势读出相应的数字，只是这次的数字并不像上一步那样按顺序排列。老师比画出了四个数字，让同学们用汉语来数，大多数同学都能立刻反应，说出相应的数字，但还是有少数的同学需要经过一小段时间的思考才能说出答案。随后，老师又让同学们用苗语读出相应数字，老师比画出三个数字，同学们都能立刻反应过来。

紧接着，老师让同学们打开课本，先后用苗汉两种语言朗读了课文的标题"认识数字"。随后，老师在黑板上画了一个苹果，问同学们是什么。当老师用汉语问的时候，同学们用汉语进行回答，用苗语问的时候，同学们用苗语进行回答，两种语言同学们都回答得很顺畅。老师便在苹果旁写下"一个苹果"，并教同学们用汉语大声朗读这四个字，解释相应的意思。教完了汉语之后，老师又用苗语读了一遍这四个字，并在相对应的汉字上标注了苗语的音标，让同学们跟着他一起用苗语大声地朗读了一遍。读完后，老师拿起了讲桌上的书、粉笔等物，用苗语问同学们这是什么。同学们也用苗语回答了这是一本书、一支粉笔等。教完了"一"这个数字之后，老师又在黑板上画了两个梨子，画完后，立刻有同学用汉语说"两个梨子"，但说的同学非常少，只有一两位，大多数的同学还是用苗语向老师示意他看懂了黑板上画的是两个梨子这一信息。随后，老师用教"一"的方式教了"二"，先用汉语读，再将苗语注音在汉语之上，用苗语读，再用手边的物件向学生解释"二"的含义。随后，老师又用相同的方式教了"三""四""五"几个数字，我留意到对于数字，同学们大多在课前都已经能熟练地掌握了，但是在老师画完图之后，除了苹果和西瓜同学们能立刻说出汉语名称外，梨、桃子、南瓜这三种瓜果却很少有学生知道它们的汉语名称。

在完成了五个数字的教学之后，老师又重新带着同学们一起用汉语将这五个数字依次读了一遍，在这次的朗读中，相较于以前，同学们读得流畅了很多。随后，老师又带着大家用苗语读了一遍，在这次读的过程中，我发现约1/3的孩子在发音上与老师和其他孩子有明显的区别，这使得他们读出的音显得格格不入（据课后了解，这些孩子之中有些孩子并不是当地人，他们会说的苗语与老师教的有很大出入，有些孩子接触汉语比较多，并不大会说苗语，还有些孩子的苗语发音中带有浓重的地方口音）。

接下来，老师按照小组进行反馈，具体反馈方法与前面步骤相类似，给同学们做出手势，让同学们用汉语回答，从反馈的情况上来看，大多数同学都能迅速而准确地反应，但还是有少数同学会出现数字混乱、表达不清、反应较慢等问题。

最后，老师以一个游戏结束了整节课。老师将五只粉笔抓在手中，给同学们说一个数字，要求学生按照听到的数字拿出相应数量的粉笔。其中，两次说的苗语，一次说的汉语。在这个环节中，同学们表现得都很好，无论是苗语还是汉语，听到指示的学生都能迅速准确地做出反应。

在欢笑声中，苗语课落下了帷幕。

二 三都县鹏城希望小学：水语课堂

1. 田野点描述

黔南布依族苗族自治州三都县是我国唯一的水族自治县，位于贵州省黔南布依族苗族自治州东南部，地处"月亮山、雷公山"腹地。该县东邻榕江、雷山，南接荔波，西接独山、都匀，北连丹寨。距省城贵阳230 千米，距州府都匀 85 千米。全县总面积 2400 平方千米。共辖 10 个镇、11 个乡。总人口 31. 47 万，其中少数民族人口 30. 47 万，占总人口的 96. 4%；水族人口 20. 24 万，占总人口的 64. 8%，中国 60% 以上的水族人口居住在三都，境内还居住有汉、布依、苗、瑶等 14 个民族。①

鹏城希望小学位于三都水族自治县三合镇，是由深圳市投资控股有限公司及其所属 15 家企业于 1995 年捐资兴建的，于 1997 年 9 月开始正式招生。学校属九年一贯制学校，现设小学部和中学部，共九个年级 54个教学班。全校有学生 2955 人，在编职工 157 人，其中副高级职称 22人，省级骨干教师 1 人，州级骨干教师 12 人，县级骨干教师 26 人。学校占地面积 3 万平方米，建筑占地面积 9000 平方米，有两个塑胶运动场，有标准的理、化、生实验室及图书阅览室、微机室。

该校秉承"一流师资队伍、一流管理水平、一流教学设备、一流教育质量、一流民族特色"的办学宗旨；坚持社会主义办学方向，遵循党的教育方针，努力践行"三个面向"的教育思想；以"自强不息、鹏城万里"为校训，张扬团结向上精神；以"自主学习、大胆创新"为教育理念，开创个性，培养特色型人才。

该校以水族文化为切入点，重视民族民间文化的渗透与引入，构建和谐校园。1998 年，学校以水族吉祥鸟"岛黛瓦"命名，成立"岛黛瓦"少儿艺术团，由学校老师和民间艺师共同编导水族歌舞节目，通过校内外舞台展示民族民间文化，进一步增强学生的民族自信心与民族自豪感。学校重视发展体育事业，将民族元素融入体育运动之中，每周二、周四全校学生必做水族铜鼓操。学校在大力实施大文化教育的同时，引进水族文化，使各民族文化互相渗透融合，营造多元文化氛围，形成了多元文化共同繁荣、共同发展的格局，学生深受感染与影响，在校园内，同学之间没有民族歧视与民族纷争，大家和睦相处，勤奋好学。

2003 年 5 月，少年足球队获"U – 15"西南片区少年足球比赛贵州赛区第一名；2004 年 5 月获得"首届红蜻蜓全国希望小学运动会"表演项目"最具创意奖"和"最佳表演奖"。2008 年 5 月，学校体育运动队

---

① "三都水族自治县"，http：//baike. so. com/doc/5726271 – 5939009. html。

赴南宁参加西部"加油——2008 希望工程快乐体育运动会"，获得了团体总分第一名的好成绩。2011 年 7 月 15 日，学校少年足球队赴瑞典参加"与世界有约""哥德堡杯"世界青少年足球比赛。2008 年 7 月，"岛黛瓦"少儿艺术团参加贵州省第八届少儿艺术节，水歌《岛黛瓦》、水族舞蹈《木鼓舞》分别获得三等奖；2012 年 10 月 14 日获得三都水族自治县教育局授予的"三都水族自治县少数民族原生态歌曲选拔赛三等奖"；2012 年 11 月获得中共黔南州委宣传部、黔南州教育局、黔南州民族宗教事务委员会授予的"黔南州 2012 年中小学少数民族原生态歌曲大赛二等奖"。2015 年 3 月在贵州省第三届校园文化建设优秀成果评选中，"水族文化进校园"获得了州级二等奖。

该校于 2007 年 11 月被贵州省教育厅、贵州省民族事务委员会授予"贵州省民族民间文化教育项目学校"称号；2008 年 12 月被黔南州教育局授予"黔南州素质教育示范学校"称号；2009 年 5 月被贵州省教育厅授予"贵州省校园文化建设先进学校"称号；2012 年 8 月被黔南州教育局授予"黔南州 2012 届初中办学特色先进学校"称号；2013 年 11 月被贵州省教育厅授予"体育特色学校"荣誉称号。

该校本着制度与人文相结合的管理思想，凭借美丽的校园环境，舒适的住宿条件和优秀的师资力量已成为每年黔南评价最好的学校之一。[①]

2. 课堂教学描述

（2013 年 9 月 25 日，星期三，上午）

水语课的学习是在多媒体实验教室进行的，同学们带着笔和纸跟从教师依次进入教室。教师提醒大家回忆一下上节课学习过的内容，同学们迅速翻开自己的笔记，有的小声念了出来，嘴里嘟嘟囔囔地说着我们完全听不懂的话。待教师打开多媒体课件后，他请同学们安静准备上课。

教师首先请部分同学朗读上节课学过的一首水族人民创作的一副对联，同学们站起来拿着笔记本用稚嫩的声音断断续续读出声来。每当同学们吐出一词，教师便在黑板上写下相对应的水族文字，这些字看起来就像抽象图形一般，却不失美感。当同学遇到不会读的字时，教师便示

---

① "贵州省三都水族自治县鹏城希望学校简介"，http：//school. 3xy. com. cn/School/102336/Article/108754，2015 - 04 - 28。

意其越过不认识的字，以免其尴尬。同学读完后，教师写得一手好字也工工整整地呈现在我们眼前了。可同学们似乎有些难过，也许是觉得自己作为传承者无法顺利继承祖祖辈辈遗传下来的文化，教师敏锐地感受到了同学们的沮丧，微笑地鼓励他们说："同学们，你们在生活中较少会接触到这些文字，说得也少，但不要因为现在学习很难就放弃学习它，只要我们经过长时间一点点的积累，我们一定会比现在进步很多的。"听到教师的这番话，同学们瞬间有了劲头，重新振作起精神，目光盯着黑板，随着教师的指导进行跟读。教师示范上联的读音，学生反复跟读后，除了个别字词的发音难以快速掌握外，其余的基本上能顺利地朗读下来。教师针对难发的音特意做出五指向中间抓的动作，让大家明白这个字发音时的声音变化方式。教师边做动作边仔细观察每一位同学的发音方式，直到所有同学都领悟了为止。教师继续示范下联的发音，或许是嘴巴已找到一点读音的技巧，同学们读得顺畅了许多。教师问同学们这副对联的内容是关于什么的，反应快的同学立刻答出是象征着丰收，教师补充道："这副对联描写的是水族人民庆祝丰收的欢乐心情。"继而追问大家是否记得横批是什么，大家异口同声地答道："记得！岁月和美！"教师写出对应的水族文字，请大家一起读出，同学们停顿了一会儿，发现横批的四个字在对联中都能找到，思索片刻后喊出读音。"很棒！"教师夸赞道。同学们呵呵地笑了起来，露出一丝丝骄傲的神情。教师又问道："这副对联翻译成汉语是什么？"这下就难不倒学生了，大家坚定地说："岁月和美，金银满屋，风调雨顺，粮食满仓。"教师立刻将这16个字写在了黑板上。现在他要将主动权交给同学们，请同学们自愿站起来再次朗读这副水语对联。和刚上课时的精神状态大不一样，同学们自信满满地站起来，看着黑板，流畅地朗读出了对联，不管是平卷音还是上下音调，他们都拿捏得很好。头部甚至不自觉地随着朗读节奏微微晃动起来，配合着教师传授的发音要领，准确无误地读出了每一个字音。每一位同学完成后，其他同学都会为其鼓掌，对于几位因紧张而表现稍显逊色的同学，没有人嘲笑他们，相反地，给予他们的掌声更加热烈，大家都衷心地鼓励支持他们。

温习完旧知后，接下来便是学习新课文了。PPT上早已展示出了新的内容，在同学们观察后，教师提问有何印象，同学们一致觉得在哪里看到过，可又实在记不清具体位置。于是教师让全班同学向右透过窗户看向寝室楼的墙壁，同学们兴奋地叫起来："看到了！看到了！跟这个一样！""这是劝学歌，大家牵着爸爸妈妈的手进入校园的时候，都不知道这是什么，等到毕业离开校园时，你们就可以自豪地告诉自己爸爸妈妈这些字词的意思了。"教师解释道。同学们若有所思地点点头，非常赞同教师的说法，也期待着学有所成。教师请班上唯一一位学过水语的同学翻译全文，该同学站起来在教师的提示下大致说出了全文概要，教师将他的答案综合起来说道："小时候最爱读书，我们手牵着手一起学习课外知识，学好知识建设我们的家乡和祖国，国家建设好了，强大了，我们的生活也过得好了。"教师一遍遍带领朗读，在同学们掌握了其读音以后，便进行第三项内容的学习。教师说："刚才所学的劝学歌是我们经常能见到的，而现在的这幅字是全国百名村官在 2009 年向祖国 60 周年的献词，大家都知道我们中华人民共和国成立于哪一年吗？"大家激动地说道："1949 年！""对的，所以 2009 年是我们伟大祖国成立的 60 周年，中国经历了千难万苦才实现了民族独立，只有我们独立了，我们的文化才能经久不息，我们才能得以生存与发展。你们猜一猜这个献词描述了什么呢？"有的同学高举着手站起来回答："应该是关于庆祝祖国，祝福祖国的内容。"也有的同学说："感觉到祖国的伟大，赞美祖国。"随后，教师告诉他们词句的意思："风雨兼程六十年，炎黄儿女舞翩跹。举世同欢歌华诞，民族复兴任在肩。"教师特意解释舞翩跹的含义，告诉大家红军胜利后，举旗挥舞欢呼胜利的模样就是形容舞翩跹的。教师模仿着手中有旗、左右挥舞的动作使大家理解其义。同学们情绪高涨，更加声情并茂地朗诵着这首献词。当同学们把语音与字形结合时，才能更深刻地理解词语背后的深意。教师每领读一遍，同学们声音高涨一片，我们也不禁为这奇妙的语言文字所感染。等到大家逐渐掌握了读音时，教师将他们分成三组进行朗读比赛，同学们很是兴奋，各个以摩拳擦掌之势要露两手，第一组朗读的时候，另外两组紧张地看着他们，在心中不断地练习着。轮到自己表现的时候，交叉着双手平稳地放在书桌上，嘴巴一张一合，非常认真、严肃。教师等到三组展示完后，鼓掌示好，称赞每位同学都是赢家，同学们也美滋滋地笑了起来。

最后，教师在黑板上写出"六铎公"三个字，大家突然用家乡话来交谈，激动得很。教师也用家乡话应和着，学生争先恐后地表达着自己的想法，教师随后写下"水族造字始祖，文化之神。既然我们学习水族文字，说水语，那我们就必须了解水族文化创始人——六铎公。人们尊敬他，崇拜他，于是在他死后称其为公"。同学们频频点头，又跟着教师将这节课所有的词句重新朗读了几遍。临下课前，教师语重心长地说道："同学们，作为水族儿女，我们要建设自己的家乡和祖国，只有建设好祖国，我们的生活才会……"同学们附和道："更加美好!""对的，同学们，除此之外我们还要怎么做呢?""团结在一起!""我们要让自己和祖国强大起来，学习水族文字，要对未来有所向往，我们奋斗的最终目标就是维护世界和平!"在教师满满的期待中，他们结束了本节课的学习。

第二节　民族舞蹈课堂

一　台江县民族中等职业技术学校：民族舞课堂

1. 田野点描述

台江县民族中等职业技术学校（台江县职业技术学校）位于贵州省黔东南苗族侗族自治州台江县，是经贵州省教育厅批准备案的中等职业学校，创办于1986年，由台江县师范及农中合并而成，2007年择地建设新校区，2009年9月新校区建成并搬迁至现址。2011年被评为省级重点职业学校。该校始终秉持"一切为学生服务，为学生一切服务"的办学宗旨，集职业学历教育、成人教育、短期培训、技术推广于一体，始终围绕"志存高远，一技在手，服务一方经济"的办学理念，秉承"厚德载物，技精立业"的校训，精心组织，强化措施，大力发展职业教育，努力提升职业教育服务地方经济的能力，学校的教育、教学和管理水平不断迈上新台阶。

学校师资雄厚，教职工116人，90%的教师具有本科学历，"双师型教师"比例达30%，高级职称教师16人、中级职称教师34人、省级导游员2名、省普通话测试员1名。学生规模不断扩大，现在校学生1816人，学校开设有民族音乐舞蹈、服装设计与制作、计算机应用、汽车驾驶与维修、学前教育、现代农业等专业，每年毕业生供不应求，历届毕业生已遍及全国。学校还与凯里学院、国家开放大学、州工业学校联办法学、医学护理、汉语言、学前教育、教育管理等中专、专科、本科专业。

该校占地 140 余亩，建筑面积 11000 多平方米，实验实训设备总值 500 万元，教学设施一流，有现代化电子电工实训室、多媒体教室 14 个，计算机房 4 个，有提高学生艺术素养的琴房、舞蹈房、形体房，汽车驾驶模拟室 1 间，教练车 6 辆，汽车实训修理厂 1 个，钢琴 18 台、电子琴 20 台、计算机 220 台，电脑缝纫机 50 台，服装实训基地 3 个，有果园、桑蚕种养殖基地、绿茶示范基地 300 余亩，师生用图书 6 万余册。

近年来学校教育取得了长足发展，2002—2004 年该校被贵州省委、省人民政府评为省级文明单位；2005 年被中国科学院评为 "全国最具特色办学单位"；2006 年被州政府评为黔东南州民族团结进步模范单位；2007 年 11 月被贵州省教育厅、贵州省民族事务委员会评为 "贵州省民族民间文化教育项目学校"；2011 年 4 月被省教育厅评为省级重点中等职业技术学校。2012 年 8 月该校学生舞蹈节目《台江盛装踩鼓舞》代表黔东南州参加 "多彩贵州" 比赛，荣获银奖。① 该校同时还是 "台江县苗族多声部民歌传承基地"。

2. 课堂教学描述

（2013 年 9 月 16 日，星期一，下午）

我们来到了位于黔东南苗族侗族自治州中部，一个集 "中国绿色名县" "世界著名文化旅游县" 和 "天下苗族第一县（此县苗族占境内人口 97% 以上）" 等称号于一身的县城——贵州省台江县。在这里我们走进一所在当地有着良好口碑和声誉的省级重点职业技术学校——台江县民族中等职业技术学校。

初入这个崭新的校园，即被校内气派的高楼，翠绿的树木，洁净优雅充满着现代气息的校园环境所感染。花坛中央的石碑上，"台江县中等职业技术学校" 几个大字显得非常醒目且充满了霸气，与身后随风飘扬的红旗争相辉映。

素有 "东方迪斯科" 美誉之称的贵州原生派歌舞苗族反排舞正是发源于此。据了解，该校于 1996 年已在全州率先开设了民族音乐舞蹈专业，并于 2006 年被州教育局评为黔东南州重点专业。此外，学校还成立了专门的艺术团。

_____

① "学校简介"，http：//www. tjzzedu. cn/List. aspx？mid＝23。

对于此龙头专业，我们充满了无限期待。在该校负责人的带领下，我们一行前往舞蹈排练室，准备身临其境地感受苗族舞蹈的魅力，还未及排练室，一阵清脆悦耳的鼓声便飘扬出来，震撼人心。

进入排练室，首先映入眼帘的是 3 排站姿标准的舞蹈专业学生，他们身着颜色各异的舒适短袖、休闲宽松的运动裤和专业的民族舞蹈鞋。学生中除一个个头高身材偏瘦的男生外，其余全部是女生。看到我们进来，可能因为有着丰富的表演经验，她们非但没有太多的紧张和局促，甚至还面带微笑，略显兴奋。只有那唯一的男生略显羞涩。排练室前面墙上挂着与之宽度相近的镜子，侧面是能保证室内通风良好的大窗子，后面墙上则挂着排练室的各项管理制度及学生的表演成果展示等。

前面镜子前，放置有一面大鼓，指导老师坐在鼓后，右手持一个鼓槌，边敲鼓边观察学生的舞蹈动作。待学生们张开手，一一搭着邻边同学肩膀的准备动作就绪后，老师巡视了一番，似乎不太满意，厉声喊道："身体往下蹲，再蹲下一点！左脚踮起来！好，预备，走！"此时鼓声响起，一个八拍的预备鼓点结束后，第一排和第三排学生开始踩着鼓点摆动着身体并整体向左移动，第二排学生则整体向右移动。动作大体是前一拍时先侧身迈出一只脚，紧接着后一拍时另一只脚跟上。身体同时朝左右两侧摆动。此动作重复两个八拍，在第二个八拍即将结束时，鼓点突然紧密且急促，此时脚步变换速度加快，并伴随着学生"嘿嘿嘿"的喊声。完毕，学生们似乎对刚才自己的表现比较满意，松了一口气，彼此相视一笑。全程学生们的脸上都洋溢着灿烂的笑容。

对于以上两个八拍的动作，老师看起来还算满意，接下来练习的是一组难度更大的动作。老师叮嘱道："等一下走的时候，第二排的学生就往左边走……"话音未落，学生中传出疑惑声，"那怎么走?"老师进一步解释："往左边走的话就先踢左脚，往右边走的话就先踢右脚。"接着鼓声响起，鼓点略显平静和缓慢，这一组动作要求全身以胯为动力点，甩同边手，手脚开合度大，踏二四拍，头、肩、腰、臀各部位的动律均稳定在一节拍时控中统一进行，考验和锻炼的是学生身体的协调性和灵活性。由于动作难度加大，大家显得信心不足，舞蹈过程中，多数学生对于舞蹈动作的掌握不太熟练。老师也边敲鼓边给予指导："第一排同学往前面走的幅度要大，第二排要及时跟上，队形要紧凑。跳整齐，自己看一下镜子。"说罢，指着第一排最边上的女生说道："你这个脚不对！"

看到学生好像并没有领会自己的意思，她径直走过去给学生示范了正确的姿势，并开玩笑说："你非要迈左脚，看你一会儿怎么跳！"大家听罢都笑了起来。老师回到鼓前，又巡视一番后说道："看着镜子，大家表情不要这么难过，这么痛苦，放轻松，笑起来！"学生们随即露出微笑。鼓声响起，这一次是结合前面的两组动作连贯地练习。经过老师的指点，大家显然更有信心了，跳得也更加整齐规范了。回顾整堂课，学生们显然是在享受着跳舞的乐趣，师生间的配合也是默契十足。通过观看此节舞蹈课，我们对苗族舞蹈有了更加深刻的认识。

观看完毕，该校负责人继续说道，反排舞具有全身伸展和扭动等特点，因此能使学生身体的每个部分都得到充分的锻炼。舞蹈专业的设置，是落实和实施"苗族文化进课堂"的一项重要工作，对于推进苗族文化教育与素质教育相结合，促进学生增强民族自信心和民族自豪感，都有着不可替代的作用。

二 丹寨县扬武民族小学：芒筒芦笙舞课堂

1. 田野点描述

黔东南苗族侗族自治州丹寨县位于贵州省东南部，东与雷山县接壤，南靠三都水族自治县，西与都匀市、麻江县交界，北抵凯里市。全县辖 3 镇 4 乡 1 个省级经济开发区（丹寨金钟经济开发区）。总面积 940 平方千米。[①] 县境内多民族聚居，有苗族、水族、布依族等 21 个少数民族。该县的苗族蜡染、古法造纸、苗族锦鸡舞、苗族贾理、苗族苗年、苗族服饰和苗族芒筒芦笙祭祀乐舞七个项目已被国务院列为国家级非物质文化遗产名录。

丹寨县扬武民族小学位于丹寨县东南部，苗疆腹地，距县城 9 千米，学校始建于 1938 年，已有 70 多年的办学历史。校名曾几次更易，民国时期为"丹寨县扬武中心学校"，1951 年省人民政府把其更名为"贵州省丹寨民族小学"，后改为"扬武民族小学"一直沿用至今。1953 年修建别具一格的苏式教室，曾办过速师班，1969 年开设扬武附中，为配合全县"两基"复查验收重建扬武中学，2013 年 9 月扬武中学另设搬出。2012 年 8 月将老冬完小、羊望完小、干改教学点、雄期教学点、乌湾教

---

① "丹寨县"，http://baike.so.com/doc/776519 - 821595.html。

学点合并到扬武民族小学，组建为一所乡镇级寄宿制学校。目前学校占地面积24298平方米，建筑面积7668平方米，共有图书66553本，生均册数60册。

学校生源主要来自镇内11个村，目前学生1106人，其中寄宿生508人，留守儿童490人。学校教职员工93人，其中专任教师69人。学校本着制度与人文相结合的管理思想，凭借丰厚的文化底蕴，美丽的校园环境，舒适的住宿条件和雄厚的师资力量等，成为每年黔东南评价最好的学校之一。

根据教育发展的新形势，学校确立了"以人为本、全面发展、突出特色"的办学思路，大力挖掘地方民族文化资源，进一步加大对民族文化资源的开发与利用的力度，全面实施素质教育，深入实施课程改革，努力创办家长放心、社会满意的现代化学校，努力为少年儿童健康成长创造良好的办学条件。

该校自2007年开展"民族文化进校园"活动以来，按照《丹寨县民族民间优秀文化进课堂实施意见》和民族民间文化教育"五个一"工程的要求，先后将本乡本土的蜡染技艺、芒筒芦笙、锦鸡舞、苗族民歌等民族文化引进课堂。

丹寨县素有"锦鸡舞之乡"的美誉，锦鸡舞是苗族芦笙舞中一种别具一格的民间传统舞蹈，在芦笙伴奏下，身着锦鸡服饰的苗族姑娘双脚按芦笙曲调节奏变换出优美姿势，双手于两侧稍往外自然摇摆，头上的锦鸡银饰跃跃欲飞，银角冠一点一摇，衣后的彩带合着节拍波浪般地飘动。为了更好地传承非物质文化遗产，学校聘请民间艺人为指导教师，将"苗族锦鸡舞"编制成一套具有民族特色的锦鸡操，然后将培训后的学生文艺尖子分到各班级去带动师生进行操练，动作传承了锦鸡舞的精髓。这套锦鸡操被列为学校的课间操，取代了国内现行的第九套广播体操，很具有当地民族特色。2011年该校制作了师生民族校服和学生表演服饰，购买了芒筒、芦笙等民族乐器，成立了民族歌舞队，成为拥有一套民族体育锦鸡体操、一本独特的民族文化进校园乡土教材、一组令人心醉的苗族民歌、一批风情浓郁的民族节目的民族特色学校。

学校2008年被评为"省级民族工作先进单位""州环境育人先进学校"；2009年被评为"州民族文化先进校园"示范学校；2012年10月6日学校组织"苗族童声合唱团"参加丹寨县100名歌王争霸赛（原生态

类）荣获三等奖；2013 年 11 月 22 日，学校"苗族童声合唱团"参加镇"蚩尤文化"节苗歌演唱组比赛，夺得第一、第二、第三名 3 个奖项；2014 年 9 月受深圳松禾基金会邀请，选派 6 名学生到深圳参加"飞越彩虹"民族童声合唱团演出，其中苗歌《欢乐的苗乡》《稻花魂》得到观众和专家高度赞扬；2014 年 9 月被贵州省宣传部、贵州省委统战部、贵州省民宗委评选为"全省民族团结进步创建活动示范学校"；2014 年 9 月被国家人力资源和社会保障部、国家教育部评为"全国教育系统先进集体"；2014 年 11 月 15 日学校组团代表丹寨县参加黔东南州第二届中小学生体育艺术节。[①]

2. 课堂教学描述

（2013 年 9 月 18 日，星期三，下午）

"铃铃铃……"下课了，先前早有准备的男同学，迅速合上书本，从座椅上蹿起来，一个箭步便冲出了教室。对于之前上课稍感疲惫的男同学而言，那准时的铃声，如同给他们注入了一剂"强心剂"，让其重新焕发活力，虎躯一震，一个懒腰配上一个哈欠，精神头儿瞬时倍儿足了。他们以最快的速度冲到操场去集合，简单地整理列队后，在老师的统一安排下，高年级的男生手上多了一个器件——芒筒芦笙。芦笙，为西南地区苗、瑶、侗等民族的簧管乐器，发源于中原，后在少数民族地区发扬光大，其前身为竽，是少数民族特别喜爱的一种古老乐器之一。贵州各地少数民族居住的村寨，素有"芦笙之乡""歌舞之乡"的称誉。逢年过节，他们都要举行各式各样、丰富多彩的芦笙会，吹起芦笙跳起舞，庆祝自己的民族节日。丹寨县的芒筒芦笙舞是一种在县境内苗族村寨广泛流传的民族乐舞，该乐舞将吹奏芒筒和芦笙与舞蹈结合在一起，富有浓烈的民族色彩。古老的苗族人民曾经历过长期的战争和迁徙，在艰苦的岁月中，芒筒和芦笙一直陪伴着他们，成为苗族人民战胜困难和挫折的精神力量。

当高年级的男同学被分发到芦笙后，在低年级男同学渴望而又美慕的眼神中，他们小心翼翼地调试着芦笙，熟练地将嘴巴对准芦笙的吹气

---

① "打造民族特色学校，办人民满意的教育——扬武民族小学校园文化建设优秀成果申报材料"，http://school. paiyiedu. com/School/102229/Article/97391。

口，将乐器整体摆放成他们最为熟悉和舒服的形态，聚精会神地看着老师，生怕错过了他们每一个细微动作。其余的低年级男生跟在拿着芦笙的高年级男生的后面，认真又仔细地观看着芦笙的组成细节和拿弄的手势，希望自己能早一天接起高年级同学的班，也能在课间过过吹芦笙的瘾。领头的几位老师和一名领吹的学生列队首先站成一排，高年级的男生紧跟其后也排成了一长列，低年级的学生也很快随着排成了一长列，整个队伍整体看上去像是蜿蜒曲折的"一字长蛇阵"，这样的队伍有利于统一管理，不会在接下来的演奏中发生碰撞。

整个队伍已排好，大家都在静静地等待着领头的那一声芦笙划破此刻的寂静，只见领头的那几位老师和学生，充满默契地同时吹出了领头音，标志着课间的芦笙表演拉开了序幕。后面的高年级学生纷纷用芦笙吹出附和的音调，同时跟着领头组一起迈开了脚步，舞起了步伐。领头组的老师和学生掌控着演奏的主基调与舞步的前进方向和节拍，其后的高年级组用手上的芦笙吹出美妙的韵律进行合奏，而最后面的低年级学生便紧密衔接，一边欣赏那优美的旋律，一边观察同时模仿着高年级的脚步，为他们之后的学习打下基础。乐器声时而悠扬，时而欢快，整个操场随着音乐声的推进和节奏的变化成为了欢乐的海洋，在场的每个人都加入到了这场大联欢中，旁观的老师和工作人员都纷纷跟着节拍舞动起来，甚至加入到浩瀚的"长蛇阵"中，脸上洋溢着欢乐的笑容。这一刻，仿佛周遭的烦恼忧愁统统被抛于脑后，取而代之的是无尽的放松和享受。学生们步调一致地低头吹奏，抬脚甩出，脚步落到前位同学腾出的寸地，一个接一个不断向前行进，宛如一条"S"形长蛇扭动着身躯，头尾不断靠拢……随着一声终止符的响起，大家停止了吹奏，这场大联欢随之落下了帷幕。通过课间芦笙表演，大家的身体得到了锻炼与放松，每个人脸上都洋溢着灿烂的笑容。

芦笙的灵魂需要学生们用心演奏才能释放出来，这项课间活动充分展示了芦笙的魅力及少数民族人民的智慧。

三　松桃县正大乡中学：四面鼓课堂

1. 田野点描述

松桃苗族自治县隶属贵州省铜仁市，成立于 1956 年，是国务院最早批准成立的苗族自治县之一。它位于武陵山脉主峰梵净山东麓，地处黔、湘、渝两省一市结合部，与湖南的花垣、凤凰相连接，同重庆的酉阳、秀山接壤，区位适中，交通便利，素有"黔东门户"之称。全县辖 13 个镇 15 乡，国土总面积 3409 平方千米。①

松桃苗族自治县正大乡中学创办于 1952 年 8 月，始为正大小学，1978 年更名为正大乡中学。它位于湘黔交界的腊尔山山脉南端，周边茶山成片，景色优美，空气清新，校内环境恬雅宜人。作为正大乡人才的摇篮，正大乡中学从历史中走来，又向未来走去，经历岁月变迁，饱经历史沧桑，但她依然焕发着勃勃生机。

学校现有教学班 9 个，学生 540 余人。在岗教师 38 人，其中中学高级教师 4 人，中学一级教师 9 人，中级职称占教师总人数的 26%，教师平均年龄 29 岁。为改善学校办学条件，正大乡中学借助"普九"东风，多方筹措教育资金，加大校园建设力度。现校园占地面积 8.9 亩，新建标准篮球场两个；新建建筑面积 1130 平方米的教学大楼一栋；新建两栋三层共 980 平方米、可容纳 400 名学生住校的学生宿舍楼；配有理、化、生实验室各一个；新建可容纳 400 名学生就餐的学生食堂一个；新配拥有 7000 多册藏书的图书、阅览室各一个；配置微机室和功能齐全的多媒体教室各一间。

该校认真贯彻落实党的教育方针，全面开展素质教育，以"一切为了学生，为了一切学生，为了学生一切"为办学思想，从课堂教学结构改革入手，强化教学方法研究。学校制定了《教学常规管理制度》和《教学科研制度》，鼓励教师积极钻研业务，引入竞争机制和建立长效激励机制，极大地激发了广大教师的工作热情，增强了教师的责任感，全面提升了教师队伍的整体素质。几年来，学校在教育教学科研等方面取得了可喜的成绩。

该校还制定了《松桃苗族自治县正大乡中学德育教育工作三规划》和《松桃苗族自治县正大乡中学德育实施方案》。加强对学生进行以弘扬爱国主义为核心的民族精神和以改革创新为核心的时代精神教育，教育广大师生正确处理国家、集体和个人之间的关系，引导师生树立正确的人生观、世界观和价值观，现已形成了遵纪守法、勤奋好学、爱校自尊、文明礼貌的优良校风。增强了学生的民族自豪感和自信心，增强了学校的凝聚力，激发了学生的学习热情，对于弘扬民族精神和时代精神，形成良好的社会道德风尚，促进物质文明和精神文明协调发展，全面推进

---

① "松桃苗族自治县"，http://baike.so.com/doc/5342828 - 5578271.html。

建设中国特色社会主义伟大事业，具有十分重要的意义。如今的正大乡中学，校风正，学风好，环境美，秩序正，学校教育教学质量大幅度提升，学生毕业率达98%以上，向各级各类学校输送了大批合格学生，也为正大乡培养了一批又一批全面发展的乡土人才。

　　该校是贵州省人民政府命名为"苗族花鼓之乡"的正大乡唯一的一所初级中学，它在传承苗族民间文化方面发挥着重要作用。学校根据正大乡自身的有利资源条件，把苗族花鼓文化引入校园和课堂，丰富了校园文化和教学内容，提升了学生的综合素质。学校于2006年选送的《苗家春鼓》在贵州省教育厅第二届中小学生艺术展演中荣获舞蹈类省级一等奖；2006年参加全县中小学生艺术展演活动中荣获中学组二等奖；2007年获松桃县"四月八"暨首届民族民间文艺调演二等奖；2007年7月组队参加"多彩贵州"大赛，并多次组队参加铜仁地区梵净山国际旅游节、稻香节、松桃苗族自治县"五十年"大庆等各种文艺演出活动，深得社会各界的肯定。

　　多年以来，该校始终坚持"以人为本，和谐发展"的办学理念，全面构建教育教学的质量体系，以"让学生成才，让家长放心，让社会满意"为办学宗旨，秉承"自强不息"的校训精神，坚持以教育科研为先导，以"做人教育"为核心，以民间艺术教育为特色，以规范管理为保障，以深化教育改革为动力，注重可持续发展，逐步形成了"严谨、科学、勤奋、求实、创新"的教风和"民主、和谐、开放"的育人环境，先进的教学理念和极具特色的办学模式，赢得了社会的广泛赞誉。①

　　2. 课堂教学描述

（2013年9月10日，星期二，下午）

　　伴随着下午第二节课那清脆的下课铃声，原本略显沉静的教室霎时欢腾了起来，紧接着，是一阵躁动的声音。同学们那稚嫩的身体此时和桌椅的碰撞，也显得没有平日里那么疼了。在简单的准备后，女同学们在体育教师的指导下，向我们展示了一场别开生面的四面鼓舞蹈艺术。四面鼓也称四面花鼓，正如其名，一个鼓身包含四个鼓面，打花鼓时，

---

① "松桃苗族自治县正大乡中学机构介绍"，http://site.conac.cn/www/243582184/4061924 8/JGJS/JGJS.html，2013 – 06 – 04。

击鼓者会配合打鼓的节奏跳出优美的舞姿，是苗族特有的民间运动形式。随着体育老师的一声令下，女同学们全然不顾平日里的"淑女范儿"，蜂拥而入地进器材室搬起了器材，只见有的学生拿鼓槌，两三个学生搬鼓，年级小一点儿的，就搬稍轻一些的鼓架，平日里看上去略显笨重的器材，被孩子们这么一分工，倒是显得轻便了许多。待器材被搬运至操场组装完毕后，同学们又自行组合成若干个4人小组，错落有致地分布在操场的空地上。瞧她们那一个个认真的小眼神，年龄不大，气势可不小，看来接下来的表演非常值得期待。各就各位后，体育老师亮出了预备的手势，此时每位同学背对着鼓的一面，手中拿着早就别在腰间的鼓槌，那鼓槌上还有着同学们系上去的彩色短丝带，风儿一吹，丝带就先于女孩舞起来了。

　　女同学们都摆出了预备的姿态，同时仰望着天空，神情放松，身体微微侧向鼓身，右手扬起，左手下放，分别握住鼓槌下方，任丝带自然垂落。忽然，一阵缓慢而有力的"咚咚咚"的声音击破了此时那近乎静止的场面。学生们齐刷刷地伴随着节奏，反向敲打着鼓面中心处，地面随着鼓声的传导都有些微微晃动起来，那鼓槌敲打着鼓面的声音，穿透到我们内心深处，身体也不由得随着清脆的鼓声而默默地打起了节拍。同学们一边敲打着鼓面，一边跟着鼓声的节拍跳出了欢快的舞步，其动作时而缓慢轻柔，时而快速有力，但整体动作整齐划一，繁而不乱，给人以美的享受。只见那些瘦小的身形围绕着鼓面画出优雅的弧线，下一次的翻转连接着弧线，从而连贯地打造出完整的圆圈，就算是平日里最不起眼的学生，在这鼓阵中也散发着一种感染力，号召着周围的人们加入她们的狂欢之中。那丝带在空中时而悠扬，时而欢快，学生们的动作时而一致，时而异同。舞着，敲着，不知何时，鼓声变得急促起来，同学们双手稍张，神情庄重，不约而同地踏着"哒哒"的舞步声，猛烈敲击鼓面边缘处三下，随后敲打鼓面之间的木边上，发出十分清脆的木击声。那敲击声，一波未平，一波又起，更紧密的鼓声来了！在腰身的辅助下，同学们挺起身板，顺势前倾，提起脚尖，将鼓槌落于鼓心，连续交错的鼓声引起周围环境强烈的共鸣。那生机勃勃的生命力随着舞蹈和鼓声尽情地释放，此时，仿若万物的美好都被渲染了出来。花鼓之舞是有灵性的，能把喧嚣褪去，将热情留下。放眼操场，你会感到这是一个人的舞蹈，每一次的旋转、跳跃、敲击都像出自一人。而仔细再看其他人，发现这其实是群舞，少了谁都不行，个人和集体呈现出了高度的和谐，她们之间高度的默契与配合度使舞蹈的主题得到了尽情的展观。渐渐地，渐渐地，鼓声慢了下来，同学们轻轻敲打着鼓面，神情也开始恢复平静，而脸上却泛着红光，同时洋溢着幸福的微笑。只见她们时而双手交叉，反向击打鼓心，时而抬腿后移，对角敲打边缘。低沉的鼓声和清脆的木声交织在一起，鼓点节奏分明，快慢协调。学生的舞蹈动作好似被卷入"咚咚……咚咚咚……"的鼓声之中，难以分开。她们再一次张开了双臂，旋转着在空中画出完整的圆圈。背对着鼓面，回到最开始的预备式，在那孔雀昂首挺胸般的亮相中，结束了四面鼓的练习。我们拍手叫好，她们又腼腆地笑了起来，那稚气未脱的面庞上洋溢着灿烂的笑容。

打花鼓持续了大约 10 分钟，学生们个个都出了汗，体会到了运动后的欢愉，更加精神抖擞，无形之中也提高了学生之间的凝聚力。学校举办这样的特色运动，不仅可以使学生们强身健体，放松身心，而且也是一项极好的娱乐活动，有利于增进学生之间的情感交流和向心力。

第三节　民族工艺课堂

一　平塘县牙舟中学：牙舟陶课堂

1. 田野点描述

平塘县位于贵州省南部，黔南布依族苗族自治州，东邻独山县，南与广西南丹县毗邻，西与惠水县、罗甸县相连，北与贵定县、都匀市接壤。共辖 9 镇 1 乡，面积为 2815.6 平方千米，总人口 322875 人，有布依、苗、汉、水等民族，以布依族为多。①

牙舟镇地处平塘县中部，东接白龙乡和卡罗乡，南邻摆茹镇和西凉乡，北靠谷硐乡和掌布乡，西壤大塘镇和通州镇，镇政府据地长寨村距县城 27 千米。当地居民人口 2.07 万，共有 9 个少数民族，其中以苗族和布依族为主，少数民族人口约占总人口数的 38.69%。牙舟镇境内丰富的陶土资源和独特的制釉原料，为陶瓷制作提供了良好的物质基础。据史

---

① "平塘县"，http://baike.so.com/doc/5590476 - 5803072.html。

料记载，牙舟陶始于明洪武十六年，距今已近 700 年历史。明末初具规模，清初已发展到 40 多座陶窑，清末后产品远销南洋及法国等地。民国时期最为鼎盛，有 100 多家制陶小作坊，产品靠人背马驮大量销往四川、云南、湖南、广西等地，并有传教士将牙舟陶带到欧洲。

牙舟陶作为我国著名陶器之一，以其古朴、典雅、敦厚而享誉国内外，多次作为贵州陶瓷工艺的代表被选送参加全国陶瓷展览会，并在日本、朝鲜、丹麦、芬兰等国际展览会上展出，具有较高的开发和观赏价值。1978 年在北京"全国第二次工艺美术展览会"上，中央美术学院陶瓷系主任梅建鹰教授把牙舟陶誉为"全国工艺美展陶瓷展品中最有特色的展品"；1983 年在北京召开的中国国际旅游会上，经 44 个国家 1000 多名代表推荐，"鸡纹双耳罐"被评为旅游纪念品优秀作品，获轻工部颁发的优秀作品证书及金质奖章；1984 年在全国工艺美术品评比中，"方纹奶罐"产品又获轻工业部优秀作品奖；1985 年、1986 年，"鸡纹双耳罐"和"方纹奶罐"分获国际旅游奖、轻工部百花奖和贵州省"黄果杯"奖；2006 年获"多彩贵州"旅游商品大赛三等奖等；2008 年"牙舟陶器烧制技艺"入选首批省级非物质文化遗产名录和第二批国家级非物质文化遗产名录。

牙舟中学地处素有贵州古陶之乡的牙舟镇，位于 312 省道旁，是平塘县教育局重点扶植的乡镇独立初级中学之一。该校创建于 1972 年，至今已有 40 余年的办学历史。目前校园占地约 16666 平方米，建筑面积 7056 平方米，有 200 米环形跑道，有大型师生体育运动场，有 24 个教学班，在校学生 1443 人，其中寄宿学生 1209 人。在岗教师 70 人，正式在编教职工 80 人，已形成了一支专业结构合理，年富力强的新型师资队伍。近年来，在广大师生的共同努力下，学校教育教学质量逐年上升，社会声誉日益提高；尤其是学校的中考升学率已连续多年稳居全县二类中学之首，如今正呈现出稳步上升的良好态势。学校还注意充分发挥现有的地域文化优势，积极营造高雅的人文环境。现在校园内树木繁多，绿树成荫，曲径通幽，景色宜人。据初步统计有 50 多个品种，2000 多枝树木花卉，且有明显的特征和层次感。学校还加大建设力度，力争使校园既保持原有树木的繁茂风貌，又配以现代花卉的艳丽。努力营造出"以山为景、以绿为美、以树点缀、以人为本"的园林式校园新格局，达到"依山显秀，傍路生辉，借绿增色，融文于景"的整体效果。

为了保护传承牙舟陶这门祖辈馈赠给后代的艺术和满足学生的个性发展需求，该校从 2003 年起开始尝试开展以学生陶艺学习为主要内容的实用技术培训活动。并从研究教育理论、借鉴其他学校成功案例、编制课程实施计划和收集民间资料等方面做了大量准备工作。

2003 年 9 月该校开始了校本课程开发的初级阶段。当时学校实行初二分流，把"两基"验收中学习基础较差的学生分流出一个班，对这个班的同学进行一定的职业技术教育。为提高学生的学习兴趣，学校开设了以牙舟陶为主要内容的课程，安排非遗传承人和有实践经验的教师负责牙舟陶艺的教学工作，并编制了《牙舟陶制作基础》校本教材。

发展至今学校陶艺教育水平在不断提升，并逐步成为了学校的特色。目前初一、初二年级每班每周开设一节陶艺课，为美术课的必修内容，由学校美术老师和刘廷贵老师及一些民间艺人担任陶艺教师。教学内容以陶艺生产技术为主。学生还可以根据自己的兴趣爱好自愿参加学校陶艺兴趣小组，打破班级、年级界限，提倡学生自主学习和实践。

该校是平塘县首批命名的"文明单位""文明学校""卫生文明单位""先进集体"；在 2004 年获全县教育教学工作管理一等奖，2003 年、2005 年、2006 年、2007 年均获全县教育教学工作管理二等奖；2006 年被评为贵州省农村中小学现代远程教育先进学校；2007 年获县实验教学一等奖等殊荣。

2. 课堂教学描述

（2013 年 9 月 22 日，星期日，上午）

我们有幸参加了由时任陶艺指导老师的钟老师特意为我们开设的一堂模拟真实课堂教学的陶艺课。

为了了解该校牙舟陶课程开设的整个过程，钟老师首先带我们来到了学校烧制陶器的窑坊。这是一个呈阶梯式高低错落有致的、坐落着四口相连接柴窑的窑坊，据钟老师介绍，这四口相连的柴窑是在原始窑的基础上经过技术改进而建成的，相比土窑现在的柴窑火力更加集中、温度也更高，使得烧制的陶器的质量更高、成品率也更高。钟老师接着介绍了烧陶的燃料，燃料的选择很讲究，最好是干而易燃、火力猛的燃料。牙舟镇植被茂密，泡桐、白栎、樟楠都是常见的好燃料。在钟老师的指导下，我们探头观察柴窑的内部结构，只见窑口呈半圆弧拱门状，窑口较小而窑洞内部比较宽敞，窑口旁有个小口子，钟老师介绍说这是特意为在烧制过程中监控火候而开的小门。由此我们的脑海中不禁呈现出了老师傅们专心致志烧窑时的场景。

随后我们一同来到学校的陶器展览室。展架上摆放着各种造型各异、釉色饱满的牙舟陶，钟老师依次为我们介绍，牙舟陶以青、黄二色为主，但也不乏窑变产生的奇异色彩。从器型上分有花纹繁复、造型大气的三脚酒樽、海马啤酒罐；有线条粗犷、造型古朴的日用陶器；还有小巧别致的泥哨。琳琅满目，使我们一行人情不自禁地赞叹道：真美啊！

紧接着我们来到了与展览室一墙之隔的制陶工作间。一进门就被白墙上的一道标语吸引住了：传承古陶文化，保护民间工艺。我想这真是道出了开展此项课程的真正心意啊！短短十二个字，却饱含了老师们多少心血与期望啊！一眼扫过发现整个工作间被划分为几个工作区，有浆池区、模具区、修胚台、拉胚台。钟老师详细地向我们介绍了拉胚台，在我眼里，拉胚台显得十分简陋，一高一低两个台子，一个供人坐，一个放置拉胚用的陶车，而陶车在我眼中也就是一个由挖空了的橡胶轮胎填充水泥而成的圆盘，配上一个用脚操控的开关踏板和一个转轴组合而成。大家感到疑惑，如此简陋的工具是如何创造出那么美丽的陶器的呢？看到大家露出了怀疑的目光，钟老师会心一笑，什么都没有解释，只对我们说，将为我们做一个简单的花瓶，以演示一下拉胚。

只见钟老师从身旁的一个容器里掏出一块约两个馒头大小的泥块，边在手心揉搓边对我们解释道：这是已经练好的泥，称为练泥。然后坐在高的平台上，双脚分开放在圆盘两边，将一个插头插好，嚯！圆盘飞速旋转了起来！我们这才发现原来陶车是通电的！钟老师给我们演示如何操作陶车。只见他先以脚尖踩踏的石板为受力点，再以脚后跟控制圆盘旁边的一个开关踏板，踩下踏板，圆盘就加快旋转的速度；松开踏板，圆盘就减慢旋转的速度。"看好了！"随着钟老师的一声提示，大家把所有的目光都集中在了钟老师的一双手掌拢括的范围里。"啪"的一声，钟老师将手中揉捏好却不成形的泥块不偏不倚地扔在了陶车圆盘中心突出的一小块平台上。泥块也跟着圆盘飞奔起来，只见钟老师弯下腰，首先，双手呈弧形拢着泥块，很快泥块变成了矮矮肥肥的圆柱形；然后，又将手型转换为八字形，两根拇指重叠在一起按在圆柱顶端的中心，其余四指依然拢在圆柱周围，很快圆柱就像火山口一样，凹陷出一个很规则的瓶口；随着圆盘的飞速旋转，钟老师边不停地变换着手型，边口中念念有词向我们传授着口诀："逆向发力""由下而上""由外及里"。顶端的瓶口越来越大，钟老师的拇指不再重叠在一起，而是和其余四指一样紧贴着瓶壁，不似之前的水平方向的塑形，而是转为了向上提拉，看来是要给瓶身造型了。钟老师扭身将双手放入旁边的水桶，让手上沾满水以便更加灵活流畅地拉胚。就在这时，钟老师手呈八字形以食指和拇指在瓶身处围成一个圈，慢慢地缩小圈口并小心轻柔地往上提拉，神奇的事情发生了，原本上下一致粗细的瓶身慢慢地变得玲珑有致，出现了一个精致的瓶颈！钟老师再次松开手脚，双手沾满水，然后回到泥瓶瓶口处，腰弯得更低了，双眼紧盯着泥瓶，轻踏踏板，圆盘缓慢地旋转，左手和右手四指重合，细致轻柔却流畅地在瓶口处拉出了一个向外张开的形似喇叭花的瓶口！大家在此刻都不禁鼓起掌来！钟老师直起腰说道：这就是基本的拉胚了，现在就可以取胚了。说着就拿出一个由一根渔线两头连接两根木棒的工具，告诉我们这叫割泥线，然后左右手分别拿住一个木棒将鱼线绷得又直又紧，利落地从泥瓶底部一划而过。放下割泥线，钟老师一手作势托住瓶底，一手扶住瓶身，缓缓向外推，就这样，一个有着优雅曲线的泥瓶就诞生了。钟老师这会儿笑着对我们说道：不要看这拉胚陶车简陋，其实已经是经过改良设计的了。原先的陶车都是由人力旋转的，而现在是电动的，以踏板控制旋转速度，而且要想将一团泥化腐朽为神奇变成美丽的陶胚，可需要相当的耐心、技巧和时间的。这时我不禁回想到钟老师拉胚时娴熟的手法，真是台上一分钟，台下十年功啊！钟老师对我们当初的疑惑并没有以语言来解释，而是以最形象生动的操练来为我们演示，给了我们这些门外汉最具说服力的解释，这样的教学方法让我觉得既深刻又生动。

钟老师将泥瓶递给我们传阅欣赏，放在手心的泥瓶，触感温润光滑，有重量感，瓶壁上留有一圈圈规则的圆弧线痕迹，壁身不见有丝毫细小的气孔，可想练泥时是下了一番功夫的，才能将原泥练得如此细腻。放下泥瓶，钟老师又简单地为我们介绍了修胚工具，从身旁的盒子里拿出了几把类似实木材质的木刀，这就是用于修胚和装饰的泥刀，刀口各不相同，有扁平的、锯齿状的、排梳状的、又尖又细的，五花八门。

就这样我们结束了这堂生动的陶艺展示课。

二 松桃县盘信民族中学：剪纸课堂

1. 田野点描述

盘信民族中学始建于 1956 年秋，属贵州省五所最早的民族中学之一，贵州省首批民族民间文化进校园项目学校，位于苗族文化底蕴凝重的盘信镇境内，北距松桃县城 16 千米，距苗王城 10 千米，南抵铜仁 46 千米，距铜仁凤凰机场 18 千米，凤凰古城 45 千米，1971 年秋，学校增设高中部。

该校有新建的 46 个标准教室、1 个多媒体教室、4 个教师办公电脑室、6 个实验室、2 个图书室、安装多媒体及白板设备的教室 17 个，同时还有音乐、美术、体育室内教学专用室 5 个。有能容纳 1200 多名学生住宿的男女学生公寓楼 2 栋，一个能容纳 2000 余人就餐的学生食堂，校园环境优雅，文化底蕴深厚，是一个潜心读书的好地方。

该校现有教职工 181 人，专职教师 158 人，教师中本科以上文化程度 113 人，高级教师 21 人，中学一级教师 56 人，其中，省级骨干教师 1 人、市级骨干教师并获得"乌江园丁"称号的教师 8 人、县级骨干教师 5 人、县级教学能手 15 人。学校现有高初中在校生 2200 人，班级 41 个。

"赏识学生，关爱学生，面向学生，不放弃每一个学生"是该校永恒的追求。一直以来，该校始终关注学生全面发展，树立"三个一切"的服务思想。为营造健康向上的竞争环境和浓厚的学习氛围，每学年发放新生奖学金和每学期发放优秀学生奖学金，近年来，该校还争取到了香港思源基金助学奖和中国福利彩票助学奖。5 年来，共发放 40 余万元，资助学生 1000 余人。[①]

该校认真梳理办学理念，总结办学得失，立足实事求是，立足科学发展，在确立以"改变——从阅读开始"为办学理念，以"文化立校，科研兴校，质量强校"为发展策略的基础上，明确了"建优质中学，创市级名校"的发展定位。在"团结就是力量"的校魂和"以人为本、有教无类"的教育思想以及在"传承民族文化，发展个性特长"办学特色的引领下，学校正悄然地发生改变，沿着健康有序的方向发展。

该校坚持以德育为抓手，以教学为中心，全面开展"创学生喜爱的

---

① "松桃县盘信民族中学'学校简介'"，http://www.gx211.com/school/schoolcontent8273.shtml。

课堂、做学生欢迎的老师、办学生喜爱的学校"主题活动。学校以传统文化教育为载体，并通过丰富多彩的德育活动，对学生进行感恩教育、文明礼仪教育、诚信教育；学校深入推进课堂教学改革，高效课堂彰显成效；学校高度重视教科研工作，每年均有多位教师在各级优质课评比中获奖，有 20 多篇论文在各级刊物发表并获奖。

该校倡导"既成才又成人"的人本化教育理念，以课改、教改为核心，规范学校管理，教育教学质量连年迈上新台阶，深获各界好评。2000 年被评为全区民族团结先进单位；2001 年和 2007 年先后被评为贵州省研究性学习示范基地和贵州省民族民间文化进校园示范校；2003 年荣获高中教学质量一等奖。①

2. 课堂教学描述

（2013 年 9 月 10 日，星期二，下午）

民间剪纸是中国民间美术形式之一，有着悠久的历史。松桃艺术剪纸是民间剪纸的一部分，是苗族极具特色的一种民间艺术。

同学们迫不及待地想了解这门艺术，还没到上课时间就已经坐在自己的座位上等待着老师。上课铃声一响，同学们瞬间安静下来，老师也带着教学用具站在了讲台上。老师首先问同学们："大家是否知道剪纸的由来？"全班同学都摇了摇头，表示不知道。老师讲道："在中国，剪纸这门艺术源远流长。当纸还未发明的时候，剪纸是以雕、刻、镂、剔、剪的技术在金箔、皮革、绢帛，甚至在树叶上剪刻图案。等到东汉时期造纸术产生后，人们便开始在纸上剪刻图案。"随后，老师介绍了剪纸的两大派系：南方派剪纸和北方派剪纸。并让学生想一想南北派剪纸的区别，凭借已学过的知识以及自己的生活经验，有的同学很快就答出了二者的不同。一位男同学站起来说道："老师，南方派柔和、温婉；北方派粗犷、大气。"另一位女同学补充道："南方派细腻一些，北方派豪放一些。"老师很赞同他们的回答，在黑板上总结了同学们的答案。在简要介绍了剪纸的历史和派系后，老师紧接着抛出问题："那大家看过的剪纸图案有哪些呢？你觉得这些图案分别有哪些寓意呢？"话音未落，同学们就纷纷争先恐后地表达自己的想法。有的说鱼，代表着年年有余；有的说

———————
① "学校简介"，http：//www.pxmzzx.cn/Category_ 76/Index. aspx。

财神爷，预示着财源滚滚；有的说到花，代表着兴盛；还有的说人民劳作，表示大丰收……老师肯定了每一位同学的回答，写下剪纸取材的内容分为三类，第一类是花鸟、鱼虫、走兽；第二类是山水、人物；第三类是民间故事和神话传说。同学们认真地听着老师的讲解，颇感兴趣，眼睛里流露出了解自己民族特色文化的渴望。在介绍完前期相关理论之后，老师将剪刀和红色彩纸发给同学们，正式进入技能学习阶段。

剪纸的必备工具非剪刀莫属，要想剪出好看的图案，就要尽可能运用多些弧度的剪裁技巧。老师让学生依照他的动作，借用手腕的力量带动手的转动，使剪刀从起点出发绕360°在空中剪出一个圆形，同学们在尝试用剪刀模拟老师的动作时，才真正感觉到剪纸也是一门艺术，不能灵活运用剪刀势必会影响图案的效果。经过几分钟的练习后，同学们才渐渐找到了一点拿剪刀的感觉。老师随即嘱咐同学们放下剪刀，拿出彩纸正向对折两次，再将长边对折到另外一条长边上，形成一个直角梯形。最后将梯形的斜边对折到对边上，就完成了基本的图纸折叠。同学们在老师一步步的指导下，都能跟上老师的进度，每位同学都完成了这一步。老师请同学们的目光集中于老师的示范操作上。首先讲述的是水纹线的剪法，老师将没有完全重叠的部分的纸张以水纹线的方式剪下来，这张叠纸就形成了具有花纹边的"三角形"。老师让大家猜一下图纸打开后的模样，同学们高喊道："多边形，圆弧状。"老师立刻满足了同学们的好奇心，展开图纸后，果然出现了一幅又大又圆并且具有很多水纹线边缘的图案。正当同学们跃跃欲试的时候，老师稳住了他们高昂的情绪，耐心地提醒着他们还有后续的步骤，同学们便放下剪刀，再一次将注意力集中在老师身上。老师说："第一步剪完后，为了使我们展开的图案更加复杂美丽，我们还可以往上再剪。"老师准备说下一句话的时候，有位男同学立即提出了疑问："老师，往上继续剪就不能像刚才一样把下面的全部剪掉，不然打开的图形永远只有外面一圈有花纹。"老师听了点了点头，夸赞他思考得很正确，这也是老师接下来想要告诉同学们的。接下来的剪法可以凭自己喜好选择直剪、弯剪或者水纹线，但要注意不能将下面部分的纸剪掉，只能剪出一个个缺口。这样最终形成的图案就是四处分布，并且剪的次数越多，图案愈加美妙。老师分别将几种剪法展示给同学们看，没过一会儿，老师的剪纸图案就形成了。同学们无一不感叹剪纸的魅力，议论纷纷，边鼓掌边说："哇，好美的图案啊！"老师展示完毕后，轮到同学们大展身手了，即使他们操作并不那么熟练，但他们非常认真，小心翼翼地剪下去，慢慢地转动剪刀的方向，防止剪掉先前剪出的图案。有些同学时不时地瞄一眼同桌同学的情况，感到自己进度落后了，便加快手速，奋起直追。老师在同学间走动，关注着他们的情况，等到大家差不多都完成的时候，他宣布大家一起展示自己的作品。同学们很开心，在老师的指令下，齐刷刷地站起来，自信地展开剪纸。一幅幅美丽的图案呈现在我们眼前，没有两幅一样的图案，每一个都是独一无二的。大家看了看周围同学的作品，满意地笑了。

一节课的时间就在这紧凑的手工教学中结束了。老师宣布下课，同学们礼貌地鞠躬感谢老师的辛苦，又不由自主地看着自己的成果。大家纷纷鼓掌，表达着此时此刻欢乐的心情。

三 松桃县正大乡中学：刺绣课堂

1. 田野点描述

（见本章第二节"松桃县正大乡中学：四面鼓课堂"部分，此处略）

2. 课堂教学描述

（2013 年 9 月 10 日，星期二，下午）

老师在黑板上挂出了三幅长条刺绣，直接开始今天的主题，同学们迫不及待地喊道："是刺绣，刺绣！"老师补充道："这几幅可都是我们苗家刺绣，苗家刺绣代表着中国少数民族刺绣的最高水平呢！"同学们吃惊极了，小声嘀咕着不敢相信对他们来说看似平常的物件竟蕴含着大学问。老师为了进一步激发同学们对刺绣的兴趣，讲述了一则故事："传说有位叫兰娟的女首领，为了记住迁徙跋涉的路途经历，想出了用彩线在衣服上记事的办法。过黄河绣条黄线，过长江绣条蓝线，翻山越岭也绣个符号标记，待最后抵达可以落脚的聚居地时，从衣领到裤脚已全部绣满。从此，苗家姑娘出嫁都要穿上一身亲手绣制的盛装，为的是缅怀离去的故土，纪念英勇聪慧的前辈，同时也为了继承前辈流传下的这份美丽，不忘祖业，激励后人。""同学们，这是一个传说故事，在现代生活中，其实刺绣的内涵已经发生了一些变化。你们知道刺绣代表着什么吗？"说罢，立刻有位男生举手站起来回答道："我看见我奶奶做农活的时候，围着围裙，围裙上的图案就有绣出来的。"老师和同学们一起为他精彩的回答鼓掌，老师追问这名同学是否明白围裙的作用，同学踟蹰了一会儿，说道："奶奶在小树丛里面的时候，会有些割人的植物，有了围裙就不怕啦！"老师笑了笑，满意地点点头，并示意他坐下。老师紧接着让其他同学回答，一位女生说："我妈妈的枕头上就有刺绣，很漂亮，还有床单的花纹也是经过刺绣的，这说明刺绣可以应用到我们的生活上。"老师夸赞了这位同学，转而说道："同学们，你们说得都很好。大家所说的这些代表着我们苗族刺绣具有很高的实用性，它与我们的日常生活联系紧密，有助于人民的生产生活。同时当你看到这些刺绣图案的时候，你们会联想到什么？"大部分的同学都兴致勃勃地回答：好美丽！有些同学认为颜色鲜艳，对于部分图画不明白是什么意思。在这种疑问下，老师顺势说出了刺绣的第二个特性："这些引起我们感官刺激的就是刺绣的魅力，它是充满艺术性的，你看不懂的那些图案有些是依据身边的事物，比如花鸟鱼虫等刻画的，还存在着人们脑海中构思的想象出来的东西。"突然间，一位女孩将手高高地举起站了起来，讲出了自己的疑惑："老师，那这些都不知道是什么的图案，没有什么意义啊，看起来奇怪得很。"老师并没有马上解答这个问题，而是反问全班学生看科幻小说时的感受，马上就有学生理解了老师的意思，乐呵呵地说："想象小说里的场景，很神奇。"这时候，老师娓娓道来："世界的多姿多彩是需要我们用想象来增添的，当我们拥有了想象力，就不局限于我们生活的小圈子，刺绣图案的想象是一种人们对美好生活的向往和期待，说明人们对生活乐观、热情的态度。"同学们若有所思地点点头，非常同意老师的看法。随即，老师拿下刺绣，又外加准备好的几幅分发给学生们，让学生研究上面的图案。个别同学遇到看不清的图案时，还会主动询问身边的同学，请他们来分辨，说着说着就笑了，窃窃私语地赞叹刺绣图案丰富有趣。接下来，老师请同学们分享自己所观察到的图案，这下答案就多了。有张着大红色翅膀的飞鸟，停留在树枝上的红绿相间的花蝴蝶，遨游在天空中的五颜六色的长龙，各式各样拼凑在一起的花丛……正当大家谈论得不亦乐乎时，有位同学拿起他的刺绣提问："老师，我这个上面的图案跟其他同学的有点不一样啊，为什么我看到的图形是重复的呢？"老师拿起刺绣看了看，走上讲台画出了二方连续纹样，向同学们解释道："二方连续纹样，简单来说就是指由一个图案或多个图案组成的一个整体图案向上下或左右两个方向反复连续循环排列，从而产生出优美的、富有节奏和韵律感的横式或纵式的带状纹样，也叫作花边纹样。"见同学们似懂非懂的可爱模样，老师展示着刺绣上的二方连续纹样，用手指出刺绣的基本图案——花，而旁边一样的图案就是第一朵花的重复，更后面的花也是不断重复着的，这种刺绣就是按照二方连续纹样来设计的。经过老师的讲解与点拨，同学们一下就明白了。老师用强有力的声音说："同学们，既然你们已经明白了这种刺绣手法，现在就是需要你们尽情展示想象力的时候了，你们自己根据二方连续纹样来设计刺绣上的图案，好吗？"大家异口同声地回答："好的，老师！"此时的学生们都沉浸在钻研图案的欣喜之中，未等同学们设计完，下课铃声已叮铃铃响起。同学们仍未放下手中的笔，坚持认真地画着……

我们在同学们身上看到了这一份坚持，以及这份对老祖宗留下来的珍宝的爱惜之情。我们也相信无论是刺绣还是其他中国民间艺术，都是中华民族的瑰宝，都能在未来熠熠发光，屹立于世界民族之林。

第四节　民族体育课堂

一　铜仁市坝黄民族小学：板鞋竞速课堂

1. 田野点描述

铜仁市是贵州省辖地级市，有"中国西部名城"之称，位于贵州省东北部，武陵山区腹地，东邻湖南省怀化市，北与重庆市接壤，是连接中南地区与西南边陲的纽带，享有"黔东门户"之美誉。全市辖碧江区、万山区、江口县、石阡县、思南县、德江县、松桃苗族自治县、玉屏侗族自治县、印江土家族苗族自治县、沿河土家族自治县。土地面积1.8万平方米，总人口427万，聚居着土家、汉、苗、侗、仡佬等29个民族，少数民族人口占总人口的70.45%。①

坝黄镇位于铜仁市西，是镇人民政府所在地，地处锦江河畔，305省道线上，距市区约20千米，是铜仁通往国家级自然保护区梵净山的必经之地。坝黄镇总面积197多平方千米，总人口3.52万。有汉、苗、侗、土家、瑶等10余个民族，民族传统完整、民俗民风淳朴。坝黄民族小学

---

① "铜仁市"，http://baike.so.com/doc/2779940 - 2934239.html。

是坝黄镇唯一的一所中心小学。学校学生中少数民族学生占98%以上。

由于非物质文化的传承存在着"口传心授，人在艺存，人亡艺失"的弱点，导致许多珍贵的民族民间文化面临着前所未有的生存危机，有的甚至已处于濒危的状态，抢救和保护民族民间文化就日显紧迫。开展民族文化教育，是对民族文化遗产实施抢救、挖掘、传承、保护和弘扬的一个重要举措。

该校从2007年9月秋季开学起，就把民族文化教育列为学校工作的重点，成立了以校长为组长的工作领导小组，加强对学校民族文化教育工作的领导，将其纳入学校管理的议事日程，安排和落实民族文化教育实施方案，收到了较好的效果。在此项活动中，该校遵循民族文化教育既要坚持整体规划，分步实施，又要体现民间精品意识；既要体现地方优秀的民族文化特征，体现民族团结精神，又要体现学校办学理念和宗旨，办出学校特色，激励学生个性化发展，促进校园文化健康发展。

该校的民族文化教育工作紧紧围绕四个方面的内容开展工作：一是深入挖掘土家族、侗族、苗族、瑶族的民族文化；二是在民族文化教育内容的选择上，既要开展少数民族传统体育教学，又要注重民族舞蹈、民间礼仪的教学；三是结合当地土家族、侗族、苗族、瑶族的风俗习惯开设地方课程，进行学习和宣传少数民族的传统习俗，营造浓厚的民族文化氛围；四是围绕"弘扬和培育民族精神"开展公民道德建设和少数民族传统教育相结合的教育活动，培养广大学生的民族自尊心、自信心和自豪感。

该校将"高脚马"与"板鞋竞速"融入体育课及课外活动当中，努力培养学生的学习兴趣。这两个项目是历史悠久的传统民族体育项目，它要求学生具有一定的协调性与技巧性才能完成。因此，加强日常的训练成为该校民族文化类课程不可缺少的重要环节。

2. 课堂教学描述

（2013年9月11日，星期三，下午）

待我们一行人来到校园，校长及陪同老师一起带领我们走到操场上，此时孩子们刚刚放学，他们成群结队地往校门口方向走，叽叽喳喳，好不热闹！没过一会儿，看到二十多个孩子手中拿着长木板走了过来，随即也吸引了一大批准备回家的孩子们。看着走过来的孩子，一名热心的老师主动向我们介绍了这项活动的名称——板鞋竞速。老师说："板鞋竞速是壮族民族体育运动，相传在明朝时期，壮族女英雄瓦市夫人为了训练士兵的团队协作能力，让三名士兵穿上同一双长板鞋一起跑步。这种长期的训练方式，让士兵们士气大涨，还屡屡获胜。以后，壮族人民模仿这一模式，将其演变成了现在的民间娱乐活动，还可以锻炼身体，有趣得很。"话音未落，孩子们纷纷聚集到了操场的左侧一根分界线的后面。

"长板鞋"由木料制成，长约100厘米，宽约10厘米，厚度约为3厘米。每只板鞋配有三块宽度为5厘米护足面皮，分别固定在板鞋规定的距离上，护皮以套紧脚面为宜。第一块护皮前沿距板鞋前端7厘米，第二块护皮在第一块护皮与第三块护皮的中间，第三块护皮后沿距板鞋末端15厘米。该校的体育老师走到孩子们跟前，嘱咐学生们在行进过程中要稳步前行，注意安全，学生们点了点头，迫不及待地把长板鞋移到对齐分界线的地方，他们的想法是尽可能地在起点就能超过别人。既然是"竞速"活动，那自然是少不了竞技体育的性质，学生们都想获胜，而竞技运动中还要追求"快"，所以学生之间的配合就非常重要。三名学生首先确定站位次序，第一位同学负责领头将脚套进护皮里，后面的同学依次排好位也稳妥地把脚放进护皮里，他们的双手则搭在前面同学的肩膀上，以维持平衡。10秒钟的时间，所有参加比赛的同学都已分工完成，整齐地排成两列。女生先行，有4组队伍，男生后行，有6组队伍。比赛的距离大约10米。

随着教师一声令下，学生们迈出了豪迈的第一步，长板鞋擦在泥地上的声音沙沙作响。这么多的人围观，让女孩子们稍微有些害羞，迈开的步伐不算大，有的同学甚至没离开地面，直接在地上擦着前行。这一小组的动作显然会落后于其他组，没走几步，旁边的老师为她们着急了，大声喊着："脚抬起来！"这三名女生一经提醒，极快地定了定神，一致地把脚抬高，再向前进，果然，速度快多了。就在这几秒钟的时间里，另一组队伍趁着间隙飞起猛进，"哒哒哒"的脚步声有节奏地响起，这一组的学生配合得相当好。第一位同学上身前倾，张开双臂作环绕状，以稳住方向，带队直冲。而后面的两位同学也向前做倾斜姿势，幅度保持一致，同时双手稳固地扶在前面同学的肩膀上。三人抬脚、下脚、弯曲的幅度无差异。这样一来，三名同学的动作完全一致，协调有序且柔中带刚，正是凭借着高度的配合，她们获得了本场比赛的冠军。

女生组已经走到对面的终点线了，男生组也准备开始了。或许看见了女生比赛的模样，也或许是被这样一种激动人心的比赛情境所感染，男生雄赳赳气昂昂地迈着整齐划一的步伐。在 6 组队伍中，前两组几乎是同一时间到达终点的，他们与其他组最明显的不同是，他们是喊着口号前进的，"一二、一二……"口令一致，节奏很快，他们的步调配合着拍子，长板鞋快速"哒哒哒哒"地踩在地上。旁观同学热情的吼叫声，参赛同学紧促的口号声，老师鼓励的加油声交织在一起，使整个操场燃起一股激昂斗志。紧张而热烈的气氛下，一场比赛下来，这两组的成绩相差不到 10 秒。而其他的 4 组队伍中，全程并没有出现脚脱离护皮或是甩掉长板鞋的情况，只是配合协作程度不及另外两组，所以相较之下速度慢了一些。但学生们在参与比赛的过程中都很认真，小小的身体大大的能量，即使输了比赛走到终点时，仍是乐呵呵地笑成了一片。大家都还在回味着刚才的情景。

同学们参与"板鞋竞速"活动的兴致很高，他们之间配合默契，足以证明他们平时进行了大量的练习。这种集竞技娱乐健身于一体的运动值得孩子们尝试。

二　荔波县瑶山民族中学：竞技陀螺课堂

1. 田野点描述

荔波县隶属黔南布依族苗族自治州，位于贵州省南部。东北与黔东南苗族侗族自治州的从江县、榕江县接壤，东南与广西壮族自治区的环江县、南丹县毗邻，西与独山县相连，北与三都水族自治县交界。辖 1 街道 5 镇 2 乡（其中 1 个水族乡、1 个瑶族乡），面积 2431.8 平方千米，人口 17.28 万。[1]

瑶山民族中学位于荔波县城西面，国家级风景名胜区大七孔河和樟江河交汇处的三角洲上，是 1995 年由香港邵逸夫先生捐资，由省、州、县拨付配套资金共同修建的一所农村独立民族中学（属二类学校）。学校占地面积 16931 平方米，1997 年 3 月正式投入使用，教学服务范围覆盖了瑶山瑶族乡、驾欧乡、捞村乡三个边远贫困乡镇。现有 13 个教学班，

---

[1]　"荔波县"，http://baike.so.com/doc/3963537-4159145.html。

在校生 669 人，其中少数民族学生占比达 99.4%。教职工 41 人，教师本科学历以上有 32 人，其他均为大专以上学历。学校已形成一条发展优势成特色—发展特色创特色学校—凸显特色树品牌的与众不同的特色发展之路。

学校根据地处民族山区的地理区位特点和针对少数民族学生能歌善舞的特点，以大力弘扬民族传统文化为己任，把瑶族的传统文体项目——打陀螺搬进课堂，让学生乐在其中。打陀螺活动安排在 7 年级体育课上进行，每周有 3 节体育课，其中一节是陀螺课，这不仅可使学生身体得到锻炼，同时还为有关学校输送了陀螺后备人才。但由于升学的压力，该校在 8 年级以后，就不再以体育课的形式开展陀螺教学，而改用兴趣小组的形式取而代之。2007 年，该校培养的陀螺选手，参加在广州举行的全国少数民族运动会取得了男团金牌、女团第五及个人第三、第六的骄人成绩。2011 年，参加在贵阳举行的全国少数民族运动会又夺取了男团金牌、女团亚军的桂冠。2004 年由贵州省民宗委、体育局、教育厅挂牌成为贵州省陀螺训练基地。学校瑶族教师谢友明被任命为中国国标陀螺总教练。[①]

同时，学校还有选择地将那些独具浓郁民俗风情的内容渗透到学校的教育教学和课外活动中去，让这些优秀民族文化不断得以继承和发扬。学校成立了铜鼓表演、民族歌舞、刺绣等兴趣小组，并开展各民族艺术竞赛活动，多方面、全方位地提高学生学习民族文化的积极性。学校的民族歌舞表演队多次在全县教育系统举办的中小学艺术节上获奖，充分体现了学校开展民族文化教育活动所取得的丰硕成果。学校还被省教育厅、省民族事务委员会命名为贵州省第三批民族民间文化教育项目学校。

学校本着"严谨治学，爱心育人"的办学宗旨和"为学生的终生发展奠定基础"的办学理念，狠抓学校全面管理，制定了各种相应的措施和规章制度，大力推进素质教育，不断深化教育体制改革，积极开展特色教育，得到了各级领导的肯定。学校结合本地实际，积极探索农村教育综合改革，持续提升教育服务品质，力争成为一所社会信任、学生和

---

① "荔波瑶山民族中学一教师被任命为国标陀螺总教练"，http：//www. biantuo. org. cn/forum. php？mod = viewthread&page = 1&tid = 189，2016 – 10 – 25。

家长满意的学校。[1]

2. 课堂教学描述

（2013年9月23日，星期一，下午）

穿过秀丽的小七孔风景区，我们来到了瑶山民族中学，刚进校门就被一个高3米、宽1.5米的陀螺雕塑吸引了。据该校老师介绍，这是学校的校徽。在雕塑的旁边有一个水泥地面的陀螺训练场，大约长25米，宽15米。场地四边用水泥围了一圈约高15厘米的防护带，上面都是被陀螺砸伤的痕迹。以距最前端边界线中点垂直距离约8米的位置点为圆心，有一个半径为0.8米的圆形区域，该校老师介绍说，这个区域是陀螺的旋放区。学校安排了几名学生给我们展示打陀螺。

上课铃声响了，几名男同学拿着陀螺和鞭绳欢快地跑了过来。陀螺是由有韧性而坚硬的木头砍削而成，锥底钉上了金属，陀螺直径约10厘米，高度约10厘米，鞭绳由鞭杆和绳线组成。

学生A目测了一下自己距离旋放区的位置，选好角度后双脚站定，熟练地将鞭绳缠绕到陀螺上，他右手五指自然分开，翻腕持陀螺的后中部位，左手持鞭杆且放少许线，将陀螺举至胸前右侧位置，目视旋放区，几步助跑后，挥臂甩腕，将陀螺投掷到了旋放区，陀螺落地后在旋放区内快速地旋转，我们站在一旁观看的人不禁赞叹不已。紧接着，学生B已经缠好了鞭绳准备对旋放区内的陀螺进行攻击了，他面对旋放区距离旋转的陀螺2—3米，左脚在前，右脚在后微屈，右手翻腕持陀螺的后中部位，左手持鞭绳于胸前，右脚向下蹬腿发力，腰部随之转动，右手腕前屈，向旋放区方向挥臂，左手自然抽线，陀螺有力地从指端投出，正好砸在了旋放区里的陀螺上，原来的陀螺被砸出场外，场边一片喝彩声。学生C向我们展示怎样将旋转的陀螺转移到手掌上转动，他缠好了鞭绳，一手执线端，向后抽，一手执陀螺，向前推，陀螺在地上转动了起来，发出嗡嗡的声音，学生C蹲下来，右手的五指张开，小心翼翼地伸向陀螺的锥底，陀螺从指缝间转到了手掌上，学生C举着右手站了以来，任

---

[1] "瑶山民族中学"，http://baike.baidu.com/link？url＝PaVdAeniqXgy6r1－jTVyHd2p C7lIbtFIsbwsCTJ1iN2dsXxz5M2pOfqwpg1c6HAMxaPnw8KDTHJKVoYULQbY04d36LLjx59pPl－dixi9LEx BL1E1Jv86mA_ mkQcJjszqxd8JOOMa2QbfqRblFaV0fa。

陀螺在他的手掌上轻盈而稳定地转动，我们惊叹地鼓起了掌。

第五节　大课间课堂

一　石阡县长寿长乐希望小学：传统文化课间操课堂

1. 田野点描述

石阡县位于贵州省东北部，铜仁市西南部，思剑高速公路纵贯县境南北、江瓮高速公路横穿县境东西。总人口约 45 万，其中包括仡佬、侗、苗、土家等 12 个少数民族，占总人口的 68%。辖 3 个街道、6 个镇、1 个乡、9 个民族乡，面积为 2173 平方千米。①

长寿长乐希望小学位于石阡县汤山镇文笔社区，坐落在美丽的龙川河南岸上游，繁华的河西街上。原名城关三小，始建于 1965 年，办学历史悠久，人文底蕴丰厚。1994 年获长寿长乐集团捐资，易址并更名为"长寿长乐希望小学"。校园占地面积 7210 平方米，建筑面积 5425 平方米。有 39 个班，在校生人数 2162 人，教师 113 人，其中专任教师 111 人。

学校发展愿景是"爱漫希小、幸福乐园"。育人思路是开展"爱的教育"实践活动，陶冶师生道德情操；开展"大阅读"工程，提高师生人文素养。育人愿景是通过"读万卷书""行万里路"，使学生具备君子品德，成为幸福的人。所谓"君子品德"，是指了解和继承中华传统美德，睿智豁达，兼备现代文明修养，即为新时代"君子"。所谓"幸福的人"是指积极向上的精神面貌、良好的知识结构、协调的身体素质、乐观的心理品质；善学习、会运动、懂艺术、能合作；具有较强的实践动手能力，具备发现、欣赏和创造美的能力，在制作、语言、艺术、社交、探究发明方面有较突出的表现。学校教师发展目标是以德为先，为人师表，求真务实；以学为伴，严谨笃学，勇于创新；以生为重，用心培育，用情浇灌；以师为友，团结协作，以诚待人；以校为荣，不断求索，再创辉煌。

学校先后获得"地级双优文明学校""素质教育示范校"、地级"先

---

① "石阡县"，http：//baike. so. com/doc/5701606 – 5914321. html。

进职工之家"等荣誉称号，在全县综合考评中连年获得"目标管理考核一等奖"，少先大队连年被团县委授予"先进少先大队"荣誉称号。学生参与各项才艺展示、演出均获得优异成绩，学校还培养出中国青基会授予"希望工程"园丁奖 3 人，国家级奖 2 人，获县级以上奖励达 110 人次，学生获各级奖励 200 余人次。积极参与课题研究并取得丰硕成果，有力地促进了教育教学质量的提高。①

2. 课堂教学描述

（2013 年 9 月 13 日，星期五，上午）

我们来到石阡县长寿长乐希望小学，据校长介绍，民族文化教育活动中最具特色的莫过于该校的课间操，共有五个环节。既然是最具特色的，我们必然都对此充满着期待。大家一边同校长交谈，一边下意识地关注着时间。

9 点 40 分，伴随着下课铃声响起，丰富多彩的课间操时刻来临了！只见孩子们欢声笑语地从教学楼四面八方如潮水般涌出来，身穿黄白蓝相间的校服，戴着鲜艳的红领巾，手拿黑白相间的口风琴，活像一棵棵等待着阳光沐浴雨水灌溉的小树苗。

先到达自己指定位置的学生，将口风琴放在脚边，站定后边拍手边原地踏步，等待着随后到来的学生，后到来的学生也陆续加入拍手踏步的行列，孩子们的脸上始终洋溢着灿烂的笑容，与当天明媚的阳光相映衬。集合时间持续了大概 4 分 30 秒，其间班主任们在各班学生队伍前前后后巡察着队形，整顿着纪律。

待全校学生站定后，广播传来"全体同学一齐踏步，一二一，一二一"，只见孩子们迅速停止拍手，双手叉腰，一齐大声喊着"一二一，一二一，一二一，一二一"。广播又响起"一二三四"，孩子们回应着"一二三四"。完毕后，大家原地静止站立着，等待着此次课间操第一个环节的到来——全国七彩阳光体操。

伴随着优美欢快的背景音乐，广播响起："全国七彩阳光广播体操现

---

① "学校简介"，http://baike.baidu.com/link? url = U1EQrq4lff4kusutYNCA9
MHIsZ5C8AfQJYMnVlo4TXlPv3WaD5R5ARVPIensm3QXxlLxIyoPQqIo5Y9dSI - yxfPUnRXS5ccaUjP2sp
DB44l6KFFPlB4jjlwqXzKLvvEjO6lVMOaCqb8c83zU7BpuO76NsfWKTUCnjiWRXkaXmqgQKQzSfX5DFh-
GjOIDUJhOx0MBdYIzVNTvkk5o2yM0C51D1vsCAWwNMXhZ7hIhwt4t4BKRA2Jmi6FYY2IkXKvUr。

在开始。伸展运动，一二三四，五六七八……"接下来是扩胸运动、踢腿运动，等等，只见精神饱满的孩子们用其刚劲有力、整齐划一、舒展大方的动作表达出了希小少年的魅力与活力。持续大概4分10秒，广播体操时间结束。

短暂停顿后，课间操第二个环节——诵读操开始了！在此环节，孩子们表演的是由学校自编自创，将锻炼身体与诵读国学经典结合，创编的弟子规古诗韵律操，和着轻快的音乐，经典古诗与韵律操完美结合。只见孩子们个个情绪高涨，高声背诵着："弟子规　圣人训　首孝悌　次谨信　泛爱众　而亲仁　有余力　则学文　父母呼　应勿缓　父母命　行勿懒　父母教　须敬听　父母责　须顺承……"背诵的同时，配合着音乐的韵律，学生们变换着霸气有力的动作。此设计不仅让学生身心结合身体力行地继承和发扬了中华民族的优秀文化，增强了文化底蕴，而且形成了诵读古诗的良好氛围，为校园文化建设增添了浓墨重彩的一笔。

第三个环节"五心教育"诵读操和手语表演《感恩的心》共持续了2分10秒。这时伴着婉转的音乐，广播传来一名女学生的声音"忠心献给祖国，爱心献给社会，诚心献给他人，孝心献给父母，信心留给自己"，和着广播中的声音，孩子们配合着设计好的动作，也跟着大声整齐地背诵着这"五心教育"。完毕后，紧接着一首《感恩的心》歌声响起，孩子们一边跟着节奏做着手语，一边声情并茂地唱着"我来自偶然像一颗尘土，有谁看出我的脆弱。我来自何方我情归何处，谁在下一刻呼唤我……"伴随着这样一首极富深情与教育意义的歌曲，孩子们深情的演绎令我们为之动容。

第四个环节口风琴表演《欢乐颂》持续时间大约为2分钟。《感恩的心》集体演唱和手语表演环节结束，孩子们似乎还低头沉浸在感恩的情感中，这时《欢乐颂》欢快的音乐传来，打破了刚才略显沉闷的气氛，孩子们也瞬间活跃起来，蹲下身拿起集合时放在脚边的口风琴，迅速做好吹奏和弹奏的准备工作后，开始跟着音乐有节奏地吹弹起来，一个个小脸蛋洋溢着轻松愉快的神情，肢体还配合着节奏左右晃动着，俨然一个个小演奏家的模样。由于各种原因没有带口风琴的学生也边唱着歌，边跟着节奏拍着手。宏大的场面令人震撼，婉转悠扬的曲调，灵活多变的造型，如诗如画般地表达出了他们幸福、快乐的心声。整场表演雅乐合奏，是艺术与体育、智慧与力量的完美结合。

口风琴演奏结束后，老师宣布全体学生向右看齐，每个班学生聚拢后，大家齐声喊着口令原地踏步，准备迎接接下来的第五个环节——课间游戏。课间游戏环节有花样跳绳、踢毽子、跳皮筋、呼啦圈、滚铁环、做游戏、两人三足、轮滑等活动供学生选择。整个过程，老师们和学生们一起玩耍，与学生融为一体，活动中，师生平等、和谐、互动，有效地促进了师生情感的沟通与交流。

游戏时间大约持续了 10 分钟，不久上课铃声响起，孩子们带上口风琴依依不舍地回到各自所在的班级。

回到会议室，大家似乎还意犹未尽，同时也深受感动。校长接着介绍道："咱们长寿长乐希望小学场地小、学生多，为开展特色教育活动，学校根据实际情况提出'小场地大文章'的活动口号。于是开学以来，全体教师积极探索，总结出了一条在学生多、场地小的情况下开展经典诵读操、人人吹口风琴等形式多样的'4+2'特色活动之路。"现在这一特色活动之路在我们大家看来是非常成功且很有必要的！

长寿长乐希望小学丰富多彩的素质教育大课间活动，不仅强健了学生的体魄，锻炼了学生的意志，为每个学生提供了个性展示的舞台和体育锻炼的平台，而且也使师生间、学生间的关系更加和谐，班级及学校的凝聚力越来越强。同时校园文体活动的开展还能有效地提高学生的综合素质，为学生的未来发展奠定坚实基础，真正做到了"每天锻炼一小时，幸福生活一辈子"。

二　雷山县第二中学：苗族舞蹈课间操课堂

1. 田野点描述

雷山县位于黔东南苗族侗族自治州西南部，东临台江、剑河、榕江县，南抵黔南布依族苗族自治州的三都水族自治县，西连丹寨县，北与凯里市接壤。距省府贵阳 184 千米，距州府凯里 42 千米。辖 4 个镇、4 个乡、1 个民族乡，总面积 1218.5 平方千米。总人口 15.3 万，县境内世居苗、汉、水、侗、瑶、彝 6 个民族。少数民族人口占总人口的 92.32%，其中苗族人口占总人口的 84.78%。[①] 被誉为"苗疆圣地"，是"中国苗族文化中心"，民族文化资源丰富多彩，有 13 项入选国家级"非

① "雷山县"，http://baike.so.com/doc/5364356-5599957.html。

遗"名录,是全国国家级"非遗"目录最多的县份。①

雷山县第二中学坐落在县城北郊马家屯脚下的环城公路边上,建于1980 年 9 月。该校在 2002 年"国家贫困地区第二期义教工程"和"农村寄宿制"工程建设中得到了飞跃发展。

该校现有极具民族特色的教学楼群,配置有设施齐全的物理、化学、生物实验室及准备室,计算机室,多媒体教室,会议室,图书室,音乐舞蹈训练室和美术培训室等多功能教室,其中图书室有图书 48850 余册,生均 25.6 册,教学电脑有 80 多台。有一个可容纳 500 多人的阶梯教室,2 幢学生住宿楼和一个达到国家食品卫生标准的 C 级学生食堂。运动区有一个 200 米环行跑道(含 115 米直跑道)、5 个篮球运动场及 1 个铅球投掷场、1 个乒乓球场和 2 个羽毛球运动场等。学校先后自筹资金近 100 万元不断绿化、亮化校园,清幽、秀雅的环境给莘莘学子筑起了理想的学习平台。

目前学校占地面积 22939 平方米,校舍面积 9819 平方米,现有教职工 92 人(含支教教师 16 人),其中专任教师 83 人,高级职称教师 10 人,中级职称教师 35 人,有本科学历 29 人,大专学历 51 人,中专学历 3 人(已获任职资格),有享受国务院津贴的特级教师 1 人,留学朝鲜教师 1人,有省级骨干教师 2 人,州级骨干教师 11 人。现有在校学生 2117 人,共有 38 个教学班,其中有寄宿生 1039 人。

该校坚持以"一切为了学生的发展"为办学理念,以"依法办学、以德立校、质量兴校、科学管理,创建特色"为办学目标,以"团结奋进,求真务实"为校风,以"严谨治教、互助创新"为教风,以"勤奋、刻苦、谦虚、诚实"为学风,学校管理已步入科学化、制度化、民主化轨道。

该校先后荣获"贵州省民族民间文化教育项目学校""贵州省校园新歌演唱基地""贵州省体育(田径)传统项目学校""全国群众体育先进集体""全国生物百项科技活动先进单位""贵州省保护母亲河先进集体""贵州省普及实验教学示范学校"等荣誉称号。②

---

① "雷山 3 所学校被命名'全省民族文化进校园示范学校'",http://www. qdnrb. cn/ht-mls/leishan/20170103/150305. html,2017 - 01 - 03。

② "贵州省雷山县第二中学——贵州省普及实验教学示范学校",http://www. dearedu. com/news/2009 - 11 - 27/n21788. html,2009 - 11 - 27。

2. 课堂教学描述

（2012 年 7 月 17 日，星期二，下午）

当校园广播电台中"雷山二中苗族舞蹈课间操现在开始"的广播声响起时，同学们早已走出教室，以班级为单位整齐地站在操场上准备做广播体操。在准备阶段，广播中悠扬的苗族民间音乐使人的心情顿感愉悦轻松，这有利于帮助学生调整状态，暂时将注意力从学业中转移出来。

苗族舞蹈课间操共有十四节。

第一节操是摆裙起舞操。只见同学们微微展开双臂左右摇摆，左右脚也分别随着音乐节拍向外侧踢出，并时而转圈。整套动作锻炼学生的脚部、手部动作协调统一。

第二节操是苗家踢毽操。学生们自然地向左右展开双臂，与腰身呈 30 度左右的夹角。左右脚则分别跟随音乐向外向内有规律地踢出，仿佛是在踢毽子。整节操锻炼学生的弹跳力和脚的律动。

第三节操是雄鸡斗架操。学生双手叉腰，左右脚先后分别跟随节拍由前向斜外侧点地运动，将雄鸡走路时雄赳赳气昂昂的英姿生动再现出来。这节操训练学生的弹跳力和点地的律动协调能力。

第四节操是蜻蜓点水操。学生们整齐划一地做转圈运动，当分别向左向右转到 90 度时则展开双臂平行甩动，在腹部前方转动，同时单脚向后侧踢出。整套动作锻炼学生的舞蹈与音乐节奏的强弱感配合，两手摆动和脚尖点地的协调。

第五节操是招手迎客操。只见同学们伸出右手，掌心向前，前后挥舞，左手平摊与腹部平行并在其前方上下摆动，好像在切菜。此后保持此手势双脚转圈，已然是热情招呼客人的场景。这节操有利于训练学生手脚跟随节奏进行律动和挥舞的协调能力。

第六节操是锦鸡展翅操。同学们双腿屈膝站直交替运动，身体向左向右交替呈 45 度角倾斜，双手也配合上身交替向上向下伸展。最后双手高举在空中画圈。这节操有益于训练膝部的颤动，锻炼手臂力量，协调动作能力。

第七节操是饮酒狂欢操。学生们向两侧挥舞双臂，双脚分别向外侧 45 度方向，脚跟点地双脚翘起，全身扭动手舞足蹈，整套动作配合协调，兼有表演的艺术韵味，有助于提高手、足的协调能力。通过头、胸、腰、臀的前后运动，侧腰肌肉拉伸等，促进肠、肝、胃、脾的蠕动，有助于增强消化功能，提高腰侧肌肉拉伸能力。

第八节操是丰收拍手操。学生们双手击掌，手肘向后，配合单脚跳跃。之后双手举过头顶一跃而上转圈，面向后侧，重复上述动作。整套活动中，学生活泼但又不失规范，有助于训练学生的手脚配合协调动作，转身的灵活步法，培养学生的方向感。

第九节操是赶山寻猎操。学生们欢快地拍手，双脚有规律地向左右跳跃。这套操是训练学生的弹跳和转身能力，加强腰部肌肉训练。锻炼手足协调能力，增强学生肺部呼吸功能及情感喷发能力。

第十节操是猎胜归来操。只见同学们欢呼雀跃，双臂伸展舞动并转圈，整节舞蹈操传递出打猎后满载而归，欢喜早已无以言表的激动之情。训练学生手、足协调能力和旋转能力，方向感和定位能力。

第十一节操是欢庆板凳操。学生们双手击掌，同时双脚向左齐跳八步，之后又向右齐跳八步，双手击掌与双脚跳跃配合密切，清脆悦耳的音乐与响亮有力的击掌声和谐互融，刚柔并济，颇具节奏感。此节操训练学生的双脚移动弹跳能力与控制能力。

第十二节操是戏水捉鱼操。同学们面向左侧左脚伸开点地，与右脚一起跳跃，同时双手击掌五次，之后双手在腹部前反复交叉放开，呈半圆弧线轨迹运动，之后跳跃转向右侧重复上述运动动作。学生们宛如一条条可爱的小鱼儿，在水中嬉闹跳跃，享受着生活的欢愉与生命的自由。这节操有利于训练学生的击掌、脚尖点地与音乐的协调能力，两脚交替配合弹跳能力。

第十三节操是左右擂鼓操。学生们向左右两侧挥舞双臂，同时双脚与双手同步，跟着音乐节拍轻跳，之后双手绕过头顶，全身跳动转圈。这节跳跃运动设计的目的是训练学生的转身和方向定位能力，以及增强心率功能。

第十四节操是踏步放松操。这是全套操的最后一节，舞蹈操的音乐舒缓悠扬，动作简单缓慢，目的是慢慢从先前的跳跃运动中平复下来。学生们手臂自然下垂，双脚分别向左向右点地踏步。这节操通过双手摆动，双脚踏步，膝部的颤动，头脑、身体的放松运动，训练学生的自我情绪调整能力，以使全身心放松协调。

舞蹈是一种源于生活但又高于生活的艺术表现形式，是人类生产、生活状况的真实写照，人们在生活中喜怒哀乐的情感借由舞蹈得以淋漓尽致地呈现。苗族是一个能歌善舞的民族，苗族舞蹈更具有古朴、粗放的特点，它不仅是一项娱乐艺术，还与祭祀、造房、丰收、嫁娶等民俗活动紧密相关，因此它实际上是一部记录苗族人民群众生存、繁衍、发展的史书。

苗族舞蹈课间操主要来源于苗族人民的劳动生活，它是一种具有民族特色的健身舞蹈操，符合运动科学规律，且易于学习锻炼，符合"切实保证中小学生每天一小时校园体育活动"的有关规定。每一节课间操都来源于苗族人民平日生活的各项活动，且都以五个字简洁命名，不仅朗朗上口，而且突出了活动的主题，更增添了教育活动的生活气息。

第四章　课堂理解：动机与行动

第一节　实际行动

对贵州省民族地区中小学来说，设置民族文化类地方课程和校本课程，并努力提高此类课程的教学质量，充分发挥此类课程在人才培养中的作用，本身就是一个崭新的课题，没有一个已经铺设好的道路可供使用，更没有现成的经验可以借鉴。在摸索中前进，在探索中发展，是贵州省民族中小学进行民族文化类地方课程和校本课程教学工作的真实写照。本章将通过访谈内容尽可能去还原这些学校在建设民族文化类课程中的所思、所想和所为。

一　勇于走前人没有走过的路

如何开展民族文化类地方课程和校本课程的开发工作，是摆在民族地区中小学领导和教师们面前的首要任务。凯里市第三小学的领导和教师们回顾了该校在积极推动民族文化类地方课程和校本课程时所走过的路。

（2013 年 9 月 17 日，星期二，下午，凯里市第三小学）

凯里市第三小学位于凯里市城西的龙头河村，地处城乡结合部，有学生 1000 余人，其中 90% 是进城务工子女，而且都是少数民族。教师 45 人，90% 是少数民族。由于地处偏僻，生源流动性大，给学校的发展带来一定阻碍。但我们的优越条件是民族民间文化资源较为丰富。我们是怎么想到要走通过校本课程和校本教材进行民族文化教育这条路的呢？2007 年的金秋时节，在校长的带领下，我们前往江苏省南京市月苑一小进行了为期三天的学习，在学习过程中，对江苏省南京市月苑一小开发的以科技为主的校本教材产生了浓厚的兴趣。回来后，立即组织了由校长为组长的校本教材开发小组，制定开发校本课程的方案和内容。根据学生的年龄特点和兴趣爱好，我们确定了在低年级段用橡皮泥来捏身边的小动物、家乡的水果和民族民饰等，让学生在制作手工的过程中，培养其观察能力、动手能力、创新能力，以培养学生爱家乡、爱民族的热情，完成"爱家乡、爱民族"的教育任务。

经过一年的资料收集和整理，终于在 2008 年 10 月编写出了校本教材并投入使用。2008 年 5 月校长带领部分老师到凯里市舟溪镇新光村的一个民间师傅家请教芦笙的制作过程及吹奏方法，我们现在吹奏的芦笙都是这位师傅亲手制作的。为了落实先培训、后上岗的原则，编写本套教材的老师还给为低年级上课的老师上了示范课。2010 年，新任校长到我校任职后，非常支持民族文化教育活动，重视校本教材的开发，为了把开发校本教材这项工作做得更好，一部分老师又在校长的带领下，到铜鼓村苗族农民画的民间艺人家中，了解农民画的绘画方法，收集关于农民画方面的素材。为了给学生营造良好的民族民间文化氛围，我们利用校园的操场、围墙向学生传播民族民间文化知识，激发学生学习民族民间文化的热情。

为了丰富学生的文化生活，也为了把校本课程学习得更深入更全面，学校在 2011 年还成立了民族合唱队、民族芦笙队、民族绘画班、刺绣班等，学校民族合唱队的《党是阳光我是花》在 2011 年贵州省举办的"红歌唱响校园"比赛中获得一等奖。经过几年的风风雨雨，凯里三小的低、中、高年级段的校本教材——《家乡，我成长的摇篮》终于编制完成，印刷成书投入使用。并于 2011 年 4 月 24 日举行了这本校本教材的培训活动。凯里市教研室的主任，西门中心学校的副校长以及西门街道各校的校长，都参加了本次的培训活动。校本课程培训完毕，凯里三小为这次到校参加培训指导的各位领导和嘉宾赠送了校本教材，还观看了学校民族合唱队的演出。

为了配合校本课程的开发，激发学生爱学校、爱家乡、爱民族的热情，我校还根据本校的特点编写了凯里三小的校歌——《明天更辉煌》。目前我校民族合唱队，50 人；芦笙舞蹈队，50 人（其实芦笙舞蹈队总共有 100 多人，各位专家刚刚已经看到了，而且跳起来的动作很简单，一跳全身动起来）；芦笙班（专门吹芦笙的），50 人；民族刺绣班，40 人（刺绣班的空间有限，放不下所有的刺绣作品，所以有些学生作品就放在了教学楼的过道上。刺绣，一个学年一期，一个作品完成所需的时间较长，但在学校不能耽误学生太长时间，所以学生在家有时间就绣一点，遇到困难向老师提出来，老师给予讲解、辅导，以这种方式进行）；锦鸡舞蹈队，25 人。2012 年 6 月，我们迎来了指导我们做此课题的江苏省南京市月苑一小的领导及帮助我校的南京科技局的领导，全校师生身着民族盛装，唱着敬酒歌——《民间客人》，同时展示了师生 1000 多人的芦笙舞蹈、校本课堂、刺绣等，完全沉浸在歌的海洋、舞的世界里。

不管怎样，在面临困难的同时，我们也看到了希望。只要我们的工作对学生有意义，我们一定坚持走民族特色办校之路。现在，在各种兴趣班各项活动开展的同时，我们正在筹划锦鸡广播操，使更多的学生和老师都参与到民族民间文化当中来，让我们的民族民间文化得到更好的传承与保护，使我们的学生带着我们的民族特色走出贵州。

通过几年的努力，我们学校的民族民间文化建设的活动已经开展得有声有色，校本课程的课堂教学和各种兴趣班的开展已经常态化，形成了凯里三小民族文化教育的办学特色。我们知道，我们还有许多需要学习和改进的地方，会在今后的活动中逐步完善，我们相信，有各级领导一如既往的支持，有全校师生坚持不懈的努力，我校的民族文化教育活动一定会开展得更好，在促进当地旅游业的发展和传承民族民间文化的过程中发挥更加积极的作用。现在的凯里三小，就像我们的校歌里写的一样，是书声琅琅，激情飞扬，一切都在朝着科技、特色方面发展，相信在不久的将来，凯里三小一定会更加辉煌，更加美好。

二　让校园文化体现当地文化特色

地方课程和校本课程开设中的一个十分重要的问题，就是对民族文化类课程教学内容的选择问题。将什么样的民族文化内容纳入地方课程和校本课程，直接关系到此类课程开设的教学目的以及此类课程开设的教学质量。笔者通过对丹寨县扬武民族小学领导和教师的访谈内容，可以看到他们做法的初衷：让校园文化体现当地的民族文化特色。

（2013 年 9 月 18 日，星期三，下午，丹寨县扬武民族小学）
民族文化教育是学校教育的重要内容之一，是培养学生爱祖国、爱家乡，弘扬民族精神的重要渠道，创建校园特色文化是校园文化建设的特色之一。

我校民族文化教育取得了许多骄人的成绩，具体做法是：第一，从民族文化研究基地聘请教授对我们进行指导，从训练教师和各班学生入手，再由班主任把集体操带到班级，使集体操成为学校一道亮丽的风景线。第二，根据少数民族多彩的文化、众多的旅游胜地，风采各异的苗族特色，进行挖掘，凭借地域特色，编写独特的乡土教材，让学生在课堂上就能学习到当地的民族文化，激发学生热爱家乡、建设家乡的热情。第三，开设特色班，有民族舞蹈、刺绣等特色班，在教学中除了聘请民间艺人授课以外，还让一部分有刺绣、绘画等特长的教师辅助性地开展活动。第四，我们自编自唱了苗族民歌，拜访民歌艺人，采集民间歌词，由教师自编自创符合校园特色的苗歌。我们的苗歌有很多，有《来宾，我们欢迎您》《敬酒》等。第五，我们策划了一台有民族特色的节目，精心挑选有舞蹈特长的教师，配合民间艺人，对学生进行严格有序的训练，我们的舞蹈有板凳舞、独身舞及苗族服装表演等，非常具有民族特色，它们在我校得到了传承和发展。第六，我们添置了一套非常有特色的教学设施，开设了芦笙班、苗歌班和民族舞蹈班，定制了师生民族校服，各种独具特色的舞蹈道具。芦笙、苗歌合唱团在县里的比赛中荣获二等奖。在此基础上，我们还准备增加芦笙班和苗歌合唱团队员，做到班班有苗歌和芦笙手。

为了进一步做好此项工作，我们结合校园特色，重点抓好苗歌，使其与学生的学习活动相结合，并适当调整了作息时间。进一步加大对校本教材的编写工作，加强专业引领，提升执教水平。除了争取有关部门的支持外，对教师的培训也是必不可少的。最主要是要走出校门，去民间收集特色文化，向民间艺人学习，把民间艺人请进校园。

我校虽然取得了一些成绩，得到了一些肯定，但与上级要求之间差距还很大，今后仍需更加努力。

三　民族文化教育要从娃娃抓起

正如任何课程都有一定的适应年龄和范围一样，民族文化类地方课程和校本课程也同样如此，这一问题不仅直接关系到课程开设的科学性和可行性，而且也直接影响着课程开设的实际效果，是民族文化类地方

课程和校本课程开发中决定成败的十分重要问题。凯里市第三小学领导
和教师认为：民族文化教育应当从娃娃抓起。

（2013 年 9 月 17 日，星期二，下午，凯里市第三小学）
　　贵州省开展民族文化进校园活动以来，凯里三小作为试点学校之一，
以开设芦笙吹奏、芦笙舞等活动为主，利用每周二和周四下午的课外活
动时间向学生讲授。与此同时，学校还结合当地民族文化特色，编写了
具有苗族特色的民族文化校本教材，组建了民族合唱队、绘画班和民族
舞蹈队，通过开展这些实践活动，让更多的学生热爱民族传统文化，在
实践中认识到民族文化的重要性。
　　民族文化需要发展，需要建设，民族文化教育应当从娃娃抓起。让
孩子们学习民族传统文化，其核心就是让他们参与到学校开展的民族文
化教育活动中来。如我校开设的民族芦笙课程，老师们为学生讲解芦笙
的基本知识和吹奏方法，并让学生亲自上台演奏，通过老师和学生的互
动，让学生在实践中逐步了解芦笙，并掌握芦笙的吹奏技巧。
　　近年来，凯里三小开展了一系列丰富多彩的少数民族文化教育的活
动，不仅丰富了学生的课余生活，弘扬了少数民族文化，也激发了学生
爱我学校、爱我家乡、爱我民族的热情。昨天下午，在凯里三小，别开
生面的课堂吸引了很多同学。在课堂上，老师手中的教具从三角板变成
了民族乐器，学生的课本也从语文、数学变成了趣味盎然的校本教材。
整堂课，气氛活跃，教师、学生积极互动，受到了学生们的欢迎。
　　民族文化教材是民族文化进校园活动的重要内容。目前凯里三小学
生们所使用的教材都是学校组织老师通过多方收集材料，结合当地学生
特点，进行内容充实后编写而成的。这套教材包含了少数民族的服饰、
乐器、节日、文化、语言等各个方面的内容。学生们一致反映：通过民
族芦笙、民族服饰和民族歌舞等课程，我们进一步接触和加深了对黔东
南优秀的民族民间文化的了解。
　　凯里三小开发校本教材和对教师进行民族文化的知识培训，在凯里
市中小学当中也算是做得非常好的。通过校本课程的开发，能够提高我
们学生对民族文化的兴趣和爱好，从而培养学生积极向上的爱国主义情
操。我们希望，各级各类的学校，要以各校自身的特点和丰富多彩的活
动形式，把优秀的民族文化引入我们的课堂，有效推动民族文化教育活

动的开展，使我们每一位学生都成为民族文化的小小继承人、传承人。

四 争当好学生、好孩子和好公民

在贵州省民族文化类地方课程和校本课程建设过程中，有些学校也在一定程度上吸取了其他省市成功的经验，为己所用，有效推动了本地区和本学校工作的开展。通过对剑河县民族中学领导和教师的访谈，可以看到该校"新八德"教育的特殊魅力：这一做法改变了过去学校德育教育形式化的弊端，为的是传承中华民族传统美德，树立道德榜样。[①]

（2013 年 9 月 17 日，星期二，上午，剑河县民族中学）

践行"新八德"，以德为本，以德治校，是我校的办学特色。

"新八德"的创始人是辽宁省营口市老边区司法局副局长王起顺老师，他呕心沥血，历时数载，编写了《成才之道，必由之路》《学校实施八德素质教育模式操作指南》和《道德与法制素质教育 183 创新模式指导教程》三本书。他于 2013 年 4 月不远千里到我校讲授"新八德"，县属相关中小学的校长、副校长和教师代表，以及县政协负责人近 200 人听取了"新八德"教育的讲座，大家受益匪浅。

"新八德"指的是"孝亲、尊师、友学、长善、救失、立志、守法和践行《弟子规》"。"孝亲、尊师、友学"，是教会学生们怎样做人；"长善"，要求学生们德才兼备；"救失、守法"，是教会学生们怎样做事；"立志"，则要求学生们有理想；践行《弟子规》，则是要求学生们做一个有道德的人。"新八德"是学校八个德育主题，是学校"立德树人"素质教育的 8 个纲目。"新八德"最大的特点是与法制教育有机结合，鲜明地体现了依法治国的时代主题，完全契合我国当下的教育现状、历史性任务以及党和国家对立德树人的要求。

在我校推行"新八德"教育时，学校首先成立了以校长为首的"新八德"实施小组，并制定了实施方案。学校要求每周有固定时间进行主题教育。让学生结合实际，学习八个德育主题，让学生明德。两周一个主题，一周学习，一周讨论。教育贵在力行，学生们在力行的同时体验

---

① "在力行中学习做人，'新八德'在剑河民族中学传递德育教育正能量"，http://www.gog.com.cn/zonghe/system/2013/05/02/012249248.shtml，2013 - 05 - 02。

做人的根本。学校按照"新八德"落实了礼仪法规。早晨学校门口和孔子铜像处设道德值日师生，迎接上班上学师生，互行鞠躬礼问好。早晨上学经过孔子铜像前行鞠躬礼；早晨进入班级，向门口值日道德班长行鞠躬礼并问好；学生当天第一次见到老师或上课起立向老师行鞠躬礼并问好；学生在校内遇到来校客人，主动向客人行鞠躬礼并问好；学生上学前、放学后主动在向家父母行鞠躬礼并问好；每周日学生进入学校时值日老师向学生行鞠躬礼恭迎学生，学生还礼进入学校。学习礼仪使得全体师生学会了谦恭礼让，在举手投足之间师生之间的关系变得融洽。

为了让学生立志和长善，学校要求学生每学期开学写一篇立志书，张贴在墙上。每班每周一早读齐读《晨起自勉文》，约为 3 分钟，再读《弟子规》，约为 10 分钟。学校要求学生每天完成一个道德作业。日行一善，说好话、存好心、行好事、做好人。落实《弟子规》《百孝篇》。每周一升国旗仪式结束后，全体师生诵读《弟子规》《百孝篇》。单周读《弟子规》，双周读《百孝篇》。写成总结，每周五或者班会时对每周"八德"学习进行反思和交流。学期结束对全体学生进行"八德之星"评价，直接决定学生操行分高低，为表现优异的学生发放"八德之星"证书。

"新八德"本质上是对中华传统文化的高度概括。学习"新八德"其实是对中国优秀传统文化的继承和发扬。我校于 2013 年 3 月 11 日举行了"实施新八德"启动仪式，在特色化道路上的脚步也越来越坚定。实践证明：学好"新八德"，可以让每一个学生成为好学生、好孩子和好公民。

在本土文化和"新八德"教育相结合方面的探索，使学校获得了省州县一系列的表彰。2007 年学校校长被评为全州优秀校长，40 多位教师荣获全州教学质量显著奖，两位教师被评为全州教学能手。近年来我校学生多人考入复旦、同济、中山等名牌大学。近年来一本、二本上线人数均创造了学校历史新高。

基于我校特色化教育的成功经验，《中国民族教育》《贵州日报》《黔东南日报》等报刊分别就我校的先进经验进行了专题报道。学校先后获得了"贵州省文明单位""贵州省示范性普通高中""贵州省安全文明校园""贵州省实验示范性学校""黔东南州环境育人先进学校"等荣誉称号，成为一所家长放心、学生向往、社会满意的省级示范性学校。

近些年来，我们的办学特色一直令兄弟学校刮目相看，其奥秘就是学校成功地进行了民族特色文化建设，充满活力的民族文化让我们学校的发展有了坚实的根基。优秀的德育文化指引了学校的发展方向。两种特色文化相互融合，将不断推动学校稳健快速地向前发展。

五　让学生接触和了解水族文化

现阶段，一些民族文化使用的范围在不断变窄，使用的频速也在不断降低，这种现象已经严重地制约着民族文化的健康发展，民族文化保护和传承工作已迫在眉睫。笔者在对三都县鹏城希望小学领导和教师的访谈中可以深刻感受到：他们正在努力，在学校中让学生更多地接触和了解本民族、本地方的文化，他们正在为本民族优秀文化的传承默默地坚守着、坚持着、努力着。在校门上横书着大型"水书"牌匾，在校园内有面积达300平方米的水族风情巨幅画，处处都让我们感受到历史悠久的"水书"和独特的水族文化的风采和韵味。

（2013年9月25日，星期三，上午，三都县鹏城希望小学）

问：学校成立了民族艺术团吗？

答：是的。学校成立了"岛黛瓦"艺术团。

问：当时，请艺人还是请音乐老师培训？

答：我们学校的音乐老师。

问：老师够用吗？还请了其他老师吗？要收费吗？有没有相关政策？

答：也请了县里文化馆的老师来教授，都是免费的。那时候也没有相关政策，全凭着大家的热情，就是自觉性。什么歌唱得好，就唱什么歌。

问："岛黛瓦"艺术团在全国范围演出过吗？出过国没有？

答：没有。"岛黛瓦"艺术团多年在县城公开演出，利用节假日到各乡演出，代表水族青少年到北京、昆明、贵阳、深圳等地演出。2005年，"岛黛瓦"艺术团曾赴北京参加全国希望学校首届"真维斯"杯歌咏大赛，获"优秀组织奖"。见过国家领导人。

问：水族文化教育是如何开展起来的？

答：之前，用水歌的形式，通过"岛黛瓦"艺术团精彩表演，展示水族文化。学校还自主编写了校本教材《水书》和《水歌》，并聘请专家上课。2007年省教育厅和省民委批准我们学校为首批民族民间文化教育项目学校。我们将水族文化排入了课表，引入课堂，通过课堂进行水族文化展示和传授。

问：在设备不好的情况下如何开展教学工作？

答：手写，写在黑板上的。从2007年开始，每周开设一节课，因为师资力量有限。

问：可以由浅入深，由学生教学生，分小组进行，有试过吗？

答：有这种想法，但是很难办，现在只能是我们在课堂讲授后，学生们在课外练习。水族文化教学目前还是一种缺憾，不管你是苗族，还是布依族，主要靠自学。你是苗族人，不会讲苗族话，就缺失了根。要有民族自豪感。

问：根本的还是要端正思想，要有一个正确的态度，是吗？

答：是的。苗族的寓言故事，各种民族文化，都要自己去收集。

问：有作业吗？还有其他形式吗？

答：自己写水族文字，进行书法比赛，通过竞赛形式鼓励大家去学。在课堂上学习只是表象，要鼓励他们自己去学习。

问：一周一节课，孩子们会不会觉得课上得不够，还想上呢？

答：是的。我上课，他们一般是很开心的，给他们讲水族的发展史，水族的寓言故事、典故、节气文化、饮食文化、水歌、水歌艺术等。

问：大多是水族的孩子吗？

答：不是，还有苗族、汉族、布依族、侗族的学生。

问：水族的孩子是不是比其他孩子更懂水语呢？

答：在村落长大的孩子还好，在城市里长大的，基本都汉化了。如果爸爸、妈妈都是水族人，平常讲水语，可能就懂，如果是汉族的，就不懂。

问：上课，是音像展示呢，还是有教材？

答：人手一本教材，我上课，是按照我的方式，我了解水族文化，我们是农村长大的，对水族文化的了解比较全面。

问：2007年就开始上这个课了，这些年以来，有什么深刻的体会？遇到的困惑有哪些？能说一下吗？

答：困难基本上没有，学校在这方面还比较支持。省民委每年拨2万元，事实上学校一年要用10万元。水书不花什么钱，艺术团花费要大一些。

问：那经费缺口怎么补？

答：若出去表演，会有一些资助；如果没有，县里会出一些钱。

问：对这种传授，你自己有一种成就感、幸福感吗？

答：有。我校开展的水族文化教育，让学生接触和了解到被誉为"甲骨文活化石"的"水书"和水族文化，我们能在传承和发展水族文化方面做出一点成绩，感到十分欣慰和自豪。

六 传承原汁原味的民族文化

如何将民族地区优秀的传统文化传授给学生，涉及民族地区中小学民族文化类课程教学形式的问题。这一问题直接影响着此类课程设置的科学性和所获得的效果预期。笔者在与石阡县石阡民族中学领导和教师的访谈时明显感觉到：学校和老师们更希望能原汁原味地将民族文化中的那些优秀内容传授给学生。

石阡民族中学办公室主任展示了该校学生在 2014 年 7 月 9 日举办的铜仁市第十六届中学生"三好杯"篮球运动会开幕式上进行《木偶戏》和《啦啦操》表演的录像：

（2013 年 9 月 12 日，星期四，下午，石阡民族中学）

问：这个表演就在前段时间吗？

答：在今年的暑假期间。现在表演的是我们的篮球宝贝的《啦啦操》。好！我们的木偶戏表演队员进场了。这是我们在开幕式上木偶戏表演队员进场的场面。

问：这些都是学生吗？

答：都是学生。这一组是简单的木偶。真正的木偶在后面进行表演。

问：这种木偶应该是做得很精细的那种吧？

答：不，这个是最简单的一种。

问：不是真正的木偶吗？

答：真正的木偶表演下来是十分费劲的。

问：真正的木偶是用木头做的？

答：对。这种木偶是我们用其他材料做的。这是我们的旦角出场时的音乐，这才是真正的木偶。这个场面中的木偶戏，只是截取了其中一小部分内容。这是木偶戏的唱腔。

问：这些都是传统的吗？

答：都是传统的。有120人表演木偶戏。

问：刚才唱的是什么？

答：刚才唱的是跑荆州，就在你们湖北，《三国演义》里的荆州。鲁肃到诸葛亮那里去要荆州，这个是周瑜。木偶戏的表演都是有剧情的，一般都是取自传统的历史演义，三国呀，水浒呀。相比较，水浒比较少，三国比较多，杨家将的故事也比较多。这个就是反映跑荆州的那段历史。

问：你刚才说已经整理出十几个剧目，就是这个意思吗？

答：已经整理出的这十几个剧目，都是可以完整地进行表演的剧目。

问：是整个故事情节都有吗？

答：对。它有故事情节，有唱腔。唱、练、做、打都有。这就是当时开幕式上一个3—4分钟的节目录像。你们需不需要与我们的老师进行交流？

答：需要。最好能见见任课教师和看看平时上课的场地。

答：木偶戏课程一般都安排在课余时间，那我们就去平时排练木偶戏的场地看一下。

我们随着石阡木偶戏第八代传承人——石阡民族中学刘超老师（师承石阡木偶戏第七代传承人付正华），来到平时学生学习石阡木偶戏的教室。他比较详细地向我们讲述了石阡木偶戏的一些表演特点以及在教学活动中遇到的一些困难。

（2013年9月12日，星期四，下午，石阡民族中学）

问：如何区分石阡木偶人物？

答：我们通过一些装扮能够区分开来。你看这个，不是天子，就是太子。人物头上有红色的圈圈，这是英雄人物，像周瑜、薛仁贵才能配得上，普通人物是不能有这种配饰的。像家仆，要用丑角来扮相，也可以通过面型的变化来表达，角度不一样，看到的也不一样。通过不同的走步也可进行辨别，看这个旦角儿，感觉它已不是玩偶，而是一个有思想有感情的人了。这与表演者对人物的认识程度有很大关系。

问：学习石阡木偶戏难吗？

答：其实就那么几个动作，但是要把它演得很活，就需要仔细琢磨，这个需要训练，才能达到一定的程度，一般的表演不一定能达到这种程度，我们一定要做到自己心里有才行。如果自己感受不到，观众也就感受不到，自己心里有、手里有，才行。这些动作，并不是仅仅依靠手就能完成的，从身体到手，都要有那种韵味，呈现给观众的感觉就会不一样。

问：石阡木偶戏有什么技巧吗？

答：首先是装扮，其次是操作。这个武生，你看它可以这样动，它要是，这么走路，就不是武生了。在角色分工方面，旦角儿要用假声来唱等。其实这些东西我本来也不知道，后来当我近距离接触的时候，才发现里面有这么多精髓的东西。木偶戏不能变味了，不能丢掉本质的东西。

问：石阡木偶戏在表演上有什么困难吗？

答：首先在表演时是要将木偶举起来的，如果是真正的演出，演一个剧的话，就要一直这样将木偶举起，坚持10分钟、20分钟……所以要想真正做好，真的十分辛苦。记得有一次，我演了一个角色，那个木偶本身就很重，举了20分钟，但是你还得举呀，下来之后整个人都软了，站都站不住，半个小时过去了，身上还是痛，手还在抖，汗一颗一颗地滴，所以真的是很辛苦的。让你举3分钟，那不稀奇，30分钟也不稀奇。但是在30分钟内，要说、要跳、要唱，还要做各种动作，就很难了。

问：那你们还要边演边唱啊？

答：是啊！该唱就唱，该讲就讲，该打就打，该跳就跳。而且不是说我在这里溜一圈，我下去，他又来。有的时候持续的时间比较长。比如说要演岳飞，基本上常在台上，即使中间下去了，但过了很短的时间，他又要上来。怕的就是这种一个人在台上陪着若干演员一直表演，那就太难了。

问：表演的时候一般离观众都比较远，人物表情的幅度比较小，观众会不会看不清楚呢？就是对于人物情感和剧情的意蕴，观众可能体会不到，会不会影响到对人物的感受呢？

答：当然会。所以在舞台上就要求你要唱，要动起来！我认为，表演石阡木偶戏，需要一个专门的演出场所，我们在这里演，观众就在前面看，这样就会看得、听得都很清楚。用什么话筒呀、麦克风之类的，那个声音出来它又是另外一种效果了。你那个话筒是用来讲话和唱歌的，如果你用它来唱戏，至少对我们这些传统人士来说，就做不到。我觉得最好的，是观众能听得清楚，也能够看得很清楚。只有这样，观众才会喜欢。

问：表演是一次性的吗？

答：对！每次有活动时就表演一次。

问：木偶戏的讲授主要是融入音乐课里面吗？

答：是的，就是向学生介绍木偶戏，让学生知道木偶戏。

七　一些课程受到学生的欢迎

在调查中，我们非常想知道有哪类民族文化类地方课程和校本课程会更受学生的普遍欢迎。其实这个问题直接关系到此类课程建设和发展的方向。凯里市第三小学的领导和教师们在这方面有着切身的体会。

（2013年9月17日，星期二，下午，凯里市第三小学）

问：你们长时间从事民族民间文化教育工作，应该对情况比较了解，哪种类型的课程更容易被学生接受呢？

答：跳的和动起来的课程，学生就容易接受。光听，一般性了解的课程，学生就不太有兴趣。如唱歌、跳舞课程，学生们就非常喜欢，有时候训练到下午六点多、七点都不叫停。只要让学生动起来，他们就高兴得很，活跃得很。

问：可以谈谈此类课程的特点吗？

答：就是让学生玩儿，通过玩儿让学生来了解文化。我校编写的校本教材也体现出了这一点。如课本上有用橡皮泥捏西瓜的内容，我们黔东南的西瓜最出名，吃西瓜有什么好处呀？有什么营养价值呀？都通过做和说，去交流、去了解。

问：兴趣小组有人员数量的限制吗？

答：嗯，有的。因为报名的人很多，我们一下子要不了那么多人。

问：对此类课堂要求很高吗？

答：学生到课多少，我们有一个规定。这些课不需要考试，我们只需要他们积极参与，只要他们愿意参与进来，就是成功的。

问：像芦笙舞，也有人数的限制吗？

答：芦笙舞可以不受人数的限制。因为我们学校很多老师都会跳芦笙舞。可以让各班老师教学生，然后我们全校就都可以跳起来。

问：如何能够做得更专业一些呢？

答：如果要做到更专业，就必须要请专业的教师来教了。

问：你们刚才提到的锦鸡舞是一种什么舞蹈？

答：这是我们黔东南州丹寨县一种很有名的舞蹈。锦鸡是一种很漂亮的鸟。锦鸡舞来自锦鸡苗族。锦鸡苗族是苗族的一个分支，属于亚族群，自称旮弄（又写嘎闹），因崇拜锦鸡（凤凰图腾），并在一些重要节日和祭祀活动中跳锦鸡舞而得名。

问：你们学校开设这些课程的目的是什么？

答：当然是传承和弘扬少数民族文化。让学生了解自己的祖先，了解自己的文化。

第二节　主位观点

在贵州省民族地区中小学设置民族文化类地方课程和校本课程，既是贵州省教育和民族工作部门的指导与号召的结果，同时也是各个学校根据自身特点，充分发挥主观能动性创新性实践的结果。特别是对后一点我们体会得更为深刻。究其原因，各个学校这方面工作的卓越开展，既体现了贵州省民族地区中小学在认真贯彻党的教育方针、全面推进素质教育方面所做出不懈追求的坚韧态度，也充分体现出了贵州省民族地区中小学已经充分认识到民族文化类地方课程和校本课程对学生成长所具有的特殊意义和价值，在同他们的访谈中，我们可以看到他们对民族文化类课程价值给予了高度认可，也显示出了贵州省民族地区中小学开发地方课程和校本课程的初衷和动机。

一　有利于形成新的校园文化

设置民族文化类课程，首先是有利于形成新的校园文化。它可以为校园文化注入新的文化元素，创新原有的校园文化，并较好地发挥促进学生健康成长的作用。笔者在对石阡县长寿长乐希望小学领导的访谈中，可以明显地感觉到这一点。

（2013 年 9 月 13 日，星期五，上午，石阡县长寿长乐希望小学）

我们正在打造一种校园文化，大家若是以后有机会再过来调研，可以看到我们正在建的几栋楼，每一栋楼都有不一样的主题。其中有一栋楼，我们想把它打造成我们石阡民族民间文化中的山地文化的展示平台。比如说小吃、温泉、旅游等，分别在每一个楼层进行展示。前段时间刚开始做外墙的装饰，还没有完工。现在是在进行底色的装饰，到时候会把图画等放在楼道里的墙上进行展示，形成一种文化墙，计划在墙上展示我们的一些经典故事。另外，我们还计划在另一边展示中国经典文学。在中间操场上打造一个花园，放置一些花草以及可以坐下来静心读书的藤椅。

我们的主题就是传承中华传统文化，把我们学生培养成为爱祖国，爱中华文明，爱阅读的学生。这是我们办学的一个理想和方向。我觉得，现在一些城市里的学校和农民工子弟学校缺乏一种对社会的责任感和爱的教育。从小的方面来说，比如地上有垃圾主动捡起来，这种举动是一种行为习惯；从大的方面来说，是一种对社会和他人的责任和爱的表现。因为不好的生活环境，可能会对人们的身心健康产生不好的影响，给人们带来心理上的不愉快。所以，在德育这一块我们倡导的是爱的教育。而在爱的教育方面，我们序列化进行。比如在一年级，我们会根据他们的年龄特点，让他们爱父母、爱学校、爱身边的人。然后逐步到高年级，要求他们爱祖国、爱社会，有社会责任感，争取做一个对社会有用的人，对国家发展做出贡献的人。通过这样一种序列化的爱的教育，将学生从小培养成有社会责任感的人。我认为现在的社会环境和风气，以及父母疏于这些方面的管理，导致现在的学生，尤其是一些独生子女自私自利。而要从根本上改变这种现状，还有很长的路需要走。包括大家，也需要督促社会改变，因为现在的大环境在一些方面不利于孩子的成长。我们这属于比较偏远的地区，所以受不良社会风气的影响还比较小。我们有责任为了孩子，在自然环境和人居环境上为他们创造良好的条件，使他们接受优质教育。

二 让水族后代传承水族文化

让少数民族的子子孙孙了解本民族的文化，传承和继承本民族的优秀文化，从而繁荣本民族的优秀传统文化，这是贵州省民族文化类课程建设的主要宗旨和广大教育工作者的社会责任。笔者在与贵州省三都县民宗局领导访谈过程中，可以深刻地体会到大家对贵州省民族文化深深的眷恋和对学校传承民族优秀文化教育满满的期盼。

（2013 年 9 月 25 日，星期三，上午，三都县民宗局）

三都县是全国唯一的水族自治县，为了繁荣和发展当地的少数民族文化，也希望能让我们的儿童知道水族文化到底是什么，出于对水族文化的这种责任心，我们编写了水族文化教育教材。在教材编写过程中，我们得到了局领导的指导和支持。

教材的编写也得到有关大学和科研单位的认同和支持，比如清华大学、北京大学、中央民族大学、贵州民族大学、中山大学、中国社会科学院等。

我们第一次编写的教材，以语言和文字为主；第二次编写，分为历史、语言、文字、习俗四大块。教材内容上出现了一些变化，也更加完整和充实。

我们编写水族文化教育教材，就是要让水族的后代传承水族文化，让外界的专家学者以及相关组织了解水族文化，我们就是怀揣这种民族责任心去编写教材的。当然，在教材编写过程中也遇到了一些困难。不仅有来自上面的压力，而且很多同事朋友对此也不十分理解，甚至有的人指责我们头脑发热，认为此项工作会与国家义务教育发生冲突等。我们顶住来自各方面的压力，一直坚持了下来。因为我们有一个共同的信念：不能让水族文化在我们这一代断代，希望它能继续发扬光大，代代流传。

教材编写完成后，在学校如何使用教材和开设水族文化教育课程方面，教育行政部门内部看法也是不一致的。州教育系统对此既没有说反对，也没有说支持。我们县上一届教育系统五位领导中，其中 3 位持保留意见，这使我们的工作比较被动。我们仍然继续坚持着，在教育局还没有同意的情况下，我们先走了这一步，将编好的教材送到学校，免费供学校教师和学生使用。

很多学校在得到这份教材后都表示很愿意开设这门课。有些没有拿到教材的乡镇，甚至相邻的县，也纷纷到我们这里来找教材，组织教学工作。当然，此项工作在各地区呈现出发展不平衡的态势，有些地方开展得很好，有些地方基本没怎么开展。

总之，我们民宗局通过两次编写水族文化教育教材，积极推动了三都县水族文化进校园和进课堂的工作，也收到了较好的实际效果。

三　让优秀的民族文化得以延续

在民族地区中小学开发和设置民族文化类地方课程和校本课程的目的，就是通过学校这一教育实体，实现优秀的民族文化的保护和传承。传承民族文化，使优秀的少数民族文化发扬光大，这既是贵州省民族地区中小学设置民族文化类课程的初衷，也是使此项活动得以延续并得以发展的最核心的内容。笔者在访谈石阡县长寿长乐希望小学领导和教师时，感到大家在这方面的认识高度一致。

（2013 年 9 月 13 日，星期五，上午，石阡县长寿长乐希望小学）

刚才听了您对民族文化的理解和学校文化教育的见解，对此，我们作为学校的管理者非常认同。民族文化要传承、要发展，只有这样，我们的优秀的文化才能继续延续下去。我们当初希望通过我们的努力，打造出我们本土的一种民间文化，这个民族文化要有大众化的特点并要有精品文化的背景。也曾思考过这种文化是否可以在学校进行推广，或者是只适合在舞台上进行展示这样一些问题。总之，过去和现在，我们都在努力地探索中。

我们这边有一种很有特色的唢呐，和陕北那边的唢呐不一样。这种唢呐一般是老百姓在做红白喜事时作为反映地方文化的一种载体出现的，现在会的人已经很少了，也许在不久的将来就要消失了。我们曾设想将这些乐器以兴趣小组的形式传授给学生，我们并不要求学生通过学习应当达到一种什么水平，只是希望他们能够从小就有一种对地方艺术的向往和对美的追求。这种唢呐虽然不是非常典型的少数民族传统文化，但是我们可以努力将其打造成为我们学校的一种特色。包括前面所说的主题教学楼，我们能做的，就是让学生对这些民族文化有一定的认识和认知。在这方面，要让学生与我们一样去认同并接受，我们还需要继续努力。

四　学校担负着三项重要任务

贵州省民族地区民族文化类地方课程和校本课程在中小学的开发与

设置，其主要任务是什么？在这方面，各个学校的领导和教师的认识应当是比较统一的。在石阡民族中学民族文化教育办公室主任的访谈内容中，更能集中地反映出这一点。

（2013 年 9 月 12 日，星期四，下午，石阡民族中学）
　　我们学校民族特色的一个重要内容是对石阡木偶戏的传承。2006 年，贵州石阡木偶戏经国务院批准列入第一批国家级非物质文化遗产名录。为了发掘、传承和弘扬地方民族文化，开拓学生视野，培养学生热爱家乡的思想感情，在文化、民族宗教等部门的大力支持下，实施了"濒临失传的技艺进校园"行动。2006 年上半年石阡木偶戏开始被引进我们校园。
　　我们认为，对学校来讲，传承非物质文化遗产主要包括三项任务：
　　第一，学到手。把民间老艺人请到学校来教我们的老师。学校去花桥镇请来了木偶戏班的 3 位老艺人，让他们长期在校教老师们木偶戏的唱腔、戏文、表演等，直到将他们教会为止。我校第一批共派出 10 位老师进行学习，其中包括计算机老师、音乐老师、舞蹈老师、美术老师等各个学科的老师。选派计算机老师，是因为有些资料可以通过计算机进行整理；选派音乐老师，是因为木偶戏里面有唱腔；选派美术老师，是因为会涉及服装、头饰等内容。所以当初我们在选派教师学习石阡木偶戏的时候，考虑到了各学科优势这一因素。
　　第二，教学生。将石阡木偶戏引进课堂，传授给我们的学生。
　　第三，研究性传承。将当中涉及音乐的、美术的等内容进行分类整理。为此，学校投入了大量的人力、物力、财力，在经费上的投入将近 40 万元。目前我们已经传承了 30 个剧目，初步整理好了 10 个，也得到了一些学者、专家、研究团体及媒体的关注。并且我们学校有一位老师正式继承衣钵，成为石阡县木偶戏第八代传承人。木偶戏已经扎根在我们学校了。2012 年我们参加了在成都举行的第 21 届国际木偶联合大会暨国际木偶节，获得了"最佳传承奖"。现在我们的老师和学生都能进行石阡木偶戏的表演。

五　阅读是学习民族文化的重要途径
学习民族文化有多种形式。在学校里，阅读是学习民族文化的重要途径。一般知识的学习是这样，民族文化的学习同样如此。石阡县长寿长乐希望小学领导在接受我们访谈时，特别强调了这一点。

（2013 年 9 月 13 日，星期五，上午，石阡县长寿长乐希望小学）

问：学校在促进学生成长方面采取了哪些措施？

答：我们这个学校有 2000 多名学生，120 位老师，是几个学校组合而成的。我校处于城市边缘地区，这里是农民工子弟聚集的地方，学校学生主要是进城务工人员、外来经商人员的子女，生源参差不齐。我们一直在思考这样一个问题：如何用行之有效的方法使学生的行为习惯得到改变，学习兴趣得以提高，使学生在短暂的学习生活中受益终身？我们的主要做法是：在教育方面，提倡两条线，一是实施"大阅读"工程，通过阅读来提高师生的人文素养、做人的素养以及综合素质；二是开展"爱的教育"，陶冶师生道德情操，通过爱的教育让学生学会爱自己、爱他人。

问：为什么要在师生中提倡"大阅读"？

答：苏霍姆林斯基说过：你不必害怕把学校教学整块时间用在让学生读书上面去！你不必害怕让学生花一整天的时间到"书籍的海洋"里去遨游。营造浓郁的校园阅读文化氛围，让每一个教师首先成为阅读的倡导者和直接参与者，引领学生读书，倡导藏书、引导购书、指导读书，使每个师生健康发展，使师生具有善于学习、善于发现、善于探究、善于反思、崇尚理想、忧患人生、报效祖国的精神。这种精神必须体现在师生的每件细小的事件中，渗透在学校的每一项活动中，融化在每一堂课的教学中。

问：在阅读方面，有老师专门给予指导吗？

答：有的。每天早晨都要阅读，我们每个班都有一个阅览室，要求每个学生都要达到一定的阅读量。让学生与经典书籍为伍，以圣贤智者为友。引导师生把阅读作为一种享受，在阅读中不断成长。我们提倡每个学生要订一本书、捐一本书，这样做可以实现资源共享，使每个学生的阅读量得到提高，帮助学生养成阅读的习惯。我们正在建文化长廊，让学生随手都能拿到他们所需要的图书。

六 应充分理解课程教学的复杂性

贵州省民族地区民族文化类地方课程和校本课程的开发与实施具有

复杂的特点。主要表现为同样的课程在不同地区，其教育过程也不一样。因为我们面临的教育环境是不同的，其教学过程也会呈现出多元化的特点。笔者在与台江县台拱镇番省小学领导和教师的访谈时，对苗语课程的设置及教学工作的特殊性和差异性问题有了更为深刻和清晰的认识。

（2013 年 9 月 16 日，星期一，下午，台江县台拱镇番省小学）

2002 年，经学校申请，向民政局申报，经民委同意，确定我校为贵州省双语教学试点学校，从 2002 年 10 月开始，我校双语教学走进课堂。为抓好这项工作，学校首先成立工作领导小组，校长亲自担任领导，学校副校长担任副组长，教导主任、总务主任、党总书记、工会主席、少先队辅导员、苗文教师、音体美教师担任成员，小组成员各司其职，各负其责。

为开展好此项工作，学校将其纳入工作计划，从一年级到六年级，每班每周有两节苗文课，使用民委组织编写的苗文课本作为教材，安排三位老师执教。学校规定，每班每周教授苗歌，班班有歌声。每周利用两节课教学生跳民族舞蹈，如板凳舞等。每学期派教师到省、州培训学习。每学期选派教师到县职中学校进行音体美课程学习。为促进教育教学，提高质量，教导处要求各年级教师书写工作计划，每学期开展一次或两次，学校将双语教学进课堂作为考核内容，学校专门设立苗文板报栏目，每季度出一本苗文刊物，要求每班的学习园地必须有苗文内容，要求每位学生必须会唱 2—3 首苗歌，高年级学生能流利地诵读苗文，必须会跳 1—2 个苗族舞蹈，每学期开展苗歌、苗舞比赛。

为了抓好双语教学和民族舞蹈走进课堂的活动，学校每学期提供部分经费用于调研培训活动，购置器材。目前学校已配备了音响、DVD，数码相机、摄像机等，购置民族服装 100 套，舞蹈服装 80 套，等等。我校历年来一直非常重视双语教学，把双语教学贯穿于教育教学之中，实践证明，双语教学和民族歌舞进课堂，不仅不会影响其他课程的教学，相反，它有利于弘扬民族文化，提高学生学习兴趣，活跃学校气氛，增强学生凝聚力，为学生在校学习创造一个优美的学习环境。

苗语分为三个主要分支：湘西方言（东部方言）、黔东方言（中部方言）、川黔滇方言（西部方言）。其中以川黔滇方言最为复杂，又可以分成 8 个次方言。苗语的教学也呈现出复杂性的特点。

　　我们学校是双语教学试点学校，使用统一编写的《苗文课本》教材。这份教材，上面是拼音，下面是苗文，课本都是免费提供的。我们学校从学前班到一、二年级开设苗语课，目的是采用苗语辅助教学。

　　台江县内99%的人使用苗语进行交流。学生长期使用苗语，没有说普通话的语言环境。当他们开始上学读书时，因学校所用教材都是汉语教材，老师上课时说的也是普通话，因此，起初学生听不懂，学习起来就很吃力。虽然在学汉字时能够很快地学会这个汉字，但是不知道这个汉字所包含的意思是什么。采用苗语辅助教学，在学生不懂汉语意思的时候，用苗语讲一下，他就清楚了。教师采用苗汉双语进行教学来实现教与学的沟通，目的就是让孩子们能够尽快地认识汉字，了解汉字的意思和听懂普通话，并且能用普通话进行交流。在儿童入学前只掌握母语的条件下，启蒙阶段实行双语教育可以提高学生学习效果，这已在教学实践中被反复证明。所以，我们应该从小学，尤其是在学前班就开始双语教育。

　　推行"民汉双语"同步教学的目的，是提高苗族学生的文化素质。教学中，教师根据学生已熟练掌握苗文的优势，引导学生用苗文给汉字注音和译词解意（如：高高兴兴——ghangb ghangb hvib hvib、蹦蹦跳跳——dik zub dik zub）。这样由浅入深地实施教学，有效地帮助刚入学的苗族儿童学生克服口语与书面语脱节，识字难等问题。此时，突破了语言障碍，由母语过渡到汉语、苗文过渡到汉语文。

　　实施"双语"同步教学，可以帮助苗族学生正确区分苗、汉语的语法，提高汉语写作能力。我在课堂提问时常常发现，有95%以上的苗族学生会运用苗语语法说汉语。这不仅给正常学习带来了不便，还直接影响到学生对所学知识的理解和掌握。一般而言，苗语语法是：主语＋修饰语；而汉语语法是：修饰语＋主语。二者正好为互逆关系。例如：苗语说"ud hvib"，"ud"是主语，"hvib"是修饰语，汉语说"新衣"，"新"为修饰语，"衣"为主语。因此，开展"双语"同步教学，让学生在比较中学习，在学习中探索，就能较快地掌握汉语语法。

　　开展"双语"教学，不但是对苗族学生学好汉语文，而且对数学等学科都起着明显的促进作用。在学习数学的过程中遇到较复杂不易理解的应用题时，老师可以用苗语、苗文进行辅助分析和解答，化复杂为简单，化抽象为具体，学生也将更容易理解和接受。①

在学校教育中，实施苗汉双语教学具有重要的意义。推进"双语"教育是提高少数民族教育质量、提升综合素质的重要举措，是苗族地区少数民族教育发展的必然选择。起初，我们对这个方面也不太熟悉，除了加强平常自学外，还参加过两三次的集训。目前每周安排两到三节课。

在教学过程中，也会遇到一些问题，如苗语是没有被纳入高考内容的；从事双语教学的教师在职称评定方面也面临着许多实际困难。苗语在不同地区、省份存在着不同，如苗语在黔西、湘西、四川、广东等地都不一样，仅台江县就有十几种语言。如果语言不统一，就应当采用不一样的教材。所以说推广苗文的难度非常大。

第三节　客位观点

一　能够实现学校的健康发展

如何看待民族文化类地方课程和校本课程，一直是一个有争议的问题。在一些地区或在一定范围内，都或多或少地指责民族文化类课程是对国家课程的一种冲击。针对这种言论，笔者在与民族地区中小学领导和教师们访谈时，也谈了一些自己的看法，并明确指出：在民族地区中小学设置民族文化类地方课程和校本课程，是实现民族地区中小学健康发展的重要路径，绝不是可有可无的事情。

（2013 年 9 月 16 日，星期一，下午，台江县台拱镇番省小学）

有些人认为，开设民族文化类课程和升学教育有一定的矛盾，在这种情况下，学校要想获得发展，有一定困难。实践证明：有些学校在这方面就做得非常好，非常有特色，两者结合得也非常令人满意，不但不会影响升学教育和国家课程的教育活动，而且可以促进学生的全面发展和学校特色教育的形成。当然，发展也存在着不平衡性，一些学校认为，既然上级号召这样做，我们不做也说不过去，随便做一做，应付一下。

---

① 杨华：《苗汉双语教学在苗族地区的重要性——以台江县为例》，《贵州民族报》2017 年 1 月 5 日。

应当看到，这种发展中的不平衡也是很正常的，做任何事情，总会有先有后。在认识上尚未做到完全统一的情况下，强求同步推进，也是不合适的。

民族文化类课程的开发和实施，不只是摊派给学校领导的一个额外的差事，而是实现学生和学校发展的一种重要路径。不论民族民间文化也好，还是地方传统文化也好，作为民族地区或者是一个少数民族的自治县，本身就应该有自己的地区特色和民族特色。很多学校充分挖掘潜力，将当地独具特色的民族文化和地方文化中的优秀元素引入校园，这种举动确实令人敬佩，应当说这样做很有远见，是做了一件造福子孙后代，利在千秋的大事。我们也更希望这些学校能够在已有的基础上，进一步加强对民族文化类课程教学规律方面的研究，使我们的工作达到更加科学和更加专业的水平和程度，将民族文化类课程建设成为学校课程体系中最具特色的、不可或缺的组成部分。

二　要实行特殊的奖励与照顾政策

在民族地区中小学设置民族文化类地方课程和校本课程，是有利于学生和学校健康发展的事业。笔者在与松桃民族中学领导和教师访谈时提出：应当从传承优秀的民族传统文化，在我国这样一个多民族国家实现民族文化多样性的高度来看待此类课程的重要性，并应当对为这一活动做出贡献的教师和学生给予必要的奖励与照顾。

（2013 年 9 月 10 日，星期二，上午，松桃民族中学）

我认为，在不影响正常教学的情况下，我们可以将设置民族文化类课程这件事坚持做下去。前段时间，国家将中小学课程分为了三类：国家课程、地方课程及校本课程。这就从根本上确立了地方课程和校本课程在中小学课程体系中的地位和作用。现在很多少数民族地区在实践过程中，将民族文化和地方文化作为地方课程和校本课程的教育内容，由此开发出大量民族文化类课程，如此，传承民族文化和地方文化的教育目的就体现得十分明显，是值得推广和赞扬的。我们可以在保证国家课程教学质量的同时，将地方课程和校本课程建设得更好。现在的问题是，想要大范围去做，资金和师资力量跟不上；要是从小范围做的话，又要看怎样做才能更加有实效。现在很多研究机构都设置在大学，其实中学里面也可以设置一些专门的研究机构，有针对性地加强对这类问题的研究。

前几年我们就在呼吁，应当给那些在民族文化传承方面有特长的学生一些奖励，特别是应当在高考上给予他们一定的优惠政策。这次来贵州省调研我们了解到，对于在全国第九届少数民族传统体育运动会上取得优异成绩的学生在升学方面就已经给予了一定的优惠政策，这是一个良好的开始。我们要加强对这方面政策的研究，为有特殊才能的学生提供更好的条件。比如说，高等学校可以考虑设置民族文化类的学科和专业，既然我们有保护和弘扬民族文化的客观需求，就应当开设为培养民族文化类人才的学科和专业；如果暂时还不能开设相应专业，也应当考虑在高等学校招生时让这些学生享有一定的优惠待遇，我们期待国家有关部门对此给予更多的关注。

其实，长期以来国家高考招生政策对贫困地区和少数民族地区就给予了特殊照顾，招生政策上有着较大的调整空间，特别是在定向招生这一块，调整的幅度是比较大的。既然是定向招生，就要求分地区和按比例录取，重在录取人数而相对忽视录取分数。对那些在民族文化类课程学习中成绩特别优异的学生，我们完全可以通过定向招生的方法或者依据其他特殊政策给予照顾。

我们还应当研究高考招生差异化特殊政策的问题。我们去过很多民族地区，应当说各地区发展的不平衡现象还是比较明显的。有些地区发展得很快，而有些地区的发展仍然滞后。由此在高招政策上应当要有差异化，动态调整高招政策。对那些确实已经发展起来的地区，甚至在发展程度上已经接近内地的地区，高招特殊优惠政策应当予以调整甚至取消，以消除高招特殊优惠政策产生的负面影响。但是对于那些目前发展仍然滞后的少数民族地区，高招特殊优惠政策不仅不能取消，而且有必要继续加大优惠力度。我们常说教育要公平、教育要均衡发展，那么就应该在政策把握上，做到有增有减，不能够"一刀切"。

三　探索学校文化传承的形式与规律

正像我们从事任何一类实践活动一样，探索其发展的形式和规律是十分重要的。在实践中去认识规律，在规律的指导下更好地实践。贵州省民族地区中小学地方课程和校本课程的开发与实施，同样面临着探索其形式与规律的问题。笔者与石阡县长寿长乐希望小学领导访谈时，对此类课程的设置谈了一些自己的想法。

(2013 年 9 月 13 日，星期五，上午，石阡县长寿长乐希望小学)

今天来学校，看到这所学校建设得这么好，非常激动。我们这次来的目的，主要是想了解一下民族文化类地方课程和校本课程建设的情况，因为这项工作在贵州省开展的时间比较长，也比较好，在全国都产生了较大的影响。我们湖北省此项活动开展得就比较晚，有些做法还是从这边学过去的。

我们想重点了解一下民族文化在校园中是如何传承的，以及学校在民族文化传承中承担着什么样的责任。我们希望通过调查研究找寻此项工作中存在的问题，在探索研究中，将此项工作做得更好。也希望通过相关渠道向有关部门反映，这样会更有利于学校此项工作的发展，有利于民族文化的传承。

我们应当从学校这个特殊的文化传播渠道的角度来研究一下民族文化传承的问题。学校在其中有着重要的地位并起着至关重要的作用，其位置是不可取代的。我认为：民族地区中小学在传承优秀民族文化中所具有的功能主要体现在以下几个方面：

第一，文化的选择。因为民族传统文化本身，既能发挥积极的作用，也能产生消极的影响，这是民族传统文化在长年累月的积淀过程中而形成的。但随着历史的发展和现代化进程的推进，有些文化内容和我们社会发展的趋势是相互协调的，有些文化内容可能也会对我们现代文化的建设产生消极的影响。所以我们学校现在想要传承传统文化，就要选择少数民族传统文化中那些优秀的文化、积极的因素来进行保护和继承，而消极的内容我们则需要加以抑制。

第二，文化的挖掘。少数民族文化毕竟是历史的遗存，有一些可能流传下来了，还有一些可能由于当时历史文化环境的原因消失了。针对这样一种情况，我们也可以通过一些方法进行挖掘，如果其中有一些符合我们现代文化发展的需要，我们就要把它们挖掘出来。我们看到有些学校设置了"八面鼓"课程，以前我们打的鼓都是两面鼓，后来有了四面鼓，最后发展成八面鼓。我觉得此过程就是一种挖掘，因为历史上原本就存在。有些教师通过查阅资料开发民族文化类课程，这实际上就是民族文化正常延续的一个过程和一种形式。

第三，文化的传承。传承其实也有很多渠道，我们主要关注学校中的传承。把我们选择出的优秀民族文化以及我们挖掘出来的文化元素通过什么渠道来进行传承？这其中有非常多的问题，怎么传承效率更高？如何传承可以使受众面更大？哪些项目或哪些文化容易被大家所接受？哪一类文化更容易传承下去？学生更能接受哪类文化？这些问题都值得思考，也值得在实践中加以探讨。

第四，文化的创新。在民族文化方面，我们不仅要注重继承和弘扬少数民族的优秀文化，同时还有一个对民族文化再创造的问题。再创造实际上就是如何使民族传统文化与当代社会的发展相吻合和相协调，与我们今后发展的趋势和方向要一致，也就是使我们原来的一些优秀文化的素材、因素和我们现代社会衔接和结合的问题。因为一旦结合得好，它就会形成生命力；如果结合得不好，这个东西就有可能从此消失了。

在这四个过程中，我一直认为学校的作用特别大。我们不排除社会上，包括政府部门会在文化传承上有所作为，但是学校在这方面的作用是无可取代的。学校对传统文化有认同感，认为这是优秀的文化，然后将这些文化有目的地定向传授给学生；学生在这种环境的熏陶中和有目的的实践活动中得到了教育，形成了良好的行为规范和道德品质。我认为这是很有价值的。

虽然这个问题的重要性很明确，但其中的困难也很多。首先是经费问题。学校没有资金来做这方面的项目，政府拨款不够，学校自身的发展经费也不足。其次是文化认同问题。经过千百年历史而累积下来的文化积淀，很多人，尤其是现在的一部分年轻人理解不了。所以需要将它与现在生活的东西联系起来，而如何去结合，这就需要进行研究。最后是文化内容选择问题。并不是所有优秀的东西都适宜走进校园，其实仅仅依靠学校只能对学生进行大众化的教育。例如你让学生了解木偶这种传统文化，让他们认同本民族文化，或者让其他民族的学生认同你这个民族的文化，实现相互的认同。在这个过程中，学生可能通过初步的学习和训练，热爱上这样一种文化和艺术，愿意去追求和发展这样一种艺术。所以我们需要明确学校在民族文化教育中想要达到怎样的目标，这是很重要的。我认为：学校一方面需要做"精深的"，别人一般看不懂的，这需要学校和政府一起来完成，另一方面大众化的东西也应尽可能地走进学校，让学生尽可能多地了解一些文化，是没有坏处的。生物多样性促进生物的进化和发展，同样的，文化的多样性也能促进文化的繁荣和发展。

学校必须起到传承的作用，如果你让这些传统文化在自然状态下自由发展，自生自灭，随着城镇化进程的推进，以及受到外来文化的影响，我们的一些优秀传统文化真的有可能就这样在我们眼皮底下慢慢地消失了。

四　发挥学校文化保护和传承的作用

民族文化的传承可以有多种方式，但最为有效的是由学校来做民族文化传承的工作。学校作为教育机构，特别是基础教育的机构，是知识传递的重要场所，对民族地区青少年的影响最为巨大且深远。要充分认识学校，特别是民族地区中小学在民族文化传承中的这种特殊作用。学校，特别是民族地区中小学是优秀民族文化传承的主渠道。笔者在与剑河县民族中学领导和教师访谈时特别强调了这一点。

（2013 年 9 月 17 日，星期二，上午，剑河县民族中学）

我们到这里来主要是向你们学习，贵州省在民族文化类课程建设方面，做得比较早，也比较好，贵州省还专门下发了几份文件，具体指导各个学校开展此项工作。我们此次贵州之行是想了解一下贵州民族文化教育的情况，尤其希望了解一下相关课程作为必修的教育课程开设的整个过程。当然，我们也不是要看那些做得最好的，只是想了解和掌握这项工作现在进展的情况，以及面临的一些问题。想了解大家是如何克服工作中遇到的问题及通过什么方式解决的。也就是说，我们从一个纯学术研究的角度，来分析我们工作如何才能够做得更好；如何通过课程教学，提高中小学生的自信心和自豪感等。讨论这些问题，具有非常重要的意义。我们觉得，学校在传承民族文化方面应该承担起更为重大的责任。

整个社会都十分关注这样一个问题：我们少数民族一些优秀的传统文化随着现代化的发展和社会的变迁，正面临着逐渐消亡或处于消亡的边缘。为了解决这一问题，我们希望整个社会、政府，包括社会团体等能够在这方面起到积极的推动作用，使我们少数民族优秀的传统文化能够传承下去，因为这是我们的特色。这个特色是我们文化多样性的一个表现，文化多样性有一个发展的前提，就是多元文化现象并存。

学校在这方面的作用至关重要，不容忽视，因为学校本身就是知识传递的重要场所。我们目前正在研究的一个项目就是关于课程教学的。进一步加强少数民族文化或者是本地文化这些优秀东西的传承工作，对学生今后更加认同本民族文化或者其他民族文化有着十分重要的意义。

从学校方面来讲，通过民族文化类课程的开设，可以为我们的学生提供更多更好的展现自我的平台，能够增强学生的自信心和自豪感。

第四节　案例

一　打造民族特色学校——记扬武民族小学

（一）工作目标与思路

根据教育发展的新形势，学校以《国家中长期教育改革和发展规划纲要（2010—2020年）》为指导，确立了"以人为本、全面发展、突出特色"的办学思路，大力挖掘地方民族文化进校园，进一步加大民族文化资源的开展与利用，全面实施素质教育，深入实施课程改革，努力创办家长放心、社会满意的现代化学校，努力为少年儿童健康成长创造良好的学习环境。民族民间文化是中华优秀传统文化，是建设特色校园文化的重要内容。把民族民间文化引进校园，不仅是对民族民间文化的传承和发扬，也是推进新课改的重要内容之一。几年来，学校一直得到省、州、县民委的大力支持，为开拓民族文化教育的新路子奠定了基础。使民族民间文化得到了进一步的挖掘、保护和传承。

（二）实施过程与方法

学校高度重视挖掘民族文化建设工作，做到有学校规划部署，明确发展方向；加强组织领导和规章制度，为创建民族民间文化提供了有力的组织保证；安排资金投入到位，为学校添置各种民族乐器、道具、服装等；有专人负责，每项活动内容有专人负责组织实施；有活动场地，为开展民族文化教育提供场所。发挥好民族文化教育兴校作用、育人功能，做好民族文化的积淀、挖掘、整合，彰显出扬武民族小学的办学特色。

（三）工作成效及取得的经验

1. 工作成效

近几年来，扬武民族小学在上级党委、政府及教育主管部门的关心、领导下，通过深入、广泛、持久地开展校园文化建设，不断推进未成年人思想道德建设，办学规模不断扩大，社会影响力不断提升。学校一贯坚持"品牌、质量、服务"的意识，以"开发潜能、发展个性"为育人理念，全面推进素质教育，积极办好特色教育，搞好民族文化的传承工作，学校挖掘民族文化进校园工作成绩显著。近三年来有贵州省百里杜鹃教育局考察团、普定县教育局考察团、云南省大理白族自治县弥渡县教育局考察团、铜仁地区玉屏侗族自治县教育局考察团、平塘县政协考察团、三穗县政协考察团、黔南州三都水族自治县教育局、丹寨县全县中小学校校长、烧茶小学、五里小学、排调小学、城关二小、凯里市白午小学、锦屏县新化小学、黎平肇兴等团体或组织到学校参观学习 30 余次。2013 年 3 月 31 日，学校召开了全国营养餐试点现场观摩会，国务院副总理刘延东对学校校园文化建设特色给予了高度评价；2013 年 9 月 5日，学校召开了全省教育"9 + 3"计划工作推进现场观摩会；2014 年 9月 2 日，国家督学、云南省民族中学原校长、教授李曚一行到扬武民族小学进行义务教育均衡发展督导评估；2014 年 12 月 26 日上午，国务院教育督导委员到扬武民族小学进行信息化专项检查。各级领导、各兄弟学校对学校校园文化建设给予了充分的肯定。各家媒体纷纷到学校进行宣传报道，丹寨电视台、黔东南电视台、贵州电视台等多家媒体先后报道了学校的办学工作。2013 年 6 月 25 日，全省教育工作推进会在丹寨县举行，全省相关州市（县）领导到学校参观学习；2013 年 7 月 2 日，由《人民日报》、新华社、CCTV 7 频道、中国教育电视台等十二家媒体组成的中央新闻采访团二十余人到学校就教育发展情况进行了采访。

2. 取得的经验

（1）成立工作领导小组。

几年来，学校着力完善校园文化建设组织机构和各项规章制度，加强领导，加强对"民族文化教育"活动的领导。学校把开展好"民族文化教育"活动视为与提高教育教学质量同等重要的工作，列入教师年度考核、评先受奖的重要依据之一。认真研究制定《创办"民族特色学校"工作方案》，明确工作目标、工作重点、工作措施、方法步骤、课程安排，把工作任务层层分解并落实到每一位教师的头上，使人人肩上有担子，人人身上有责任，确保"民族文化教育"活动健康有序开展。开展丰富多彩的校园文化建设，积淀、深化、升华校园人文精神内涵。2012年8月以来，学校基于苗乡文化底蕴丰厚，民族文化异彩的优势，组织了教师分组深入到扬武镇各个村落，重点收集深层挖掘，抢救保护和传承优秀的民族文化，营造了良好的社会氛围，为创办民族特色学校奠定了基础。

（2）积极争取资金。

学校除得到省、州、县民委的大力支持外，还得到了中央专项彩票公益金的资助，同时得到了深圳市松禾成长关爱基金会的大力资助，添置民族民间器材设施，为学校开展民族文化进校园工作提供了坚实的保障。

（3）丰富校园文化内涵，校园文化氛围突出体现了民族特色。

第一，坚持社会主义先进文化前进方向。扬武民族小学在大力推行素质教育，开发学生智力，提高学生综合素质的同时，加强中华优秀文化传统教育，把民族民间优秀文化融入课堂，进一步加大民族文化丰富资源的开发利用、挖掘保护力度，得到各级领导及同行们的认同。

第二，着力打造民族特色这个亮点。为确保民族民间文化不走样，突出当地特色。一是聘请民间艺人、有一技之长的乡土专家担任校外辅导员和授课教师，精心挑选有舞蹈特长的教师配合，共同对学生进行严格有序的训练。这两年来，学校一直聘请民间艺人李天云老师为学校"苗族童声合唱团"传授当地苗歌，收集当地几十首苗歌融入课堂。聘请民间艺人杨程老师担任芦笙教师。二是指派专人深入村寨拜访民间歌师、艺人，采集民间歌词，新编自创了赞美家乡、歌唱家乡的《扬武好地方》《爬上龙泉山》《敬酒》《祝福》《来宾，我们欢迎你》《米酒敬客人》等苗族民歌。三是从训练教师和各班学生文艺尖子入手，再由班主任和文艺尖子把锦鸡舞蹈、苗歌带到各班级。四是添置齐备的民族舞蹈服装、师生民族校服、展示民族风情的舞蹈道具等教学设施。通过努力，现学校已形成了"一组民族体育锦鸡体操""一套独特乡土教材""一组令人心醉的苗族民歌""一台风情浓郁的民族节目"，已成为全县的一大办学特色和亮点。

校园文化墙裙的设计，主要体现了当地的民俗民风，突出了校园浓厚的民族文化氛围。如：锦鸡舞、蜡染制作、刺绣、芦笙、苗族服饰等。

第三，为推动优秀文化的发展繁荣开辟新路子。扬武民族小学以开展"民族文化教育"为切入点，将课堂教学与培养学生兴趣和特长有机结合起来，寓教于乐，使学生个性得到良好培养，潜能得到充分挖掘。一是率先构建了具有民族特色的学校课程体系，学校以阳光体育活动探索作为教学新模式：学校制定了阳光体育活动实施规划，投入10000元用于添置篮球、排球、羽毛球、跳绳、毽子等体育器材，增设一些民族性体育项目，如竹竿舞、跳绳、板凳舞、打陀螺等。二是学校经省文明办、省教育厅、省财政厅审批，2013年8月中央专项彩票公益金支持学校少年宫项目落户学校。学校抓住这一契机，把民族文化教育与少年宫艺术教育有机结合起来，开设有蜡染绘画室、锦鸡舞蹈室、苗族童声合唱团、芦笙笮筒活动室、苗带编织室、刺绣加工室、棋牌室、文明礼仪室、苗语选修班、网络室、书法室等，将民族民间文化融入课堂，让学生在课堂上就能领略到当地传统优秀文化，培养学生民族自豪感，激发学生热爱家乡、建设家乡的热情。

天道酬勤，有付出必有收获。近几年来，学校在民族文化进校园工作建设中进行了许多大胆的探索实践，取了显著成绩，学校知名度得到提升，但与上级要求仍有一定差距。在今后的教育工作中应一如既往地加强校园文化建设，努力打造质量强校，办让人民满意的学校，不辜负党和人民对学校的信任与厚爱。①

二 走特色办学引领内涵提升的发展之路——记松桃民族中学

（一）学校的基本情况

松桃民族中学是一所有着辉煌办学历史的知名学校。学校创办于1934年，时为松桃初级中学，1956年招收高中学生成为完全中学，1982年更名为贵州省松桃民族中学，1998年完成初高中分离成为独立高中，2007年6月迁入新校址。已培养了4万余名优秀毕业生。20世纪50年代中期到70年代末，曾和铜仁一中、思南中学共同领航铜仁地区中学教育。2009年被贵州省教育厅评为"贵州省示范性普通高级中学"二类校。

学校现有教职工345人，教师学历达标率为100%，其中高级教师98

①　"打造民族特色学校，办人民满意的教育——扬武民族小学校园文化建设优秀成果申报材料"，http：//school. 3xy. com. cn/School/102229/Article/97391，2015 - 07 - 15。

名，中级教师 86 名，具有研究生学历教师 16 名，中共党员 76 人，全国优秀教师 4 名，省级优秀教师 8 名，省级骨干教师 5 名，地级骨干教师 28 名，梵净山名校长 1 名，梵净山名师 23 名，市级名师专家 24 名，县级教学能手 5 名，国家级优秀班主任 1 名，省级优秀班主任 1 名，地、县级优秀班主任 8 名，县级教育名师 4 名；建立名校长工作室 1 个，名师工作室 1 个。

学校现有教学班 84 个，学生 5048 人，学生中以苗族为主的少数民族学生占总学生数的 68.6%。特色班级有北京罗麦科技有限公司举办的"启明班"；韩国衣恋阳光集团举办的"衣恋阳光班"；江苏中远助学帮老基金会举办的"圆梦班"；贵州省民委举办的"民族班"；松桃县委县政府举办的"民政班"；学校自办的"凤凰班""音乐特长班""美术特长班""体育特长班"。

学校占地 520 亩，总建筑面积 120814 平方米。新校建设是贵州省委、省政府在松桃苗族自治县实施的重点建设项目之一，总投资 5 亿元。建有教学楼 4 栋，实验楼 2 栋，图书楼 1 栋，艺术楼 1 栋，综合办公大楼 1 栋，学生宿舍楼 6 栋，师生食堂 2 栋，教师公寓 2 栋，塑胶足球场 2 个，400 米跑道标准田径场和 300 米跑道田径场各 1 个，篮球场 11 个，羽毛球场 6 个，排球场 4 个，地下停车位 398 个。在建工程有 80 亩人工湖景观，教师公寓 2 栋，文昌阁 1 栋。工程建设采用 BT、BOT 模式，可容纳学生 5000 余人。

（二）学校的实践体验

1. 具有先进的办学理念，形成了鲜明的办学特色

学校遵循教育规律，紧跟时代步伐。在深化教学改革，推进素质教育，提高办学质量的实践过程中，不断总结过去办学经验，提出了"求真、崇善、尚美"的办学理念。在"砺志、博学、缜思、笃行"的校训引领下，确立了"人格健全，学有所长，勇于探索，报效祖国"的培养目标。形成和完善了"以人为本、成才成功，以德为先、全面发展"的办学思想。在实际工作中，把"人本"意识放在第一位，把教师的发展和学生的成长作为办学的终极目标。致力于培养"认识自己，发现学生"的教风和"知人知己，追求卓越"的学风，形成了"蓬勃、快乐、文明、和谐"的校风和"自强、坚韧、博大、张扬"的学校精神，走出了一条"传承民族文化，发展个性特长"的特色办学之路。

纵观学校的办学历史，尽管校名改变、领导变更、师生员工更替，但民族文化进校园，传承民族文化的宗旨始终没有改变。学校以苗族花鼓、苗族刺绣、苗族剪纸、苗族芦笙、滚龙艺术和篮球运动为表现办学特色的载体，对学生进行中华民族传统文化的教育，增强民族自豪感，提高人文素养，培养学生民族情感，感受苗族人民的聪明与智慧，感受苗族花鼓、苗族刺绣、苗族剪纸、苗族芦笙的博大精深，感受滚龙艺术、篮球运动的艺术魅力。培养发展学生的个性特长，逐步形成了"传承民族文化，发展个性特长"的鲜明办学特色，体现了民族地区学校的发展特色和民族学生的发展需要，更体现了民族文化的传承和创新。

学校的办学理念和办学特色使学校"授受知识、开启智慧、润泽生命"的教育价值观得以充分体现，使每一学生个体身上都蕴含着知识之真、智慧之善和生命之美。

2. 校本课程的开发促进了学校发展

民族文化的传承创新，校本课程的开发传授，不仅拓展了素质教育的空间，还丰富了校园文化的内涵，不仅搭建了学生展示素质的平台，还拓展了学生成才的渠道。

学校大力开展民族民间文化教育活动，以苗族花鼓、苗族刺绣、苗族剪纸、苗族芦笙、滚龙艺术、苗族文化陈列室、苗族文化长廊为载体，为每一位学生的个性发展与张扬提供平等的学习和锻炼的机会，为使每位学生都具备一技之长、走上不同的成才之路、成长为不同的人才，从而为实现"让每一个学生都得到发展"搭建了平台。学校传统的优秀体育项目——艺术篮球更是学校特色项目，学校提出了"营造篮球氛围，参与篮球运动，领悟篮球精神，展示篮球魅力"的理念，形成了"人人喜爱篮球，人人懂得篮球，人人参与篮球，人人会打篮球"的良好氛围，同时将篮球具有的"团结、毅力、拼搏、智慧、战术"的特点渗透到所有学科的教学中，促进学生文化课的学习，达到最佳的学习效果。

民族民间文化教育采用多种模式相结合的方式来开展，如知识传授模式、氛围熏陶模式、技能训练模式、学科渗透模式、与综合实践活动课相结合的习得模式。充分体现了学校"授受知识、开启智慧、润泽生命"的教育价值观，深化了学校"传承民族文化，发展个性特长"的办学特色。具体做法是：

民族民间文化教育面向全体学生，排入学校总课表，按照新课程改革的课程设置要求开课，同时借助学科渗透，包括民族文化基本知识、民族语言文字、民族习俗礼仪、民族政策等校本选修课内容。结合《可爱的松桃》《松桃苗族》《龙世昌》等地方课程和《综合实践活动》课，选定相关课题，组织学生开展社会实践活动，在学习和实践中激发学生对民族民间文化的兴趣，培养学生对民族文化的认同感。

除民族民间文化进课堂外，学生开设第二课堂选修课。学生根据自己的年龄特点、兴趣爱好和技能水平，选修自己喜欢的课程。如苗族花鼓、苗族刺绣、苗族剪纸、书画、苗族舞蹈、器乐（芦笙、笛子、木叶）、苗族八人秋、绝技绝活、滚龙艺术、艺术篮球、趣味体育（板鞋竞速、袋鼠跳、负重竞速、跳绳）等项目。促进学生艺体发展和对主流文化的学习，每年学生的艺体生考试合格率均达90%以上。

学校积极开展校本课题研究，开发校本教材，已开发了《苗族花鼓》《苗族刺绣》《苗族八人秋》等。目前正在开发《苗族花鼓考级教程》《黔东苗族图案》《苗族织锦》《苗族服饰》《苗汉英300句》《苗语短拼方案》等多种校本教材。《苗族花鼓》教材是第一本将口传身教的苗族文化用文字表述的文本教材。学校在四面鼓的基础上，首创了象征团结、和谐、壮美的多面鼓。对苗族传统"八人秋"进行了改进，创编了更加具有民族风情和民族特色的民族体育综合项目。

2008年，学校被县人民政府评为"苗族绝技绝活培训基地"，同年，被贵州省教育厅、民委、人事厅评为"全省民族民间文化教育活动先进集体"。2009年，被铜仁市民宗委评为"铜仁地区少数民族传统体育训练基地"。2009年5月17日的省级示范性普通高中评估汇报演出——《苗家欢歌》，被评估组专家赞誉为"阵容庞大、内涵丰富、形式多样、演技精湛、品位高雅、特色彰显"的演出，并被认为是全省示范性普通高中评估以来，最精彩、最富有特色的一场演出。2011年9月，学校的传统体育项目"苗族八人秋"荣获第九届全国少数民族传统运动会表演综合类一等奖，2012年代表贵州省参加第十届中国民间文艺山花奖评奖活动荣获金奖。2014年"八面鼓"获得贵州省第九届少数民族运动会一等奖。蓬勃开展民族民间文化教育活动，激发了学校的活力，提升了师生的创造力，学校各个方面都上了一个新台阶。

（三）特色办学引领内涵提升

特色办学给学校发展带来了新的发展活力，使学校各个方面都上了一个新台阶。学校的发展事实使学校认识到：以特色办学引领内涵提升，将大有作为。

1. 为何以特色办学引领内涵提升

办学特色是一所学校不同于其他学校的显著特征，是一所学校的核心文化。学校经过多年来的办学实践，逐渐总结形成了符合学校的"传承民族文化，发展个性特长"的办学特色。它以苗族花鼓、苗族八人秋、苗族刺绣、苗族剪纸、苗族芦笙、滚龙艺术等为表现的载体。研究表明，这些苗族文化具有八大特性，即可接受性、广泛性、连续性、一致性、独特性、精神性、开放性、可塑性。学校可以利用其可接受性，让学生进行学习和实践，使学生理解、接受和掌握；利用其广泛性，进行大力推广和传播，使人人都可以懂得和理解；利用其连续性，进行传承和弘扬；利用其一致性，培养学生的团结协作、和谐统一的精神；利用其独特性，培养学生独特的人格；利用其精神性，可以培养学生具有充实的精神生活，丰富人的内心世界及美好的精神享受；利用其开放性，可以培养学生开阔的视野和宽广的胸怀；利用其可塑性，可以激活学生的灵性与智慧，释放学生的潜能，培养创造性思维，促进学生的自我完善和全面发展。这些苗族文化具有显著的文化特性，肩负着引领学校内涵提升的伟大使命。

2. 怎样引领内涵提升

学校"传承民族文化，发展个性特长"的办学特色，是在学校几十年办学实践中逐步形成的，从学校文化传统的角度看，这一特色实际上是学校长期文化积淀的一种外在表现，是教师文化、学生文化和环境文化相互作用的独特表现。

学校是全县唯一的一所独立高级中学，松桃县是成立最早的苗族自治县，全县有68万人口，其主体少数民族苗族占全县人口的42.8%，学校从建校至今，历届学生中苗族学生都占到了学生总数的70%—80%，苗族教师约占50%，学校历任校长大部分是苗族。苗族是一个历史悠久的民族。苗族人民吃苦耐劳；团结，勇于拼搏；善良，讲究真情实意；疾恶如仇，最忌浮华与虚伪；个性张扬，从不隐瞒自己的观点。苗族又是一个充满智慧的民族，在苗族漫长的发展历史中，苗族人民创造着自己灿烂的民族文化：苗族民间口头文学丰富，工艺美术，如刺绣、织锦、蜡染、剪纸、首饰制作等瑰丽多彩，苗族刺绣为中国"八大绣"之一，苗族服饰多达 130 多种，华丽考究，巧夺天工，堪称中国民族服装之最，可以同世界上任何一个民族的服饰相媲美，驰名中外。苗族的节日甚多，凡节日必有苗族花鼓的表演，表演鼓舞需穿节日盛装，服装色彩艳丽、耀眼夺目。一场鼓舞表演，就是一场别开生面的苗族服饰展演会，更是一道精美的苗族文化大餐。

苗族文化是苗族在其历史发展过程中创造和发展起来的具有本民族特点的文化，反映了苗族历史发展的水平。苗族文化不仅影响着苗族，同时也影响着包括汉族在内的其他民族，是民族团结和社会和谐的重要精神纽带，是建设社会主义先进文化的宝贵资源，是学校赖以生存的基石，是学校成长壮大的条件。"传承民族文化，发展个性特长"的办学特色体现了"自强、坚韧、博大、张扬"的学校精神，是学校发展不可缺少的重要保证。

（1）松桃的苗族花鼓独树一帜，它把音乐、舞蹈、表演等艺术种类有机地结合在一起，又是一种融体育性、娱乐性、艺术性为一体的民族民间体育舞蹈。学校将苗族花鼓引入学校、引入课堂，是对民族文化遗产的传承和发扬，使苗族花鼓发扬光大；全面提高了学生身体素质，促进学生生长发育，学生表演花鼓感受到花鼓的艺术魅力，从而不断地创造美、表现美，有助于其培养和树立正确的审美观，提高自身的审美能力；提高了学生的韵律感，培养了学生团结协作的集体主义精神；培养了学生特长。通过苗族花鼓的学习，使学生更加热爱和珍惜中华民族的文化遗产，增强了学生的民族自尊心和民族自豪感。

学校聘请鼓王龙云辉为校苗族花鼓队的指导教师，并委派一名副校长负责。学校的花鼓队曾先后在松桃苗族自治县成立 50 周年的庆祝活动上，学校迁校的庆祝大会上，县"苗族四月八"庆祝活动上，县委政府举行的迎宾活动中，学校开学典礼、运动会开幕式上进行过表演。这些表演受到了社会各界的好评，参加表演的学生同时也得到了锻炼，经受了考验，并且增强了信心。表演获得圆满成功，有助于学生树立起体验成功的积极心态，具备乐观向上的精神，养成良好的行为习惯，拥有稳定的情绪，对促进学生的个性发展起到了重要作用。参加苗族花鼓的训练和表演，满足了学生个性发展的需要，同时也为学生提供了发展特长的舞台。

（2）学校精心采撷苗族刺绣这一艺术瑰宝，把刺绣这一高雅、精湛的艺术品引入校园、引入课堂。苗族刺绣使学生真切感受本地民族的优秀文化，让学生走进生活，了解家乡、了解民族、了解本土文化，激发学生的民族自豪感和对家乡的责任感；通过学习刺绣使学生成为民族文化的继承者和传播者，同时也培养了学生的探索能力和实践能力；丰富了美术课的教学活动，提升了学生的审美情趣和艺术素养；刺绣可使学生心思细密，不骄不躁，有助于舒缓焦虑情绪，改善心理健康，并可提高其文化课的学习效率；刺绣工艺复杂，需要刺绣人开动脑筋，对学生的学习有很大的启发作用；学生在紧张忙碌的学习之余，欣赏品位自己亲手刺绣的"艺术珍品"，不仅可带来美好的艺术享受，还会愉悦心境、健康身体。刺绣使学生的个性特长得到充分发展和张扬，为学生以后的工作和生活奠定了基础。

（3）苗族剪纸是苗族刺绣的孪生姐妹，且多为即兴作品。苗族剪纸图形丰富多样，画面造型生动，线条自然流畅，具有较高的艺术品位。学生通过学习剪纸，增强了对图案的认识，提高了绘画能力，增强了想象力，为学习刺绣奠定了坚实的基础。

（4）教师学生通过在"苗族文化陈列室"的学习，了解苗族的历史文化渊源和民俗文化，产生无限的思乡情怀和爱国热情，使自身认识到民族文化的价值，并自觉去保护它们，为传承民族文化做贡献。

学校充分利用"苗族花鼓""苗族刺绣""苗族剪纸""苗族文化陈列室"这些传承民族文化的载体，为每一位学生个性的展示与发展提供平等的机会和条件，使每位学生都具备一技之长，各自走上不同的成才之路，从而实现"让每一个学生发展"的目标。

民族文化的传承与发展是通过教育得以实现的，教育是民族文化传承的内在动力。民族文化犹如"润物细无声"的春雨，以最深刻、最微妙的方式进入了学生的心灵深处，促进学生的成长，推动了学校特色的发展。学校通过苗族花鼓、苗族刺绣、苗族剪纸、苗族芦笙这些体现学校办学特色的载体，着力培养学生适应社会需要的基本能力和素质，高度重视学生的个性特长的发展，使学生发现自己的特长，强化其特长，发展其特长。这些活动的开展适应培养多层次、多规格、多样化人才的需要。"传承民族文化，发展个性特长"的办学特色的构建与发展，是学校文化长期发展的积淀，充分体现了学校"授受知识、开启智慧、润泽生命"的教育价值观，必将引领松桃民族中学走向更加辉煌的明天。

（四）开展民族民间文化教育的体验

学校通过开展民族民间文化教育，获得了以下四点体验：

1. 统一认识

民族地区中小学传承、弘扬和发展民族文化义不容辞、责无旁贷。

2. 健全机构

建立以校长为组长，分管教学副校长为执行组长，中层干部为成员的民族民间文化教育活动领导小组；建立民族民间文化教育活动工作组。

3. 创造条件

建设专用场地，购买专用器材，编写校本教材，建立特色网站，开设地方课程和校本课程，把优秀的民族民间文化教育纳入课程计划。

4. 落实措施

建立基地，申办项目学校，参加各类活动和赛事。[1][2]

---

[1]　滕建勋：《立足校情，抓住机遇，直面挑战，坚定不移地走特色办学引领内涵提升的发展之路》，http：//gz. gaokao789. com/tem33. asp？id＝16634&pid＝24。

[2]　"贵州省松桃民族中学简介"，http：//www. stmz. net/about. aspx？c＝about。

第五章　预期追求：效果与评价

对贵州省民族地区中小学民族文化类地方课程和校本课程进行研究，其中一项十分重要的内容就是对此类课程的教学效果进行评价，对此可以采取多种方法。此项研究在课堂观察、深度访谈的基础上，使用访谈研究法和问卷研究法，从学生和教师两个角度展开研究，以期获得对教学过程更加鲜活的课堂认识和更为真实的课堂感受。

第一节　访谈研究

一　积极作用

为了了解贵州省民族地区中小学民族文化类地方课程和校本课程的教学状况，本书采用访谈研究方法，随机选取民族地区教育行政部门和学校的领导、教师与学生进行了访谈调查，以了解此类课程在民族地区中小学开设的实际效果以及进一步加强此类课程建设的建议。

1. 笃定走特色办校的创新之路

民族地区的中小学以浓厚的民族民间文化为依托，选择学生熟悉的文化内容作为学校学习资源，有效地将民族文化内容与学生经验相连接，这就为学校教育提供了更为广阔的发展空间，也能够较好地满足不同学生的个性学习需要。不仅如此，选择切合学生认知水平的知识呈现方式，是激发学生学习热情的根本之道。通过凯里市第三小学领导和教师关于学校民族文化类课程实践经验的讲述，笔者感到他们确实已探索出了一条既适合学校又适合学生的特色发展之路。

（2013 年 9 月 17 日，星期二，下午，凯里市第三小学）

我们学校有学生千余人，其中百分之九十是进城务工人员的子女，而且都是少数民族，教师55人，百分之九十也是少数民族。由于地处偏僻，生源较少，学生流动性大，对学校的发展形成了一定的阻碍。但是，我们这里民族文化资源丰富，因此我校选择了走特色办校的道路。为了弘扬传承黔东南优秀的民族民间文化，培养学生热爱家乡、热爱民族的热情，增强对家乡的认同感和努力学习科学文化知识的积极性，促进学生素养和综合素质的提高，使黔东南州民族民间文化在传承中得到挖掘和保护，从而推进民族民间文化大发展和民族大繁荣。学校结合当今课程改革的发展趋势，结合"多彩贵州"以及我校整体建设与发展的目标，而设立了"民族民间文化课程开发实验与研究"这个课题，以校本课程《家乡，我成长的摇篮》的开设为突破口，逐步把本校建设成具有民族标志的特色学校，让教师参与课程开发，赢得继续教育的良机，提高教师的专业化素质，更大程度地满足社会、家长和学生的需要，尽可能地培养出有个性、有特色、有所长的未来人才。

黔东南有着悠久的民族民间文化，这里是学生学习的大课堂，它素有"百节之乡"的美称，丰富多彩的节日盛会是展示黔东南民族风情和灿烂文化的"百花园"。黔东南还有"歌舞海洋"的美誉，民族工艺美不胜收，蜡染、刺绣、农民画、民族服饰和首饰等，都具有很高的艺术价值和收藏价值。苗族的吊脚楼、侗族的鼓楼、花桥都具有鲜明的民族特色和很高的艺术价值。

只有以学生熟悉的内容作为学习资源，才能有效地促进学生经验的积累；只有提供广阔的教育选择空间，才能满足学生目前的学习需要；只有切合学生认知水平的知识呈现方式，才能激发学生的学习热情。

正是在这种全新理念的指导下，为了挖掘地方更多的教育资源和学生个性潜能，培养学生创新精神和实践能力，开阔学生视野，充分利用学校资源，通过"做中学"促进学生自主合作探究，培养审美情趣，使学生综合素质全面发展，我校开设了《家乡，我成长的摇篮》这门校本课程。该课程引导学生了解家乡，了解民族文化，鼓励小学生主动参与，大胆实践，从小形成正确的家乡观、民族观、人生观。校本课程以"爱我家乡、爱我民族"为指导思想，贯彻"做中学"的科学教育思想，通过由浅入深的实践活动，指导学生掌握必备的民族服饰文化、节日文化、饮食文化、建筑文化、手工艺文化、歌舞文化等，激发小学生热爱家乡的情感；培养小学生爱家乡、爱民族、爱祖国的热情，为小学生开展爱家乡、爱民族活动拓宽空间。教材的编写融民族服饰文化、节日文化、饮食文化、建筑文化、手工艺文化、歌舞文化、科学评价于一体，尤其是将评价手段编入教材，既有利于教师对学生情况进行及时评价，又有利于学生进行自我评价，促进学生的自主发展。教材的使用与年级学生特点、少先队活动、兴趣小组活动等密切配合，共同实施"爱我家乡、爱我民族"从娃娃抓起的教育任务。校本课程按照一到六年级自然年级分低、中、高三个年段开设教学内容。其中一年级、二年级段设橡皮泥模型，主要为家乡的水果、身边的动物和民族服饰；三年级、四年级段设民族传统文化及绘画工艺，主要为民族绘画、民族工艺、民族风情、民族习俗；五年级、六年级段设民族芦笙及歌舞。

校本课程在很大程度上决定着受教育者的知识结构和能力结构的开发，具有很重要的现实意义。既要强调传授知识的普遍性，还要强调尊重地域差异和人的个性差异。校本课程的开发，改变了课程设置过于统一的局面，充分发挥了学校开发课程的积极性、创造性，补充了国家课程留下的空间，促进了学校特色的形成及学生的全面发展，意义极其重大，因为我们尽量做到了"人尽其能，物尽其用"。

2. 民族文化传承取得了明显的成效

剑河县民族中学领导在接受我们访谈时，表现出了强烈的自豪感和欣慰感，同时，笔者也了解到学校民族文化类课程的开发和建设取得了明显的成效。

（2013 年 9 月 17 日，星期二，上午，剑河县民族中学）

剑河县地处黔东南苗族侗族自治州腹地、清水江中游，是一个古老神奇秀丽的少数民族聚居县，辖 7 镇 5 乡，总人口 27 万人，其中以苗侗为主的少数民族占总人口的 96%。剑河县境内山林密布，沟壑纵横，交通闭塞。由于历史及地域原因，长期以来，处于相对封闭状态，这里的老百姓仍然过着千百年来的"歌养心、舞养身、酒养神"的普通生活，从而保存了有别于其他地区和民族的一些鲜明的民族文化。有山歌、儿歌、民谣、哭（伴）嫁歌、侗族大歌、苗族飞歌、苗族古歌等地方歌曲表现形式；有水鼓舞、芦笙舞等舞蹈；有被称为苗侗民族建筑文化活化石的吊脚楼和鼓楼；有"鼓藏节""吃新节""二月二（祭桥）""三月三""四月八""六月六"等民族节日，是地道的民歌之乡、百节之乡，丰富而优秀的民族文化，就是当地民族的瑰宝，它为学校开展民族文化进校园工作打下了坚实的基础。①

剑河县民族中学建于 1941 年秋，至今已有 70 余年的历史。现在学校有 206 名教师职工和 3065 名学生。正是依托黔东南丰富而优秀的民族文化，剑河县民族中学根据学校的特点和实际情况，确立了"传承民族文化、发展个性特长"的办学特色，学校不仅传承优秀的民族文化，而且还在继承中创新和发扬光大，建成了具有鲜明民族特色文化的紧跟时代步伐的现代化民族高中。学校多年来一直把传承民族文化，发掘民族瑰宝作为学校的一项重要任务。把动静相宜、张弛有度的校园生活节奏和民族文化渗透于校园文化建设的各个方面。为全面提高学生素质、为学生的茁壮成长创造了一个新平台。

学校先后开设了美术特长班、音乐特长班、民族舞蹈班、民族服饰班、民族体育班等，取得了明显的成效。2006 年，学校被剑河县民宗局、教育局、文广局确定为"民族文化进校园项目学校"。2008 年，学校被州民宗局列为民族民间文化教育项目学校。2012 年，学校被评为黔东南州中小学体育艺术教育工作先进单位。这些成绩的取得与学校的民族文化进校园的办学思路密不可分。美术教师蒲玮的作品《刺绣》获 2008 年"魅力剑河"一等奖；潘承勇同学的作品在 2004 年中日青少年作品大赛中获得铜牌奖。音乐教师杨军获 2004 年"唱响贵州"二等奖。2007 年县庆时，剑河县民族中学组织了 37 人的台上伴舞队和 800 人的台下互动队，表演得非常成功。《七月火把节》《苗家姐妹跳起来》《巫交木鼓舞》《革东水鼓舞》等已成为校内传统保留节目。剑河县民族中学全体师生都有一套综合苗侗服饰特色的校服，不仅很有特色，而且十分靓丽，大家都很喜欢这套校服，每到集会或隆重节日，大家都会穿戴。1998 年以来，剑河县民族中学师生有 60 多人次的绘画作品获县级以上表彰，学校为高校输送了 146 名美术特长生、98 名音乐特长生和 152 名体育特长生。音乐方面，有 40 多名师生获县级以上表彰。2007 年以来，剑河县民族中学已在学生中普及踩鼓、高脚马、毽球等民族体育项目，还计划普及踩芦

① "融合两种特色文化助推学校创新发展——贵州剑河县民族中学发展纪实"，http://www.xbkfw.cn/article_ 23418_ 2. html，2013 - 10 - 09。

笙、打陀螺等民族文体项目。2008 年元旦，剑河县民族中学开展了全校性的踩鼓比赛，影响很大。1998 年以来，学校成立了"剑河县民族中学民间武术表演队"。2008 年 4 月以来，学校聘请五河拳传人潘承谦到学校传授民间武术，目前，武术队规模仍在不断壮大。同时，体育教研组把开发五河拳作为教研课题加以研究开发。武术队每天坚持训练，冬练三九，夏练三伏，已成为校园一道亮丽的风景线。

这些民族文化活动寓教于乐，不仅格调清新高雅，内容丰富多彩，而且形式多种多样。广大师生积极参与，各显其能，发挥了自主、进取、创造的才能。不但展示了剑河县民族中学素质教育的成果，而且还丰富了校园精神生活，拓宽了学生的知识结构，提高了审美能力和思想境界，陶冶了情操，培养了健康活泼、奋发向上的精神。

3. 加强了制度化的建设和管理

为了保证民族文化类地方课程和校本课程的教学质量，有必要加强制度化的建设和管理，使此项工作"有法可依"。凯里市第三小学为了做好此项工作采取了很多积极的措施，起到了良好的示范作用，具有重要的启示和借鉴意义。

（2013 年 9 月 17 日，星期二，下午，凯里市第三小学）

我们将从课程内容与方式、采取的措施两个方面进行介绍。

首先是民族民间文化的内容及方式。我们的具体做法是：第一，利用每周五地方课的时间进行校本课程的教学，上课的内容就是我们自己编写的校本教材。我们的教师都是本地人，对家乡的文化都比较了解，学生来自四面八方，对自己的民族和家乡多多少少也有一定了解，教学内容可以在教材的基础上进行发挥和拓宽，可以突破教材的范围。第二，除了开设课程外，每天课外活动时间就是兴趣班的活动时间，为了使时间不冲突，刺绣班、舞蹈队、芦笙队、民族合唱队、民族舞蹈队等，从周一到周五每天的课外活动时间都有安排。第三，我们还要求学生利用课余时间，寒暑假时间，走入田野，走入民间，在田野、在民间、在老人家里，或搜索一些神话故事、民间传说，或调查了解一些民族工艺的制作方法及过程，或学唱一些民族歌曲，或学跳一些民族舞蹈等，让学生带着我们的本土文化，走出贵州，走向世界。

其次是我们为做好工作而采取的主要措施：第一，成立了一支以校长为组长的民族文化教育工作领导小组，把民族文化教育与学校各项工作有机地结合起来。第二，明确工作职责，做好工作分工，有序开展民族民间文化课程建设的各项活动。第三，让民族民间文化进入课堂，并根据实际情况做好课程调配，上好每周一节的民族文化课，做好信息的整理工作，便于检查和资料汇入。第四，以活动为载体，利用课外活动时间，开展民族文化教育活动，挖掘学生潜能，激发学生学习的积极性。第五，做好各类资料的搜集、整理、筛选工作，找准切入点，加强校本教研，提高教育教学质量。第六，做好专项资金的管理和使用。我们设有一些专项资金，根据需要配备好必需的器具、乐器，以及服饰、道具等。第七，继续组织老师进入村寨，利用业余时间开展有关民族民间特色文化的调查、走访与挖掘，做好本土民族的历史文化、区域文化、风土人情等资料的搜集与整理工作。第八，做好课程资源开发工作，结合校本教材，充分利用学生每周五地方课程的时间，上好地方课程来传承民族民间文化。

我们将以取得的成绩为起点，继续稳步推进特色学校建设工作。现在我们已经有了校本教材，也有了 5 个兴趣班，正在筹备锦鸡舞蹈班，我们计划将本地的锦鸡舞改编成广播体操。

4. 丰富了校园文化、增强了办学活力

民族文化类地方课程和校本课程的开发和实施，给民族地区中小学校园文化带来了蓬勃生机，增强了学校的办学活力，体现了学校弘扬优秀民族文化、发扬优秀民族精神的办学宗旨。凯里市第十一小学的深刻变化就充分证明了这一点。

（2013 年 9 月 17 日，星期二，下午，凯里市第十一小学）

我们凯里市第十一小学又名金井小学，创建于 1975 年，是凯里市苗族文化传承培训基地。学生中有 87% 是少数民族，95% 是外来务工农民的子女。

凯里市素有"芦笙之乡""歌舞之乡"的称号，这片美丽富饶的土地，蕴藏着丰富的民族文化资源。孩子是民族的未来，要挖掘和保护好民族民间文化，必须从孩子抓起。为此，我校在抓好教育教学工作的同

时，以"民族文化进校园""第二课堂出特色""人人会跳苗舞，个个会唱苗歌"为办学理念，结合学校实际，充分挖掘和发挥当地芦笙、银技、鸟笼等优势资源，以苗族芦笙等文化为载体，着力加强校本课程研发，培养骨干教师，聘请民间艺师讲座等，已举办以苗族民间艺术文化为内容的民族特色教育活动及苗族芦笙舞民族文化传承培训1000余次，被评为贵州省非物质文化遗产代表性保护项目"苗族芦笙乐舞曲"传习基地。

要想把民族文化教育的工作做好，必须让全体教师认识到民族文化工作的重要性。尽管目前民族文化教育的成绩未纳入教育系统的个人考核标准，但是作为少数民族地区的一所学校，每一位教师都应该抛弃个人的得失，将民族文化及民族精神发扬光大，为中华民族的共同繁荣进步做出自己的贡献。要分工明确，责任到人。民族文化教育的内容有多种分类，学校要根据教师的个人特长进行分工，并把民族文化教学课时计入教师的总课时，制定详细的工作制度并排出可行的民族文化课时。同时让有民族文化功底的苗族教师带动没有基础的其他教师，实现全校教师团结进取，共同进步。同时让其他非苗族的教师在民族文化教育实践中实现教学相长，积累经验。民族文化教育要结出硕果，必须引入目标责任制和奖惩机制。必须把民族文化教育的成果纳入教师的年度考核和岗位竞聘考核范围，对于民族文化教育成绩斐然的教师，学校将该教师的教学态度、教学效果纳入"德能勤绩"考核范畴，引入职称竞聘机制，使教师之间的良性竞争常规化和日常化，让教师养成主动承担工作任务的良好行为和习惯。

我校历来把民族文化的保护传承作为学校义不容辞的历史使命，营造了学习优秀民族文化的良好氛围。周一，苗拳教学；周二，民族画教学；周三，苗歌教学；周四，苗舞教学；周五，芦笙教学。在每天下午第二节课后进行。我们把苗歌带到音乐课堂，把苗族绘画带到美术课堂，把苗族舞蹈带到体育课堂。上课时，在苗族音乐的伴奏下，全体师生翩翩起舞，非常壮观。此外，教师还利用课外活动时间对学生进行各种民族文化的辅导，学校还开展各种形式的活动，举办具有民族特色的歌舞、绘画、刺绣等比赛。我校通过开展具有民族特色的校园文化活动，为学生学习民族民间文化提供了平台，丰富了校园文化，增进了学校活力。学校利用优质的教学资源，贯彻新课程理念，使特色化教育与特色化学校建设有机结合。在领导的关心指导下，在全校师生的共同努力下，民族文化类课程开发的目标已初步形成。我校师生人人会说苗语，个个会唱苗歌，部分学生会吹奏芦笙，大多数学生都喜欢上了苗族歌舞和苗族绘画，对少数民族本土文化有了进一步的了解，激发了学生的民族自豪感、自信心，激发了学生对家乡、对祖国的热爱。学生各方面的素质得到了进一步的提高，师生参加各级各类比赛，获奖颇丰。展望未来，任重道远。我校将进一步开展好民族文化教育活动，为发掘和发扬中华优秀民族文化做出我们应有的贡献。

二　消极影响

1. 没有形成持久的长效机制

民族地区中小学民族文化类课程的开发和实施是一项系统工程，必须建立起长效机制，确保各项工作有序推进。否则，必然会带来规划上和实施过程中的随意性和不确定性。笔者在对三都县民宗局领导进行访谈时感到：要进一步推动民族文化类课程建设，建立民族文化类课程建设的长效机制势在必行。

（2013 年 9 月 25 日，星期三，上午，三都县民宗局）
虽然很多学校是民族文化教育的示范学校，但是今天早上我们说过，它还没有形成长效机制。如资金上没有统一持续地拨到位，就很难组织开展活动。今天×校长对我说，他不知道从哪里得到的信息，每一所省级民族文化教育的学校下拨项目资金应该有 8 万元，但是我们去申请的时候，只说是 5 万元，这问题出在哪里？我也不知道。每年民族文化教育的资金，有时候有，有时候没有，让我们在中间很难开展工作。学校领导会认为，上面不是每年都给你们下拨经费吗，那我们为什么又得不到呢？这该怎么办？今年还要不要继续抓这项工作？很多学校都会面临这个问题。实际上我们在争取项目经费的时候，也会出现一些问题。比如说，有的领导认为，民族文化教育的工作不应该只是由项目学校来做，其他学校也应当做。因此在资金如何下拨问题上就会产生理解上的偏差。再比如，有的时候，领导今天指示将资金送到这个学校去，明天指示将资金送到那个学校去，这就会产生一些矛盾，这个矛盾该怎么解决？民族工作部门以前也没有这笔固定的项目经费，也没有一个固定的拨款机制，希望你们专家学者能够向上级有关部门反映这种情况。

2. 条件制约着课程的建设水平

资金、设备、师资、教材等是民族地区中小学民族文化类地方课程和校本课程建设的主要制约因素，笔者在与凯里市第三小学、台江县番省小学和剑河县民族中学领导访谈时，实实在在地感受到了他们在推进民族文化教育工作中遇到的实际困难和表现出来的坚韧不拔的毅力和精神。

（2013 年 9 月 17 日，星期二，下午，凯里市第三小学）

当然，我们也面临着很多困难：第一，学生对民族文化的兴趣比较浓厚，每个兴趣班不能超过 50 人，但是学校场地有限，不能满足学生的需求。第二，印刷校本教材需要大量的资金，学校没钱，只好让学生反复使用教材。第三，学生家庭条件都不是很好，都是农民工子女，各班学生的服装、芦笙只能靠学校购买，而学校没有资金，所以许多活动因为缺少资金，就不能开展。我们学校的锦鸡舞要参加市里的比赛，我们到处去借衣服，确实很辛苦。第四，学校没有这方面的专业教师，有时需要聘请一些校外专家或教师，也需要经费开支。因为学校没钱聘请专业教师，学生学到的民族民间文化知识就不够深入和完整，这也很令我们头疼。第五，教师没有报酬地负责兴趣班的指导工作，有些教师就认为自己的工作没有被肯定，工作积极性不高，这也是我们下一步要考虑的问题。第六，受社会各方面的影响和升学率的影响，老师对此项工作重视程度不够。

（2013 年 9 月 16 日，星期一，下午，台江县番省小学）

目前所存在的问题是：第一，资金不足，设备简陋，给教学带来许多不便。第二，师资力量薄弱，使课程的开设具有一定的难度。

学校下一步的打算是：一是积极筹措经费，增加教育投入。二是抓好调研活动和教师培训，提高教师教学业务水平。三是开展各种形式的教学活动和学生的业余活动。四是组成编辑小组，挖掘苗族文化资源，收集材料，编写民族歌舞进课堂书籍，扩大知识面。总而言之，番省小学的双语教学尽管取得了较好的成绩，但也存在许多不足，我们将积极进取，以人为本，努力取得更加优异的成绩。

（2013 年 9 月 17 日，星期二，上午，剑河县民族中学）

我们在做民族文化教育过程中也遇到了一些问题，主要集中在教学方式、教育经费、学校师资等方面，特别是传统文化人才严重缺乏，目前还没有专门的培养机构。另外，在教学课时、学生家长是不是认同此类课程等方面也存在着问题。从学生方面讲，他们一般比较喜欢这种教育活动，但对于学生家长是否支持的问题，希望你们能多了解一些这方面的情况，并督促有关部门出台更有力的政策和措施，以便能促进我们的工作做得更好。

3. 缺少部门间紧密的协调与合作

做好民族文化的保护和传承工作，特别是在民族地区中小学通过设置民族文化类课程来对学生进行民族文化教育，政府各个部门必须要统一认识，相互协调，以形成合力，这样做，才能取得好的效果。笔者在与三都县民宗局领导访谈时深深地感受到了这一点。

（2013 年 9 月 25 日，星期三，上午，三都县民宗局）

从民族文化项目的拨款方面看，也有一个各部门之间要相互协调的问题。本来水族文化应该以我们三都水族自治县为主，但有时在下拨经费时却是平均分配到各个县，而在 12 个县市里，有水族分布的就只有四个。据我们了解，××县就存在着不知道如何使用这笔经费的问题，这种状况让我们感到难以理解和接受。为了做好水族文化教育的工作，我们就曾直接向省民委去申请资金，也确实得到过一些数额较小的项目资金，为此也受到过一些领导的批评。

经费使用方面，原来比较松散，现在对其的管理比较严了。目前我们县实行的是人头经费核算制度，我们办公室是没有任何办公资金的。在这种条件下，做好水族文化的收集和整理工作，主要靠大家对民族文化的热爱。我们到基层去开展民族文化收集工作就面临着没有资金的问题，很多具体工作就很难开展。对于这种情况你们应该比我们了解得更多。

这几年，不少专家向我们索要水族文化方面的资料，我们也就靠原来留下来的一些资料或利用周末时间去乡村了解，给有关高校和专家做一些基础研究工作。我们做这些工作，都是利用工作以外的时间去做的。

搞民族文化的确是冷门，一是没有经费，二是没有人支持，所以工作很难开展。

4. 存在对开设苗语课程的担忧

对于苗语课程，教师和学生有着不同的态度，大多数教师并不赞同开设苗语课。虽然很多教师理解和支持苗语的传承意义，也很希望能保护本民族的传统文化，但是在应试教育的现实状况下，他们也有自己的担忧。台江县番省小学、丹寨县扬武民族小学的部分教师和学生在接受我们访谈时谈到了这一问题。①

（2013 年 9 月 16 日，星期一，下午，台江县番省小学）

问：刚刚我问过几个学生，他们说，三年级的苗语课没有以前上得多了。

答：确实。

问：那为什么呢？

答：现在还上的话，可能会分散学生学习的精力，影响他们其他科目的成绩。

问：是不是可以说，目前还是要以考试课程为主？

答：那是肯定的啊！现在的社会，考试的分数高才有用啊！

（2013 年 9 月 18 日，星期三，下午，丹寨县扬武民族小学）

问：请问你们学校现在有苗语课吗？

答：有，但是进行的情况不是很理想。

问：是教师的原因，还是学校的原因？

答：都有吧。

问：都有？怎么讲？

答：学校和家长肯定希望考试成绩好，就行了。

问：那学生呢？

答：学生还行吧，不过苗语现在用得少了，长时间不用，学了也不

---

① 芮娴：《贵州学校教育中苗语的传承研究——以黔东南州为例》，硕士学位论文，中南民族大学，2014 年。

记得了。

在课后，笔者随机访谈了几个同学。一般来讲，大部分的学生对于学习苗语都是很有热情的，但是也有部分学生由于受到教师和家长的影响，认为学习苗语用处不大，在一定程度上影响到了他们学习苗语的热情。

（2013年9月16日，星期一，下午，台江县番省小学）

问：你们喜欢上苗语课吗？

学生A：喜欢。

问：为什么啊？

同学A：挺好玩的。

同学B：不用写作业。

同学C：有意思，老师教过的，我都会。

问：我刚刚问了高年级的同学，他们说好像后面苗语课就少了。

同学A：嗯。

问：你们也知道吗？

同学A：知道。我妈说这个在考试时不考，以后也没有什么用。

同学C：老师也说过，说只要学会说汉语，就行了。

问：你是怎么认为的？

同学B：我不知道，我妈没说，不过我会说普通话。

问：你会说普通话？

同学B：嗯。常用的，我都会讲。

问：那你觉得非要学两种语言吗？

同学B：我两种都会，多厉害啊！

问：那你平时说哪种语言？

同学B：还是讲普通话吧，不怎么说苗语。

5. 文化传承主体面临缺失危机

对文化传承主体的保护是非物质文化传承中的一个十分关键的问题。越来越多的学者认为，民族文化传承要从源头上抓起，重点要保护与发展传承的主体——掌握相关民族文化的艺人。但由于民族地区经济和社会发展相对缓慢，再加上现代教育等观念的影响，导致民族文化在现代社会中的生存空间变得越来越窄，了解民族文化的人越来越少，民族文化的创新能力更是日趋下降，对本民族文化渐渐陌生，也使得民族文化的传承主体严重缺失。在以前，几乎人人都会说本民族的语言，唱几首本民族的歌曲。但现在，取而代之的是普通话与现代流行歌曲。笔者在对台江县民族中等职业技术学校学生访谈时了解到了一些这方面的情况。①

（2013年9月19日，星期一，下午，台江县民族中学职业技术学校）
问：你们平时交流都说什么话？
答：普通话。
问：你知道苗语怎么说吗？
答：有些经常听老人说的，就知道，稍微复杂一点的，就不懂了。
问：你们现在还穿苗服吗？
答：很少，家里也就只有那么几套。
问：那一般什么时候穿啊？
答：过姊妹节、龙舟节时。而且，我们的苗服都是暂时租借的，我们自己没有，家里只有奶奶有（有学生插嘴）。
问：你们喜欢穿苗服吗？
答：（七嘴八舌）穿苗服不方便，大家都不穿（苗服），而且苗服穿起来很麻烦，所以不太喜欢。
问：你们家谁会做苗服？
答：外婆会做。

6. 课程设计缺乏多样性和针对性

为了了解贵州省民族地区中小学民族文化类地方课程和校本课程的教学现状，笔者随机选取民族地区中小学生进行了访谈，以了解此类课程在民族地区中小学开设的实际效果及他们对此类课程的期盼。②

---

① 陈凤阳：《中等职业技术教育中的民族文化传承研究——以贵州省台江县民族中等职业技术学校为个案》，硕士学位论文，中南民族大学，2015年。
② 芮娴：《贵州学校教育中苗语的传承研究——以黔东南州为例》，硕士学位论文，中南民族大学，2014年。

（2013 年 9 月 16 日，星期一，下午，台江县番省小学）

问：我刚刚在课堂上看到你好像不是很有热情，你不舒服吗？

答：不是，我不会。

问：没关系的。大家都不会，所以才要通过苗语来学习汉语啊。

答：我不会苗语。

问：为什么？

答：我不是苗族人，我是江西的，我家人在这里上班。

问：哦！那你觉得学习苗语难吗？

答：难！我听不懂苗语，但是我会汉语。我觉得我可以不上这个课。

问：为什么啊？

答：我会汉语啊！他们都不会，才学的。

问：你不想学苗语吗？

答：不想，我不是苗族人。

问：那你喜欢苗语吗？

答：以前没感觉，现在也不是十分喜欢。

问：为什么呢？

答：我上课时听不懂苗语，下课了，人家都在学汉语，我反而要学苗语。

除此之外，课程设置和安排上欠妥，也导致那些愿意学习苗语的学生不能继续学好苗语，从而不利于苗语的发展，也不能有效解决苗语人才后继无人的问题。笔者在与掌布中学学生访谈中了解到了这一情况。

（2013 年 9 月 22 日，星期日，下午，平塘县掌布中学）

问：我听到你好像一直在说苗语，你平常都说苗语吗？

答：嗯，说习惯了。

问：你喜欢苗语吗？

答：喜欢，我觉得很好听，而且现在除了我们村上自己说以外，很少有人在说了。

问：你觉得你有责任学好苗语吗？

答：有点吧。我是个苗族人，应该要说苗语的。

问：那你们初中还开设苗语课吗？

答：没开，小学三年级之后就没有开了。

问：可惜吗？

答：挺可惜的。

问：除了你，还有人想学吗？

答：应该有吧，我的很多同学平时都讲苗语。

从课程的开设和安排上可以看到苗语课程占有一定比重，但是通过与学生的实际交流得知，虽然在课表上对苗语课有明确的安排，但是由于三年级大多数学生都已经掌握了汉语，苗语课也就基本上让位给了语文、数学等主要科目，很少再上了。

（2013 年 9 月 16 日，星期一，下午，台江县番省小学）

问：请问你们的苗语课还在上吗？

答：很少上。

问：那上什么课？

答：语文课、数学课居多，也会用来写作业。

问：一节都没上过？

答：上过几次吧。

问：上过几次？

答：嗯……就是有时候有人来检查、参观的时候会上。

问：一、二年级上吗？

答：一年级上得多，因为都不会说汉语。二年级后半学期就慢慢少了，现在基本没了。

问：就因为都会说汉语了吗？

答：嗯，都会了，就没有再上了。

三　案例：文化特色成就学校发展

2013 年 9 月 19 日，笔者一行来到台江县民族中等职业技术学校，在看过民族舞课堂后，对该校领导和教师进行了访谈，亲自感受到了民族文化教育给该校带来的根本性变化，他们对教育教学工作的探索和创新，给笔者留下了深刻的印象。

（2013 年 9 月 19 日，星期一，下午，台江县民族中等职业技术学校）

访问者：我们这次来主要是想了解一下贵校民族文化类课程教学的一些情况，特别想了解具体实施的过程，希望能够了解通过民族文化类课堂教学，学校教育对民族文化传承的特殊作用和意义，以及学生和家长对此类课程开设的一些态度。这方面的研究工作我们之前也做过，但对课程的整个教学过程不是很了解。

被访者：我们学校从 1996 年就开始开展民族文化教育了，可以说是全省最早的。2002 年，贵州省民委和教育厅才下发了文件，要求民族文化走进课堂。全省的其他学校主要就是在这个文件下发以后才开始开展民族文化教育的，所以我们学校走在了贵州省的前面。对我们来说，当时如何开展这项工作确实是一个新的问题。我们认为：民族文化教育和其他的教育知识、教育技能传授一样，都存在一个共性和个性的问题。作为教育者，在传授知识时必须根据我们的教育对象实施不同的教学内容，采取不同的教学方法才能达到我们预期的目的。民族文化教育没有现成的模式可以借鉴。没有教师，没有教材，在内容上和方法上都需要探讨和研究。

访问者：能谈一下学校民族文化教育的具体做法吗？

被访者：我们主要是找准三个点：第一，找准切入点。解决怎样开展的问题。第二，找准具体内容。解决以什么内容进行教学的问题。第三，找准方法。解决以什么形式开展的问题。

首先是找准切入点。根据课程和民族文化体现的特点，找准切入点。我们采取了三种路径：第一，特意安排课程、课时进行。第二，把民族文化渗透到具有相似或者相同特点的学科去进行教学。比如渗透到体育、美术、音乐等课程当中去，还有政治、地理等公共文化课。第三，安排到课外活动中进行。

1996 年我们就开设了专门的专业进行教学，比如民族音乐。专业班的教学和普通班的教学不一样，前者是具有专业性质的。今天你们看到的那个班就是专业班，专业班就上专门的课程，有课表、课程安排等。还有一个班是普通班，如剪纸、幼师、学前教育等专业，注重将民族文化教育融入其中。

其次是找准具体内容。台江县民族文化底蕴比较浓厚，它是一个经济不发达的地区，但它的民族文化保存得比较完整，体现得比较充分，所以我们对它进行了总结，共包括9个方面。第一，以苗族古歌为代表的苗族历史文化。古歌像史书一样，讲述了苗族的故事。第二，以鼓藏节为代表的原始宗教文化，13年一次。第三，以服饰为代表的审美文化。在我们台江，服饰特别多，有各种各样的苗族，它的服饰起码有10多种，各个地方的服饰都不一样。第四，以银饰加工、刺绣、织锦、剪纸等为代表的民族工艺文化。第五，以苗族歌舞为代表的艺术文化。第六，以姊妹节、独木龙舟节为代表的节日文化。第七，以森林、万亩草场、梯田、河峪为代表的生态文化。第八，以独特的吊脚楼为代表的建筑文化。第九，以姊妹饭、酸汤菜、酸汤鱼、鲊辣菜为代表的苗族饮食文化。所以，在教学过程中就按照以上9种文化内容来进行传授。

最后就是找准方法。民族文化的教学形式是比较多的，主要是在实践中学习，上升为理论再到实践的过程，不断地改进和完善。所以，不同的专业适用不同的教学方法，内容不同，实践方法途径都不一样。应坚持普及与提高结合、课内与课外结合、校内与校外结合、理论和实践结合的原则。此外，还有许多灵活多样的方法，我们主要提倡能者为师，生动活泼，发挥教师的指导和学生的主体作用。我们有些教师的知识点不是很全面，没有经过系统的学习，有些是从单位上调来的，甚至有些学生在某一个方面还要强于老师，所以能者为师，学生也可以当教师。此外，我们在教学当中注重实践，提高技能。我们的节日比较多，所有的节日，学生都会参加。我们将"走出去"与"请进来"相结合，如06级音舞班学生刚进校不久，就被保定市狼牙山旅游区邀请去进行三个月的民族歌舞表演。我们还聘请民间老艺人来学校任教，他们虽然不是教师，但他们都是大师，比如刺绣大师、剪纸大师等，还有一些国家级非物质文化的传承人。另外，我们也会根据需要灵活安排，弹性教学，刚才我说到的到外面去实习，如参加艺术节等，虽然我们有课表，有教学计划，但是若有需要，我们就在时间上做一下调整。对于现代教学手段和教学资源，我们也给予了充分利用。

访问者：你们在民族文化教育方面的主要经验有哪些？

被访者：要做好民族文化教育工作，第一，要注意两个结合。首先，就是把民族文化教育的一般普及与专业人才培养相结合，人才缺乏是开展民族文化教育面临的困难之一。我们要培养自己用得上、留得住的专业乡土人才。我校开设民族民间文化专业，使学生在初中的基础上由普及化向专业化、高品位方向发展，使其毕业后就能发挥重要作用。其次，是把民族文化教育与地方旅游开发结合起来。要让学生有兴趣学习，做到学以致用，否则，他今后就无法谋生。所以，民族文化怎样传承？我们提出了一个生产性传承问题。因为只传承而没有收入，不行。第二，民族文化进课堂的内容要有选择性。因为在民族民间文化里面也有一些不健康的内容，我们要去其糟粕，取其精华，不是一概予以接受或封杀。第三，处理好继承和创新的关系。你们刚才看到的舞蹈，它的基本动作就是木鼓舞动作。如果是按照原生态的木鼓舞，它适合老百姓在广场上跳，如果到舞台上进行表演的话，那就不再适合。所以我们进行了加工处理，既要知道原汁原味的跳法，有哪几个步骤，又要知道如何在原有的基础上有所创新。我们传承民族文化，原生态的东西要保留，不能脱离原本，但是也要有创新，创新才能有发展。

访问者：你们工作中遇到了哪些困难，又是如何解决的？

被访者：我校的民族文化教育也遇到了几个比较大的困难。第一，就是怎样教的问题。这个问题刚才我已经说过了。第二，就是教师的问题。县里出台了很多的优惠政策，比如我们学校想要的教师，只要其他单位有，他本人又愿意来，县里就马上下文，把他调过来。当然，学校待遇比较低，愿意到学校来工作的也不多，主要还是要靠自己培养。我们在培养教师过程中也采取了许多措施，师资困难主要表现在两个方面：不但在数量上要确保，在质量上也要提高。在师资来源方面，一是招聘结合。在招的方面，除了院校毕业生外，县里有特殊政策，有特长的，我们去申请，可以调动。在聘的方面，我们聘请老文化传承人到我们学校来上课。二是专兼结合。既有专职的教师，又有兼职的教师，比如县文联主席等。三是转、改、调。对那些民族民间文化教育有爱好、有功底的教师，改变他原来的岗位，转过来担任民族民间文化教育工作。将一些相近学科教师及爱好者经参加培训以后转为民族民间文化教育教师。学校将那些确有发展前途的教师送出去培训，回来后继续任教。此外，为了提高教师素质和质量，主要采取了以下措施：一是结对子。传帮带，两个老师，一人带2—3人，互相学习。二是压担子。给教师分配任务，让他们在实践中、困难中磨炼成长，自我完善。三是搭台子。学校创造环境和条件，让教师有锻炼和展示的机会，促进教师的发展。第三，就是资金困难的问题。我们主要是将教育推入市场，实行以教养教。我做了个统计，截至2009年，通过我校学生外出演出，学校和学生累计收入已达30多万元。学校被列为贵州省第一批民族民间文化项目学校后，省民宗委每年拨给学校2—5万元的专款。2013年，学校获得国家职业学校骨干专业和特色专业专项款50万元，解决了服饰方面、设备方面的困难。我们目前不仅只是教学，还办有几个传承基地，让学生亲自看到他们能够创造价值，他们才能有兴趣，也才能够持续发展。目前我们学校对于音乐、舞蹈专业方面的设备投入已达400多万元，学校教学资金紧张的问题已基本得到了解决。

访问者：谈一下学校这些年所取得的成绩吧。

被访者：一点成绩是微不足道的，主要有以下几个方面：第一，我们培养了大批的教师，民族民间文化教师从无到有，从有到优，带动了全县的民族文化走进课堂工作的开展，我们学校是一个典型，在全州来说还是比较有名气的，所以我们打造了一个招得来、留得住、用得上、质量比较高的民族民间文化教师队伍。第二，民族民间文化教育使学校办学充满了活力，取得了可喜的成效。我们学校是在什么情况下才开设民族文化类专业的呢？当时我们学校只有60多个学生，而我们学校的教师也有60多个，就好像是在带研究生。在当时全国职校大滑坡的背景下，学校很难办下去。那时我们就给了学校一个定位：我们办学必须要根据自己的资源，根据自己的实际情况，办出特色，才有希望。正是在这种情况下，我们创立了民族音乐与舞蹈这个专业。那时候这个专业非常红火，我经常带领学生出去演出，收入非常可观，学校也由此慢慢走出了低谷。现在这个专业也成为学校办学的一个特色和品牌，受到省级重点职校评估专家的一致好评。国外相关的组织和机构及国内相关机构领导等都到我们学校进行过考察或指导民族文化教育工作。另外，还有10余所职业中专到我们学校来参观学习。第三，学生素质实现了全面发展，教学质量得到进一步提高。职校的学生大多数思想觉悟较低，文化基础较差。所以，在普通班渗透民族文化教育，用民族文化来教育他们，开展活动促进他们健康发展，也是比较好的途径。一是为高等院校输送了大批的人才，我们学校的学生有些考进了高等院校；二是为黔东南各县的艺术团输送了大批的人才；三是促进了我们县旅游事业的发展，对开办一些农家乐等发挥了重要作用。我校民族音舞班学生欧娟考入了贵州民族大学，现在留校成为一名民族民间文化教师，专门教苗歌。还有民族音舞班的杨贤，从贵州师范大学毕业后，现也在我们学校任教，在刚刚举办的市声乐大赛中他获得了特等奖。我校学生也多次参加国家级歌舞大赛，曾荣获第十二届全国青年歌手大奖赛第七名的好成绩。在第八届、第十届中国民间文化"山花奖"展演中分获优秀奖和金奖。获得其他各种个人和集体奖50余个。第四，校本教材逐步走向成熟。我们编写了有一定实用价值的民族文化教育系列教材，如《芦笙吹奏法》《台江苗族音乐》等。我校今后的设想：一是进一步明确学校定位，就是在"走传承创新之路，办特色职校"的思路下，扩大特色专业，即在继续办好民族音乐与舞蹈专业外，准备新开办传统民族工艺专业，以增强教学特色、提升质量。二是围绕我县创建生态文化旅游县的经济建设战略，继续争取建设一个民族文化教育教学、传承保护、旅游参观一体化的教学实训基地，成为苗族文化的大本营。如苗族原生态银饰是怎样的，苗族银饰加工现在发展的情况如何等。就像景德镇那样，从最古老开始，到丝绸之路，一直发展到现在高科技的煅烧，将发展的整个过程反映出来。我们正在计划开展反映苗族文化整个历程的工作。

访问者：现在学校的老师都是自己培养的，还是从外面毕业分配过来的呢？

被访者：自己培养的占多数，自己培养的才稳定，否则，流动性太大。

访问者：自己培养的，毕业后就留校任教，还得去进修吗？

被访者：去读大专院校，然后再回来。有一些我们直接到社会上去招考。

访问者：我们对学校走特色办学之路，使学校重新焕发办学生机方面很感兴趣，请再谈一下这方面的情况吧。

被访者：我们学校的前身是台江县师范与农中，职业教育起步于20世纪80年代中期，1995年学校被贵州省教育厅评为首批"省级重点职校"，1996年以音乐舞蹈、手工艺专业为主的课程被取消，转而以计算机、电子维修为主。随着经济社会的发展，中职院校都已不能适应社会发展的需要，纷纷倒闭，2000年我校被省教育厅摘去了"省级重点职校"的牌子。

为了寻找新的生存空间，学校另辟蹊径，2003年开始组建民族音乐与舞蹈专业，相继又开办了苗族刺绣与剪纸、民族导游等专业。以当地原有的苗族文化为载体形成现代技术与民族文化结合的教育模式，打破了中职院校趋同的局面，在当地站稳了脚跟，2007 年获得"民族文化教育项目学校"称号。我们秉持着"技术为主，文化为辅"的教育特色实现了职校转型，才有了今天的成就。

民族文化教育使学校焕发新的活力。

学校生源逐年增长。刚开始建立职校的时候，规模还很小，而且我们是县级城市，很多家长宁愿把孩子送到市里面去读大一点的、设施好一点的学校，也不愿意来这里读书，因为办学条件有限，学生到市里能学到更多的东西。但我校将民族文化教育与技术教育结合后，情况发生了改变。第一年，我们开办的苗族舞蹈班就受到很多学生的欢迎，很多家长把孩子送到这个学校时就点名要进这个班。我们请的老师都是民间艺人，舞蹈方面很有民族特色，这就与其他职校区分开来了。从 2006 年至 2012 年在校学生人数一直呈直线上升，在籍学生从 588 人增加到 1355 人，已经增长了 2 倍，成人教育 486 人，平均就业率达 95% 以上。

学校校舍面积发生了很大变化。学校占地面积 2012 年比 2006 年增长了 2.5 倍，且都是逐年增长，建筑面积增长了约 2.6 倍。学校面积的增长是学校规模扩大、发展成熟的标志。

学校教师质量、数量发生了变化。开始建校时只有十几名专职教师，2006 年专任教师达到 60 人，目前，专任教师 72 人，另有外聘教师 11 人。对于我们这样的县级中职学校来说已经是不错的规模了，和刚建校那时比已经翻了好几倍。实习教师，多是本校毕业的优秀学生，专职教师是当地或外省引进的优秀师范生，外聘教师是从 2006 年才开始招进的，主要负责民族文化工作，有的是民间艺人，有的是民族院校对民族文化有兴趣与爱好的教师。

我们尝到了民族文化这个品牌带来的甜头。近年来，学校根据社会发展的需要和中等职业教育发展的趋势，以台江县独有的苗族原生态民族民间文化和得天独厚的苗族文化旅游资源为优势，紧紧围绕县委、县政府打造"苗疆生态旅游县"的发展为目标，面向市场，改变发展模式，积极探索职业教育与民族文化、职业教育与民族企业、职业教育与生态旅游有机结合的新型之路。虽然现在的情况好于过去，但依旧会遇到某些困难。如我们县的人口不多，仅 14 万，所以生源也比较少。在这种情况下我们更应突出学校的办学特色，才能使学校今后的路子越走越宽。

访问者：这样路走得好！至少让学校走出了发展的困境。随着青少年的成长环境和社会生活的变化，他们的对传统文化的认识也发生了的变化，少数民族文化在现代化发展过程中，影响的范围越来越小，学校在这些方面应该做更多的工作。我们从你们学校的发展过程中看到，特色办学不但使学校重新站了起来，扩大了影响，而且也使民族文化得到了保护和传承。民族文化有着悠久的历史和顽强的生命力，传承至现在，必然有它存在的条件和存在的价值。对于民族文化的传承，学校在其中起着重要的作用。我们觉得您讲的一些学校发展的经验和教训，包括学校发展的过程，很值得总结和推广。

被访者：其实原来家长认识也是不到位的，有很多顾虑。开始我带学生出去的时候，家长也不愿意，总是觉得外面非常乱，带出去的学生中有一半是女生，不放心。

访问者：普通的中小学，一般把民族文化教育作为校本课程或者地方课程来开设，所占比例相对比较小。你们学校要求比较高，比较专业，您刚才谈到的把专业教学和普通教学相结合，这也是很多学校今后走出困境的一个途径。

被访者：学生就业情况反映了学校办学的质量。学生能够正常就业而且收入不菲，说明书就没有白念，这里涉及了一个家庭教育成本的问题。相比较之下，很多高校在这方面则显得很落后，一直是原来那一套，办学水平主要取决于老师的水平，高校在这方面确实值得反思。

访问者：民族文化传承要与学生今后发展的需要结合起来，才会保持旺盛的生命力。

被访者：是的。从长远看，民族文化教育要实现生产性发展，否则，只讲传承，没有工作，找不到饭吃，谁还去做。国家不可能总是拨款来保证民族文化的传承，就像银饰制作，你就要学会打造各种各样的银饰品，之后，就可以凭此技术去谋生，同时也把这个文化传承了下来。

第二节　问卷研究

一　学生问卷调查

为了了解贵州省民族地区学校民族文化类地方课程和校本课程的教

学现状，研究人员使用自行设计的问卷，选取贵州省松桃县盘信民族中学和平塘县掌布中学学生为样本进行了问卷调查，并使用 SPSS18.0 对问卷数据进行了整理和分析。①

（一）研究的设计和实施

1. 调查的着眼点和主要问题

对民族地区民族文化课程教学现状进行调查和评估，是一个复杂的过程。它涉及校园课程文化、学校管理者、教师和学生等几个变量。而学生又是影响民族文化课程教学最主要的因素之一。单纯依靠一些已有的简单的数据是不能掌握现状和做出评价的，只有全面和深入地进行调查，获取第一手资料，才能对民族地区民族文化课程教学现状进行科学合理的分析和评价。为此，研究人员把视野转向民族地区学校的学生，将他们列为调查研究的主要对象。调查内容包括学生对民族文化课程教学的态度、满意程度和建议等方面。通过对这些问题的调查，了解民族地区民族文化课程教学现存的问题和困难，并由此找到解决的方法。

问卷在设计问题时，除了设计有"本人基本信息"外，还设计了 14 个题目，其中 13 个为封闭式题目，1 个为开放式题目。主要题目为：

（1）你认为学校在传承民族文化中所起作用的程度如何？

A. 很重要　　　　B. 一般重要　　　　C. 不重要

（2）你认为学校开设民族文化课程（非传统课程）是否有必要？

A. 很有必要　　　　B. 有一定必要　　　　C. 没有必要

（3）你对学校所开设的民族文化课程是否有兴趣？

A. 很有兴趣　　　　B. 有点兴趣　　　　C. 完全没兴趣

（4）你认为学校开设民族文化课程是否影响你对本民族的认识？

A. 有深刻影响　　　B. 有一定影响　　　C. 没有影响

（5）你认为学好民族文化课程对今后升学有何影响？

A. 积极影响　　　　B. 消极影响　　　　C. 无影响

（6）你的家人对于学校开设民族文化课程的态度如何？

A. 理解并表示支持　　B. 无所谓　　　　C. 反对

---

① 孟立军、吴斐、江瑛：《贵州民族地区学生对民族文化类课程态度的抽样调查》，《四川民族学院学报》2014 年第 5 期。

（7）你认为目前学校开设的民族文化课程难易程度如何？

A. 过难　　　　　　B. 难度合适　　　　　C. 较容易

（8）你对本校民族文化课程使用的教材是否满意？

A. 很满意　　　　　B. 一般　　　　　　　C. 不太满意

（9）你对本校讲授民族文化课程的教师的教学水平及方法是否满意？

A. 非常满意　　　　B. 一般　　　　　　　C. 不太满意

（10）你认为目前学校开设的民族文化课程在整个课程中所占比重如何？

A. 过大　　　　　　B. 正好　　　　　　　C. 过小

（11）你认为学习民族文化课程是否增加了你的学业负担？

A. 是的　　　　　　B. 有一点　　　　　　C. 完全没有

（12）你认为民族文化课程应该如何设置？

A. 一周1—2节　　B. 一周3—4节　　C. 一周5—6节

（13）你认为学校应该开设什么类型的民族文化课程？（可多选）

A. 语言文字　　　　B. 歌舞　　　　　C. 美术工艺　　　　D. 体育

（14）你对学校开设民族文化课程有何建议？

2. 调查的范围和抽样设计

为了保证调查的信度，在开展田野调查之前，研究人员对于调查的地区和学校进行了筛选。由于调查的目的是为了掌握民族地区民族文化课程教学的现状，在调查区域确定上，必须是具备"民族文化进校园"的条件且基础较好的民族地区。因而，研究人员选取贵州省铜仁市、黔东南州和黔南州作为调查研究地区，对于学校的选择也充分考虑到了样本所具有的典型性和代表性。

3. 调查的方法与实施情况

调查通过问卷和访谈的形式进行，并辅以录音、录像等现代技术保存和记录调查资料。研究人员参考相关资料自行设计了调查问卷，内容涵盖民族文化课程开设的必要性、实施满意程度和具体建议等。

此次调查共发放问卷209份，回收有效问卷184份。其中按学生性别区分，男生为97人，女生87人；按学生民族成分区分，布依族学生96人，苗族学生54人，汉族学生32人，侗族学生和毛南族学生各1人；按学生年龄区分，最大的18岁，最小的13岁，平均年龄为15.27岁；按学生年级区分，八年级 112 人，九年级 72 人。

（二）研究的结果与分析

（1）你认为学校在传承民族文化中所起作用的程度如何？

调查结果显示：大多数学生对于学校在传承民族文化中所起到的作用，认为很重要的学生多达 154 人（占学生总数的 83.70%），其中男生 78 人，女生 76 人（见表 5-1）。

表 5-1　　　　　　　　　学生问卷题目（1）调查结果

	选择次数（N = 184）			所占百分比（%）
	小计	男	女	
很重要	154	78	76	83.70
一般重要	29	18	11	15.76
不重要	1	1	0	0.54

（2）你认为学校开设民族文化课程（非传统课程）是否有必要？

调查结果显示：选择有一定必要的人数最多，为 102 人（占学生总数的 55.44%），其中男生 51 人，女生 51。认为很有必要的人数为 81 人（占学生总数的 44.02%），其中男生 45 人，女生 36 人。认为没有必要的 1 人（占学生总数的 0.54%），其中男生 1 人，女生 0 人。（见图 5-1）

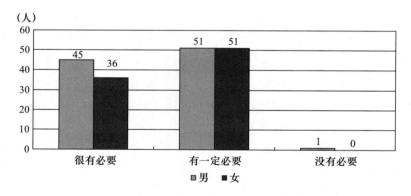

图 5-1　学生问卷题目（2）调查结果

（3）你对学校所开设的民族文化课程是否有兴趣？

绝大多数学生对此很有兴趣，选择该项同学有 124 人（占学生总数的 67.39%），其中男生 54 人（占男生总数的 55.67%），女生 70 人（占女生总数的 80.46%）。本项男女生比较具有统计学意义：$\chi^2 = 12.845$，$P = 0.002$，卡方检验结果表明对于民族文化课感兴趣的女生显著高于男生（见表 5 – 2）。有点兴趣的为 56 人（占学生总数的 30.44%），其中男生 40 人，女生 16 人。完全没兴趣的学生较少，为 4 人（占学生总数的 2.17%），其中男生 3 人，女生 1 人。（见图 5 – 2、表 5 – 2）

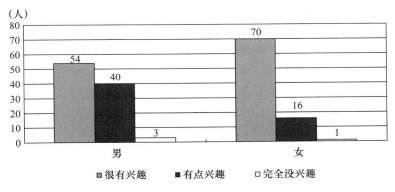

图 5 – 2　学生问卷题目（3）调查结果

表 5 – 2　　　　　　对学校所开设的民族文化课程是否有兴趣的
性别比较卡方检验

	值	df	渐进 Sig.（双侧）
Pearson 卡方	12.845	2	0.002
似然比	13.199	2	0.001
线性和线性组合	12.059	1	0.001
有效案例中的 N	184		

（4）你认为学校开设民族文化课程是否影响你对本民族的认识？

调查结果显示：认为有一定影响的学生比例最大，为 76 人（占学生总数的 41.30%），其中男生 42 人，女生 34 人。认为有深刻影响的有 56 人（占学生总数的 30.44%），其中男生 29 人，女生 27 人。认为没有影响的有 52 人（占学生总数的 28.26%），其中男生 26 人，女生 26 人（见图 5 – 3）。

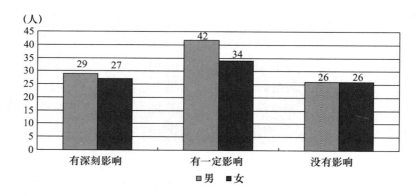

图5-3　学生问卷题目（4）调查结果

（5）你认为学好民族文化课程对今后升学有何影响？

调查结果显示：有127人（占学生总数的69.02%）认为学好民族文化课程对今后升学有积极影响，其中男生63人，女生64人，说明他们对此持肯定的态度。认为有消极影响的有12人（占学生总数的6.52%），其中男生女生各6人。认为无影响的有45人（占学生总数的24.46%），其中男生28人，女生17人（见图5-4）。

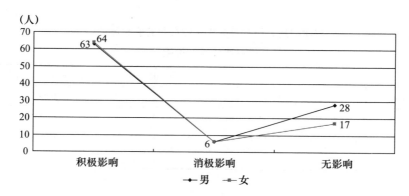

图5-4　学生问卷题目（5）调查结果

（6）你的家人对于学校开设民族文化课程的态度如何？

调查结果显示：理解并表示支持的人数为165人（占学生总数的89.67%），表明绝大多数家长对于学校开设民族文化课程的态度是开明的（见图5-5）。从学生性别来看，其中男生82人（占男生总数的

84.54%），女83人（占女生总数的95.40%）。卡方检验结果表明女生家庭对民族文化课的理解与支持率显著高于男生家庭。本项男女生比较：$\chi^2 = 5.848$，$P = 0.016$（见表5-3）。

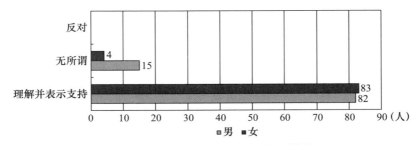

图5-5　学生问卷题目（6）调查结果

表5-3　男女生家人对于学校开设民族文化课程的态度差异卡方检验

	值	df	渐进 Sig.（双侧）	精确 Sig.（双侧）	精确 Sig.（单侧）
Pearson 卡方	5.848	1	0.016		
连续校正	4.734	1	0.030		
似然比	6.245	1	0.012		
Fisher 的精确检验				0.016	0.013
线性和线性组合	5.816	1	0.016		
有效案例中的 N	184				

（7）你认为目前学校开设的民族文化课程难易程度如何？

从图5-6中可以看出，认为民族文化课程难度合适的有129人（占学生总数的70.11%），其中男生62人（占男生总数的63.92%），女生67人（占女生总数的77.01%）。认为较容易的学生为46人（占学生总数的25.00%），其中男生28人（占男生总数的28.87%），女生18人（占女生总数的20.69%）。认为过难的仅有9人（占学生总数的4.89%），其中男生7人（占男生总数的7.22%），女生2人（占女生总数的2.30%）。本项男女生比较：$\chi^2 = 7.144$，$P = 0.028$。表明对民族文化课程难度合适的认同率女生显著高于男生，而对该课程过难或较容易的认同率则男生（7.22%，28.87%）显著高于女生（2.30%，20.69%）（见表5-4）。

表5-4　　男女生对学校开设民族文化课程难易程度的看法卡方检验

	值	df	渐进 Sig. （双侧）
Pearson 卡方	7.144	2	0.028
似然比	7.356	2	0.025
线性和线性组合	1.025	1	0.311
有效案例中的 N	184		

（8）你对本校民族文化课程使用的教材是否满意？

调查结果显示：有92人（占学生总数的50.00%）选择了一般，其中男生55人，女生37人。选择很满意的学生为82人（占学生总数的44.57%），其中男生38人，女生44人。还有10人（占学生总数的5.44%）对本校民族文化课程使用的教材不太满意，其中男生4人，女生6人（见图5-6）。

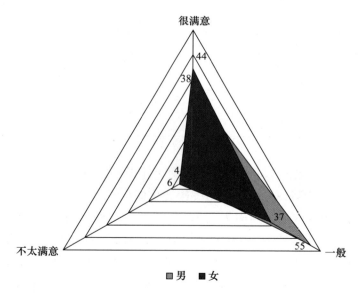

图5-6　学生问卷题目（8）调查结果

（9）你对本校讲授民族文化课程的教师的教学水平及方法是否满意？

　　调查结果显示：有 104 人（占学生总数的 56.52%）对本校讲授民族文化课程的教师的教学水平及方法非常满意，其中男生 49 人，女生 55人。有 72 人（占学生总数的 39.13%）认为一般，其中男生 42 人，女生30 人。其余 8 人（占学生总数的 4.35%）则表示不太满意，其中男生 6人，女生 2 人（见图 5 −7）。

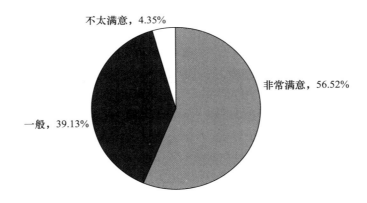

图 5 −7　学生问卷题目（9）调查结果

　　（10）你认为目前学校开设的民族文化课程在整个课程中所占比重如何？

　　调查结果显示：有 137 人（占学生总数的 74.46%，其中男生 72 人，女生 65 人）认为目前学校开设的民族文化课程在整个课程中所占比重正好；有 43 人（占学生总数的 23.37%，其中男生 24 人，女生 19 人）认为所占比重过小；有 4 人（占学生总数的 2.17%，其中男生 1 人，女生 3人）则认为所占比重过大（见图 5 −8）。

　　（11）你认为学习民族文化课程是否增加了你的学业负担？

　　调查结果显示：有 15 人（占学生总数的 8.15%，其中男生 8 人，女生 7 人）认为学习民族文化课程确实增加了他们的学业负担。有 85 人（占学生总数的 46.20%，其中男生 51 人，女生 34 人）认为有一点。有84 人（占学生总数的 45.65%，其中男生 38 人，女生 46 人）认为完全没有增加他们的学业负担（见图 5 −9）。

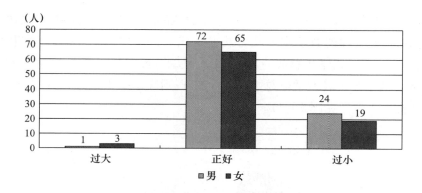

图 5-8 学生问卷题目 (10) 调查结果

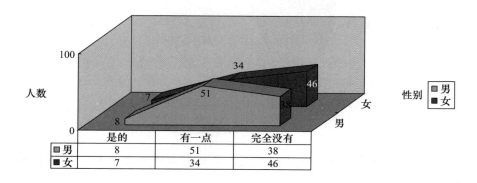

图 5-9 学生问卷题目 (11) 调查结果

（12）你认为民族文化课程应该如何设置？

调查结果显示：有 55.98% 的学生（共 103 人，其中男生 51 人，女生 52 人）认为民族文化课程应该一周开设 1—2 节；有 34.24% 的学生（共 63 人，其中男生 38 人，女生 25 人）认为一周应当开设 3—4 节；有 9.78% 学生（共 18 人，其中男生 8 人，女生 10 人）认为一周应当开设 5—6 节（见图 5-10）。

（13）你认为学校应该开设什么类型的民族文化课程？

这是一个多选题目，调查结果显示：认为学校最应该开设的民族文化课程是歌舞（占学生总数的 78.80%，共 145 人，其中男生 73 人，女生 72 人）；其余依次为美术工艺（占学生总数的 69.02%，共 127 人，其中男生 67 人，女生 60 人）、语言文字（占学生总数的 60.50%，共 115

人，其中男生 64 人，女生 51 人）、体育（占学生总数的 39.13%，共 72
人，其中男生 45 人，女生 27 人）（见图 5 – 11）。卡方检验结果表明开设
体育课程的期望率男生显著高于女生。本项男女生比较：$\chi^2 = 4.541$，
$P = 0.036$（见表 5 – 5）。

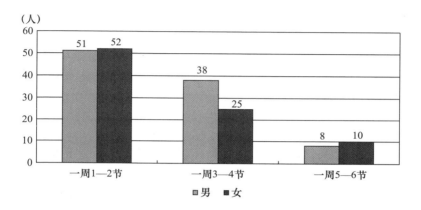

图 5 – 10　学生问卷题目（12）调查结果

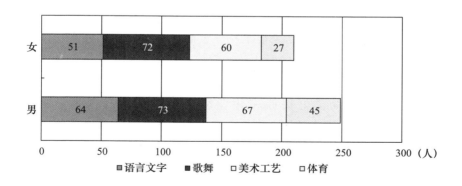

图 5 – 11　学生问卷题目（13）调查结果

（14）你对学校开设民族文化课程有何建议？

调查结果显示：184 人共提出建议 153 条，其中男生建议数 78 条，
女生为 75 条。建议中希望多开设民族文化课程的建议次数最多，高达 14
次。其他建议包括多发展歌舞，多教歌舞，多举办活动等。

表 5 – 5 认为学校应该开设什么类型的民族
文化课程的性别比较卡方检验

	值	df	渐进 Sig.（双侧）	精确 Sig.（双侧）	精确 Sig.（单侧）
Pearson 卡方	4.541	1	0.033		
连续校正	3.919	1	0.048		
似然比	4.576	1	0.032		
Fisher 的精确检验				0.036	0.024
线性和线性组合	4.517	1	0.034		
有效案例中的 N	184				

（三）研究的主要结论

调查结论显示：民族地区学生对民族文化课程的教学普遍持积极态度；尽管现状和学生的诉求之间还存在着一定的差距，但还是得到了绝大多数学生的肯定。针对民族文化课程开设过程中存在的问题，有关部门应高度重视，加大经费投入，进一步提高此类课程的教学质量。

1. 对民族文化课程的开设普遍持积极态度

问卷的第 1 题至第 6 题主要用来测试学生对开设民族文化课程（非传统课程）的态度。研究结果显示：一方面学生对开设民族文化课程持积极态度，其中有 83.70% 的学生认为学校在传承民族文化中起着很重要的作用；有 67.39% 的学生对学校开设的民族文化课程很有兴趣；有 69.02% 的学生认为学好民族文化课程对今后升学有积极影响；有 89.67% 的学生认为家人理解并支持学校开设民族文化课程。而另一方面也反映出学生还没有完全意识到民族文化课程开设的必要性，其中只有 44.02% 的学生认为很有必要在学校开设民族文化课程。据此学校和社会应当在学生中加强民族文化课程重要性的教育和强化他们的实际体验。

2. 对民族文化课程教学基本满意

问卷的第 7 题至第 11 题主要用来测试学生对民族文化课程教学的满意程度。调查结果显示，学生对此基本满意，如第 9 题有 56.52% 的同学对本校讲授民族文化课程的教师的教学水平及方法非常满意，这是难能可贵的一点。但在教学实践中还存在不少问题。如第 8 题，有 50.00% 的学生认为本校民族文化课程使用的教材一般，这就要求民族文化课程教材编写和出版机构要切实提高教材的质量，以提高学生满意程度。此外，第 11 题，有 46.20% 的学生认为学习民族文化课程增加了他们的学业负担，这也要求学校要合理安排，处理好民族文化课程和传统课程的关系。

3. 对民族文化课程的态度和需求存在性别差异

第 3 题、第 6 题、第 7 题和第 13 题卡方检验的结果表明民族文化课程的需求存在性别差异。在民族文化课程的兴趣和女生家庭对民族文化课程的理解与支持率上，女生极显著高于男生；对民族文化课程难度合适的认同率女生也显著高于男生；而对此类课程过难或较容易的认同率则男生显著高于女生；男生对开设体育课程的期望率也显著高于女生。这可能是由于处于青春期的男女性格上的差异导致了他们对民族文化课程的态度和需求不尽相同。此外，对民族文化课程的态度和需求在所调查的汉族、苗族和布依族之间也存在差异。

总之，此次调查结果表明，民族地区学生普遍认识到了在学校开设民族文化课程的重要性和必要性，并对此表示赞同，这就为民族文化课程教学和民族文化在学校的传承工作提供了良好的环境条件和基础保障。从民族文化课程教学效果和满意度来看，尽管在教材、课时、课程设置方面还存在着诸多不足，实施的现状与学生们的实际诉求还存在着一定差距，但实际效果还是得到了大多数学生的肯定。有关部门应高度重视此项工作，继续加大经费投入，给予政策扶持，改善民族地区学校民族文化课程的教学现状，更好地发挥此类课程在保护和传承民族文化和培养学生中的作用。

二　教师问卷调查

为了了解贵州省民族地区学校民族文化类地方课程和校本课程建设和教学状况，以及民族地区学校教师对开设民族文化类地方课程和校本课程的教学态度，研究人员使用自行设计的问卷，选取贵州省松桃县盘信民族中学、台江县民族中学、平塘县掌布中学、凯里学院、凯里市旁海小学的教师为样本进行了问卷调查，并使用 SPSS18.0 对数据进行了整理和分析。

（一）研究的设计和实施

1. 研究对象与目的

民族文化课程教学是"弘扬民族文化"最有效的手段之一，而教师的教学又是影响其教学效果最主要的因素之一，如果教师对此持有积极的态度，就会提高民族文化课程教学的质量，并促进民族文化传承。单纯依靠一些已有的简单的数据是不能掌握现状和做出评价的，只有全面且深入地进行调查，获取第一手资料，才能对民族地区民族文化课程教学现状进行科学合理的分析和评价。因此，本研究以民族地区教师为调查对象，目的在于掌握他们对民族文化课程教学的态度、满意程度和建议等情况。并通过对这些情况的调查，及时了解民族地区民族文化课程教学存在的主要问题，进而找到解决的方法。

问卷在设计问题时，除了设计有"本人基本信息"外，主要设计了15个题目，其中14个为封闭式题目，1个为开放式题目。主要题目为：

（1）您认为学校在传承民族文化中所起作用的程度如何？

　　A. 很重要　　　　　　 B. 一般重要　　　　　 C. 不重要

（2）您认为学校设置民族文化课程的主要作用体现在哪些方面？（可多选）

　　A. 弘扬民族文化　　　 B. 认同民族文化　　　 C. 提高学生能力

（3）您认为学校开设民族文化课程（非传统课程）是否有必要？

　　A. 很有必要　　　　　 B. 有一定必要　　　　 C. 没有必要

（4）您认为学生对民族文化课程是否有兴趣？

　　A. 很有兴趣　　　　　 B. 有点兴趣　　　　　 C. 完全没兴趣

（5）您了解到的学生家长对于学校开设民族文化课程的态度是怎样的？

　　A. 理解并表示支持　　 B. 无所谓　　　　　　 C. 反对

（6）您认为现在学校开设的民族文化课程在整个课程中所占比重如何？

　　A. 过大　　　　　　　 B. 正好　　　　　　　 C. 过小

（7）您认为开设民族文化课程是否加重了学生的学习负担？

　　A. 是　　　　　　　　 B. 有一点　　　　　　 C. 没有

（8）您认为开设民族文化课程是否加重了教师的教学负担？

　　A. 是　　　　　　　　 B. 有一点　　　　　　 C. 没有

（9）您认为教师应该如何分配传统科学课程和民族文化课程的比例？

　　A. 更重视传统科学课程

　　B. 两者大体相等

　　C. 更重视民族文化课程

（10）您认为应该如何解决民族文化课程教师缺乏的问题？

A. 民间聘请　　　　　B. 学校培养　　　　　C. 教师兼任

（11）您认为民族文化课程应该如何设置？

A. 一周 1—2 节　　　　B. 一周 3—4 节　　　　C. 一周 5—6 节

（12）您认为学校应该开设什么类型的民族文化课程？（可多选）

A. 语言文字　　　　　B. 歌舞

C. 美术工艺　　　　　D. 体育

（13）您认为目前民族文化进校园最需要什么？（请按需要程度排序，在括号内填写序号，1 为最重要）

（　　）政策扶持　　　　　（　　）资金投入　　　　　（　　）教师培养

（　　）教材编写　　　　　（　　）家长支持

（　　）社会对民族文化的关注程度

（14）您认为目前民族文化进校园工作面临的主要问题是什么？（请按问题的严重程度排序，在括号内填写序号，1 为最严重）

（　　）无优惠政策　　　　（　　）缺经费　　　　　（　　）教材不配套

（　　）缺乏相应教师　　　（　　）相关教师培训机制不健全

（　　）学习民族文化无出路　　　　　　　　　（　　）社会、家长压力

（　　）校点设置不合理　　　　　　　　　　　（　　）生源不足

（15）您对民族文化课程教学工作有何具体建议？

2. 研究样本选择

为了保证调查的信度，在开展田野调查之前，研究人员就调查的地区和学校进行了筛选。由于调查的目的是为了掌握民族地区民族文化课程教学的现状，在调查区域确定上，必须是具备"民族文化进校园"的条件且基础较好的民族地区。因而，研究人员选取贵州省铜仁市、黔东南州和黔南州作为调查研究地区，对于学校的选择也充分考虑到了样本所具有的典型性和代表性。

3. 研究方法与实施

实证研究以调查问卷为工具，所收集的数据通过录音、录像等现代技术进行保存和记录。调查问卷是在参考相关权威资料并结合贵州民族地区实际情况的基础上自行设计的，具有一定的信度和效度。其内容涵盖民族文化课程开设的必要性、实施满意程度和具体建议等。此次调查

共发放问卷50份，回收有效问卷50份。其中按教师性别区分，男教师为41人，女教师9人；按教师民族成分区分，汉族9人，苗族29人，布依族和侗族教师各5人，水族和土家族各1人；按教师年龄区分，最大的56岁，最小的23岁，平均年龄为36.83岁；按教师类别区分，高校教师9人，中学教师33人，小学教师8人。并应用SPSS18.0对问卷数据进行了整理与分析。

（二）研究的结果与分析

（1）您认为学校在传承民族文化中所起作用的程度如何？

调查结果显示：认为学校在传承民族文化中作用很重要、一般重要的、不重要的教师人数占比分别为80%、12%和8%（见图5-12）。

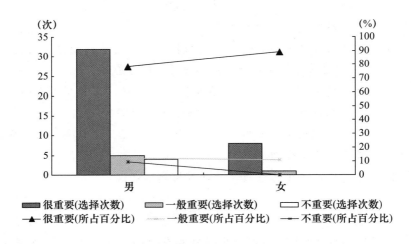

图5-12　教师问卷题目（1）调查结果

（2）您认为学校设置民族文化课程的主要作用体现在哪些方面？（可多选）

调查结果显示：82%的教师认为学校设置民族文化课程的主要作用体现在"弘扬民族文化"方面，而54%的教师选择了"认同民族文化"，40%的教师认为它能提高学生能力（见图5-13）。

（3）您认为学校开设民族文化课程（非传统课程）是否有必要？

调查结果显示：60%的教师（其中男教师24人，女教师6人）认为学校很有必要开设民族文化课程（非传统课程），34%的教师（其中男教师 14 人，女教师 3 人）认为有一定必要，6% 的教师（其中男教师 3 人，女教师 0 人）认为没有必要（见图 5 - 14）。

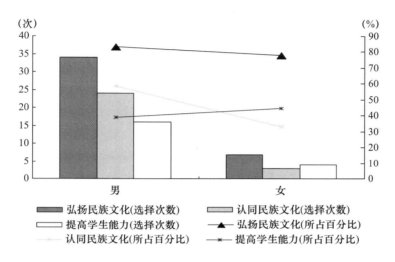

图 5 - 13 教师问卷题目（2）调查结果

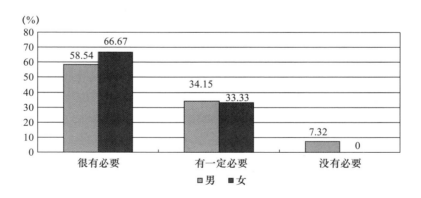

图 5 - 14 教师问卷题目（3）调查结果

（4）您认为学生对民族文化课程是否有兴趣？

调查结果显示：50% 的教师认为学生对民族文化课程很有兴趣，48% 的教师认为有点兴趣，2% 的教师认为完全没兴趣（见表 5 - 6）。

表 5 - 6　　　　　　　　　教师问卷题目（4）调查结果　　　　　　单位：人

	男	女
很有兴趣	19	6
有点兴趣	21	3
完全没有兴趣	1	0

（5）您了解到的学生家长对于学校开设民族文化课程的态度是怎样的？

调查结果显示：50%的教师（其中男教师 17 人，女教师 8 人）认为学生家长对于学校开设民族文化课程持理解并表示支持的态度，46%的教师（其中男教师 22 人，女教师 1 人）认为学生家长对此持无所谓的态度，4%的教师（其中男教师 2 人，女教师 0 人）认为学生家长对此持反对的态度。本项男女教师比较具有统计学意义：$\chi^2 = 6.663$，$P = 0.036$，卡方检验结果表明选择"理解并表示支持""无所谓"的女教师所占比率显著高于男教师（见图 5 - 15、表 5 - 7）。

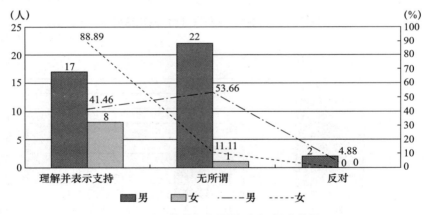

图 5 - 15　教师问卷题目（5）调查结果

表 5 - 7　　您了解到的学生家长对于学校开设民族文化课程的
态度的性别比较卡方检验

	值	df	渐进 Sig.（双侧）
Pearson 卡方	6.663	2	0.036
似然比	7.569	2	0.023
线性和线性组合	6.025	1	0.014
有效案例中的 N	50		

（6）您认为现在学校开设的民族文化课程在整个课程中所占比重如何？

调查结果显示：认为现在学校开设的民族文化课程在整个课程中所占比重过大、正好和过小的教师人数占比分别为6%、44%和50%（见表5-8）。

表5-8　　　　　　　　　　教师问卷题目（6）调查结果

性别	A. 过大		B. 正好		C. 过小	
	选择次数	占比（%）	选择次数	占比（%）	选择次数	占比（%）
男	2	4.88	17	41.46	22	53.66
女	1	11.11	5	55.56	3	33.33
合计	3	6	22	44	25	50

（7）您认为开设民族文化课程是否加重了学生的学习负担？

调查结果显示：对于认为开设民族文化课程是否加重了学生的学习负担这一问题，选择"是""有一点"和"没有"的教师人数占比分别为10%、40%和50%（见表5-9）。

表5-9　　　　　　　　　　教师问卷题目（7）调查结果

性别	A. 是		B. 有一点		C. 没有	
	选择次数	占比（%）	选择次数	占比（%）	选择次数	占比（%）
男	5	12.2	16	39.02	20	48.78
女	0	0	4	44.44	5	55.56
合计	5	10	20	40	25	50

（8）您认为开设民族文化课程是否加重了教师的教学负担？

调查结果显示：22%的教师选择了"是"的选项，40%的教师选择了"有一点"的选项，38%的教师选择了"没有"的选项。本项男女教师比较具有统计学意义：$\chi^2 = 7.050$，$P = 0.029$，卡方检验结果表明选择"是"和"没有"选项的男教师占比显著高于女教师（见表5-10）。

表 5 – 10 教师问卷题目（8）调查结果

性别	A. 是		B. 有一点		C. 没有		男女比较 χ^2、P
	选择次数	占比（%）	选择次数	占比（%）	选择次数	占比（%）	
男	11	26.83	13	31.71	17	41.46	$\chi^2 = 7.050$ P = 0.029
女	0	0	7	77.78	2	22.22	
合计	11	22	20	40	19	38	

（9）您认为教师应该如何分配传统科学课程和民族文化课程的比例？

调查结果显示：64%的教师（其中男教师27人，女教师5人）认为要更重视传统科学课程。36%的教师（其中男教师14人，女教师4人）认为两者大体相等。没有人选择"更重视民族文化课程"的选项（见图5 – 16）。

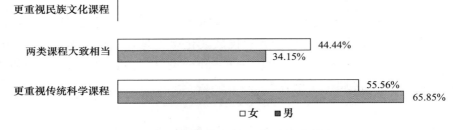

图 5 – 16 教师问卷题目（9）调查结果

（10）您认为应该如何解决民族文化课程教师缺乏的问题？

调查结果显示：50%的教师认为民间聘请是解决民族文化课程教师缺乏问题的办法，44%的教师认为应该学校培养，6%的教师认为可以由教师兼任（见表5 – 11）。

表 5 – 11 教师问卷题目（10）调查结果

性别	A. 民间聘请		B. 学校培养		C. 教师兼任	
	选择次数	占比（%）	选择次数	占比（%）	选择次数	占比（%）
男	20	48.78	18	43.90	3	7.32
女	5	55.56	4	44.44	0	0
合计	25	50	22	44	3	6

（11）您认为民族文化课程应该如何设置？

调查结果显示：94%的教师认为民族文化课程应该设置为一周1—2节，6%的教师认为应设置为一周3—4节，没有人选择"一周5—6节"的选项（见表5–12）。

表5–12　　　　　　　　教师问卷题目（11）调查结果

性别	A. 一周1—2节		B. 一周3—4节		C. 一周5—6节	
	选择次数	占比（%）	选择次数	占比（%）	选择次数	占比（%）
男	38	92.68	3	7.32	0	0
女	9	100	0	0	0	0
合计	47	94	3	6	0	0

（12）您认为学校应该开设什么类型的民族文化课程？

调查结果显示：教师认为歌舞和美术工艺是学校最应该开设的民族文化课程，占比均为82%（其中男教师分别为33人和34人，女教师分别为8人和7人），其次是语言文字，占比为76%（其中男教师33人，女教师5人），最后是体育，占比为52%（其中男教师23人，女教师3人）（见图5–17）。

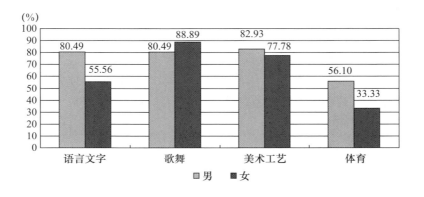

图5–17　教师问卷题目（12）调查结果

（13）您认为目前民族文化教育最需要什么？

调查结果显示：目前民族文化教育最需要的选项按需要程度由高到

低排列分别为政策扶持（占比为 62%），教师培养（占比为 14%），资金投入（占比为 12%），教材编写（占比为 8%），家长支持（占比为 4%），社会对民族文化的关注程度（0%）（见表 5 - 13）。

表 5 - 13 　　　　　　　　　　教师问卷题目（13）调查结果

项目	第 1 重要		第 2 重要		第 3 重要		第 4 重要		第 5 重要		第 6 重要	
	选择次数	占比（%）	选择次数	占比（%）	选择次数	占比（%）	选择次数	占比（%）	选择次数	占比（%）	选择次数	占比（%）
政策扶持	31	62	10	20	3	6	6	12	0	0	6	12
教师培养	7	14	5	10	19	38	7	14	4	8	5	10
资金投入	6	12	27	54	9	18	0	0	4	8	5	10
教材编写	4	8	4	8	5	10	20	40	1	2	9	18
家长支持	2	4	1	2	6	12	7	14	17	34	4	8
社会对民族文化的关注程度	0	0	1	2	4	8	5	10	14	28	13	26

（14）您认为目前民族文化教育工作面临的主要问题是什么？

调查结果显示：目前民族文化教育工作面临的最主要问题集中在无优惠政策和缺经费两个方面，其他比较突出的问题还有教材不配套，缺乏相应教师等，这些都是需要尽快解决的。

（15）您对民族文化课程教学工作有何具体建议？

调查结果显示：教师对民族文化课程教学工作的具体建议多达 34 条，其中提议最多的为加大经费投入，加强基础设施建设以及政策扶持，协调教育与民族文化的关系。

（三）研究的主要结论

调查结论显示：民族地区教师对民族文化类课程的教学认同度较高；尽管目前课程的开设现状和教师对课程的要求间还存在着一定的差距，但还是得到了广大教师的充分肯定。针对目前民族文化类课程开设过程中存在的问题，有关部门应采取更为积极的措施，推动此项工作的深入开展，进一步提高此类课程的教学质量，为保护和传承优秀民族传统文化和建设有特色的校园文化做出积极贡献。

1. 对民族文化课程的认同度很高

调查问卷第 1 题到第 5 题的调查研究结果就充分论证了这一点。高达 80% 的教师认为学校在传承民族文化中起到了很重要的作用。60% 的教师认为学校开设民族文化课程很有必要。这表明民族地区大多数教师都意识到了学校教育在民族文化传承中的核心地位。此外，82% 的教师认为学校设置民族文化课程的主要作用体现在"弘扬民族文化"方面，54% 的教师认为民族文化课程能起到"认同民族文化"的作用。它表明教师认识到了民族文化课程在文化传承中的重要地位，以上都表现了民族地区广大教师对民族传统文化传承的热切期盼。

2. 对民族文化课程的态度存在性别差异

卡方检验的结果表明对民族文化课程的态度存在性别差异。第 5 题结果显示，有 88.89% 的女性教师认为学生家长对于学校开设民族文化课程的态度是理解并表示支持，而只有 41.46% 的男性教师持此观点。此外，有 4.88% 的男性教师认为家长反对学校开设民族文化课程。笔者认为这个调查结果和男女教师的性别性格差异有关系。一般女教师比男老师更细心，更善于和家长进行沟通，因此即使有些家长不太赞成学校开设民族文化课程，但在女性教师的耐心解释和教育工作下，他们一般会改变初衷。第 8 题结果显示，没有女性教师认为开设民族文化课程加重了教师的教学负担，而有 26.83% 男性教师则持相反的观点。究其原因，可能与男女教师承担压力的大小有关。

3. 当前民族文化课程的实施还存在诸多困难

调查问卷第 6 题到第 15 题的研究结果反映，尽管民族文化课程的实施取得了一些成绩，但仍存在很多亟待解决的问题。第 8 题有 40% 的教师认为民族文化课程有一点加重了教师的教学负担，第 13 题认为目前民族文化教育最需要的是政策扶持和教师培养，这些都要求有关部门采取积极的措施来应对。此外，教师对民族文化课程教学工作提出了很多宝贵的建议，尤其是加大经费投入，加强基础设施建设以及政策扶持，协调教育与民族文化的关系等。这些建议恰好和如上所述的民族文化课程实施困难相对应，进一步论证了本调查研究报告的可信度。

三　调查研究的反思

此次调查结果表明，民族地区教师普遍认识到了在学校开设民族文化课程的重要性和必要性，并对此表示赞同，这就为民族文化课程教学和在学校的传承工作提供了良好的环境条件和基础保障。但从民族文化课程教学满意度来看，在课时、课程设置等方面还存在诸多不足，实施的现状与教师的实际诉求还存在着一定差距，这需要有关部门及时采取措施来应对。

1. 继续加大经费投入

调查结果表明当前民族地区民族文化课程建设最突出的矛盾就是有限的经费与不断增长的民族文化课程需求之间的矛盾。要解决这个矛盾，首先，国家和地方政府要继续加大经费投入的力度，保证民族文化课程建设的基本开支。其次，要多渠道筹集民族文化课程建设的资金，如引入社会、民营、国外教育基金等，扩大经费来源途径。最后，要加强经费管理，做到专款专用，避免资金浪费。

2. 进一步给予政策扶持

客观来讲，近年来中央和民族地方政府不断加大政策扶持的力度，但调查结果表明民族地区民族文化课程建设的政策还有待完善。例如教师调查问卷第9题"您认为教师应该如何分配传统科学课程和民族文化课程的比例"，以及教师调查问卷第11题"您认为民族文化课程应该如何设置"等，都涉及民族文化课程教学实施的具体细节问题，应当有相应的政策给予规范，但现行政策上却存在缺失。因此，对于民族文化课程建设必须给予政策扶持。

3. 要加强民族文化课程的师资队伍建设

教师素质的高低将直接影响民族地区民族文化课程教学的质量，调查中得知相应教师的缺乏是制约民族文化课程教学的瓶颈问题。在实践中要加强相关师资队伍的建设：第一，要完善民族文化课程教师的选拔机制。实施招聘与选调相结合，专职与兼职相结合，形成稳定的师资队伍。第二，要提高相关教师的待遇和地位，如解决编制，实行绩效工资考核等。第三，改革教师培训机制，采取结对子、传帮带等多种形式灵活培训老师，提高其业务水平。

4. 提高相关课程和教材的建设水平

调查结果表明，教师对当前的民族文化课程教材不太满意，主要是因为教材不配套或编写质量不高。一方面，民族文化可以渗透到体育、美术、音乐等课程，促进少数民族文化和学科知识的融合，构建多元文化课堂。另一方面，民族文化课程教材要符合当地实际和师生的需求。

5. 实现学校—学生—家长之间的联动

调查结果表明，46%的教师认为学生家长对开设民族文化课程持无所谓的态度，还有4%的教师认为它会遭到家长的反对，这是值得研究者深思的问题，其关键原因在于学校—学生—家长三者之间缺乏沟通和互动。虽然在开设民族文化课程的过程中，学校教育将起主要作用，但事物之间是相互联系、相辅相成的，因此，民族文化课程建设一定要得到家庭和社会的支持，这就要求实现学校—学生—家长之间的联动。

总之，民族文化课程的实施还面临不少困难。针对民族文化课程开设过程中存在的问题，有关部门应高度重视，继续加大经费投入，给予政策扶持。学校也要从加强师资队伍建设、提高校本课程教材质量、实现学校—学生—家长之间的互动来改善民族地区学校民族文化课程的教学现状，更好地发挥此类课程在保护和传承民族文化和培养学生中的作用。

第六章 模式机制：传承与创新

在民族地区中小学开设民族文化类课程是十分必要的。主要体现在两个方面：一是凸显学校在传承民族文化中的特殊价值；二是将研究的重点由学校层面转向课堂层面。① 学校是民族文化传承与创新的重要场所，它将民族文化融入教材编写、课堂教学以及其他重要的文化生产和文化消费活动之中，对推进民族文化传承和创新具有重要意义。当前，在地方文化和本土区域文化受到外来文化无情冲击的窘境下，探索如何通过学校教育来切实加强民族文化和地方文化的保护和传承的机制问题，显得十分重要和紧迫。

第一节 学校"主渠道"作用分析

民族文化传承要在科学理念的指引下搭建适宜的平台，并借助适当的文化载体来实现的过程。适宜的平台和适当的文化载体需要满足几个条件：第一，文化传承的场所必须是文化活动密集的场所。只有这样，才能把文化项目（工程）和文化传承"捆绑"起来，并行共进。第二，文化传承活动的主体必须是易于塑形的，由于成年人已经完成了初步的社会化过程，"三观"形态已基本定型，因此这部分群体不宜成为民族文化传承活动的中坚力量。第三，文化传承的过程必须是在自然状态下完成的，这一特点要求传承主体要热爱本民族文化，至少不排斥自身文化。如果文化的传播和传承是依靠强制形式胁迫进行的，那除了说明该文化对受众者缺乏必要的吸引力外，也会大大影响文化传承的实际效果。综上所述，虽然博物馆、社区和旅游景点等都是民族文化传承的重要场所，

---

① 孟立军：《民族文化在学校的保护和传承》，《光明日报》2015 年 3 月 8 日。

但同时能够满足以上三个条件的只能是学校。选择学校，尤其是民族地区中小学作为民族文化传承的主渠道和主阵地，有其必然性。

一　学校教育凸显文化传承的决定作用

学生分布特点和基础教育当地化都凸显出学校在文化传承中的决定作用。民族文化的传承需要搭建一个平台。将民族地区中小学作为民族文化传承的主要场所主要基于以下考虑：第一，地域聚集是我国少数民族人口分布的重要特点，独具特色的民族文化也基本上与各民族地域的分布大致相当。世居于当地的少数民族，是区域性民族文化的创造者和使用者，对本民族的文化有着深厚的情感和极其形象、具体的感知与了解。民族文化传承的本质，实际上就是将这些非常具象的民族文化加以抽象和提炼，并选择适宜的方式在民众中扩散、传播和继承的过程。第二，调查结果表明，在我国民族地区，选择在当地就读中小学的学生占该教育阶段学生总人数的98%以上，也就是说，民族地区绝大部分学生基础教育阶段是在本地完成的。基于以上两点理由，我们有理由相信，民族地区中小学作为民族文化传承的主要场所具有得天独厚的优势：第一，民族地区中小学是我国推行基础教育的最主要场所，也是我国进行思想形塑的最重要平台，是学生基本价值观形成的重要基地，自然也就可以成为少数民族文化传播和传承的可信赖的重要平台。第二，中小学生还处于思想未定型阶段，他们作为族群新生代成员，肩负着传承本民族文化的历史重任。他们自小耳濡目染，对本民族文化有一定程度的了解。民族文化在学校的传承，是对少数民族中小学生心灵的再一次洗礼，是通过必要的教学过程，使其在可以掌控的时空内实现对本民族文化进一步了解和体悟的过程。民族地区中小学在本民族文化传承的过程中可以起到中流砥柱的作用。

二　文化教育功能决定着学校传承的必然性

学校所具有的文化功能，决定着民族文化在学校传承的必然性。学校作为教育机构，教书育人是其最主要的文化功能。而民族学校除了具有与其他类别学校同样的文化功能之外，还必须承担起自身民族文化传承的职能。[①] 我们认为，物质基础是一个民族得以存世的基本前提，但文化则是一个民族得以绵延不息的灵魂。民族文化包含物质文化和精神文

---

① 孙杰远：《走向共生的民族文化发展与教育选择》，《教育研究》2012年第9期。

化，它们都是少数民族在日常的生产和生活中，创造性地发明出来的优秀成果。优秀的经验积累成知识，而抽象的知识积淀成文化，文化不可能自发地形成，自然也不会自我完善。因此，文化的传承和创新，都需要人的社会实践活动在其中发挥不可替代的作用。市场经济时代，想问题办事情都是讲效率的，文化的传播和继承也同样如此。必须探求文化进步的内部机制，寻找适合自身民族传播的规律和方法，挑选出得当的文化发展平台，加快民族文化的加工和锤炼进程，用这些行动来应对文化多元竞争带来的压力与挑战，从而系统高效地实现自身文化的整合和传承。民族学校教书育人、文化传播的功能决定了其在民族文化传承过程中扮演着更为重要的角色，即民族地区中小学以及中小学生是民族文化传承最佳的平台和主体。

第二节　方式创新引来"源头活水"

民族文化在民族地区中小学的传承工作中的一个重要问题，就是采取何种方式以实现民族文化传承。要实现民族文化在学校中的传承和创新，亟待创新民族文化的传承方式。

一　民族文化学校传承必须创新传承方式

在学校实现民族文化传承，必须创新民族文化的传承方式。笔者通过对贵州省民族文化类地方课程和校本课程调研后深深体会到，学校实现民族文化传承必须创新传承方式。由于民族文化传承方式由其目的和内容所决定，因而根据学校民族文化传承的目的和效果，可以将其划分为"继承式传承""点缀式传承""市场导向式传承"和"政令执行式传承"等类型。① 其中，实现"继承式传承"是最为理想的，也是大多数民族学校所要达到的最佳目标。一般而言，不同类型的传承也应当采用不同的传承方式，这样更符合客观情况。但在实践中却存在机械化教条主义，生搬硬套的方法使目的和方法脱节，如不具备民族歌舞基础和教学条件的学校为了旅游开发等经济利益，盲目模仿其他学校开设相关课

---

① 井祥贵：《疏离与融合——学校教育视野下的民族文化传承研究》，《民族教育研究》2011 年第 5 期。

程，其结果必然是效果欠佳。要解决该问题，就要要求学校根据不同目的选择适宜的传承方式。

二　文化传承的目的和内容决定传承方式

民族文化传承的目的和内容，决定着学校民族文化传承的方式。内容也是决定学校民族文化传承的重要方面，学校层面的民族文化教育体现在三个方面，即知识层面、意识形态层面以及将两者结合起来的能力层面。其中，对于本民族现存的物质和精神文化的学习和吸收属于知识层面，譬如民族语言、民族历史知识等。它旨在进行文化积淀，并为第二、第三层面奠定基础。意识形态层面，是民族学校教育的深化层面，如民族认同感等。笔者认为，与知识层面相比较，意识形态层面更重要，它涵盖了文化价值观等内容。知识是基础，而意识形态则指引我们形成正确的和高效的行动。当然，最为理想的状态是将这两者结合起来，即吸收现有民族文化，培养适宜的意识形态，形成具有创造性的传承民族文化的能力。而不同的内容传承方式各异，加上它们有主次之分，受学校教学时间和条件的限制，要对这些民族文化元素进行选择和挖掘。民族文化传承的目的和内容决定着学校传承民族文化的方式应当是多元化和有效性的，学校要根据实际情况灵活选择传承的路径，并进行一定程度的创新。

三　传承方式取决于文化传承的内在矛盾

民族文化传承过程中的内在矛盾，决定着民族文化的传承方式。除了宏观方面存在的问题外，学校民族文化传承方式在理论和实践方面存在着以下具体问题：第一，大多数研究成果关注的是民族文化的价值和作用，关于民族文化学校传承方式的研究成果相对匮乏。第二，实践中还没有把学生的发展和民族文化的传承有机结合起来。因而在进行民族文化传承的过程中，我们必须充分考虑学生们的发展，而不是片面地把学生当作工具。第三，偏重静态保护，而相对忽视开发价值，且传承后继无人。民族文化的传承应该是保护和开发并行的，只有让更多的人知道该文化的重要价值，才会有更多资源投入其中。对于民族文化传承，我们应该做到有针对性，不但不同民族地区和不同类型学校存在差异，不同类型的民族文化保护和传承方式也应有所区别，不能搞"一刀切"。要解决以上问题，必须要在发扬传统传承方式的基础上进行创新，开辟多元化的因地制宜的传承方式。

第三节　四种传承方式及其关系

　　笔者认为：根据贵州省民族地区中小学民族文化传承目的、内容、特点的差异性，民族文化在学校传承主要存在四种方式：即选择、挖掘、传递、创新。①

一　学校民族文化传承的四种主要方式

1. 民族文化的"选择"传承

　　选择，是指在众多民族文化元素中择取适合学校传承的民族文化元素的过程。一般而言，如果我们将民族文化一股脑儿地打包给民族中小学和中小学生，这种做法显然是不可取的。这样做的结果，既不符合学生们的认知水平和认识层次，甚至连最基本的学习精力和学习时间也是不够的。因此必须对众多民族文化元素进行选择。那么，民族学校究竟应当选择哪些文化内容进行传承呢？这实际上涉及文化传承内容的标准问题。而在制定标准之前，必须要做的一件事情是要找到制定标准的支撑和限制条件。由于这是一个否命题式的逻辑，因此，更应该从限制的层面加以思考，即考虑哪些文化内容是不应该选择的。

　　首先，应对地域性的民族文化进行意识形态层面的划分。判断原则是看如果选择它，是否能够带来事业上更好更快地发展；如果能，则选择它；反之，便放弃它。依据这个原则，就可以将不适合学校传承的部分剔除出去，这当中既包括物质层面的也包括精神层面的，例如黔东南苗族的古代巫术和迷信等糟粕。其次，将合乎学校层面意识形态的部分进行排序。排序不是按照优劣或是贡献排序——实际上，按照主流价值观：民族文化并无优劣之分——而是按照概念的抽象层次进行排序。即"元概念—操作概念—命题"。接下来的一个工作就是将概念体系化，形成民族文化概念系统。最后，将对元概念进行操作化定义，同时寻找出支撑操作概念的命题。教育心理学认为：中小学生在学习上处于具体概念到抽象概念之间，因他们对于事物的认识处于操作概念和基本命题上，最高层次的元概念的认识还需要进一步学习和锻炼。因此，中观的操作

---

　　①　孟立军：《民族文化在学校的保护和传承》，《光明日报》2015 年 3 月 8 日。

定义和微观的命题乃至于支撑命题的文化事实就是我们所要选择的传承对象及内容。如知识层面的民风民俗、民族历史、艺术和语言文学，情感层面的热爱生命、热爱家乡和本民族文化、勇于创新等，能力层面的生态文化保护、民风民俗、民族艺术、语言文学传承、跨文化交际以及对本民族文化进行反思和创新等。除此以外，学校对民族文化传承内容的选择还要因地制宜，充分发挥地方特色和民族特色。

在调研中发现，不少学校在这方面已经进行了成功的探索，它们结合自身优势选择民族文化传承的内容。如丹寨县扬武民族小学、平塘县掌布中学就将苗族民歌作为校本课程列入教学计划中。

在中国古代典籍中，早就有关于五千多年前苗族先民的记载，这就是从黄河流域直到长江中游以南被称为南蛮的氏族和部落。苗族人民能歌善舞。苗族民歌根据其内容可分为游方歌（情歌）、酒歌、苦歌、反歌、丧歌、劳动歌、时政歌、儿歌、谜语歌等，曲调各不相同。飞歌是流行于黔东南的一种特别的民歌演唱形式，一般在山上放声歌唱，其曲调高亢，豪迈奔放，余音震山梁，非常有特点，其内容有情歌、时政歌等，演唱形式有独唱、对唱、合唱等。各种民歌形式既有传统的歌词，也有即兴编唱的内容。嘎百福歌是流行于黔东南地区的一种说唱文学，它在民间诗歌和传说故事的基础上融合而成，演唱者时而叙述时而吟唱，其内容多是反映民事纠纷和社会现象方面的真人真事。盘歌，即"回答的歌"，是苗族青年男女向对方表达心愿、显示才能的一种古老的对歌方式。当男青年看中了某位女青年，便带两个年龄相当的同伴，一起去到姑娘的家，向她的长辈说明来意。若姑娘的父母亲回答："还没人家，是同班辈的。"便准许盘歌。盘歌的歌会，由女方老人安排。男女双方参加对歌的同伴，既当参谋，又为自己找对象。在盘歌中，一般是男方先唱，双方通过对唱，显示自己的才能。如果男方输了，女方便用水将男方泼走。泼水在苗家不是恶意，而是一种善意的洗礼。如果双方对答如流，唱得情投意合，可以唱到订婚。但是如果女方输了，还可继续盘歌，这样的盘歌一直盘到订婚为止。订婚那天，女方的父母要及时为男方备办喜酒，敬给参加歌会的乡亲，最后以一对牛羊角当杯，敬给这对即将结合的青年。然后吹起芦笙跳起舞，通宵达旦为这对青年人贺喜。2008 年经国务院批准，苗族民歌被列入第二批国家级非物质文化遗产名录。[①] 应当说，民族文化丰富多彩，民族地区中小学应当将那些最具民族特色和地方特色的优秀的民族文化元素作为教学内容引入课堂教学，其中苗族民歌校本课程的开设就是"选择"传承比较好的和比较成功的尝试。

遵义市务川仡佬族苗族自治县大坪中心完小开展的仡佬族体育校本课程，也在"选择"传承方面进行了较好的尝试。仡佬族是我国古老民族之一，大约在2100年前，仡佬族先民就在贵州过着定居的农耕生活。仡佬族是贵州高原的土著民族，千百年来，他们在高原上开荒辟草、繁衍生息，并凭借着他们的勤劳和智慧创造了丰富灿烂的民族文化，仡佬族体育活动就是仡佬族群众在农闲或重大节庆时开展的民间竞技比赛的运动项目，是仡佬族祖先在漫长的历史长河中创造和积淀下来的传统文化，它充分体现了仡佬人的价值观念和审美能力，并有着与现代体育活动相似的竞赛程序、器材制作和比赛规则等。该校为此编写了名为《仡佬族体育活动》的校本教材。内容包括打篾鸡蛋、推屎粑、斗鸡、护蛋、背背战、四方拔河、抵杠（抵腰力）等部分。每个部分都有比赛方式、场地器材、比赛规则、组队要求、胜负判定等具体内容。如"打篾鸡蛋"是仡佬族特色传统体育项目之一。篾鸡蛋用竹篾编制而成，内装石子或响铃，外涂各种颜色或穿缚红绸带，运动过程中相互撞击发出响声，色彩夺目，很是有趣。

关于"打篾鸡蛋"的来历有两种说法。其一，传说仡佬族人非常崇拜宝王和山王。宝王是仡佬族人采丹砂的领头人，他在开荒辟草中挖出一个"圆宝"，得知是朱砂圆宝后向周武王进贡，周武王得宝后，封他为"宝王"。山王是仡佬族人的一种自然崇拜，认为山有灵气，可保佑人们事事顺心、万事大吉。由竹篾编制的篾鸡蛋形如"圆宝"，而竹取自于大自然，仡佬族人认为竹是幸福吉祥的象征。仡佬族人民根据仡佬族先人关于"宝王"和"山王"的传说，改编而成了"打篾鸡蛋"游戏。其二，传说仡佬族的祖先竹王诞生于水中冲来的竹节中，因此竹与仡佬族人的生活有着密不可分的联系。仡佬族人认为，竹是他们生活的财富，精神的依托。同时，仡佬族是一个崇拜祖先的民族，在重大的节庆或获得重要的收获之后，祭祀祖先是一个必需的程序。打篾鸡蛋最初是祖先

---

① "苗族民歌"，http: //baike. so. com/doc/6738687 – 6953138. html。

祭祀中的一项活动，由寨老将篾鸡蛋抛向空中，任由参加祭祀的人争抢。竹编的鸡蛋，象征着财富和吉祥，人们认为，谁抢到"篾鸡蛋"，谁就把祖先请到了自己家里，就能得到祖先的保佑。"打篾鸡蛋"这一民族传统体育活动伴随着仡佬族人对财富和吉祥的祈盼传承至今。据传，古夜郎时，仡佬族祖先将其列为练兵重要项目之一，以后作为健身的项目流传了下来。务川仡佬族人民世世代代都开展此项运动，至今不衰。"打篾鸡蛋"这一传统活动已成为仡佬族人必不可少的生活内容，每逢节庆或欢喜之日，仡佬族人便相聚在一起，通过"打篾鸡蛋"这一传统活动来表达他们的欢喜之情。[①] 该校将仡佬族体育活动列为校本教材，并编写出内容体系都比较完善的校本教材，较好地实现了对仡佬族传统文化的传承。

2. 民族文化的"挖掘"传承

挖掘，是指对那些已经消亡或即将消亡的民族文化元素进行整理、加工并再现的过程。它既可以是物质形态的民族文化类型，也可以是非物质形态的民族文化类型。我国少数民族文化是世界瑰宝，对那些已经或即将消亡的民族文化元素有必要进行"挖掘"或抢救式的传承。

台江县为了将"苗族古歌及古歌文化"申报联合国教科文组织"人类口头和非物质文化遗产代表作"名录，于 2001 年成立了"台江县苗族文化保护委员会暨世界遗产申报委员会"。

苗族古歌是苗族古代先民在长期的生产劳动中创造出来的史诗。全诗属五言体结构，押苗韵。诗中大量运用比喻、夸张、排比、拟人、反问等多种修辞手法，通过丰富奇妙的想象，塑造了 100 多位有名有姓的人物，生动地反映了苗族先民对天地、万物及人类起源的解释和人们艰苦奋斗开创人类历史的功绩，充满了浪漫主义和理想主义色彩。古歌虽然在苗岭深山代代相传了几千年，却一直藏在深山人未识。新中国成立后，田兵、唐春芳、今旦、马学良等民俗学家经过反复收集、整理，于 20 世纪末出版了不同版本的苗族古歌。古歌保存着完整的苗族活态文化体系，体现了万物有灵、生命神圣、众生平等、人与自然共存共荣和谐发展的哲学思想，与广大苗族群众的生产、生活和思想感情密切相关。由于苗族没有自己的文字，古歌传唱实际具有传承民族历史的功能。因此，演

---

① 罗正琴、毛强：《对仡佬族传统体育"打篾鸡蛋"运动形式的梳理》，http：//www. xz-bu. com/9/view－963953. htm，2012－03－08。

唱古歌时有着较严格的禁忌，一般都是在祭祖、婚丧、节庆等重大活动中才能演唱，分客主双方对坐，采用盘歌形式问答，一唱就是几天几夜，甚至十天半月，调子雄壮而苍凉。传承古歌的方式也较为严谨，有祖先传授、家庭传授、师徒传授、自学等几种。台江县通过几年的努力，已收集到的苗族古歌有 5 大组、近 6 万行、近 30 万字，编写和出版了以苗族古歌为主的并申报世界非物质文化遗产的文本《苗人的灵魂——台江苗族文化空间》一书。①

剑河县民族中学苗族水鼓舞就是一个"挖掘"传承的成功案例。该项目几经失传，是教师和民间艺人以及专家的共同努力，才使它再度焕发了青春的活力。苗族水鼓舞主要流传于剑河县革东镇大稿午村，是一种以祭祀祖先、祈求风调雨顺及村寨平安的水、鼓、舞相结合的民族民间舞蹈。舞者打扮夸张，舞姿古朴奔放，动作大胆狂野，场面壮观疯狂，被专家学者誉为民族原始舞蹈的"活化石"，该舞蹈入选为贵州省非物质文化遗产名录。在 2009 年"多彩贵州"原生态舞蹈大赛中，"水鼓舞"以其原始、古朴和丰厚的民族文化沉淀而荣获铜鼓奖。2009 年参加第五届 CCTV 舞蹈大赛荣获群众创作表演舞蹈金奖。根据口碑资料并结合文献研究，水鼓舞节至少已有五六百年以上的历史。传说某年久旱不雨，某夜村中告翌仲老祖公在今天起鼓的地方挖井，不幸被倒塌的泥土掩埋，他托梦给子女说："这个地方很好，就让我在此长眠。"子女们便带上香和纸前去"坟"上祭奠，随后便普降甘露，日后相沿成俗。还有一个传说是：某年大旱，河水断流，唯寨脚今天起鼓的地方有一水潭不干，但见潭中两龙相斗，顿降大雨，方解燃眉之急，此后即变成节日。水鼓舞节分两部分举行。每年阴历六月第一个卯日之后的第一个丑日举行"起鼓"仪式，即开幕式。人们抬着酒、肉、鸭、香、纸等结队到河边祭祀，祭祀完毕后，男人们身着女人衣裙，倒披蓑衣、脚踩草靴或赤足在河中一边踩鼓，一边喝酒吃肉，一边拊水掷泥嬉戏。女子们在河岸高唱飞歌助兴。第二个丑日，全村的男女老少在寨边坝子里踩鼓，相邻数十个村寨的群众都来参加。活动持续三天，其间姑妈还须挑着鸭子和酒等礼品回舅家来祝贺。水鼓舞和水鼓舞节是苗族水文化、鼓文化、稻作文化、

① "'苗族古歌'列入非物质文化遗产的原因"，http：//wenda. so. com/q/139210326 0065688，2014 - 02 - 09。

原始崇拜文化、社区团结文化、传统历法文化的反映。①

　　荔波县水利希望小学的《水歌大合调》也较好地体现了民族文化的"挖掘"性传承。水族人民群众喜欢在喜庆的日子里用歌声来表达他们愉快的心情。水歌分为两大类：一类是情歌，也称单歌；另一类是酒歌，也称双歌。《水歌大合调》里既有情歌（单歌），也有酒歌（双歌），开头和结尾是酒歌调，中间是情歌调。开头的酒歌调和中间的情歌调在民间还在流传，而结尾的酒歌调现在已经失传了。学校通过聘请家乡的水族长老担任学校水歌的指导教师，才将它挖掘出来，使已经失传的结尾酒歌调部分得以恢复。《水歌大合调》表达了水族孩子们在校园里生活、学习的愉悦心情。歌词为："我们沐浴着党的阳光、雨露，感受着党的温暖，享受着两免一补，免费的营养餐，免费的早餐；拥有美丽的校园，舒适的教室，优雅的寝室，幸福的生活，优越的学习条件，感谢各级领导和上海亲人（1998 年荔波县教育局将水利希望小学命名为上港集团水利希望小学）对教育事业的关心与支持。同时感谢辛勤耕耘的老师。今天借助这喜庆的日子给你们敬上一杯酒，表达我们的感恩之情，祝你们身体健康，万事如意！"《水歌大合调》以水族民间流传文化为基础，新编歌词内容深刻，原汁原味，体现了水利水族乡水利希望小学水族文化教育的真正内涵。

　　虽然这项工作离不开专家的指导，但"挖掘"方式在这个过程中功不可没。传统观念认为，"挖掘"工作应当由民族文化专家来进行，但在民族文化传承危机的现状下，仅仅依靠专家的力量是不够的。民族地区学校的教师有责任也有义务担负起这项任务。当然，民族地区学校教师在"挖掘"方面还存在着一定的困难，主要是此项工作对"挖掘"人员素质要求较高，既要有敏锐的眼光和深厚的专业知识，又要掌握田野调查的研究方法，还要具备使用现代媒体设备进行整理和再现的能力。有关部门有必要对教师进行相应的专业和有组织的培训。

　　3. 民族文化的"传递"传承

　　传递，是指利用学校教学形式完成民族文化元素的位移过程。这也是目前民族地区学校采用最多的一种方式。贵州调研结果显示，民族地

---

　　① "剑河苗族水鼓舞"，http：//www. zwbk. org/MyLemmaShow. aspx？lid = 184810，2011 - 07 - 05。

区中小学民族文化教学形式呈现出了多样化的发展趋势，从类型上可分为地方课程、校本课程，甚至上升为学科课程。

　　凯里市第三小学组织教师专门编写了与学校教育相适应的民族文化教材，开设的苗族芦笙民族文化类校本课程就具有"传递"传承的特点。芦笙是苗族传统的簧管乐器，是苗族文化的一种象征，在苗族地区广为流传，只要有苗族人的地方，就会有芦笙。苗族芦笙在表演吹奏方面把词、曲、舞三者融为一体，保持了苗族历史文化艺术的原始性、古朴性。在贵州各地少数民族居住的村寨，素有"芦笙之乡"的称誉，逢年过节，他们都要举行各式各样、丰富多彩的芦笙会，吹起芦笙跳起舞，庆祝自己的民族节日。整套苗族六管芦笙，从倍低音到最高音共有大小五种规格，音列按五声音阶排列，发音每种规格为一个八度，音域 A1 - a3，共有五个八度。由于流行地域和民族支系的不同，民间有多种芦笙类型：六管六音、六管七音（第六管装两簧）、八管八音、六管五音（一管不装簧）、六管四音（两管无簧）、四管三音（一管无簧）和四管二音（两管无簧），等等。每个类型每种音列的芦笙，又都有高、中、低音三种规格，它们的音高分别在三个八度上。苗族芦笙因流行地区不同，而在大小、音色、音量和调式上有所差别。黔东南黄平、丹寨和榕江一带的芦笙高亢粗犷；黔西毕节、水城一带的芦笙柔和抒情；黔南的芦笙则雄浑健朗。自古以来，芦笙吹奏，都要配合舞蹈，边吹边舞。但是，根据各地区习俗的不同，芦笙的演奏也有所差异。这些不同风俗的芦笙技艺，汇聚成一朵富有民族特色的艺术奇葩，代代相传，永不衰退。芦笙不仅是一种单纯的民族乐器，而且是苗族男女青年恋爱生活中的重要"媒介"。因此，芦笙在苗族人民心目中是神圣的、珍贵的，家家都离不开它。2006 年 5 月 20 日，苗族芦笙制作技艺经国务院批准被列入第一批国家级非物质文化遗产名录。[①] 在教学形式上，该校也不仅局限于传统课堂教学，还包括现场参观法、课外活动法和调查分析法等。

　　松桃苗族自治县正大乡中学从 2003 年起以"传递"传承的方式将苗族花鼓引进校园，把它作为一门校本课程来开设。苗族花鼓源于唐代，至今已有一千多年的历史。据上了年纪的花鼓师傅说，幼年他们跟上一辈人学鼓时，鼓上都贴有各种鲜艳的花瓣，击鼓时不准击落花瓣，这便

---

① "苗族芦笙"，http://baike.so.com/doc/5706974 - 5919693.html。

是上乘的功夫。瓦窑，位于腊尔山脉的来龙坡山麓，松桃苗族自治县东南角，东、南、北三面与湖南省凤凰县接壤。这里交通便利，铜仁、松桃至新寨（即腊尔山），新寨至凤凰、阿拉营的公路在此交汇；这里的苗族人勤劳聪颖，能歌善舞，创造并发扬光大了堪称当代中华民族民间文化艺术瑰宝之一的"瓦窑花鼓舞"。在全乡的 22 个自然寨，人口 6000 余人中，会打花鼓的人数就占到了 95% 以上，全乡共有鼓师 2000 余人，鼓手 3000 多人，可以说花鼓在全乡无人不知无人不晓。关于瓦窑花鼓舞的起源主要有两种说法：一则传说是，在很久很久以前，有一位聪明、勇敢、英俊的苗族青年猎手八角大热，一天在乌巢河边的森林中狩猎拾得一只用葛藤根编织的精致玲珑的花鞋。八角大热回到家中，通过举行隆重的表演花鼓"试鞋招亲"比赛活动，终于找到了那位丢失此鞋的苗家美女，两人一见钟情，终成眷属。另一则传说是，苗族花鼓最初叫作"打年鼓"，从腊月二十开鼓，到正月二十封鼓，这段时间正是年关时节，所以叫作"打年鼓"。传说腊月二十皇帝封印，不上朝坐殿，正月二十皇帝开印，开始上朝坐殿理政。倘若在其他时间打花鼓，传到京城，影响皇帝执政，治罪下来击鼓的人是吃不消的。因此，一年只有一个月的时间打花鼓，苗族百姓便充分利用这段时间习鼓练艺，普及花鼓艺术。总之，瓦窑花鼓舞与苗族的历史和生活密切相关，体现出苗族百姓追求和平、幸福、富裕的心情和崇尚艺术美的性情。瓦窑花鼓舞有 80 多种类型，主要包括神鼓、战鼓、年鼓、喜庆鼓、拦路鼓、叙事鼓、生产鼓、日常生活鼓、茶鼓、动物鼓、情鼓、木叶鼓、接龙鼓、送亲鼓、迎亲鼓、迎宾鼓、游鼓等，每一种鼓中又可分为许多种类。传统动作大多是表现祭祀、劳动、生活、武术和模仿动物形态的。瓦窑花鼓有两面鼓和四面鼓两种。两面鼓共有三人敲打，一人打鼓点，两人分别敲击鼓面。四面鼓，是瓦窑花鼓鼓中之王。表演者有四人的，也有八人的，场面气势磅礴。打花鼓除自娱自乐外，还演变成了一种风俗，成为测试未婚女婿智商的一杆公平秤。苗家人自古以来婚姻全凭女儿自主，很少包办。当女儿将称心恋人初次带进家门时，父母则会在家门前摆上一面花鼓，并鼓动满寨子人都来观看。被称为"拦门鼓"。若这位"女婿"打得花鼓、唱得苗歌、吹得木叶，父母脸上便有光，眉开眼笑，满寨子人都跟着喜欢，这个女婿就是合格的。若不然，这个女婿会被亲戚朋友扭住耳朵，涂上满脸的锅烟灰，乌漆抹黑地像对待蠢兽一样将其罩在一个鸡笼里，上面还要顶上一脸盆水。恋爱中的男女青年，闲余之时常常唱着苗歌，打着花鼓，代代相传。① 该校除了每周一节课的课堂理论教学外，还有课外活动实践课，目前已经培养鼓手和鼓师近千人，实现了民族文化传承的有效性。

当然，在这方面仍存在着一些问题，主要是课程开发不够完善、教材编写滞后和资金匮乏等。笔者认为，民族文化具有区域性和地方性的特点，民族文化课程开发要突出这一特点，即其文化之魂是建构在地方族群的自我开发和自我创造之上的。因此对于文化的继承和创新也必须回到这个基础之上去。以本民族的生产和生活方式为根基，结合民族独特的文化因子，编撰具有本民族地方题材的校本教材或是个性化选修课教材。此类教材或课程应该具备两个特点：一是要能够系统化地概括本民族主要的物质财富和精神财富两方面的成就；二是要适应本民族学生阶段性的学习心理需求。简言之，开发的教材既要"高大上"，同时也应是学生喜闻乐见的。所谓快乐学习，大抵如此。需要说明的是：除了要编撰出具有民族特色和地方特质的教材之外，还必须要改革民族文化课程教学的模式和方法，这些还有必要做进一步的探索。

4. 民族文化的"创新"传承

创新，是指优秀的民族文化元素在新的历史环境中保持与时代的适应性、同步性和发展性的过程。时代需要创新，民族文化传承也一样。与选择、挖掘、传递传承方式相比，创新是最难实现的，它既包括民族文化元素的创新，也包括民族文化传承途径的创新。

（1）内容创新：民族文化元素的自我创新。

优秀的民族文化元素在新的时代背景下要进行自我创新。事物是向前发展的，任何事物都不能墨守成规，民族文化传承也不例外。民族文化既有民族性，又有时代气息，只有"创新"，才能使民族文化永葆青春，在新的环境下焕发出新的生机与活力。

松桃民族中学苗族"八人秋"就是民族文化元素自我创新的典型案例。八人秋，即八人秋千，是苗族传统的体育器械，流行于湘西苗族地区。每年立秋这天是苗族的"赶秋节"（也叫"调秋会"），苗族群众除了玩"狮子灯""龙灯""打花鼓"外，还要玩"八人秋"。相传在很久

---

① "苗族花鼓"，http：//baike. so. com/doc/4985724 – 5209105. html。

很久以前，苗寨里有一位绝代佳人，名字叫作乜妹（有的叫乜娘）。她心灵手巧，织的花带，根根都会招引蝴蝶和小鸟飞来嬉戏；绣的花衣，件件都会招引附近十里村寨的姑娘们跑来欣赏。有一次，她绣了一双非常漂亮的花鞋，绣完之后放在自家的门前晾晒，谁料却被一只山鹰衔去了一只。与此同时，另一个苗寨里有一位英俊的青年，名叫巴贵当戎（因方音不同，有的叫巴贵达芮或叫巴贵达惹），外出打猎时看见一只山鹰从上空掠过，他顺便举手拉弓一射，便轻松地射中了。那山鹰从高高的上空坠落下来，嘴里还衔着一只绣花鞋。那绣花鞋的绣工极为精巧，一看就知道是出自一位聪明而美丽的姑娘之手。巴贵当戎细心地把那只绣花鞋取下，看了又看，下定决心要找到它的主人。于是，巴贵当戎按照苗族工艺制造了一架八人坐的秋千，并取名叫"八人秋"。到了立秋这天，他邀约了九里十八寨的苗族青年男女前来荡秋千，唱苗歌。巴贵当戎心想，那个做绣花鞋的姑娘一定会前来赶热闹的。果然，巴贵当戎的愿望实现了，他终于找到了那只绣花鞋的主人——那位聪明而美丽的苗家姑娘。后来，他们通过对唱苗歌和对鼓而建立了深厚的感情，结为夫妻，生活过得像苗家的蜂蜜一样甜美，成为苗山美满夫妻的楷模。从此以后，每当瓜熟禾香的时节——后来定为立秋这一天，苗家人便扎起了八人秋供人们游玩，一方面欢庆五谷丰收在望，另一方面也欢庆青年们的爱情丰收在望。年复一年，代代相传下来，便形成了独具民族特色的苗族赶秋节。[①] 在八人秋架上，分别会坐着四男四女，架下站着两位老人——秋公和秋婆，先由秋公、秋婆念几句诗，再唱"开秋歌"，然后由秋公秋婆转动秋千，这就是"开秋"。当快速旋转的秋千停下来以后，谁停在最上面谁就要唱歌。因为玩八人秋有"竖秋千八人坐，谁转上面就唱歌"的规则，在上面的两个人要对歌，一直对到大家满意为止。[②]

　　贵州省铜仁市松桃民族中学选择苗族传统体育项目"八人秋"作为民族文化教育活动的重要内容，引导学生课间乐学乐用，收到了较好的传承效果。2008 年，学校被贵州省教育厅、民宗委、人事厅评为"全省民族民间文化教育活动先进集体"。2011 年 9 月，学校"苗族八人秋"

---

① "苗族'赶秋节'的传说"，http：//www. gz007. net/info/gzwh/17. html，2011 - 11 - 24。
② "湘西凤凰民俗风情之苗族八人秋"，http：//xnc. voc. com. cn/listId. asp? FId = 1641，2009 - 02 - 20。

队代表贵州省参加全国第九届少数民族传统运动会，荣获一等奖。

当然，民族文化自身创新要把握好"度"，保持本色是文化创新的重要原则，过多的"创新"或者过多追求形式上的"创新"，其效果只会适得其反。

（2）机制创新：实现学校、家庭、社区"三位一体"联动新机制。

民族学校作为吸收外来文化和传承民族文化的平台，是向民族地区，特别是向民族学生传播外来文化的场所，是少数民族与外部世界进行文化交流和沟通的主要纽带；同时它还是少数民族自身文化传承的重要平台，理应成为少数民族文化扩散和文化传承的主要阵地。[①] 但调查结果显示：目前民族地区中小学校课程中与民族文化传播和传承直接相关的内容还不到12%，这表明仅仅依赖学校传承是不够的。因此，应引进家庭和社区作为第二平台和第三平台，"三位一体"，协同并进，一同为民族文化的传承做出努力。家庭教育是学校教育的补充，少数民族家庭孩子从小耳濡目染，他们对于自身民族文化中观及微观层面的了解是深刻的，并且还在不断地学习。另外，在他们生活的社区，孩子们可通过各种形式和级别的民族文化活动对自身的民族文化进行更深入的了解。文化的习得和养成是现代社会实现人的社会化的一项重要内容，而家庭和社区具有的教育功能从不同的角度和层面促进了这一过程，或在课本上学到，或在父母口中听到，或在社区中亲眼看到甚至是亲身经历，这些形式对于学生自我民族文化认同的形成具有完全不同的意义。

以贵州西江千户苗寨的刺绣为例。刺绣是苗族源远流长的手工艺术，是苗族服饰主要的装饰手段。贵州省境内的苗族创造了不同样式、不同风格的服饰，有便装与盛装之分，平日着便装，节日或姑娘出嫁时着盛装，无论服装还是头饰，均工艺复杂，做工精细。苗族刺绣的题材有龙、鸟、鱼、铜鼓、花卉、蝴蝶，还有反映苗族历史的画面。苗族刺绣技法有10余类，即平绣、挑花、堆绣、锁绣、贴布绣、打籽绣、破线绣、钉线绣、绉绣、辫绣、缠绣、马尾绣、锡绣、蚕丝绣。这些技法又分为若干的针法，如锁绣又可分为双针锁和单针锁，破线绣又可分为破粗线和破细线。苗族刺绣具有传承历史文化的作用，主要表现在刺绣的图案上，

---

① 曹能秀、王凌：《少数民族地区的学校教育和民族文化传承》，《云南师范大学学报》2007 年第 2 期。

几乎每一个刺绣图案纹样都有一个来历或传说，都深含民族的文化，都是民族情感的表达，是苗族历史与生活的展示。① 现在当地在刺绣传承方面已经流行了如下模式：学校传授与刺绣有关的理论和文化知识，家庭教会孩子们初步的刺绣技术，而社区则成为了产品的销售网络。学生们自己绣出来的产品究竟怎样，要通过社区（市场）进行检验，如果有商家购进了，就意味着刺绣技术过关了，否则还得继续修习，有效实现了家庭、学校教育和社区教育的完美结合。

（3）手段创新：借助慕课和微课等现代技术促进文化传承。

中国经济已向纵深方向发展，信息技术不仅是从生产的方向产生着影响，同时也改变着人们的生活和学习方式。互联网和计算机技术以及移动客户端的日益发展，使线上教育成为教育发展的一种必然选择。这其中，MOOC 和微课渐成潮流。MOOC 是小视频、互动的、免费的、大规模的在线课程，其提供者遵循 "名课" "名校" "名师" 原则，可以实现民族文化资源的现实载体电子化、数字化。② 众所周知，优质的资源总是稀缺的，尤其是在民族地区。因此要把有限的优质资源最大化地用于民族文化的传承中去，笔者认为，优秀的民族文化教育工作者可以制作精品课程，以 MOOC 的形式上传到互联网上，以实现资源的循环利用，学校指导学生进行网络个性学习。贵州黔东南州榕江县是苗族和布依族聚居区，为了较好地传承本民族的蜡染技术，榕江县所有的中小学都开展了 "榕江蜡染技术" 的手工校本课程。

蜡染的起源可追溯到两千多年前秦、汉时期，甚至更早。蜡染古称 "蜡缬"，"缬" 的意思是染彩，它与 "绞缬"（扎染）、"夹缬"（印花蓝布）一起被称为中国古代的三大防染工艺。关于蜡染的起源也有着美丽的传说：有一个聪明美丽的苗族姑娘并不满足于衣服的均一色彩，总希望能在裙子上染出各种各样的花卉图案来，可是一件一件的手工绘制实在太麻烦，但她一时又想不出什么更好的办法，为此终日闷闷不乐。一天，姑娘又看着一簇簇一丛丛的鲜花久久发呆，办法没想出来却在沉思中昏昏入睡。朦胧中，有一个衣着漂亮的花仙子把她带到了一个百花园

---

① "苗族刺绣"，http://baike.so.com/doc/5706754 - 5919473.html。
② 李艳红、杨文正、柳立言：《教育生态学视野下基于 MOOC 的融合式教学模型构建》，《中国电化教育》2015 年第 12 期。

中，园里有无数的奇花异草，鸟语花香、蝶舞蜂忙。姑娘在花园中看呀看呀，看得入了迷，连蜜蜂爬满了她的衣裙也浑然不知。等她醒来一看，才知道刚才是睡着了，可是低头再看，花丛中的蜜蜂真的刚刚飞走，而且在她的衣裙上留下了斑斑点点的蜜汁和蜂蜡，很不好看。她只好把衣裙拿到存放着靛蓝的染桶中去，想重新把衣裙染一次覆盖掉蜡迹。染完之后，又拿到沸水中去漂清浮色。当姑娘从沸水中取出衣裙的时候，奇迹出现了，深蓝色的衣裙上被蜂蜡沾过的地方出现了美丽的白花！姑娘心头一动，立即找来蜂蜡，加热熬化后用树枝在白布上画出了蜡花图案，然后放到靛蓝染液中去染色，最后用沸水熔掉蜂蜡，布面上就现出了各种各样的白花。染缸中居然染出了印花布，姑娘高兴地唱起了山歌。人们听到了姑娘的歌声，纷纷来到她家听她讲百花园里的梦境，观看她染出的花裙，学习她描花绘图的技艺。大家回到自己家里之后，照着姑娘教给的方法，也都染出了花样繁多的花布。从此，蜡染技术就在苗族及与之杂居的布依、瑶等民族之间流传开来了。

而据专家分析，蜡染的起源主要有三个方面的原因：一是苗族、布依族等少数民族文化心理的原因，他们迁徙到贵州后怀念故土，怀念祖先，固守从故土带来的文化形态，并在其中寄寓本民族历史和文化的意义，逐渐成为民族自尊自爱的标志。二是地理环境的原因，贵州地处偏僻，山川阻隔，受外来文化影响较小，易于保持传统的文化形态。三是制作原料的原因，贵州气候湿润，草木繁茂，盛产蜂蜡和制作蓝靛染料的蓝草，这为制作蜡染提供了极大的方便。

传统蜡染纹样繁多，内涵丰富，主要包括铜鼓纹、蝴蝶纹、鸟纹、鱼纹、花草植物纹、螺旋纹、星辰山川纹、龙纹等。作为一种生活方式的"艺术"，贵州民间蜡染是贵州少数民族民俗文化活动中不可缺少的重要内容，不管是岁时节日住房的装饰，还是婚丧嫁娶人生仪礼，也不管是民间宗教信仰祭祖敬神，还是服饰佩戴织绣花样，各式各样的蜡染工艺织染活动，都与贵州山地少数民族特定的文化背景与生活环境密切相关。也正因如此，蜡染工艺才得以与贵州少数民族的音乐、舞蹈、傩戏等活动一样，具有某种"全文化"的功能，在以汉文化为主体的强大的中心文化辐射挤压的边缘，形成了自己独特的艺术语言和符号形式。①

---

① "贵州蜡染"，http：//baike. so. com/doc/5729765 - 5942504. html。

榕江蜡染主要是指以榕江县平永、兴华一带和三都县都江为中心的苗族蜡染，常用于祭鼓长幡、褶裙、围腰、胸兜、头帕、衣、背带、水牛搭背、背包等的装饰。榕江蜡染用的蜡是蜂蜡和矿蜡混合而成，蜡刀一套三把，平时放在竹篮里，同时里面还有硬纸剪的各类模板，有鱼形、鸟形、龙蛇形、圆形等许多形状。用时将模板放在布上比画着构图，用指甲沿着模板边缘刻画，在布上留下印记，接着就可以按此点蜡了。榕江苗族妇女点蜡可谓一绝，她们对蜡刀运用自如，非常潇洒，50 厘米长的曲线一气呵成，线条极为流畅。榕江蜡染图案比较具象，略显程式化，块面很少，多为粗细均匀的长线条，内容多为鸟、龙、鱼、蛙和铜鼓等纹样，有时还以古歌中的故事为题材，进行大胆的变形夸张，极富想象力。①

榕江县中小学教师就是那些著名民间染绣能手，通过给学生传授染绣技术，编织产品，并且拍摄、录制相应的 MOOC 和微课照片、视频，上传到互联网上，进行网络营销和宣传，并且由政府出面引进商家，通过这样的方式，教师获得相应的薪酬，有些技术过关的学生甚至可以挣足自己的学费，大大减轻了家庭经济压力，间接地促进了他们对本民族文化的热爱和依赖。②

按部就班和循规蹈矩实际上是一种守旧思维，事物的发展离不开创新。民族学校民族文化传承方式，除了选择、挖掘、传递外，还要创新，这才是其可持续发展的源泉。

二　四种传承方式的相互依存关系

选择、挖掘、传递、创新这四种民族文化传承方式不是孤立存在的，厘清它们之间的关系，有利于我们在实践中根据需求灵活运用各种传承方式。

1. 相互联系和相互影响

从哲学的角度来看，选择、挖掘、传递、创新它们是相互联系和相互影响的。从"整体论"的角度而言，它们与学校民族文化传承方式又是整体与部分的关系。首先，这几者之间所处的地位和作用各不相同。

---

① "榕江苗族蜡染"，http://www.gztoptour.com/html/2014/lr_1229/256.html，2014 – 12 – 29。

② 王培：《贵州省榕江县"民族文化进校园"实施现状调查研究》，硕士学位论文，西南大学，2010 年。

其中，选择和挖掘是基础，传递是手段，创新是目标。其次，从表现形态来看，选择和挖掘更多地倾向于静态方面，而传递和创新则是动态发展的。最后，它们又具有整合性的特点，民族学校在民族文化传承方式选择上，可以不局限于某一种特定的方式，而是可以根据实际需要进行必要的整合，譬如非物质文化内容的传承就可以同时采用选择和挖掘的方式。

2. 多层架构和递进发展

在特定的情况下，选择、挖掘、传递、创新这四种民族文化传承方式是具有层次性的递进发展的关系，可将其视为民族文化传承的四个环节。民族文化的传承，无外乎是从政治、经济、文化乃至于宗教等角度，对当地物质资料生产方式的历史、文化现象的来龙去脉进行本质的深度挖掘，以获得与众不同的文化符号。首先要加以选择和挖掘。其次在传递方面，民族中小学应该提倡开放式的教学理念，允许更多的民族文化题材多渠道、多样式地进入课堂。最后在创新民族文化元素本身的同时，还要运用现代传媒工具，努力培养学生对本民族文化宣传和传承的自觉意识。

文化是民族的灵魂，民族的兴旺发达与民族文化的传承密切相关。中小学占据了知识密集和文化传承主体集中两大优势。仔细揣摩并建立学校民族文化传承的目标、内容，并在此基础上借助学校特有的教化功能以及家庭、社区的补充作用，对民族文化进行选择、挖掘、传递和创新，并适时进行多种传承方式的整合，能进一步促进民族文化的发展，实现其稳定性、完整性和延续性。①

第四节　建构民族文化与学校教育、家庭教育耦合机制

耦合是一个科技概念，特指两个或两个以上的电路元件或电网络的输入与输出之间存在紧密配合与相互影响，并通过相互作用从一侧向另

---

① Allan C. Ornstein, "Components of Curriculum Development, Illinois", *Journal of School Research and Development*, Vol. 26, No. 8, Autumn 1990.

一侧传输能量的现象，即指两个或两个以上的实体相互依赖于对方的一个量度。就耦合的形成而言，主要包括多场耦合、能量耦合、数据耦合、标记耦合、控制耦合、外部耦合、公共耦合、内容耦合、非直接耦合等。① 那耦合机制（Coupling Mechanism）指什么？是指耦合各方相互维系的状态和协调运行的方式。本书主要探讨的是功能、作用及其相互关系，从功能来看，在自然科学上，耦合机制包括目标性、信息性、动力和方向性等功能。相应地，分别有导向作用、提供信息及促进发展动力的作用。耦合各方之间则存在错综复杂的互动关系。

因此，可以依此理论来说明民族文化与学校教育、家庭教育相互整合和互动的运动状态，从而揭示民族文化传承的路径及手段。

一　民族文化与校园文化耦合

研究民族文化与校园文化耦合机制问题主要基于彰显学校特色和民族文化传承的需要。② 民族文化与校园文化的耦合，是学校形成文化特色的基础。多样文化并存是校园文化多样性的反映，是有效防止学校同质化发展，以便形成各自特色的基础和文化渊源。民族文化与校园文化耦合的形式和状态主要体现于课程结构，可以引入耦合机制的概念，用以研究民族文化与校园文化之间的关系，更有利于加深我们对民族文化与校园文化关系及其相关问题的认识，能够使我们从多方位和多视角出发对研究对象加以把握。要采取措施积极促进民族文化与校园文化耦合机制的形成与强化。

探讨民族文化与校园文化耦合机制的问题，主要是基于以下考虑：第一，彰显学校特色的需要。学校办学不能够千篇一律，应当创造条件并形成各自应有的特色。我国少数民族地区中小学要形成学校特色的根本，就是要将独具特色的民族文化要素，亦称民族文化基因融入校园文化建设中。第二，民族文化传承的需要。由于现代化事业的发展以及来自不同国家和不同地区各类文化的影响，地方文化和本土区域文化受到了前所未有的冲击，在一些地区，很多优秀的民族传统文化因素正在逐渐削弱甚至消亡，有必要探索如何通过学校教育来切实加强民族文化的

---

① "耦合"，http://baike.baidu.com/link? url = CrwUzQLQwpPunXoq8QR_ qVOLcGJtXnKd-KXsZpyh1srfShASBrmJtx3NZXKpOXBjFswH6a09I7aT2NdTBhiIqq。

② 孟立军：《民族文化与校园文化耦合机制探讨》，《中国民族博览》2016 年第 5 期。

保护和传承的问题。

1. 校园特色依赖于不同文化因素在校园的结合

所谓民族文化，特指少数民族传统文化，它是我国各民族在其历史发展过程中创造和发展起来的具有本民族特点的文化类型，包括物质文化和精神文化两个方面，这种文明积淀是国内各民族共同生存和发展的重要条件。

所谓校园文化，特指一种校园的人文环境和文化氛围，是以学生为主体，以校园为空间，以育人为导向，包括精神文化建设、环境文化建设、行为文化建设和制度文化建设等为基本内容的群体文化。

在我国少数民族地区，民族文化与校园文化的耦合，是学校形成文化特色的基础。有什么样的民族文化元素参与到校园文化建设中，就会产生出体现这种民族文化的校园文化。近几年来，在部分少数民族地区适时地开展了民族文化进校园的实践活动，主要包括学生品德教育、日常行为规范教育、中华传统文化教育、地方风情教育、民族民间文化教育等。其中民族民间文化又包括民族体育、民族歌舞、民族文字、民族工艺（如剪纸、蜡染）等。这些教育实践活动，依托丰富多彩、积极向上的民族文化活动这一载体，立足本土实际，努力推动并形成厚重的、具有学校自身特色的校园文化积淀和清新的校园文化风尚，在凸显学校教育民族特色的同时，使学生感受到了民族文化的无上魅力，陶冶了师生情操，提高了学生对本土优秀传统文化的认同。这是全面贯彻我国教育方针，积极推进素质教育工作，保护和传承优秀民族文化的需要。

多元文化并存是校园文化多样性的反映，是有效防止学校同质化发展，以便形成各自特色的基础和文化渊源。这对于促进民族文化的发展，繁荣民族文化，进一步加强校园文化建设，保护和传承优秀民族民间文化，构建民族文化与教育和谐发展的良性互动的社会生态环境等都有重要的指导意义。特别是在新一代党中央领导集体倡导"保护文化遗产，保持民族文化"的社会背景下，此问题研究的理论价值和应用价值就显得更为突出。

2. 课程结构反映民族文化与校园文化耦合的形式和状态

学校办学要有特色，而学校的特色是通过学校管理的制度化设计以及各项教育活动来体现的。其中课程结构是形成校园文化特色的最重要的内容。民族文化与校园文化耦合最重要的内容或主要体现就在于课程的结构方面。

课程结构是学校课程体系中各种课程类型及具体科目的组织、搭配所形成的关系与比例，是由各类课程构成的有机完整的统一体。《中共中央国务院关于深化教育改革全面推进素质教育的决定》和《国务院关于基础教育改革与发展的决定》都提出了基础教育课程改革的方向，即构建国家课程、地方课程和学校课程三级课程体系。在我国少数民族地区，要实现民族文化与校园文化耦合，并形成学校的办学特色，就要将少数民族优秀传统文化元素纳入学校的地方课程和学校课程，或称民族文化类校本课程，并与现有国家课程一起构成新的课程体系。不难看出，这是少数优秀传统文化要素通过民族文化类校本课程的方式直接或间接地影响学校整体育人环境的现象。

为了能够对这一问题有更深刻的认识，本书在这里引入耦合机制的概念，用以研究民族文化与校园文化之间的关系。

可以借助耦合机制这个科技概念来解释民族地区中小学课程结构以及民族文化类校本课程与国家课程的关系。

首先，它们的关系有着多种耦合的方式。如可以用多场耦合的物理场概念来说明民族地区中小学学校课程系统，从而能够更直观、更清晰地说明三类课程间的叠加现象以及课程系统内部各个部分相互影响的过程。再如，可以用非直接耦合理论来解释国家课程与民族文化类校本课程在课程体系中的关系。不同课程模块之间本来没有直接联系，而造成它们之间的联系要取决于民族地区中小学课程系统的控制和调用等。

其次，它们的关系还可以在耦合强弱方面做出更加符合客观实际情况的解释。例如，可以用内容耦合理论来揭示民族文化与校园文化结合的程度。实践证明，并不是所有足够优秀的民族文化元素都适用于校园文化建设。可以表现为有些民族文化与校园文化耦合的适应性更强，更有利于做好在校园的普及工作；而有些民族文化与校园文化耦合的适应性则偏弱，更适用于在校园做好提高工作；等等。

用耦合机制理论来说明民族文化与校园文化并存，相互影响、相互作用、相互制约的关系，更有利于加深我们对民族文化与校园文化关系及其相关问题的认识，能够使我们从多方位和多视角出发对研究对象加以把握。

总之，研究民族文化与校园文化耦合机制，可以将着眼点放在民族文化类校本课程与国家课程的结构方面。目前我国民族地区在民族文化类校本课程建设中，突出民族文化的特色，建设了一大批独具特色的系列课程。这一工作虽然成绩显著，但还处于刚刚起步阶段，故民族文化与校园文化耦合机制的形成仍任重道远。

3. 促进民族文化与校园文化耦合机制的形成与强化

为了加强民族文化与校园文化建设工作，应从以下几个方面入手。

（1）充分认识民族文化元素融入校园文化的意义。

有关部门要充分认识民族文化元素融入校园文化的意义，高度重视、支持民族文化进校园以及民族文化类校本课程的开发工作，制定和完善在学校开展民族文化教育的实施计划，应有针对性地提出要求，切实加强领导。为了能够切实加强此项工作，建议在我国民族地区实施自上而下的教育行政部门统筹负责的管理制度。在民族文化类校本课程开发过程中，要根据民族地区实际，充分照顾学生年龄特征及身心特点，结合校园文化建设和对学生的培养要求，凸显民族文化类校本课程的针对性，充分发挥学校及教师的主体作用，并形成领导支持和社会配合的氛围。各级党委、政府，各级教育、民族、文化等部门，各级各类学校都要提高对民族文化类校本课程开发工作的认识，将此项工作纳入议事日程，列入工作计划和业务目标，并组织力量对少数民族传统文化开展研究，开展文化鉴别工作，使少数民族传统文化中积极因素成为学校民族文化类校本课程的教学内容。

（2）建立民族文化类校本课程建设的保障机制。

政府和教育行政部门应当对民族文化类校本课程建设给予必要的人力、物力和财力支持，以保证此项工作的顺利开展。可以考虑从生均公用经费中，安排一定比例用于民族文化类校本课程建设。并力争把民族文化类校本课程建设所需经费列入当地财政年度预算，以解决民族文化类校本课程建设开发与实施经费困境问题。帮助学校解决因民族文化类校本课程建设而产生的教师培训、教材编写、教学设备添置等问题。并应加大民族文化类校本课程建设经费的投入，建立多层级的民族文化类校本课程建设基金，以确保民族文化类校本课程建设开发、实施、评价、管理等方面工作的正常开展等。

（3）民族文化类校本课程要突出民族性与地方性。

民族文化类校本课程，顾名思义就是要突出民族性与地方性。学校是社会主义精神文明建设的重要阵地，在现阶段，学校开发民族文化类校本课程，应当根据社会、经济发展的具体情况，结合本校的传统与优势、学生的兴趣与需要，从知识拓展、学科综合、智能发展、实践应用、技术创新以及传统文化等不同层面开发民族文化类校本课程，充分发挥学校民族文化类校本课程的育人功能。对于一些与学生就业直接相关的民族文化项目，可以将其列为中等、高等职业教育专业或课程，通过职业推广、市场推广等方式对其进行继承、保护和发展，以便更好地发挥学校在民族文化传承中的积极作用和影响。

（4）加强民族文化类校本课程建设必须统筹三类课程建设。

要加强民族文化类校本课程常规管理必须处理好三类课程同步建设、统筹管理的问题。相关学校要成立校级课程建设领导小组，统一对国家课程、地方课程和校本课程实施建设和管理。要加强课程的计划管理，要有针对性地制订国家课程、地方课程和校本课程实施方案和开发方案，并适时做好培训教师等准备性工作；要加强课程的实施管理，国家课程、地方课程和校本课程在实施过程中都要充分体现学生学习的自主性、实践性、综合性、创造性等特点；要加强课程的教材管理，学校对已开发的可供使用的地方和校本教材，要严格审定审批程序，以保证地方和校本教材的科学性和适用性；要加强课程的评价管理，有必要建立和完善课程评价制度，特别是要通过评价制度，不断改进地方课程和校本课程等民族文化类校本课程的开发与实施；要加强课程的信息管理，注重原始资料积累，对课程开发与实施过程中的所有档案进行保存、归类、整理和保管。并要注重测试数据的分析、研究，为地方课程和校本课程的评价提供依据。学生学习情况也有必要纳入学生档案，还要进一步加强教师队伍的管理，教师是三类课程实施的主体，三类课程应达到平衡，不宜有所偏废。

（5）做好民族文化类校本课程师资培养工作。

民族文化类校本课程建设是一项长期的工作，在此项工作中，最为关键的就是民族文化类校本课程教师队伍建设问题。为了进一步加强民族文化类校本课程的开发建设工作，保障民族文化类校本课程开设的质量，建议在民族中小学单列民族文化类校本课程教师编制，享受教师同等待遇。有关高等学校应当设立相关的专业进一步做好民族文化类校本课程专门人才培养工作。要设立民族文化类校本课程教师培训基地，大力培养和培训民族地区中小学民族文化类校本课程专任教师。各地还要制定民族文化类校本课程师资培训计划，多渠道、多形式解决师资缺乏问题。继续加强对教育行政人员的培训，提高他们对民族文化类校本课程实施科学管理的实际能力。要进一步完善民族文化类校本课程建设的研究和交流制度，特别是加强民族文化类校本课程教学内容、教学方法、评价方式和管理策略等问题的研究。

（6）大力开发民族文化类校本课程教材。

教材是民族文化类校本课程开发的重要内容，建议成立由民族文化专家、学者及有关部门工作人员组成的教材编写领导小组，分别编写中小学民族文化类校本课程教材。相同文化类型的地区可以加强统筹协调，编写和使用相对统一的地方教材和校本教材，加强教学交流和进行课程质量评价。要组织力量编写民族文化类校本课程教学大纲，对各地区民族文化类校本课程建设提出更高的建设要求。

二　校园文化与家庭文化耦合

在全球经济一体化和多元文化背景下，民族文化传承的作用和意义受到广泛关注，并涌现出大量的研究成果。诸多学者从不同的角度提出了民族文化传承的策略和机制等问题，其中学校在民族文化传承中所起的作用不容忽视。研究者一致认为：学校是民族文化传承的主要场所。但显而易见的是，民族文化传承的重任不能仅仅依赖于学校，家庭和社会在其中也充当了重要的和必不可少的角色和义务。因此，有必要构建一种基于学校—家庭—社会联动机制，即民族文化与家庭教育的耦合机制。通过文献检索，笔者发现以家庭教育为着眼点探讨其在民族文化传承中的作用和意义的研究成果并不多，而将学校教育与家庭教育进行整合的研究成果就更少。基于此，笔者在分别分析学校和家庭在民族文化传承中的地位和作用后，引入耦合及耦合机制的概念和观点，结合近年来的实践，探讨民族文化传承中学校教育与家庭教育整合的问题。

1. 文化传承中的学校教育与家庭教育

（1）民族文化在学校教育的传承。

学校和家庭在民族文化传承中分别具有不同的地位和作用。学校教育是与家庭教育、社会教育相对应的概念。特指受教育者在各级各类学校中所接受的各种教育活动，是教育制度的重要组成部分。一般说来，学校教育包括初等教育、中等教育和高等教育等。毫无疑问，学校在民族文化传承中的地位和作用是不可替代的，这是由以下因素所决定的。首先，学校是学生接受教育的主要场所，是人这个作为社会存在的个体一生中所受教育最重要的组成部分和接受正式教育的唯一场所，从幼儿园到大学，长达十多年，其发挥的作用和产生的影响是其他社会实践活动所无法比拟的。因此，民族文化传承作为民族地区学校重要的教育内容，选择以学校为主要场所有其必然性。在学校教育中，各个要素具有的作用又有所不同。其中学生是民族文化传承的主体和受教育者；教师则是民族文化传承的传播者和教育者。而民族文化在学校的传承途径和形式又是多元化的，除了传统课堂教学外，还包括实地调查和课外实践活动等。

（2）民族文化在家庭教育的传承。

学校在民族文化传承中的作用和意义是众所周知的，那么，家庭教育在民族文化传承中扮演着何种角色？它和学校教育在其中所起的作用又有何异同？首先，家庭教育是在家庭生活中，由家长（其中首先是父母）对其子女所实施的教育。即家长有意识地通过自己的言传身教和家庭生活实践，对子女施以一定教育影响的社会实践活动。而按照现代观念，家庭教育包括：生活中家庭成员（包括父母和子女等）之间相互的影响和教育。《辞海》将其定义为父母或其他年长者在家里对儿童和青少年进行的教育。不同社会有不同性质的家庭教育，而少数民族的家庭教育和汉族的家庭教育也有所区别，除了品行和礼仪的教育外，少数民族家庭教育还肩负着宗教信仰和少数民族传统文化教育的任务。由此可见，进行民族文化传承是少数民族家庭教育不自觉的行为。

家庭和学校在民族文化传承中所充当的角色各有异同。与学校所起的作用类似，家庭教育在民族文化传承中同样起到了不可替代的作用，这是由家庭教育的特殊性所决定的。家庭除了充当生产者和生活场所的角色外，它同样是家庭成员接受教育的场所，其中包括民族文化的传承。如作为民族文化传承最核心内容的少数民族语言，就主要源于家庭教育。此外，家庭教育自身就是一种民族文化，由于民族地区社会结构中最基础的部分是由少数民族家庭构成的，因此家庭教育也就成为整个民族文化的重要组成部分。另外，家庭教育和学校教育在民族文化传承过程的不同阶段还发挥着不同的作用。在学龄前，家庭教育差不多是民族文化传承的唯一方式；而学生入学后，民族文化传承的重心则由家庭转向了学校。怎样才能做到家庭和学校协调互补，充分发挥两者在民族文化传承中的作用？这就需要引入耦合的概念和机制。

2. 学校教育与家庭教育耦合的必要性及可行性

由于民族文化的传承也可被视为一个复杂的网络和系统工程，我们同样能够将耦合及耦合机制的相关概念及原理引入民族文化传承的研究。正如前文所及，家庭和学校在民族文化传承过程中起到了关键的作用，那么，研究它们两者之间的耦合机制就具有十分重要的现实意义，简言之，探讨民族文化传承中家庭和学校的耦合及耦合机制问题，是实现民族文化传承实效性的需要。在全球化的冲击下，民族文化传承工作岌岌可危，不少民族特色的内容及元素被弱化甚至正走向衰落。不少有识之士已然意识到这一问题的严重性，大声呼吁要加强保护和采取有力措施。自 21 世纪初以来，国家和地方层面对民族文化传承工作的关注程度不断提高，且投入了大量的人力和物力，虽然取得了一定成效，却没有达到预期的效果。究其原因，其中一个很重要的原因就在于学校教育和家庭教育耦合机制没有得到充分的发挥和利用。因此，在民族文化传承中对学校和家庭作用进行整合，发挥学校教育和家庭教育的耦合机制，是民族文化传承工作和学校、家庭教育的需要，是由育人目标的一致性以及教育模式的差异性和互补性所决定的。培养德、智、体、美、劳全面发展的社会主义事业合格接班人和传承优秀的民族文化是学校和家庭教育的共同目标。此外，如前文所及，学校和家庭教育存在差异及互补性，除了在教育模式和方法上不同外，在教育者与受教育者的关系、优势和特点上也存在着差异。

在实践方面，发挥学校和家庭教育的耦合机制也是切实可行的。首先，学校教育和家庭教育存在各种耦合的可能性。就以贵州省黔东南地区的苗汉双语课程教学为例，学校所传授的苗语词汇和常用口语表达，可以通过与家庭苗族老人对话的形式加以巩固和提高；而对于那些掌握传统苗族技艺的家庭来说，这些技艺也可以在学校通过教学的形式得以传播和推广。这一过程体现了多场耦合的特点，也表明了在民族文化传承过程中，学校教育和家庭教育相辅相成，互为补充的关系。

此外，耦合强弱理论也适用于民族文化传承过程中的学校教育和家庭教育。对于民族文化传承比较重视的家庭，或本身具有民族文化传承基础和优势的家庭，其必然体现出较强的耦合程度。反之，不太重视这项教育工作的家庭和学校，其耦合程度则会较低。由此可见，整合学校教育与家庭教育，用耦合的概念及耦合机制理论来诠释民族文化传承是可行的。该理论视角让我们在进一步了解学校教育和家庭教育在民族文化传承过程中的地位和角色的同时，有利于我们从更深层面把握两者的契合性，从多元整合的视角来探讨民族文化传承的机制。

3. 学校教育与家庭教育耦合的原则与路径

整合学校教育与家庭教育，构建民族文化与家庭教育的耦合机制，增强民族文化传承的实效性，主要应把握以下几点。

（1）构建民族文化与家庭教育耦合机制的原则。

民族文化传承中学校教育与家庭教育整合要遵循以下原则：第一，自觉性原则。民族文化传承中学校教育与家庭教育整合应当是一种自觉的行为，它的显著特点是突出两者的积极性和主动性。第二，双边性原则。从耦合机制理论来看，两者是一个双边动态发展的过程。一方面，家长要全力支持民族学校的民族文化类课程教育活动；另一方面，学校也要对民族文化传承中的家庭教育活动给予指导。第三，以学生为中心的原则。在这个过程中，学校教育与家庭教育的整合，既体现了民族文化与家庭教育的耦合机制，又作为载体，始终将学生视为服务的对象及教育的核心。第四，实效性原则。学校教育与家庭教育整合，实施民族文化课程教育，不是简单的叠加式的弱性耦合，而是具有一定效果的强性耦合。

（2）构建民族文化与家庭教育耦合机制的路径。

第一，充分认识学校教育与家庭教育实现整合的意义。目前存在一种误区，认为既然学校在学生入学后已经成为了民族文化传承的主要阵地，那家庭教育就很自然地处于了次要地位，甚至个别偏激的观点认为它是无足轻重的。持这种观点的人，既没有看到家庭教育在民族文化传承中的重要作用，也武断地割裂了学校教育和家庭教育的关系，忽视了两者进行联动和整合的意义和价值。家庭教育是学校教育的基础，是保持民族语言、传统技艺、宗教和风俗等世代延续的基石，尤其是对于人口较少的民族，其家庭教育实施效果不容小觑，在民族文化传承方面发挥着卓有成效的作用。① 既然两者都在民族文化传承中起着不可替代的重要作用，且将其整合后更便于发挥其合力效应，有关部门就更应当充分认识学校教育与家庭教育进行整合的意义，对其给予高度重视，在继续强化民族文化进校园活动以及开发民族文化类地方课程和校本课程基础上，探索学校教育与家庭教育进行整合的形式与机制。

第二，找准民族文化传承中学校教育与家庭教育的契合点。前文论证了民族文化与家庭教育耦合机制及其可行性，但仍停留在理论层面，将该理论付诸实践的关键，在于找准民族文化传承中学校教育与家庭教育的契合点。民族文化传承的内容和形式是多样化的，从内容上看，近年来贵州省民族地区中小学开设了丰富多彩的地方课程和校本课程，主要包括学生品德教育、日常行为规范教育、中华传统文化教育、地方风情教育、民族民间文化教育等。其中民族民间文化又包括民族体育、民族歌舞、民族文字、民族工艺（如剪纸、蜡染）等，它比家庭教育所涉及的民族文化传承内容更全面。但在某些内容方面，譬如民族语言，家庭教育的影响力就显得更为深远和深刻。从形式上看，学校有必修课、选修课、课外实践活动等；而家庭教育的民族文化传承的内容和形式相对单一，大多是言传身教，或耳濡目染的形式。实践证明，并不是所有的内容和形式都能实现耦合，例如个别家庭民族文化教育中就带有较浓厚的封建色彩。这就要求我们要去其糟粕，取其精华。而有些内容是完全能够契合的，如笔者在贵州省黔东南苗族侗族自治州台江县调研过程中发现，不少民族学校所开设的民族文化类校本课程中，都有苗家剪纸方面的内容，而这也是当地苗族家庭中较为普遍存在的民族工艺形式，可以作为两类教育活动的契合点。实践证明，家庭教育和学校教育的整合确实能够提高此类民族文化类课程的实效性。

第三，实施多元化的学校—家庭民族文化传承耦合途径。在实践中，可以根据民族地区的民族文化类课程教学现状，探索多元化的、灵活的耦合路径。例如，笔者在贵州省铜仁市松桃县民族中学调研过程中发现，该校因地制宜，探索出了民族文化类课程家长—学校委员会的新形式。这是一种能适应民族文化类课程良性发展，体现学校—家庭民族文化传

---

① 孙丽婷：《从阿昌族的家庭教育看民族文化的传承》，《德宏师范高等专科学校学报》2006 年第 2 期。

承耦合机制的方式。在理念上，家长主动参与学校民族文化类课程教学的始终，包括民族文化类课程的课程设计、教学过程的监督及教学效果的评价等。

以民族文化类课程教学评价为例，贵州省铜仁市松桃县民族中学采取了以下耦合机制，值得我们借鉴。该校倡导的是多元化评价主体，即教育行政机构、校长、教师、课程专家、学生以及家长都参与其中。由于他们在民族文化类课程教学中所处的地位和扮演的角色不同，因此要对各评价主体之间进行协调，他们参加评价的时机、所扮演的角色以及评价的方式是不同的。其中，民族文化类课程教学管理机构和专家履行外部评价的职责，即对课程进行监督、管理和验收评估。而教师处于评价的主导地位，除了对学生多进行鼓励性评价外，还要养成自我评价的习惯。此外，学生家长也要积极参与课程评价，包括他们对该课程的态度和认识等，并适时对课程实施效果予以评价。特别是那些具有相关技能的家长，还被邀请参加了民族文化类课程的开发、实施和评价的全过程，效果显著。① 从这个意义而言，家庭教育发挥了必不可少的辅助评价作用。

第四，实现民族文化传承中学校教育与家庭教育耦合的长效性。除了探索多元化的学校与家庭民族文化传承耦合途径外，还要建立长效机制，即实现制度化和常规化。要从政策制定和物质投入等方面，切实保障学校教育与家庭教育耦合的实施效果。民族文化传承中学校教育与家庭教育耦合，要因地制宜，针对不同对象采取不同的措施。从宏观上来看，城市民族学校的学生家长的受教育程度及家庭经济条件要优于农村民族学校的学生家长，在整合和发挥耦合机制方面相对容易做到。而在民族地区农村，由于留守儿童较多，隔代家庭教育是其主要特征，因此实施起来就显得较为困难。此外，生活在民族地区农村的大多数老人，由于他们更加熟悉甚至精通本民族、本地区的文化，也成为了一些农村学校体现民族文化与家庭教育耦合机制和文化优势的一道风景线。

总之，贵州省民族地区中小学民族文化类地方课程和校本课程开发和实施的实践证明，民族文化传承中学校教育与家庭教育耦合不但是完全可行的，而且能够较大幅度地提高民族地区民族文化传承的实效性。

---

① 孟立军、吴斐：《论民族文化类校本课程的本质及发展趋势》，《民族教育研究》2016 年第 1 期。

第七章　发展策略：宏观与微观

习近平同志提出的"中国梦"具有多个维度的解读，其中最重要的方面就是实现中华民族伟大复兴，而要实现这个目标，就要重视民族文化的传承。在历史发展的长河里，少数民族和汉族一起创造了很多优秀的民族文化。然而，随着经济和科技的高速发展，以及受跨文化交际的影响，目前民族传统文化传承陷入了前所未有的危机。如何保护、传承、发展、创新民族传统文化一直是一个重要的研究课题。通过我们对贵州省民族地区中小学民族文化类地方课程和校本课程的研究，笔者认为，应当从宏观管理和微观管理两个方面入手，即在宏观管理方面，要进一步加强民族文化传承的生境建设。在微观管理方面，要从两个层次做好课程设置的择选工作。

第一节　加强民族文化传承的生态环境建设

在如何保护、传承、发展、创新民族传统文化方面，相关研究者从不同的角度和理论对此进行了阐释，如多元文化论、文化变迁论等。近年来兴起的教育生态学为化解民族文化传承困境提供了新的理论基础。为了了解学校在民族文化传承中的特殊作用，笔者以民族文化教育为主题，选取贵州省黔东南州、黔南州、铜仁市等地 20 余所学校进行了实地调查，在对学校民族文化传承的生态环境进行解读后，从教育生态学的视角出发，探讨了学校民族文化传承生态环境的优化措施。[1]

---

[1]　孟立军、吴斐：《生态学视域下学校民族文化传承的生境及优化——基于贵州省"民族文化进校园"的调查》，《贵州民族研究》2014 年第 2 期。

一　学校民族文化传承的生态环境解读

1. 教育生态平衡理论

生态系统中的能量流动和物质循环一般都处于较稳定的状态，同样，生态系统结构也遵循一定的规律而存在。它对外界环境改变而引起的变化也能做出自动调节，这是一个相对平衡的过程，称之为生态平衡。如果外界的力量过于强大，使调节失效，就会导致总体的生态系统结构失去平衡，称之为生态失衡。生态平衡理论启示我们在发挥人类主观能动性的同时要遵循自然规律，按客观规律办事。同理，教育生态环境也要求我们在发展教育的过程中遵循客观规律，不断优化教育生态环境的各个要素，如果打破了这种平衡，也会导致教育生态失衡。

2. 学校民族文化传承的政治、经济、文化生态环境

（1）学校民族文化传承的政治生态环境。

政治环境是首要因素，它的优劣直接关系到学校民族文化传承的实效性。如在"文革"时期，由于受到"左"倾思潮的干扰，民族理论和民族政策被否定；民族教育政策和民族教育措施被抛弃；民族教育管理机构被撤销等，这些做法都严重地影响了民族教育事业的健康发展。当时，学校民族文化传承工作几乎处于停滞的状态。党的十一届三中全会以来，民族教育工作重新走向正轨。良好的政治生态环境也促成了学校民族文化传承工作的复苏，近20年来更是实现了跨越式发展。当前，在很多地区实施的民族文化教育政策，就是优化民族文化传承生境的一项重要举措。

（2）学校民族文化传承的经济生态环境。

学校民族文化传承同样需要良好的经济环境。由于历史的原因，民族地区的经济长期较为落后，不发达的经济在影响民族学校教育发展的同时也制约了学校民族文化的传承。在计划经济时代，民族地区依赖于传统手工艺生产和国家援助来发展经济，与内地经济差距不大；而随着市场经济的冲击，尤其是受信息技术和新材料、新科技的影响，少数民族地区和汉族地区经济差距不断在拉大。一方面，传统手工艺无法和现代大工业生产相抗衡；另一方面，少数民族地区过去那种"等、靠、要"的思想不再适应市场经济时代的需求。此外，地方财政困难的现状也使其经费短缺，改革开放后，虽然地方财政逐年增加了教育经费，但由于学生基数大、开支广、用于学校民族文化传承工作的经费就寥寥可数了。

（3）学校民族文化传承的文化生态环境。

文化生态环境简称为文化生境，这个概念是由美国人类学家马维·哈里斯提出的，他在《人·文化·生境》这部著作中将生物学中生态学的理论引入人类学与文化研究。文化生境可以定义为文化所赖以生存的内部和外部环境。和政治、经济生态环境相比，文化生态环境在学校民族文化传承中起核心作用，它主要取决于校园文化环境，包括民族价值观取向、学校多元文化教育等。

二 学校民族文化传承的生态环境现状

从学校民族文化传承生态环境的视角来看，尽管已有所改观，但仍需促进和谐与优化。

1. 政治生态环境

目前，总体来看贵州民族地区民族文化传承的政治生态环境良好，主要得益于中央和贵州省政府相关政策的支持。如贵州省教育厅、省民宗委先后联合下发了《关于在我省各级各类学校开展民族民间文化教育的实施意见》《关于大力推进各级各类学校民族民间文化教育的意见》等指导性文件，并逐层落实，成效明显。如20世纪90年代末，台江县民族中等职业技术学校濒临倒闭，生源低潮时仅有60多名学生。在民族文化教育政策的推动下，他们面向市场，顺势而上，在实践中坚持专业与普通相结合，开办了民族服装与设计、苗绣与剪纸等特色专业，在传承民族文化的同时获得了良好的社会和经济效益，生源和口碑良好，在校生大幅提高，它的成功是政治生态环境培育的结果。

但同时也存在着不少问题。突出表现为高考和中考升学制度和学校民族文化传承之间的矛盾。尽管国家实施了一系列有利于少数民族学生升学的优惠政策，如定向培养和加分制度等。但缺乏少数民族文化项目和升学挂钩的相关政策，使民族中学削弱了民族文化传承的动力，造成部分学校在贯彻民族文化教育政策时流于形式，没有发挥出应有的积极性。

2. 经济生态环境

从外部经济环境而言，贵州民族地区经济发展态势良好，劳动力输出量比过去有所减少，有利于降低留守儿童比例，增强学校民族文化传承的实效性。内部经济环境也进一步得到了优化，国家加大了投入，使民族教育经费保障性增强。与此同时，经济生态环境还亟待进一步优化。

一方面，现有经费仍不能满足开展少数民族文化传承工作的需要；另一方面，由于民族文化任课教师待遇偏低，也制约了师资队伍建设，这是造成学校民族文化传承工作弱化的经济原因。

3. 文化生态环境

优质文化生态环境的创建是学校民族文化传承的关键。黔东南州从校本课程开发和设置、课外活动开展等方面来构建民族文化传承的文化生态环境，成效显著。如凯里市三小挖掘地方民族教育资源，并通过校本课程开发引入课堂；剑河民族中学则充分利用苗族花鼓、刺绣、芦笙、民族文化长廊等载体进行民族传统文化教育，为每一位学生的个性发展提供平等的学习和锻炼机会，让他们走上不同的成才之路。

当然，民族文化传承的文化生态环境也受到了前所未有的挑战。首先是民族文化认同感和价值观的弱化。民族文化教育工作受到"应试主义""实用主义"的影响，学生兴趣面临着家长的非议和分数的评判。此外，外部文化生态环境也不容乐观。如何处理民族文化传统与现代化之间的矛盾，也是学校民族文化传承所面临的棘手问题。固守民族文化传统而对新文化和异文化采取排斥的态度，会阻碍民族的发展；而无视少数民族的特殊性，采取"一刀切"的做法，同样不利于少数民族文化事业的健康发展。

4. 学校民族文化传承生态环境失衡的原因

造成贵州民族地区学校民族文化生态环境失衡的原因是多方面的。从政治方面来看，尽管我国民族政策日趋完善，但相关配套的制度和法规还有待进一步完善。此外，民族文化教育未被纳入学校评估和考核的指标，直接导致了民族文化教育和学校教育的脱节。

经济生态环境失衡的原因更加复杂，其中最主要的原因还是民族地区经济和科技的后进与市场机制的矛盾，以及个人生存发展与民族文化传承之间的矛盾。与前者相比，第二个矛盾显得更加尖锐。在经济尚不发达的民族地区，学生只有通过读书来改变贫困的家庭经济状态，他们缺乏对民族文化学习的直接动力。

信息科技的发展，市场经济的冲击，异文化交流的影响，是造成文化生态环境失衡的根本原因。过去，由于通信手段的落后，对外交流偏少，民族学校还能固守自身的文化阵地。当前，科技的发展和市场的导入引起了文化的碰撞和变迁，因而打破了文化生态环境的平衡，新科技和多元文化在给学校民族文化传承工作带来机遇的同时也提出了新的挑战。

三 保持学校民族文化传承生态环境平衡的路径

只有采取措施优化民族文化教育的生态环境，才能保证其传承的有效性。各级教育管理部门和学校只有真正认识到良好环境对学校民族文化传承的特殊意义，实施这项工作才有原动力，才能重构良好的政治、经济、文化环境以应对危机。①

1. 优化政治生态环境

（1）要明确政府的职责，并进行正确定位。政府是学校民族文化传承工作强有力的倡导者和支持者，并要有专门的机构和长效机制来保障民族文化的传承和创新。民委和教育分管部门应合署办公，并赋予更大的行政自主权。

（2）要健全制度和完善政策，增强学校进行民族文化传承的责任心和使命感。如专门针对民族文化特长生开通高校招生录取的绿色通道，从而促进民族文化传承和学校日常教学工作的融合。

（3）有关职能部门要加强相关法制建设，以法律的形式保证学校民族文化传承的生态环境免遭破坏，对校内外民族文化传承人的社会地位、编制、工资水平、专业技术资格评定等给予保障。

2. 优化经济生态环境

（1）要找到民族文化和市场经济相适应的切入点。我国学校民族文化传承工作虽然不可能完全市场化，但可以和市场进行适当结合，前面提及的台江县民族中等职业技术学校成功的实践就是较好的例证，该校民族文化产学基地建设经验可以进行推广，在保证学校获得一定经济收入的同时发挥传承传统民族民间文化的作用，实现学校民族文化传承工作良性循环和可持续发展。

（2）要搭建个人生存发展与民族文化传承之间的桥梁，如果通过开设民族文化特长班等形式，能使学生获得升学和生存技艺"双收益"的话，一定会受到社会各方的普遍欢迎。

（3）要多渠道筹集民族文化传承活动资金，解决经费困难。要抓住西部大开发和国家扶持的契机，大力发展地方经济，增加财政收入，保

---

① 孟立军：《民族文化在学校的保护和传承》，《光明日报》2015 年 3 月 8 日。

证民族教育经费的来源，并引入社会、民营资本，扩大经费收入路径。此外，还要加强民族文化专项基金经费的管理，提高经费使用效益。

3. 优化文化生态环境

强化少数民族学生的文化主体意识，增强其民族自豪感和自信心。

（1）可以通过校本课程的开发和建设来加强他们对民族文化内容的认知。教材的编制要注意因地制宜，突出实用性、趣味性、民族性。加强校园民族文化艺术节、校运会民族项目比赛等隐性课程建设，发挥此类课程潜移默化地增强民族认同感的作用。

（2）增强民族文化教育的实效性。此项工作是文化生态环境优化的极佳模式，实施效果不尽如人意的原因是多方面的，主要表现在师资匮乏，缺乏机制等方面。为保证师资，学校可以高薪聘请民间艺人来校任教，并完善教师选拔制度，坚持"能者为师"的原则。机制构建的关键在于探索一个实用的有效的实施和监督长效机制。

（3）以新课程改革为契机，创建多元文化课堂。倡导素质教育和学生全面发展的新课程改革为优化文化生态环境带来新的机遇。一方面，要设置专门的民族文化课程，对学生进行系统的民族语言、礼仪等文化教育；另一方面，民族文化可以渗透到体育、美术、音乐等课程，促进少数民族文化和学科知识的融合，构建多元文化课堂。它也是处理好民族文化传统与现代文明矛盾的主要手段。

4. 发挥合力效应，保持文化多样性

在自然界，生态平衡最基本的特征就是生物多样性。要保持自然生态平衡，不能忽视生物的多样性。同理，民族文化也应该是丰富多彩的，学校作为一个特殊的生态系统，由学生、教师、校园、课堂、教材等各个子生态系统构成，它们也不是孤立存在的，而是相辅相成的。要保护民族文化的多样化，就必须坚持民族文化传承主体的多元化。学校民族文化传承工作单纯依赖领导或教师的力量是不够的，它是校园各个子生态系统合力作用的结果，包括制度建设，师生的自觉行为等。只有整合并平衡各个要素，发挥合力效应，才能达到最佳传承效果。

总之，贵州民族地区民族文化教育的调查结果表明，民族文化教育活动的实施使民族文化传承工作取得了较好的成绩，但仍存在很多问题，归根结底在于其所依赖的生态的失衡。少数民族的文化体系，是建立在特定的生态环境中的，其中的每一个要素都相互影响，相互作用，并形成一个有机的整体，不能打破任何一方的平衡。保持良好的学校民族文化传承生态环境是一项艰巨而复杂的系统工程，仍需在实践中不断探索。

第二节　加强民族文化传承的两类课程建设

要对民族文化进行保护、传承、发展、创新，从民族地区中小学角度讲，就是要审慎区分两类性质不同的民族文化类课程，切实做好校本课程设置的择选工作。[①]

一　两类课程的划分取决于课程受众面的不同

在民族地区中小学开发和实施民族文化类地方课程和校本课程，可以按性质的不同分为两种类型，即受众面较宽和受众面较窄的课程类型，这主要取决于民族文化类地方课程和校本课程受众面的不同。从一定意义上讲，受众面的大小是开展民族文化类课程择选工作的重要标准。调研结果显示：一般而言，贵州省民族地区中小学开设的民族文化类课程中存在着两种情况，有些课程无论是在形式上还是在内容上，都具有受众面宽、易于接受和便于推广的特点；有些课程则由于表现方式与当代审美取向有所不同等方面的原因，则具有受众面窄、不易接受、推广难度大的特点，在实现普及方面尚存在着一定的困难。因此，这里就有一个对民族地区中小学民族文化类地方课程和校本课程进行选择的问题。从此项研究提出的从两个层面做好课程设置择选的理论出发，选择哪些适合民族地区中小学开设的教学内容和教学形式，就成为了提高民族文化类地方课程和校本课程教学质量的一个关键问题。

1. 受众面较宽的民族文化类课程

贵州省民族地区中小学普遍开设的苗语课程就是一门受众面较宽的民族文化类课程。

苗语是苗族人的语言，属于汉藏语系苗瑶语族。分布在中国的湖南、四川、贵州、云南等地，以及越南、老挝、泰国、美国等国。苗语可以分为湘西（100万人）、黔东（210万人）和川黔滇（300多万人）三大

---

① 孟立军：《民族文化在学校的保护和传承》，《光明日报》2015年3月8日。

方言。各方言又分为一些次方言，各个方言及次方言内部还有土语之分。各方言及次方言之间差异较大，基本上不能用各自的苗语通话。据专家考证，苗语各方言的共源词达 60% 以上。这三大方言与布努语等语言共同组成苗语支。[①]

　　作为少数民族文化的一部分，苗语的传承一直受到各方的关注。[②] 苗语纳入课程其实由来已久。国家对于少数民族的发展一直是非常关注的，1984 年颁布实施的《中华人民共和国民族区域自治法》中就规定了民族自治地方的自治机关可以根据国家的教育方针，依照法律规定，决定本地方的教育规划，各级各类学校的设置、学制、办学形式、教学内容、教学用语和招生办法。2002 年，《国务院关于深化改革加快发展民族教育的决定》指出：要正确处理使用少数民族语授课和汉语教学的关系，在民族中小学逐步形成少数民族和汉语教学的课程体系，有条件的地方应开设一门外语课。2010 年颁布的《国家中长期教育改革和发展规划纲要（2010—2020 年）》第九章第二十七条中提及：要大力推进双语教学。尊重和保障少数民族使用本民族语言接受教育的权利。在省级文件上，贵州省教育厅、省民宗委出台的《关于在我省各级各类学校开展民族民间文化教育的实施意见》中提出：不通汉语的少数民族聚居地，要认真组织好双语教学，有条件的应将双语教学提前到学前教育，各级行政部门要做好双语教师培训计划，组织力量研究双语教学，提高双语教学质量。因此，加强苗语在学校中的传承工作，势必能推动国家及各级政府的相关政策的落实，保证少数民族文化传承具有政策上的保障。

　　语言作为一个民族最基础的文化、最显著的特征，作为一个民族优秀传统文化的承载工具，在维系民族凝聚力、保证民族自豪感上发挥着十分重要的作用。

　　2. 受众面较窄的民族文化类课程

　　贵州省石阡木偶戏于 2006 年入选国家级非物质文化遗产名录，该县民族中学 2006 年将其引进课堂，作为特色教改和素质教育的重要举措列入专门课程，石阡民族中学木偶戏校本课程，就属于此项研究中受众面

---

　　① "苗语"，http://baike.so.com/doc/5709078 - 5921799.html。

　　② 芮娴：《贵州学校教育中苗语的传承研究——以黔东南州为例》，硕士学位论文，中南民族大学，2014 年。

较窄的民族文化类课程的范畴。

我国戏剧种类非常丰富，不同的剧种有几百种之多。① 木偶戏从属于戏剧的一种。中国木偶戏大致可分为四类：铁枝木偶、仗头木偶、提线木偶和布袋木偶。石阡木偶戏属于仗头木偶的一种，迄今已有 500 年的历史。石阡木偶戏基本要素包括唱腔、锣鼓牌子、"头子"、服饰、道具、表演等方面。其中"唱腔"包括高腔和平弹两种类别。"锣鼓牌子"主要有"大出场""小出场"等十余个牌子。"头子"可分为生旦净丑四个行当。"服饰"包括盔头、方巾、蟒袍、拷子、折子、帔挂等部件。"道具"包括各种兵器、"肚腹""彩脚""手柄"、髯等部件。"表演"包括表演手法、身段等。

仗头木偶又名"竿头木偶"，不同地区还有很多不同称呼，如托戏、托偶、举偶等，是木偶戏的一大门类，是众多木偶戏品种中善于传情达意、抒发表演者情感的品种。表演时表演者将偶人高举过头，人居其下。由于表演者在下面操纵木偶，相比其他品种的木偶戏，其表演时的活动空间更大、更灵活，也更便于施展表演者各种身段与操纵技巧，甚至可以人与偶同台献艺。另外仗头木偶形体较大，便于更多观众同时观赏。由于这些优势，仗头木偶是我国广泛流传的木偶品种之一。仗头木偶表演时由表演者双手操纵一根命杆（与木偶头部相连）和两根手杆（与木偶两手相连）进行表演。木偶的头部主要以木雕为主，也有采用泥塑或纸制裱的，内藏机关，使嘴、眼等五官可以活动；命杆为木或竹制作，各地各派长短不同，按手杆位置又有内和外操纵之分。"内操纵"多演传统戏曲剧目，形体具有夸张性，由木偶头部和衣服组成一个完整的人物，衣形呈长方形，宽大，因而在某种程度上失去了人物本身的形状，适合表演夸张的丑角类的人物，便于表演戏曲程式，同时还能掩藏手杆，看不见手杆的操作，使得木偶整体形象更完美。"外操纵"则多用弯把式命杆，用粗铅丝制作，负担减轻了不少，表现力也得到增强，因手杆在外，身体形体自由，动作丰富。近年来突破了传统的仗头木偶有手无足，单人操作一个偶人的局限，木偶不但有了脚，还可以两三位演员共同操纵一个偶人，"打脚""横飞燕""大跳"等舞蹈动作都能做到，使得人物

---

① 江瑛：《贵州省石阡木偶戏在学校的传承研究》，硕士学位论文，中南民族大学，2014年。

形象更完整，行动也更自由灵便，穿着更符合时代审美需要。

从形态制作而言，各地仗头木偶的体型并不一致。按照偶人身高，可分为大、中、小三类。大型木偶跟真人类同，身高可达1.4米左右；小型木偶则仅仅40—50厘米；中型木偶是最为流行的一种，一般身高在70—90厘米。基于表演人员的数量，形成了单人演出的小班、3—4人演出的中班，以及10人以上演出的大班。演出模式大都结合各地风俗和地方戏曲艺术，创造出各具地域风格的偶戏品种。

截至2011年，石阡民族中学参加木偶戏学习的学生学员共计四批。他们通过认真学习，已基本掌握了木偶戏表演要领，还代表学校多次参加了各种大型表演活动，如在2009年举行的石阡温泉文化旅游节上在万寿宫为外国友人表演，2011年参加首届石阡苔茶文化旅游节，还进入了香港民族民间文化传承展。目前在石阡民族中学已列入传承目录的木偶戏有三讨荆州、樊梨花招亲、请诸葛、古城会、樊梨花斩子、东吴招亲、九龙山收杨再兴等。

二　影响两类课程发展因素的分析

1. 影响受众面较宽课程的主要因素

苗语日益衰落的主要原因可以归结为以下几个方面：①

（1）受到外来语言的无情冲击。

这种情况可以表现在众多方面：第一，为满足工作和生活的需要使苗语使用频率降低。当今社会，少数民族年轻人越来越多地外出求学，外出打工，由于他们在现代生活的环境下极少会使用到苗语，日常学习和工作使用的语言是作为国家官方语言的汉语。而且，只要离开民族聚集的地区，就必须掌握汉语以满足工作和生活中沟通和交流的需求。久而久之，他们便会更加熟悉汉语而渐渐地忘却苗语，这也就是现在还能坚守苗语的基本都是一些上了年纪的老人的真正原因。随着这些老人的离去，会说苗语的人将越来越少，苗语的传承将有可能面临后继无人的困境。第二，外来语言的侵入使苗语使用范围变窄。随着民族间的交流和融合，很多其他民族的人搬迁进少数民族地区。随之而来的，便是他们所使用的语言的侵入。由于我国民族众多，众口难调，汉语作为通用

---

① 芮娟：《贵州学校教育中苗语的传承研究——以黔东南州为例》，硕士学位论文，中南民族大学，2014年。

语言的优势便会凸显出来。为了交流的需要，各少数民族都必须学习汉语以便顺利地与其他民族进行沟通。第三，苗语自身存在的有限性和局限性。在苗语中，很多领域的科学文化知识所需词语无法覆盖，这就使学习汉语成为了必要的趋势，只有掌握汉语，才能利用汉语去学习更多的知识。第四，主流媒体的影响。综观市面上的书籍及影视资料，大多都是以汉语作为载体的。在当今科技飞速发展的现实中，如果你想在空余时间丰富自己的生活，看电视、阅读、上网等都需要你有比较扎实的汉语基础。

（2）对苗语传承存在众多误区。

虽然贵州省出台了相应的政策保护苗语作为少数民族优秀文化的传承，但是在实施上还是存在着极大的困难，其中最根本的问题是各方在观念上的偏差。无论是教师，还是家长、学生，普遍对苗语传承工作抱着无所谓的态度。在他们看来，苗语学习的作用就是充当一种工具，为学生学习其他知识做"铺垫"，就其本身的传承而言，并不是十分的必要。调查结果显示：为数不少的学生表示，即使学了以后也很难用上，还不如不要学。更有学生觉得现在开设苗语课主要是为了应付领导，民族文化教育没有什么实际的作用。他们没有意识到苗语是苗族文化的"根之所在，魂之所系"，是保存、传播、创造民族文化的重要手段，对民族文化的传承发展，民族地区经济和社会发展都有着不可替代的作用。学习苗语不仅有利于学习其他科学文化知识，更重要的在于它有利于提高民族素质，增强民族意识和民族自豪感，有利于和谐社会的建设和维护民族团结。

（3）课程设计存在一定缺陷。

黔东南州的小学基本上都有苗语课的开设，使用的教材是统一由省教育行政部门派发的。但是在观察中发现，苗语课上，还是有相当一部分的学生跟不上老师的节奏，当老师用苗语讲解的时候他们反应甚小，有些甚至一整节课都没有任何的反应。课后，在对部分同学访谈时了解到，他们大多并非本地生源，对于当地所用的苗语并不熟悉，苗语课对于他们而言，就相当于一门新的课程。这种学习非但不会帮助他们了解苗语，热爱苗语，反而会加重他们的学习负担，使他们对苗语的学习产生畏难情绪。

除此之外，因为高年级不再开设苗语课程，很多对苗语有兴趣、志在继承和发扬民族优秀文化的学生也没有了继续学习苗语的机会，这种现象实在是很令人惋惜。因为课程设置和安排上的欠缺而导致了苗语传承后继无人。

在苗语课本的编排和苗语课程的讲授方面，多是以帮助学生学习其他知识为目的的，很少涉及苗族本民族的文化特色，这样的学习，很难激发学生对于苗语学习的兴趣，也很难让学生有学习苗语的热情，这既不利于学生对于本民族文化的认同，也不利于增强学生的民族自豪感和民族自尊心。

（4）课程开设缺少资金支持。

资金问题并没有得到根本性的解决，甚至有的地方都没有得到一定程度上的缓解。大多数学校普遍反映，这一问题直接影响着民族文化教育的开展。资金问题主要集中在两个方面：第一，政府拨款资金不够。据学校反映，虽然每年政府都会拨出一定数额的文化教育经费，但是无论是请专业教师、民间艺人，还是置办所需物品，都是一笔比较大的开销，平塘县牙舟中学的教师反映，每年用于牙舟陶的校本课程开发以及设备维护的经费大约需要 3 万元，这已经超出了政府所下拨经费的数额。由于经费的缺乏，学校在很多方面都必须进行必要的减省，如无法聘请著名的民间艺人来学校教学，无法购置必要的民族服装来表演民族歌舞，无法配备专业的民族乐器等。有些学校甚至因为资金缺乏问题而彻底放弃了民族文化相关课程的开设。第二，学校在资金的使用上，很少将其用于苗语课的教学。少数民族文化丰富多彩，无论是民族歌舞还是民族工艺，都会给人留下深刻的印象，相较之下，少数民族语言就显得没那么的吸引眼球了。在走访中了解到，大多数学校都会将经费用来购置民族歌舞或民族工艺所需要的装备，很少将其投入苗语课程，甚至连苗语教师都是选用其他科目的教师来讲授，而没有专门聘请专业的苗语教师。

（5）苗语师资极度缺乏。

师资的力量直接影响着语言教学的质量。语言教学不仅需要一定数量的教师，也需要教师在语言教学质量上能够得到保证。当前的苗语教学中，师资方面存在的主要问题有以下几点：第一，数量不足。黔东南州的苗语教师一直处于紧缺的状态，其主要原因：一是黔东南州作为贵州的一个少数民族自治州，经济较为落后，人才本身就比较缺乏，精通苗语的专业教师就更是稀少，本地教师出于各种原因外出寻求机会，外来人才又不愿意去偏远地方任教，有关部门也没有及时选调优秀教师来填补空缺，造成了苗语教师的短缺。二是教师队伍没能享有相应的地位和待遇，使得不少教师宁愿外出寻求更好的发展，也不愿意留在本地从事教学工作，人才流失严重使得苗语的师资队伍存在结构性短缺。第二，教师的专业素质普遍偏低。教师的专业素养会直接影响课程的教学效果。造成苗语教师专业素养偏低的主要原因有以下方面：一是教师水平的局限。在条件好一点的学校，担任苗语教学的教师大多是师范毕业生，这类教师多为当地人，从小使用苗语，之后接受大专或本科的学习，有着较好的苗语基础、汉语基础和教育基础知识。但是很多农村或偏远城镇学校的苗语教师，则大多没有接受过专业的学习和训练，虽然他们也有着良好的苗语基础，但是在其他方面则存在着一些不足。一些教师汉语发音不标准，一些教师不知道如何教好和更有效地教授学生，他们只能按照小时候学习苗语的那种方式来进行苗语教学，缺乏教育学中所强调的目的性和系统性。二是繁重的教学任务也影响着教师专业素养的提高。目前黔东南州学校的苗语教师基本都是一人多职，他们不仅要教授苗语课程，还要肩负语文、数学等其他科目的教学。由于其他科目多为国家考试的科目，自然而然，教师都会把更多的精力投入到这些科目的备课、准备和研究上，投入苗语课上的时间和精力就会减少很多，也就导致了苗语教学的效果不尽如人意。

2. 影响受众面较窄课程的主要因素

虽然石阡县民族中学将木偶戏列入了专门课程，还专门成立了木偶戏教研组，石阡木偶剧团也在大大小小的演出中获奖无数，但是木偶戏作为传统戏曲在现代社会传承中面临的问题还是不容忽视的。第一，受现代"快餐"文化侵蚀，导致真正对木偶戏爱好的学生并不多；第二，受升学考试的压力，即使有学生热衷于学习木偶戏，但是家长并不支持，学生就无法花太多时间和精力去深入学习；第三，学生在民族中学最多停留3年，要想培养出一批擅长木偶戏并能将木偶戏传承下去的年轻一代，谈何容易。第四，政府部门对于在学校传承此项民间文化的重视程度也不够，许多官员只是把木偶戏更多地当成一张宣传名片，并没有真正理解木偶戏本身的内涵。① 石阡木偶戏在学校传承中面临的问题主要表现在以下几个方面。

（1）对木偶戏传承的认识不统一。

石阡民族中学传承木偶戏工作之所以面临着一系列困难，其中与政府部门，包括当地文化局、教育局和民委在传承认识上的不统一有着较大关系。自木偶戏"申遗"成功、石阡民族中学被选为定点传承学校后，政府部门便降低了对其传承的重视程度，似乎成立了木偶戏教研组便万事大吉了。每当有外宾来到石阡，政府部门便会通知木偶剧团进行表演，其目的并非出于对木偶戏真正的热爱，而仅仅是把木偶戏当成一张宣传的"名片"，在观看的过程中，也没有表现出对木偶戏表演的欣赏；有的官员甚至在木偶戏才开始几分钟，便匆忙喊停，随后带领外宾参观下一个事先安排好的活动。这种走马观花似的展示活动让剧团人员颇有怨言："每当接到通知，我们剧团就放下手头工作，赶紧进行节目的排练，辛辛苦苦排练折腾大半天，结果上台不到几分钟时间就被喊停，我们的热情和积极性遭到严重打击。"有位教师说道：自 2006 年我接触木偶戏以来，就下定决心要好好学习和研究木偶戏，木偶戏看似简单的几句词、几个程式化的动作，却蕴含着丰富的文化价值。表演者首先要对人物和剧情有足够的了解才能演得像和演得好，观众也是如此，决不能将木偶戏的表演当成"耍猴"一样，只是感觉新鲜，却不去深入体会戏曲中的文化价值，体会表演者的良苦用心。

部分官员们仅将木偶戏作为石阡县的宣传"名片"，对其进行商业化的开发，而不是由衷地欣赏和热爱木偶戏，没有表现出充分尊重剧团人员的劳动付出。相比之下，剧团人员对木偶戏的感情是很深厚的，在他们看来，"木偶戏不光具有娱乐性，更具有神圣性"，无所谓名和利，他们更希望看到木偶戏因为它自身的魅力被大家接受和认可，最终可以一代代地传承下去。对"非物质遗产"本质认同的差异性，导致政府部门和石阡木偶剧团在对木偶戏传承意义的认识不统一。

（2）管理体制不完善，经费不足，缺乏宣传力度。

2006 年，国务院决定将每年 6 月的第二个星期六定为我国的"中国

---

① 江瑛：《贵州省石阡木偶戏在学校的传承研究》，硕士学位论文，中南民族大学，2014 年。

文化和自然遗产日"，这是我国保护文化遗产工作的一件意义深远的大事。而对于石阡木偶戏的保护和传承方面，不能不说政府的扶持始终是站在表层的，并没有深入到文化的深层传承方面。对于传承中需要制度保障的部分几乎还处于空白状态，包括剧团排练和演出的场所安排，道具服装的经费来源，剧团人员的编制问题、薪资保障等方面，还未有相关的制度予以保障。经费不足也是石阡木偶戏难以顺利传承的最大障碍，其原因：一是政府的财政拨款有限，现在各个普通高中都面临着严峻的升学压力，学科教学的费用固然得优先得到保证，因此学校难以挪出足够的资金给木偶剧团使用。尽管在县委宣传部及文化部门的重视和努力工作下，木偶戏开始在学校内复排一些经典性传统剧目，并参与一些节目的演出，但因专款经费的不足，无法及时添置相应设备，也在一定程度上影响了剧目的正常排练。二是现如今科技发展日新月异，电视网络等媒体早已"霸占"了大家一天学习或工作之余的休闲时间，导致木偶戏的表演市场受限，缺乏演出机会就难以收回成本和投入。除了制度和经费的缺乏外，对于木偶戏的宣传力度还远远不够，因而还要加大宣传力度，扩大木偶戏的接触面，多渠道培养木偶戏市场。

（3）缺乏研究人员与师资力量。

受新兴艺术品种冲击而渐渐失去观众市场的木偶剧团，将无法继续在农村巡回演出，其赖以生存的生态环境受到严重影响，曾经的艺人们或被迫离开班社，或外出打工，木偶戏曾一度处于观众断层、后继无人的危机中。目前石阡县尚仅存3名老艺人。此外，由于木偶戏的保护工作仅限于政府与剧团之间，经济来源简单，特别是木偶文化在良莠不齐的文化市场上吸引力减弱，木偶传承人的职业价值得不到社会的认可，造成传承人对自己的职业价值产生怀疑，导致愿意坚持以演出木偶戏为生的年轻人越来越少。不仅表演人员数量锐减，据了解目前一些相关的文化单位、科研机构里从事木偶戏研究的人员也是极为稀缺的。师资力量缺乏的原因主要源于木偶戏产业的衰退，还因为木偶戏教学经费的不足，部分教师因此不愿学习和研究木偶戏，也无法从事木偶戏的教学。木偶戏师资数量的增加和质量的提高，是在学校中顺利传承木偶戏的关键。

（4）缺少对青少年的吸引力。

民族文化与传统道德的传承，不仅体现在以文本为载体的文化经典和历代的文化教育方面，同时也体现在以各种物化形态和传播方式为载体的民间文化、民俗文化上面。石阡木偶戏内容选材广泛，涉及神话传说、民间故事、宗教民俗、历史事件等，更多的是根据我国古代文学名著改编的戏文。石阡木偶戏内容丰富、意境美妙、语言优美，具有较高的民俗文学价值。虽然在传播和普及文化知识方面起到了重要作用，但是对于现代从小就接触电子产品的青少年来说，木偶戏的内容陈旧古板，脱离他们的生活实际，节奏缓慢，因而难以吸引青少年的注意，虽然不乏外来文化、"快餐文化"和电子产品等因素的负面影响，但最重要的还在于木偶戏自身存在的问题，要适应时代的发展，要吸引青少年的关注，木偶戏自身的改革创新已势在必行。

（5）升学压力影响传承效果。

在目前升学考试压力大，仍然以应试教育为主的时代，学校、教师、学生乃至家长不得不将精力过多地投入于文化课程的学习中。调研结果显示：除去少部分对木偶戏完全没有兴趣的学生，大部分学生还是更希望看到本民族的非物质文化遗产能够得到传承。但是迫于各方面的压力，尤其是升学考试的压力，他们往往也无法花费更多时间和精力进行木偶戏课程的选修学习。目前教育部门也并未出台对学习木偶戏学生的评价措施或者升学考试时的加分政策等，因而传统的应试教育是阻碍学生实现充分自由和全面发展的最大劲敌。

（6）部分家长持不认可态度。

自计划生育政策实施以来，即使是农村地区，家里的小孩最多也只有两个。孩子数量的减少，给家长们为孩子提供更"精英化"的教育以充分的理由，当然这个"精英化"更偏向于应试教育对学生的要求。"望子成龙，望女成凤"的思想早已根深蒂固，"学习木偶戏没有出路""那些都是老古董了，学了没用，找不到工作"等说法的出现也就不足为奇了。在类似想法的影响下，家长们必然会坚决反对自家小孩"不务正业"地学习木偶戏。因此创新自身，寻求发展，转变社会观念，木偶戏才能得到年轻群体的拥护，才能在当今全球化、信息化的社会占有一席之地。

从受众面较宽和受众面较宽两类民族文化类课程的影响因素中可以看出，无论是受众面较宽的课程还是受众面较窄的课程，有些影响因素是共同的，有些因素则是本类型课程特有的。分别对此问题进行研究，有助于认识贵州省民族地区中小学民族文化类地方课程和校本课程的本质，因势利导，采取积极策略促进两类课程健康发展。

三　促进两类课程的同向发展

既然贵州省民族地区中小学民族文化类地方课程和校本课程在受众面方面有所不同，并表现出两种不同的课程类型，因此有必要有效抑制两类课程发展的影响因素，并针对两类课程分别采取两种策略。

1. 受众面较宽的课程注重普及

（1）正确认识苗语传承工作的重要性和必要性。

在中国这样一个多民族国家，如何在保证国家的稳定性和向心性的同时，发展各民族的多元文化成了一个异常严峻的问题。在语言方面表现为既要通过学习汉语来融入主流文化，进入现代化社会；又要学习民族语言来保留民族优秀的传统文化，宣扬民族精神和民族情感。[1]

无论是学校还是学生个人，都必须认识到苗语在苗族文化中所占有的重要地位。随着贵州省民族地区中小学民族文化教育的深入，苗族歌舞、苗族工艺、苗族体育等都开始受到了广泛的关注，越来越多的人着手去研究这些领域中经典而别有韵味的民族风情，但是作为这些民族艺术的重要载体，苗语反而被视为一种可有可无的文化，被仅仅看作是学习汉语的一种工具，这样的认识不但会挫伤学生学习苗语的热情，也会减弱他们的民族归属感和自豪感。因此，我们必须改变学生的这种看法，通过宣讲会、座谈会、采访民间艺人、举办苗语大赛等各种类型的活动，让他们了解到苗语不仅仅是一种工具，可以帮助自己学习更多的知识并拓宽视野，更是一种文化，是苗族人民世世代代传承的经典，是苗族各种别具特色文化的摇篮，是整个中国民族文化中不可或缺的一部分。作为一个苗族人，他们有责任去宣传苗语、传承苗语，将苗族文化发扬光大，让整个中国，甚至整个世界都看到这一语言的瑰宝，让这一陪伴了整个苗族发展史的语言可以更加顺利地传递给他们的后代，延续苗族光辉灿烂的历史。

对于苗语在学校传承的重要性的强调，并不意味着我们要走"语言民族主义的道路"，并不意味着要坚守苗语，排斥所有的外来语言。我们希望看到的是，苗族学生既能掌握流利的汉语，顺畅地与其他民族进行

---

① 芮娟：《贵州学校教育中苗语的传承研究——以黔东南州为例》，硕士学位论文，中南民族大学，2014 年。

交流，更好地提高自己的知识文化水平；也能掌握一定的苗语，做好传承的工作，让苗语不至于走向消亡的道路，让苗语可以继续作为一种优秀的民族文化发挥其应有的作用。

（2）提高苗语在学生学习中的分量。

在对黔东南州的学校学生进行调查时我们发现，有相当比例的学生有学习苗语的兴趣和热情，但是由于一些现实原因，不得不放弃苗语的学习，而在这些现实原因中被提及最多的便是"苗语无用论"，即学好苗语不能提高其在教师心中的形象，也不能增加其进入大学深造的机会，不能帮助其找到一份好的工作等。学生们这样的想法不仅会影响他们学习苗语的积极性，久而久之，更有可能导致他们对于苗语产生不信任感，对民族文化的不认同和对本民族信心的缺失。

针对这样的情况，国家、省、地区、学校都应该提出适当的解决办法以消除学生的这种顾虑，增强他们的民族归属感和自豪感。例如，国家可以在部分民族高校增设民族文化班，录取那些对民族文化有着深厚感情，对传承优秀民族文化有着巨大责任感的学生。对于这类学生，可以参考艺术生招录的方法，不要求其在规定的考试科目中表现得多么出类拔萃，但要求其有一定的民族文化基础，如有着良好的苗语基础或是苗族舞蹈基础等，让学生觉得学习苗语也是有用武之地的。此外，国家还可以在部分高校开设双语培训班，招录民族语言基础良好的学生，保证这部分学生在毕业后可以定向进入学校任教，这样做不仅解决了学生的就业困难，也在一定程度上缓解了双语教师紧缺的问题。我们在走访中发现：台江职校作为一所负责少数民族民间文化传承的重点院校，开设了苗歌、苗舞、苗绣等多个专业，却没有任何与苗语有关的专业。无论是政府还是学校，都可以考虑将苗语作为一个专业纳入学校课程体系。省级或地区方面，可以适时地开展一些优秀民族文化活动，如苗语大赛，对在大赛中表现优异的学生给予一定的奖励，使他们在进入高校或是走上工作岗位的时候可以比其他人多一些机会。对于学校而言，学校可以将苗语作为一种才能纳入"三好学生""优秀毕业生"等荣誉称号的评选体系中，让学生在深刻感受到学习苗语给他带来荣誉的同时，体会到苗语的重要地位，增强其民族文化自信。

（3）合理安排苗语教学工作。

我国目前的教育体制基本是以汉语为信息载体，课程内容也基本以汉文化为背景。这种教育体制虽然有利于少数民族学生接受主流文化，维护国家认同感，但是也造成了少数民族文化传承功能的缺失。以学生文化背景、生活经验和认知特点为起点，科学整合多元文化，合理建构既注重民族性、多元文化性、地方性、乡土性，又符合多元文化背景中独特教育需求的课程体系，仅靠国家课程是不现实的，可以通过校本课程来满足多元文化需求。[1] 具体做法有以下几点：

第一，合理安排学生。黔东南州的现状让我们看到了该地区学生的多样性，也让我们深刻了解到了学生在学习苗语中的种种困惑。因此，在安排苗语课课程的时候应该做到具体问题具体分析，即针对不同的学生以及实际情况采取不同的做法。例如，有些外来民族的学生，苗语不是他们的母语，他们从小说的也不是苗语，那么苗语对于他们而言便是一种完全陌生的语言。他们对苗族没有强烈的归属感，强制性地要求他们学习苗语，反而会加重他们的学习负担，也容易使他们对于苗语产生负面的情绪。针对这一类型的学生，如果他们有兴趣去学习苗语，我们应该给予支持和鼓励；如果他们不愿意去学习这一新的语言，我们也可以在让其自学汉语保证其高年级课业不受语言因素的影响下，允许其不参加苗语课程的学习，这样做既减轻了学生的负担，也减轻了教师的负担。

第二，合理安排课程。黔东南州的苗语课程设置大多是为高年级学习其他科目服务的，苗语课程作为这样一种存在，削弱了它在民族传承中的意义，导致部分高年级对苗语有兴趣的学生，即使想学也无处可学。针对这一状况，可以借鉴苗族歌舞的传承方式，开设兴趣班或者组建活动小组，利用课余的时间来给那些对苗语有热忱、致力于传播苗语的学生传授更多的苗语知识。采用这种方法，既不会耽误学生的正常学习，也能满足部分学生的学习需求。此外，这种苗语学习形式也可以和其他的苗族传统文化相融合，例如，可以在兴趣班上用苗语给学生讲授苗族的传统、苗族的风俗以及苗族的民间故事等，这样还可以增加学生对于自己本民族文化的了解，促进学生与本民族的融合。兴趣班或活动小组的学习形式不仅可以在小学的高年级采用，也可以应用到已经不设置苗语课程的中学，让学生可以在空闲的时间里较为深入地钻研苗语文化，

---

① 张苗苗：《社会变迁中的壮文教育发展》，博士学位论文，中央民族大学，2008 年。

为苗语的传承提供一批既有民族热忱又有苗语基础的生力军。

第三，合理改编教材。虽然现在黔东南州的教材是统一的，但是其内容的汉化却难以满足当地苗族学生的需求，也不适应当地学生的身心发展。针对这一现象，学校可以适当地编写一些校本教材，与固定教材相互配套，做到内容上的穿插和互补，也可以充分考虑当地苗族学生的特殊性，结合其心理与语言能力发展的规律，配合适当的难度与进度，相应地补充一些本民族、本地区的文化内容，以贴近学生生活的角度进行编写，使得学生在学习苗语的同时也能了解本民族的其他优秀文化。这些校本教材，可以应用于低年级的固定苗语课本中，也可以在兴趣班中加以使用。

（4）加大资金投入。

要切实加大对民族文化类课程的建设投入。一方面是加强政府的支持力度。只有政府在资金上给予学校一定的支持，学校才能有条件去开展民族文化教育活动，才有可能发挥其在文化传承中的重要作用。例如，政府可以组建民族文化教学指导委员会，审核学校递交的用于开展民族教育文化活动的资金申报书，审查学校申请的款项落实情况，检查学校相关活动的开展进度等。有这样一支队伍的监督和指导，在很大程度上可以保证专款专用，也能在民族文化教育活动的开展上发挥很好的指导作用。另一方面学校也应该充分重视苗语的地位，绝不能对苗语的传承持无所谓的态度。学校将资金投入到易于产生成效的民族歌舞和民族工艺上去的行为是可以理解的，毕竟只有展示出了一定的结果才更有可能向政府申请更多的资金补助。但是对歌舞和工艺的重视绝不意味着可以抹杀苗语学习的意义。学校也应该适当地拨出相应款项用于苗语的传承，如聘请专业苗语教师等。苗语传承所需要的经费开支其实非常有限，主要就是教师的聘请和教材的编写，这样两部分所需要的花费相较于服装配置、乐器购买等方面而言是比较少的，所以学校在对苗语的资金投入上做适当地增加，从根本上讲并不会影响其他民族文化类型课程的教学工作。

（5）加强师资队伍建设。

第一，建立苗语教师培养基地。针对苗语教师稀缺问题，可以与当地一些高校达成协议，实行定向输送。至于培养方式，可以采用以下的途径：一是在有条件的民族师范学校有计划地招收苗语专业班，例如在贵州民族学院开设苗语专业，定向地培养苗语教师。二是通过辅修的方式培养苗语教师。一方面鼓励成绩优秀的非苗族的师范生辅修苗语，成为苗语教师；另一方面鼓励苗语师范生辅修其他课程，如汉语言文化，成为双语教师。三是积极稳定相关人才。如果苗语教师有离开教职岗位的意愿，应该尽全力挽留，力所能及地满足其合理的要求，让其可以安心地继续任教。四是将传统艺人发展为苗语教师。在苗族地区有很多的民间艺人，他们大多是使用苗语进行交流，学校可以将其引入教师队伍，作为苗语兴趣班的教师，不要求其担任固定苗语课程的专业教师，而是让其在兴趣班教授苗族优秀文化，提供一种自然的苗语语境，让学生在耳濡目染的情况下学习苗语。

第二，转变教师观念。教师作为教育事业的主力军和引导者，无论在知识的构建、人格的培养，还是在观念的传递上，都对学生起着非常重要的作用。学生一般处于在生理和心理上的不成熟期，教师的个人观念常常会潜移默化地影响着学生的价值观。因此，如果想要学生在苗语传承这一历史任务过程中明确自己的地位和责任，教师的作用是不容忽视的。如果教师坚持苗语教学只是一种学习工具，那么学生将很有可能沿袭教师的想法，认为学习苗语只是为了高年级的科学文化知识学习更加便利；但是如果教师秉承着传承民族文化的信念来教授苗语，学生必将会领会到教师传达出来的更为深层次的价值取向，更容易理解民族文化传承的历史意义和社会价值，也更容易找准自己在苗语传承上所应该扮演的角色和应该发挥的重要作用，自觉地积极投身于苗语传承的事业中去。

第三，组织教师培训。黔东南州现有的苗语教师大多都是苗族人，自小熟悉苗语，条件较好的学校选用的苗语教师基本上都是师范类学校相关专业的毕业生，他们能很好地适应教师的岗位。但是很多农村和偏远地区的学校选用的多为民间艺人，这些人虽然对苗语很熟悉，但是无论在汉语的掌握上，还是在对教育知识的了解上都非常贫乏，如果不对其加以培训，在很大程度上将会影响到学生的学习热情、学习效率和学习成果。所以，对这些非专业的苗语教师进行培训是非常重要的。在培训方式上，学校可以根据自身的情况采用不同的培训途径，如对教师进行职前培训、在职培训、远程培训；或是鼓励、表彰教师自主学习，力求加强教师在各方面的专业素养，让在教师岗位上的所有人都能发挥其自身作用，给学生的苗语学习提供帮助。

第四，完善教师管理。教师的管理有利于稳定师资队伍，发展师资力量。按时足额发放教师的工资奖金，在财政上给予一定的补贴，健全苗语教师的考核、奖惩制度，宣传、表彰、奖励优秀的苗语教师，在苗语教师的职称评定、子女入学等方面予以照顾，解决其后顾之忧，这些完善教师管理的做法，都会在一定程度上有利于减少教师的外流现象，保证苗语教师的数量和质量，保障教师队伍的稳定与和谐。只有拥有一支安定和高素质的教师团队，才能有效地对苗语实施保护和传承。

（6）营造良好语言环境。

心理学研究表明：尽管儿童在语言发展方面具有较强的创造性，但不可否认，儿童的语言发展在很大程度上是对成人语言有选择性的模仿和学习。儿童不是在隔离的环境中学习语言，而是在和成人的语言交往实践中学习。因此，为少数民族学生营造良好的汉语学习环境是很有必要的。①

语言环境是儿童学习语言最自然、最重要的方式，因此，单靠学校教育也许并不能完全达到传承苗语的目的，只有在家庭和社会交往中都不忘苗语的使用，才能最终保护苗语的地位不受威胁。在少数民族语言的传承途径中，家庭无疑是非常重要的一部分。对于一种民族语言来讲，是否在家庭环境中得以使用，是它可以保存和发展下去的重要条件。家庭一般都是保存民族语言的最后领域，如果没有了家庭作为维系力量，少数民族语言将只能游离于社团的交际功能之外，语言必将失去其应有的生命力。学生在学校中大多是以汉语进行学习、沟通和交流，因此，鼓励孩子在家庭中用苗语与家人交流就显得非常重要。苗语只有在不断地使用过程中，才能摆脱消亡的命运，才能得以继续发展和壮大。除了强调家庭的作用外，也不能忽视社会作用的影响。在苗族人民聚居的黔东南州，如果大家都使用苗语进行交流，那么，耳濡目染，长久以往，学生也会受到环境的影响和熏陶，在不知不觉中掌握苗语的发音和用法，通过世代相承的形式将苗语文化传承下去。

2. 受众面较窄的课程注重提高

贵州省民族地区中小学民族文化类课程受到教师和学生的普遍欢迎。

---

① 李丹：《儿童发展心理学》，华东师范大学出版社1987年版，第148—159页。

但石阡木偶戏在表演时不仅需要演员的文化功底、表演功底，良好的身体素质也是必不可少的，相比于较为轻便小巧的掌中木偶和提线木偶，石阡木偶个大体重，良好的身体素质也是学习和掌握石阡木偶戏的重要条件。下面就分别从政府部门和学校两个角度提出发展石阡木偶戏校本课程的建议。①

（1）政府需建立一套完善的传承制度。

第一，制定完善的传承制度。政府部门需从传承制度的制定、专项经费的立项、教学人员的编制、演出场地的设立、研究人员的聘请、学生对于木偶戏掌握程度的评价体制和加分制度的创新等这几个方面着手，进行制度层面的完善，使之做到"有法可依"，切实保障学校木偶戏剧团和学生的合法权益。

第二，提供足够的资金支持。资金是木偶戏能否顺利得到传承最大的物质保障，包括道具、场地、人员等相关费用。因此，政府部门务必要及早设立用于木偶戏传承方面的专款经费，并予以制度保障。这样才能保证剧团正常的排练演出，提高剧团人员和教学人员的工作积极性。

第三，成立固定编制的专项小组。仅有经费的保障还不足以吸引并留住木偶戏人才，若加以编制的保障，则更能让木偶戏人才有进一步学习研究和教学的动力。据该校教师反应，剧团必须至少有五个以上的人员编制，这是对大家开展木偶戏挖掘、研究和创新工作的最大保障。

第四，提供固定的演出场所。目前，石阡木偶剧团还没有固定的演出场所，仅在石阡民族中学有一个面积不大的木偶戏选修室，主要用于道具和服装的存放及木偶戏的教学活动。当然随着学生的日益增多，这个教室将远不能满足剧团的实践要求，没有固定演出的场地，缺乏实践的机会，这在很大程度上影响着剧团的发展。因此，政府部门应为剧团提供固定的演出场所，可就近安排在电影院或旅游景区等大众熟知的地方。

第五，加强对外宣传力度。为提高木偶戏的知名度，县文化馆、县非遗保护中心等部门应在地方报刊设专版或进行专题报道。充分利用广播、电视开展各种宣传活动。在有关会议上，着力宣传抢救和挖掘木偶

---

① 江瑛：《贵州省石阡木偶戏在学校的传承研究》，硕士学位论文，中南民族大学，2014年。

戏的重要性，在全社会达成共识，为抢救木偶戏工作营造良好的舆论氛围。同时可依托旅游部门，将木偶戏的抢救与国家风景名胜区的开发和建设结合起来，提高旅游产品的文化品位。

（2）学校需加强木偶戏的教学管理和课程建设。

第一，提高保护和传承重要性和紧迫性的认识。据石阡县文化部门发言人称，三年内，石阡木偶戏将成为石阡县更多中学的选修课程。在政府部门的大力支持下，学校也应当加强对木偶戏保护和传承重要性与紧迫性的宣传工作。"没有革命的理论，就没有革命的行动"，学生们首先要从思想上予以重视，才能在学习和实践中不断提高对自己的要求，提高木偶戏传承的效率和质量。

第二，加强师资力量的建设。教师数量和质量如得不到保证，就谈不上在学校中传承木偶戏了。从某种程度上讲，教师对于木偶戏的传承能够起到决定性作用。目前石阡民族中学的教师是在三位老艺人的帮助下进行木偶戏学习的，学习之余还要加强对木偶戏元素的收集和整理工作。如今的木偶剧团有八位在校教师，但要想扩大学生数量，保证教学质量，还应大力培养木偶戏教师。可在校内挑选教师进行培养，也可对外聘请仗头木偶戏的人才，等到教学人员达到饱和了，应分流出一部分人员脱离教学工作，专门进行民间木偶戏的挖掘、整理和创新工作。国与国之间、省与省之间、地区与地区之间、校与校之间，应当加强木偶戏传承的交流，学校应鼓励教师走出校门，给予教师外出交流学习的机会，增强其创新意识的培养。还可以在部分高校开设木偶戏人才培养专业，将有一定木偶戏基础的学生直接录取到相关专业学习，以此来培养木偶戏教师。

第三，加大传承资金投入。政府有关部门有必要设立木偶戏传承的专项资金，学校应将这一部分的资金物尽其用，决不允许挪作他用，不仅专项资金应充分用于木偶戏道具、场地、演出、人员和教学等方面，还应加大对木偶戏传承的其他资金的投入，可加强宣传力度，扩大宣传渠道，以便采取多方争取社会资金等措施。

第四，加强教学管理，完善课程设置。木偶戏目前是作为选修课程供学生自由学习，将木偶戏作为选修课程也是迫于应试教育的压力不得已而为之，学校应进一步完善木偶戏课程的设置并加强教学管理。还应积极制定评价和奖惩等措施，如对学生进行考评，对表现好的或进步大的学生提出表扬并发给奖品，以此进一步提升学生学习的积极性。另外，学校也不得以考试、升学等作为借口，任意占用木偶戏课程学生学习的时间、教师教学的时间和剧团外出演出的时间等。

第五，大力开发教材和教辅资料。目前石阡民族中学有其配套的木偶戏教材和剧本。教材主要是介绍石阡木偶戏历史、道具服饰、唱念做打等内容，剧本则是用于表演时的台词。观察发现，此教材和剧本都是来源于民间艺人的存留，再由民族中学教师加以收集和整理，装订成册。教材和剧本也存在一些问题，如内容不够深入，都只是局限于对木偶戏表层的介绍。剧本还是沿袭民间艺人提供的剧目剧本，缺少与时俱进，缺少与青少年学生实际生活有关的新鲜题材，因而不利于调动学生学习木偶戏的积极性。既然我们已经将中学选定为木偶戏传承的场所，中学生又是传承民族文化的主体，那么戏剧的内容就必须与他们的知识储备和兴趣爱好具有一定的关联性。在这一点上，剧团人员可参考成都木偶皮影剧院的成功经验。成都木偶皮影剧团将主要观众群体锁定为少年儿童，演出的多为儿童剧，如《半夜鸡叫》《哥哥打老虎》《东郭先生和狼》《狐狸和公鸡》《猴子改错》等，此类贴近儿童生活的剧目深受少年儿童喜爱，巡演场地也多为小学和幼儿园。石阡木偶剧团也应尽快找准观众群体，再根据受众群体的文化特征来编撰创新课程内容和教材内容，只有不断创新，才能寻求发展。

第六，建立完善的评价标准。这里的评价，不仅包括学生学习木偶戏达到何种程度的评价，还包括对其进行升学考试时加分政策的评价。目前高考加分政策中有体育生和艺术生的加分，对于那些既有木偶戏天赋，又想继续学习下去的学员，若其表演达到了相当水平，高考时是否也可以考虑因人而异，给予相应的加分措施。当然这一政策需要教育部门、大学招生部门和民族地区中学进行协商制定。同时对于如何进行公正客观科学的评价，也需要剧团相关人员进行研究。

第七，加强与政府和社会的沟通，营造良好的传承氛围。前文提到的政府部门与剧团人员在木偶戏传承意义的认识上存有偏差。因此，学校需要加强与政府部门就相关问题进行必要有效的沟通，消除隔阂。此外，学校还应加强与社会方面的沟通，如学生家长，社会媒体等。只有政府、社会和学校三方在木偶戏传承方面达成共识，才能形成合力，有效推进传承工作的发展进程。

第八，积极挖掘文化创新内容。木偶戏要发展，仅靠政府和社会的外力作用是不够的，学校还应在木偶戏自身的创新方面下功夫。除了已经提到的场地、教材剧目、观众群体的选择等方面，木偶戏道具的制作、服装的改进、表演形式和舞台效果都应得到及时更新。首先应当体现在道具制作上，应尽量减轻重量，有利于演员的自由发挥。服装方面的色彩应当更鲜明、亮丽，既要凸显人物身份特征，又能让观众赏心悦目。在人物造型方面也可以大胆创新，创作出贴近观众生活的人物角色。此外，在表演形式舞台效果方面，应充分利用多媒体影像技术，使观众能在投影灯光等的帮助下，全方位欣赏到演员的表演，使表演更加引人入胜。舞台与观众距离应越近越好，这样才能观察到木偶与演员表情的细微变化。

第九，探索与旅游文化结合的就业模式。石阡县是著名的旅游胜地，其地热水资源丰富，水中普遍含有氡、硅酸、锶等对人体有益的元素，符合医疗矿水和饮用矿水水质标准，极具饮用、医疗、旅游价值，故有"温泉之都"的美誉。将木偶戏与旅游文化进行结合，应当是大有发展前途的。一是木偶剧团可以抓住木偶戏入选"非遗"名录的契机，创作老少皆宜或针对特定群体的剧本，培育新的旅游市场。二是开发木偶戏旅游产品。如与影视产业联合开发，打造木偶戏影视一条街，销售木偶影视中的角色人物的相关图册、工艺产品、影视音乐碟片等相关产品。还可以将木偶戏与民族服饰制作、刺绣和蜡染产业联合开发，在旅游景区设置木偶服饰展览区、体验区，吸引游客驻足观看和体验。或者将木偶戏与雕刻、绘画产业联合开发。如举办木偶头雕刻和绘画大赛、设立作品展览区等。三是考虑在旅游区开设专门的演出场地，既可创收，又可解决学习木偶戏学生的就业问题。

第八章 理性反思：现实与展望

美国人类学家赫斯科维茨指出：不同民族的文化模式对其成员的认知模式的形成具有重要影响，人类个体在成长过程中要不断适应其生存的文化，逐渐形成本民族文化特有的生活、学习、行为方式，这在学校教育中主要通过课程学习得以完成。[1]

课程是影响教育效果的主要因素，它也是文化传承的关键因素。课程作为文化的承载主体，它对文化内容是有选用要求的，但课程一定要满足所归属文化的需要，不同的社会规范、不同的民族文化乃至于不同的教育模式，其文化的传承机制也不尽相同。21 世纪以来，随着新课程改革的深入，我国实施了国家、地方、学校三级课程管理体制，地方课程和学校课程成为国家整个课程体系中的重要组成部分，地方和学校成为管理和开发课程的主体之一。新课程体系的确立，使我国民族地区民族文化类地方课程和校本课程生存维度得到了拓展，并迎来了新的发展机遇。

此外，在全球经济一体化和信息技术的推动下，多元文化教育的价值凸显，美国和加拿大等西方国家纷纷在中小学开设了相关文化类校本课程，这对于我国民族地区的民族文化类地方课程和校本课程发展具有重要的借鉴意义。近年来，我国民族地区所开设的民族文化类地方课程和校本课程正是顺应了这一时代发展潮流，并呈现出了多样化发展趋势，这与转型时期的国情是相吻合的。把握此类课程的本质和发展趋势，对如火如荼的新课程改革具有重要的理论价值和实践价值。

我国民族地区民族文化类地方课程和校本课程多样化的发展趋势，主要体现在学校功能多样化、课程开发多样化、教学形式多样化、评价

---

[1] Marsh Colin, *Reconceptualizing School: Based Curriculum Development*, London: The Falmer Press, 1990, p. 122 – 139.

标准多样化、教师技能多样化和管理模式多样化六个方面。①

第一节 学校功能多样化

民族学校作为整个国民教育中不可或缺的重要组成部分，其功能既蕴含了普通教育的一般功能，体现为教育所具有的共性，同时也蕴含着与普通教育相区别的民族性和特殊性。要更好地发挥民族学校的多样化功能，必须注重民族教育内部各要素之间的关系协调，从本质上把握好民族教育的功能取向，同时兼顾个体和社会的整体发展，丰富民族教育的内涵，促进民族教育的发展。民族学校本身就具有多样化的功能，在民族文化地方课程和校本课程发展的驱动下，它的功能多样性就显得更加明显。

一 相关学科的学术观念

当今世界，学校仍然是现代教育中最重要的组成因素，它是由教师和学生为主体组织而成的正式社会组织，民族学校作为其中一种具有特殊性质的学校类型，在促进教育发展和社会进步中发挥着独特的功能和作用。"功能"从起源上来看，最先被应用于生物学上，是指事物要素或者部分对其存在的整体所做出的贡献或所发挥的作用。从19世纪中后期以来，相关学者把"功能"一词引入了人文科学领域，本节将从以下几个学科角度对民族学校的多样化功能进行阐述。

1. 人类学观点

自20世纪以来，文化人类学越来越注重对人类文化的传承模式进行研究和深入调查，"文化濡化"一词也变得越来越大众化。② 1948年，一位名叫赫斯科维茨的美国著名文化人类学家正式引入"文化濡化"的观点，他认为："文化濡化"即指处于该文化体系中的成员继承该文化传统的过程以及文化体系从上一代传输到下一代的同步过程。文化人类学家在考察和调研中发现，社会文化形成的很多因素之间具有连贯性，表现

---

① 孟立军、吴斐：《论民族文化类校本课程的本质及发展趋势》，《民族教育研究》2016年第1期。

② 汪春燕：《文化濡化背景下的西北城市民族关系》，《黑龙江民族丛刊》2012年第2期。

为下一代对上一代的趋同性，文化传统中生活方式的延续，很大一部分是通过文化濡化的形式来进行的。从他们的观点来看，文化濡化的过程是有意识和无意识相互掺杂的学习过程，主要通过上一代对下一代的指示和引导，让下一代来接受和继承传统的思想文化和生活方式，从实质上来说，文化濡化也是上一代以教育为基础、奖励与文化濡化相适应的思想行为，同时惩罚与文化濡化过程不相符的行为过程。

在现代社会里，学校教育已经成为人类文化输送和传承的最主要渠道，文化人类学家也相当重视对学校教育方面的研究，他们认为教育是传承人类文化的主要方式。除了学校教育这种形式以外，家庭教育、社区教育等形式也是文化输送和传承的其他重要渠道，每个民族或者文化体系都有其特殊的文化传承的方法和内容，文化传承即是处于该民族文化体系中的个体行为，也是整个民族的群体行为。他们认为，文化传承的实质不仅是一个代际之间的文化输送过程，更是一个复杂的教育过程，民族学校在其中的意义重大，主要功能在于传递特殊的民族文化和生活方式，以此来实现民族文化的传承，维护该民族共同体的稳定发展。

2. 经济学观点

在西方发达国家的经济学研究中，教育被认为是带来利益和经济效益的有利投资，并被划分为经济科学体系，着重研究人力资本方面的知识理论。[①] 人力资本指的是推动生产发展的重要因素，并依附于生产者本身所具有的知识技能上，企业对人力资本的投资，实质是一种对能力、人力素质的资本投资，具有相对量的经济价值成本，而教育作为推动人类进步和发展的重要手段，教育投资是人力资本理论的核心内容。

民族学校作为民族教育的重要场所，本身也承担着输送民族人才、促进教育发展的重要职责。从经济学的角度来说，民族学校在功能上的作用可归纳为：转化民族教育投资，为民族地区经济发展储备和生成强有力的人力资本。

3. 政治学观点

与经济学注重经济效益相比，政治学家关注的是社会阶层中不同利益群体或个体建立的权力分配关系以及教育系统内部的资源配置比例。他们认为，教育只是统治阶级用于统治和支配人们的一种强有力的思想

---

① 林耀华：《民族学通论》，中央民族大学出版社 1997 年版，第 568 页。

手段，是其实现和加强阶级统治的重要工具。

著名的法国社会理论家皮埃尔·布尔迪厄这样描述处于政治系统的学校教育：由于教育机构与国家权力的联姻，学校在社会再生产中也起着不可替代的作用。在当代，国家运转最有效的途径以及国家权力最可用的工具，不是军队、警察和监狱，而是学校。学校采取强制性灌输及反复教育的方式，向学生并通过学生向全民，灌输的称之为"一种真正的公民宗教"的知识系统，以便使学生及全民以这种标准化的公民宗教的基本精神，来建构和确认自身及全民的认同形象。① 更有学者犀利地指出，学校就是另外一种意义上的国家机器。

社会的平等问题是政治学领域关注的一个重要内容，与此相对应的，教育平等是社会平等的重要组成部分，也是政治学家的重要研究对象。具有后现代特征的政治学观念认为，现代学校就像一部机器，从建立学校的初衷来说，是希望通过学校教育促进社会平等，缩小各个社会阶层之间的差距，以此来维护社会公平。但从现实运行的结果来看，学校教育反而产生了新的不平等。尽管如此，政治学家仍坚持教育平等和社会公平的观念，认为这才是现代的、符合时代和社会发展的先进政治思想。

政治学家认为，民族学校一方面促进了国家对民族地区教育权的控制，也维护了对各民族的阶级统治。

4. 社会学观点

学校教育对成年人来说，是促使其进入社会生活的一个重要步骤，即通过教育实现人的社会化（接受社会文化）过程。美国社会学家 W. 奥格本认为：人的社会化过程就是个人接受世代积累的文化遗产，保持社会文化的传递和社会生活的延续。② 每个社会都有其不同的关于人的标准，每个时代有不同的人的定位，学校教育的最大功能即在于培养出与社会标准、社会定位相适应的各类人才。

学校作为专业化的培养人才的教育机构，是社会运转正常和发展的重要机制保障，学校教育的社会性功能得到了很多学者的关注，有学者还将学校称之为"社会化的教育宫殿"。也有学者认为，当个体达到受教

---

① 宫留记：《资本：社会实践工具——布尔迪厄的资本理论》，河南大学出版社 2010 年版，第 263 页。

② "人的社会化"，https：//baike. so. com/doc/15001 - 15547. html。

育的学龄以后，学校成为了最重要的生活承载体，是现代最为重要的社会化机构。社会学研究证明，在以文化同质为研究的基本前提下，学校与社会具有同构性，即学校具有将社会复制化以及进行社会文化再生产的职能。同时，学校在推动社会阶层之间的流通性，促进社会阶级分层方面也具有重要的作用。

社会学家认为，民族学校会让处于特定民族体系中的个体在教育中逐步社会化，以让其符合该民族社会体系中关于人的判定标准的理想实现。

5. 教育学观点

教育学家认为，教育是影响个体发展，培养个体的一种特定的社会活动，学校的教育功能主要体现在两个方面，一是影响个体道德发展，特别是青年一代的发展；二是影响社会的发展。实现教育功能的最重要场所和渠道在于学校教育。

从功能意义上来说，学校教育的功能作用存在着正面和负面两个不同效应，判断其效应的标准有两个：一是系统的判断标准。假如学校对其所处社会的生存与发展具有贡献作用，则为正面效应，如果具有阻碍性、损害性，则为负面效应。二是社会的判断标准。假如学校教育促进了社会的文明进步，则为正面效应，如果对社会的文明起到阻碍、消极作用，则为负面效应。从这个角度出发，学校教育的实质，是学校功能性发挥所产生的客观结果，在学校教育发展的过程中，要加强和促进其功能作用的正面效应，削弱和减轻其产生的负面效应。

根据教育学的观点，民族学校的功能作用在于通过民族教育，对特定民族体系内的个体成员进行有目的、有组织的文化传输，以促进民族成员个体的发展和民族社会的进步。

除了以上从五个学科角度出发所进行的功能分析以外，还有学者对民族学校的功能性作用持不同见解。如著名学者伊万·伊里奇，他针对学校教育发展的现状，提出了尖锐的质疑和批评，认为现代学校制度是价值制度化最典型的表现形式。学校"既是社会神话的收藏者，又是将社会神话所含种种矛盾加以制度化的承担者，同时还是仪式的实施场所"。①

————————————

① ［美］伊万·伊里奇著：《非学校化社会》，吴康宁译，桂冠图书股份有限公司1994年版，第53页。

民族学校随着社会的不断发展受到了更严峻的挑战，教育的民族性如果得不到有效解决和改革，会不断削弱直至消亡。应当看到：教育对民族国家的形成具有独特的价值，被视为实现国家目的的重要工具；教育对于民族文化的发展在历史上和现实生活中都发挥了重要的作用。应该发挥教育的民族国家认同功能和文化认同功能，培养学生的民族国家意识。要坚守教育的民族性，在制定教育方针、教育目的设定、课程设置、课外活动组织、社会舆论营造等一系列教育活动中始终突出民族性，弘扬民族精神。①

民族学校是一个相对复杂的事物，是构成现代民族社会中不可缺少的重要有机组成，它的功能也是复合性的、多样化的，只有在遵循事实和事物发展规律的基础上，才能更好地对其进行研究，促进其长远和健康发展。

二 学校功能与民族文化课程发展的关系

前文从不同学术角度探讨了民族学校的功能，那么学校功能与民族文化类地方课程和校本课程发展之间存在着何种关系？简言之，学校功能既有制约民族文化类课程的可持续发展的一面，也有促进民族文化类课程可持续发展的另一面。

1. 学校功能制约课程的可持续发展

通过调查发现，目前民族地区中小学民族文化类地方课程和校本课程教学过程中存在各种各样的困难。如部分学校领导对此项工作重视程度不够、从事民族文化类课程教学的教师专业水平不高、缺乏课程建设经费等。导致这些问题的原因可以从学校基本功能和特点等角度来进行分析。

民族地区中小学领导对民族文化类地方课程和校本课程设置存在不同的认识和理解。有相当一部分学校领导认为，学生在学校应以国家课程学习为主，将过多的精力投入民族文化类地方课程和校本课程方面，势必会影响到学生其他升学科目的学习成绩。与东部沿海地区相比较，由于民族地区经济相对落后，学生只有通过继续深造的途径才能改变其命运。因此提高升学率才是当务之急，而学校也要依靠这方面的优势来吸引优秀的生源。由此，就很容易理解为什么部分民族中小学部分学校

---

① 李太平、黄岚：《论教育的民族性》，《高等教育研究》2012 年第 11 期。

领导对民族文化类地方课程和校本课程教学没有给予足够的重视了。由于受到了学校升学功能的束缚，民族文化类课程的教学发展缓慢。

虽然民族地区中小学教师对于国家课程的教学工作能够完全胜任，能够充分发挥自身作用，也体现出了学校教人育人的基本功能，但是在民族文化类课程教学方面却存在着诸多不足。调查结果显示：当前民族地区中小学中从事民族文化类课程教学工作的教师主要是以语文、历史或美术、体育等兼职教师为主，而专职教师十分缺乏，只有少数的学校出资引进了一些高水平的民间民族艺人来担任民族文化类课程教师。而且民族地区中小学教师九成以上来自于当地师范类大中专毕业生，其中本科及本科以下学历教师占多数，学历相对偏低，致使民族文化类课程教学质量的提高受到抑制。在这样的现状下过高要求民族文化类课程教师，会与学校的基本功能发生冲突。另外，经费严重短缺也是制约民族文化类课程教学发展的重要因素。当前贵州省民族地区中小学民族文化类地方课程和校本课程建设经费主要有两个来源：一是民族学校从常规教学经费中划分出来的部分经费。为了保证语文、数学等主要科目的开展，民族文化类课程建设经费往往是入不敷出。二是这几年随着经济社会的发展和民族地区对民族文化教育重视程度的提高，有些地方政府拨付了民族文化类课程教学专款。但在使用方面也存在着偏差，为了实现学校最基本的办学功能和学校的基本运转，有些经费又不得不被挪用于升学考试课程，这也是无奈之举。

由此看来，民族地区中小学民族文化类地方课程和课程教学的实施，在部分领域已经超出了学校基本功能的范围，如学校固定的民族文化活动经费的要求、该课程教师能力的要求、学校领导对学校发展规划认识方面的要求等。从这个意义上讲，学校功能制约着民族文化类课程教学的可持续发展，需要尽快做出相应的改变和进行功能的调整，以促使民族文化类地方课程和校本课程教学工作与学校基本功能相协调。

2. 学校功能促进课程的可持续发展

民族文化类地方课程和校本课程建设方面所出现的一系列问题，与民族地区中小学的基本功能是存在必然联系的。民族文化类课程发展受到了学校功能的制约，所以欲实现民族文化类地方课程和校本课程健康和持续的发展，挖掘学校为之所提供的便利条件，尽快协调好学校功能与课程建设的关系，成为了民族地区中小学的当务之急。同时，学校的基本功能也能促进民族文化类课程的可持续发展，它为民族文化类地方课程和校本课程的可持续发展提供了理论支撑。既然民族文化类课程教学活动开展的场所是学校，那么开展要求和条件等就不可能超出学校功能的范围，否则学校的学生将是造成结果的直接承担者。

此外，从长远来看，民族文化类地方课程和校本课程教学与发展和民族学校"教人育人"的基本功能是不冲突的。进一步而言，它对民族地区学校特色发展具有重要的价值，而特色发展是体现民族地区学校功能的重要内容。由此看来，我国民族地区中小学"教人育人"的基本功能为民族文化类地方课程和校本课程的健康发展奠定了基础；而民族文化类地方课程和校本课程教学也有利于民族学校拓展和强化某些功能，如发挥特色办学的功能等。

从这个意义而言，学校的功能既约束着民族文化类课程的发展趋势，又为其发展指明了方向。学校功能为民族文化类课程发展提供了有利的条件，保障其可持续发展。反过来，民族文化类课程的发展，也促进了民族中小学功能多样化的实现。

三 学校功能的多样化表现

民族学校除了具备一般学校的基本功能外，还具有一些特殊功能，如增强民族学生的民族认同感和自豪感、维护民族团结的良好局面、促进民族学校的特色发展等。

1. 基础教育功能

通过学校教育培养有利于社会发展和自身发展的人才，是涉及学校教育目的、方针的重要问题，一个国家在不同历史时期，由于所处的环境不同、社会结构的不同，教育目的也会有所变化，这也体现出了现代教育功能在社会发展中不断深化和扩展的发展趋势。

民族学校的基础教育功能尤为重要。首先，民族学校的基础教育是以"育人"为基础的，即为处于民族体系中的个体成员提供与社会发展相适应的教育资源，为个体融入社会、促进个体发展打下基础。为此国家、政府通过一系列的教育政策，积极推动少数民族地区适龄儿童接受基础教育，通过各个阶段的基础学习，全面提高学生个体在德育、智育、美育等多方面的素质，也通过民族教育中的各项活动，适应各个民族之间的文化差异，实现个体与社会的融入感。其次，民族学校的基础教育还承担着为民族高等教育、民族职业教育等输送人才的重任，它是提高民族素质、有效发挥教育基础功能的基本载体。

民族学校在发挥基础教育功能的过程中，要注意协调好各方面的关系，要让民族学校的基础教育能够尽可能地与现代社会的政治、文化、经济等要求相适应，不能因重视某一方面而忽视其他方面，顾此失彼。同时，要重视基础教育在社会功能与个体发展两方面的和谐发展，实现促进社会进步和个体全面发展的教育目标。

2. 文化传承功能

当前民族文化的传承方式已经发生了根本性的改变，多年以前，民族文化主要通过民族体系内部自发的教育方法，如家庭教育、习俗传承、族群聚会等得到传输和继承，这种原生态、内生形式的教育活动曾在民族文化的延续过程中起到过重要作用。但随着时代的变化与发展，在多元文化和全球经济一体化的驱动下，"内生式"民族传承方式受到了巨大的冲击和挑战，民族文化的延续和发展面临着严峻的威胁。① 在这种背景下，民族学校作为专门的教育机构，在文化传承方面发挥着不可替代的决定性作用。

民族学校承担着传承民族文化的重要职能。一方面，国家、政府在政策、教育资金投入等方面对民族学校进行倾斜，指导和帮助民族学校建立起长效化的民族文化传承机制，每种民族文化在它产生后都有其独特的运行规律和运行方式，这些规律和方式起源于本民族生活生产中的实际内容。民族学校在课程体系中设置民族文化类课程，结合地方性文化知识、民族生活生产知识等，对学生进行授课教学，使民族学校成为了传播民族语言、延续民族传统的传承者。双语教学的传播和广泛应用，让民族语言能够在融入大社会环境的前提下，保持本民族语言的传承。另一方面，民族学校通过培养通晓民族文化的专业教师队伍和民族人才队伍，从教育基础和教育方法上增强民族文化传播的客体和途径，保证民族文化得到延续和传承。民族学校通过专业的课程设置和专业的教师队伍，培养具有多种文化的综合性人才，在传承民族文化、完善和发展民族文化等方面发挥着越来越重要的作用。

3. 促进教育公平功能

许多发展中国家的教育现实都表明，造成学校间教育事业发展缓慢

---

① 孙亚娟：《少数民族文化传承场域的变迁与重构——基于学校教育的思考》，《教育文化论坛》2012 年第 2 期。

的一个主要原因，就是教育资源分配上的不平衡。由此导致的是弱势群体与发达地区相比，在教育环境、教育资源上存在的不平等现象，这种不公平的境遇导致了民族地区、偏远地区学生在受教育机会上的不公平。民族学校的建立和发展，在很大程度上减少了教育上的这种差异性，增加了少数民族地区、偏远地区个体的受教育机会，扩大了民族体系中个体的受教育权利，有利于贯彻和实现教育的公平原则。

为了促进民族学校的健康发展，党和政府采取了重点扶持民族教育发展的政策，促进了我国民族地区中小学在原有基础上的提高，在民族地区实施了一系列的扶教攻坚政策，开办民族寄宿制学校，改革义务教育经费保障机制等，使民族地区适龄儿童失学和辍学现象得到了极大改善。另外，在民族地区开展的民族学校课程结构性改革，使民族地区的中小学可以根据实际情况和当地民族文化传承的内容，设置具有民族性和地方性的民族文化类地方课程和校本课程，有效地促进了乡土文化、民族传统文化的传播和发展。虽然民族地区学生受教育的数量和质量在普遍提高，但与发达地区相比，民族教育和民族学校在很多方面仍然存在着很多不足。但总体而言，民族学校在提高民族文化素质、促进教育公平方面已经做出了卓越贡献，它还将继续发挥缩小区域差距、民族差距、促进教育公平的学校职能。

4. 促进民族团结功能

我国是一个多民族国家，民族团结是关系社会稳定、国家长治久安的重中之重，民族学校在促进民族团结、维护社会稳定方面起着重要作用。[1] 根据国家相关政策的具体要求，民族学校把民族团结作为学校的专项教学内容，在课程内容、课程安排上进行具体实施，在教材的编排和选择上，民族团结的教育题材是必要的教学内容，并确保义务阶段和高中阶段的学生进行学习。除此之外，民族学校中民族团结教育工作的不断落实、有序展开，加深了学生对民族团结的理解、对祖国大家庭的热爱。

民族学校中不同民族学生之间的接触和交流，不同民族文化的学习和碰撞，让学生从知识层面加深了对其他民族文化的了解，有利于消除愚昧的文化偏见，增强文化的包容感，接纳多元文化，促进各个民族之

---

① 吴仕民：《中国民族政策读本》，中央民族大学出版社 1998 年版，第 200—202 页。

间的交流和友好相处，从而促进民族团结事业的发展及推动社会和谐稳定与进步。

从整体角度而言，民族学校通过教育体系，促进了民族地区、偏僻地区的经济、政治发展，民族教育在加强民族个体成员的社会化过程中，逐渐提高了个体参与社会建设、热爱国家的积极性和主动性，把实现民族区域自治、推动国家发展作为全民族成员的共同意识和伟大理想，民族学校在促进民族地区教育、经济、政治、文化发展的同时，促进了民族团结和社会发展。

5. 促进学校特色发展的功能

民族文化类课程发展有利于民族地区民族学校的特色发展，民族学校办学只有突出自己的特色，才能在风云变幻的社会发展中求得生存与发展，打造"民族特色"无疑是实现民族学校发展的一张重要的王牌。铜仁市松桃县民族中学特色办学的成功经验就证明了这一点，它由一所普通中学变成了黔东名校，这其中离不开地方课程和校本课程的推动，这些年该校走出了一条"传承民族文化，发展个性特长"的特色办学之路。民族文化的传承创新，民族文化类课程的开发和传授，不仅拓展了素质教育的空间，还丰富了校园文化的内涵，不仅搭建了学生展示素质的平台，还拓展了学生成才的渠道。

民族文化类课程是该校进行民族文化传承与发展的主要手段，而这也是学校特色发展功能的体现，学校教育是民族文化传承的内在动力。民族文化犹如"润物细无声"的春雨，滋润着学生的心灵，促进学生的成长，推动了学校特色的发展。学校抓住苗族花鼓、苗族刺绣、苗族剪纸、苗族芦笙这些体现学校办学特色的载体，着力培养学生适应社会需要的基本能力和素质，高度重视学生的个性特长的发展，使学生发现自己的特长，强化自己的特长，发展自己的特长。这些活动的开展，适应了培养多层次、多规格、多样化人才的需要。"传承民族文化，发展个性特长"的办学特色的构建与发展，是学校民族文化教育长期发展的积淀。由此可见，民族文化类地方课程和校本课程在突出民族学校特色发展功能的同时，也促进了自身的良性循环和跨越式发展。

6. 加强学校课程管理功能

相对于过去而言，民族学校在教育改革和发展的过程中，已经由单纯的执行者逐步转变为管理者，其发展的基本理念在于，学校要成为真正的办学主体和管理主体，发挥民族学校内部成员的主动性和积极性，提高民族教育的质量，推动具有民族特色的课程改革，从管理模式、思想理念等方面促进民族教育的发展。

首先，体现在学校治理工作上。有效地构建民族文化类课程，要求管理工作的公开化和校本化，其原因在于构建民族文化类课程的主导力量是教师，这就影响到教师在课程构建过程中的定位问题。民族地区中小学一定要重视教师构建课程体系的建议和意见，而不可以用强制命令的办法扰乱教师构建课程的进度，学校管理人员同教师之间更需要的是通过民主协定、商讨沟通的办法来促进学校管理的塑造。在民族文化类课程建设方面，虽然要充分发挥专家和学者在指导课程建设方面的作用，但学者和专家也不会是"救世主"，学校也不会完全依靠外部的力量开发地方课程和校本课程，这就需要学校在充分认识到本身实际情况的基础上，努力解决学校课程建设着面临的难题，把课程校本化工作落到实处。

其次，民族文化类课程也改变了传统的师生关系，促成学校管理的民主化。传统师生关系的重点是突出教师进行单一式的灌输教学模式，而学生大部分的情况是"谨遵师命"，很难有自主性学习的空间。可是地方课程和校本课程构建的要义是倡导师生紧密协作，一起开拓课程信息，为学生构建一个宽松、愉悦的课程学习环境，为提高学生的创造能力打下很好的根基。如学生在轻松的课堂学习环境中，容易找到学习的自信和体验学习的乐趣等，他们不必害怕因为自己的回答不符合标准答案而受到嘲笑，教师要激励学生敢于发挥自己的想象，进行创新，与学生一起搜寻课程信息，攻坚克难，寻找学习中遇到的各种疑难问题的解答方法等，使师生之间逐渐形成一种平等的关系，逐步向民主化转变。

民族学校在加强学校课程管理方面发挥着重要作用，教育功能的实现最终要通过具体的教学活动来实现，必须要经过教育的具体内容来达到其最终目的。民族学校在课程管理中积极开发具有民族特色的地方教材和校本教材，寻找具有鲜明特色的民族课程资源，以此来形成能够体现民族地区文化特色、满足民族学生发展的民族特色课程体系，从宏观结构上确立民族教育的功能取向，将民族课程体系融入教学机制中，发挥民族教育在个体发展和民族整合中的应有功能，就显得十分有必要。

第二节　课程开发多样化

如前所述，课程是民族文化教育的载体，课程对民族文化具有选择性。但相对而言，课程也必须满足民族文化的不同需求，以不同社会、不同民族、不同教育方式作为基本对象，其课程设计、文化传承方式也各不相同。虽然地方课程和校本课程是我国基础教育课程体系中不可缺少的构成部分，但对于地方课程和校本课程的设计与开发，目前还处于探索阶段。近年来，随着民族教育的不断深化和改革，少数民族地区对地方课程和校本课程的开发工作越来越重视。民族文化类地方课程和校本课程开发呈多样化发展趋势，这对充实和完善我国民族地区中小学的课程体系，发展我国的民族教育事业具有重要意义。

一　课程开发中存在的问题及原因

1. 课程开发中存在的主要问题

民族地区相对于其他地区而言，是民族文化、主流文化等多文化共存的共生地带，在现代化的教育改革进程中，既要保持少数民族文化的传承和发展，也要让少数民族更好地融入主流社会，顺利实现民族的现代化。民族文化类地方课程和校本课程作为文化传承的基础，在其中起着重要作用。但在民族文化类课程改革的过程中，由于少数民族地区经济、文化等差异，教育改革的起步时间相对较晚等原因，在课程设计与开发方面还存在着诸多困难和问题。划分课程资源类型要注意两个基本原则。一是逻辑上要清晰，划分的课程资源类型不能自相矛盾或过多交叉重叠；二是要有利于分析和解决学校实践中存在的主要问题，即要有利于我们看清中小学课程资源开发和利用中的主要问题，并找到相应的解决途径和办法。①

（1）民族文化类课程设计的理论基础薄弱。

民族地区中小学民族文化类地方课程和校本课程设计的理论表现得相对薄弱。

一方面体现在教师对课程设计的理解层面上。很多教师对于地方课

---

① 傅建明：《校本课程开发：初中案例》，华东师范大学出版社 2006 年版，第 7 页。

程和校本课程的理解不够全面，在课程设计方面涉及的内容更少，一部
分教师把校本课程的概念完全等同于民族文化类的校本课程，一部分教
师对课程设计涉及的内容、开展形式不够了解，再加上民族地区各个方
面的限制，很多乡镇民族学校对新课程改革的内容知之甚少，学习氛围
和学习环境方面都不具有优势。另一方面体现在民族文化类地方课程和
校本课程的开发价值意识不足。民族文化是在各个民族发展变迁的漫长
历史过程中经过文化创造、文化传承积累而成的系统性文化，包括民族
价值观念、民族认知、民族行为方式、民族语言、民族风俗习惯等多个
方面，是宝贵的精神资源和文化财富。调研结果显示：很多民族文化类
地方课程和校本课程在课程设置上已经与传统的少数民族文化相脱离，
语言、民族服饰等少数民族特色正在逐渐消失，民族文化的价值没有被
教育者所认识，教师和学生对民族文化课程重视程度不够，这就从根源
上导致了民族文化类地方课程和校本课程开发理论基础薄弱，很难满足
民族文化理论发展的需要和支撑内容丰富的民族文化课程。

（2）缺乏科学的管理以及激励政策。

科学的管理和激励政策是民族文化类地方课程和校本课程开发设计
的指引者，如果能够建立起完善的管理和激励政策，民族地区中小学就
能够在积极的主人翁意识的驱动下，积极进行课程开发研究；也只有树
立起良好的学习榜样，才能让每一位教师在学校的统一领导下有序行动，
否则就会表现为一盘散沙，各自为战，行动不力。调研结果显示，很多
学校此方面的工作缺少专人管理，缺少规章制度，也缺乏具有专业知识
的人进行操作，教师在进行相关课程开发过程中，大多凭借自觉性，没
有相关的监督、保障和激励体系，再加上民族学校教师教学任务本来就
比较繁重，以至于教师对地方课程和新课程开发的动力不足、持续性不
够，在一定程度上阻碍了民族文化类课程的健康发展。

（3）课程设计开发的体系不成熟。

在民族文化类地方课程和校本课程开发的过程中，很多学校对于民
族文化类课程的开设还处于不十分规范的状态，教师在进行授课的时候，
方式显得单一陈旧，而且开设的内容和课程的设置没有统一的时间和教
学安排，许多课程都是与音乐课、体育课穿插进行的。除了民族文化类
课程的设置松散、不规范以外，课程涉及的民族文化知识面也比较狭窄，
且这种课程从严格意义上来说，并不能算真正意义的地方课程和校本课

程，没有规范性的民族文化课程开发流程、课程制度、课程计划等。这些现象归根结底在于民族文化类课程设计开发的体系不成熟，也从一个侧面反映了民族地区地方课程和校本课程改革开发的路程仍旧漫长而曲折。

2. 课程开发的问题分析

在民族教育改革的大潮下，教育部颁发了一系列关于基础教育改革和发展的决定，明确提出要打破文化差异对民族教育的限制作用，开发适合民族区域发展的校本课程和地方课程，开发多种途径寻找具有针对性、规律性的民族特色课程。

民族文化类地方课程和校本课程虽然有所发展，但如上所述，在现实教育中仍存在着很多问题，阻碍着民族文化类地方课程和校本课程改革和开发的因素，原因主要有以下几个方面。

（1）课程设计开发缺乏经费支持。

在许多少数民族聚居地区，民族教育的新课程改革进行的周期较长，但成效不高，其根本原因在于区域性经济落后的现实状况，经济是教育改革和发展的基础，当地政府无力投入足够的经费进行民族文化类地方课程和校本课程的开发和教材的编排。

调研结果表明，少数民族地区教育改革举步维艰，与当地经济发展的相对滞后状况有非常大的关联。在这些少数民族聚居地区，地方政府的大部分精力和资金主要用于如何脱贫、如何保障该区域人们最基本的衣食住行等基础设施的建设，财政状况长期处于拮据状态，再加上教育财政制度的固定性，民族学校仅仅能够保证学校的基本运行，而对民族文化类地方课程和校本课程的开发、民族文化类课程教材的编写等就显得爱莫能助了。

具体到学校，对于财政部门给予的资金投入，学校首先必须解决最基本的衣食住行等问题，很多学校还存在着学生宿舍不够、教室不够、教师资源缺乏等现实问题，因此，在现有资金紧缺的情况下，学校会优先解决学生的学习和住宿等这些基本生活问题。条件稍好的学校，能够将一部分资金用于民族文化类课程开发工作，但多数学校在这方面根本无力投入。教育资金得不到保障，其他的问题就更难以得到解决，这也是导致民族文化类课程开发进度缓慢、成效不高等问题的重要原因。

（2）课程设计开发缺乏智力支撑。

所谓智力支撑，指的是关于民族文化类地方课程和校本课程方面的课题申请、文化资源开发所需要的学科带头人、专家、地方文化研究者、专业民族文化教师等优秀人力资源。在这类优秀人才队伍中，虽然也有不少投入到民族文化类地方课程和校本课程研究和开发的相关教师和专家上，但要把这些资源聚合在一起，并形成合力，对少数民族地区的教育系统而言，是个不小的难题。此外，相对于发达区域的教育水平，民族地区与其仍存在着不小的差距，特别是民族文化传承的专业人才数量较少，这也是造成民族文化类地方课程和校本课程开发存在很多困难的重要原因之一。

（3）课程设计开发缺乏政策支持。

国家重视民族教育的改革与发展，也在大力提倡三级课程，很多民族地区响应和遵从国家政策的同时，出台了本地区关于地方课程和校本课程改革的相关政策和文件，有些地区还成立了专门的教育研究小组，以便更好地实施地方课程和校本课程的开发工作，这就给了民族文化类课程的开发设计和开展强有力的支撑和保障。

但在实际工作过程中，政策的支持和实际的效用之间存在着较大落差，造成这一现象的原因，一方面在于政策具有广泛性和原则性，由于每个地区的教育情况不同，地方课程和校本课程的实施情况也不尽相同，政策、文件如果不能贴合当地的实际情况，则实际效用不大、可行性就不高。很多教师申请民族文化类的特色课题，但往往由于没人指导、政策支撑的实际作用不大、教育经费欠缺等原因，课题研究的成果很难得到有效体现。

另一方面也体现在针对民族文化类课程设计开发方面的相关政策比较缺乏，地方课程和校本课程的开发处于无序、随意开发的状态，管理政策、激励政策的缺失，使此类课程的开发、设计、开展等环节出现了恶性循环，[①] 导致民族文化资源荒废、教师研究民族文化的积极性受挫、民族学校地方课程和校本课程改革的进程相对缓慢等不良后果。

二　课程开发多样化的发展需求

1. 课程目标的多样化

作为"三级课程"的重要构成部分，地方课程和校本课程，尤其是民族文化类的地方课程、校本课程与国家课程的研发方向不仅具有一定

---

① 郑金洲：《走向"校本"》，《教育理论与实践》2000 年第 6 期。

的关联性，同时还应该顾及其方向的多元化。在设定研发目标时，应注重采用分类别、分层次设定的方式。其目标重点可划分为三个层次：国家层面、区域层面以及学校层面。具体来说：国家层面，就是国家有关地方课程、校本课程开发的预期；区域层面，是体现民族地区的优势资源及地方课程、校本课程开发的预期；学校层面，指的是学校的优势发展及对地方课程、校本课程开发的预期。学生不同的文化背景、心理特征等对地方课程、校本课程开发有着不同的需求。

在三个层面的需求中，学校需求所占比重最大。如少数民族文化类地方课程、校本课程开发的学校目标设置，首要的就是要顾及学生的需要、好恶以及当前的文化技能程度。在文化保护与继承方面，还应顾及更好地继承和展现少数民族文化，这样的目标设定，不一定是对现存文化完整的照本宣科，而是以现存文化信息为根基，进行一定程度的舍弃和发展，即科学的扬弃过程。并不是所有的民族文化都能发挥作用，都是值得保存的，文化创新的过程，就是自身根据"否定之否定"螺旋前行的过程。肯定，要通过对落后文化的摒弃和文化本身的革新而得到发展。在民族文化类地方课程、校本课程目标选择上，更应该联系实际，使得课程目标和学校当前现实情况相适应，这样做才能使课程目标的设定更加科学且合理。

在课程目标体现方法上，存在着构成性目标和开展性目标两种方式。开展性目标的设定，要重点顾及学生的个体差别，包含学生的爱好、技能、性格特征等多种层次的发展，关注塑造学生解决问题的技能以及个性的完善。构成性目标，就是要培养学生的创造能力和探索精神，学习的内容不是恒定不变的，这种目标的设定可以有效激励学生探索未知的精神。

目标的设定和实现方式也具有多层次化。民族文化类地方课程、校本课程开发目标的设定，不单含有国家课程的日常性目标，同时要体现地方特色；不仅要展现中华民族文化的大趋势，同时还要展现少数民族文化特点；学生不单要具备和本民族交流交往的技能，还应该具备与主体民族以及其他少数民族交流交往的技能。课程目标的确定是课程开发的出发点和归宿，具有明确的导向作用。

黔东南苗族侗族自治州某民族学校民族文化类校本课程教学目标如下：

（1）传承苗族传统文化。

民族文化教育的主要目标就是传承各民族的优秀传统文化，在苗区传承苗族的传统文化，有利于帮助学生了解自己民族的历史、成就、特点，在系统掌握苗族传统文化知识技能的基础上，培养学生对自己民族文化的认同感，增强其民族自尊心、自信心、自豪感，使其更加热爱家乡、热爱地方、热爱祖国，并促进文化的多元化发展。

（2）培养学生跨文化的交往能力和适应能力。

让学生在学习现代先进科学知识的基础上，学习好本民族的民族传统文化，同时要学会理解和欣赏其他民族的文化，增强跨文化的适应能力和交往能力。能在多元文化的社会环境中，以开放的心态去应对其他民族的文化。不以自己民族有丰富灿烂的文化而孤芳自赏，也不因为自己民族经济落后而自卑。

（3）培养学生的批判性思维能力。

通过对自身民族文化的学习，认识和了解到自身民族文化的优点与不足，同时从其他民族文化的角度来审视自身民族的文化，加强对自身文化的反省能力。同时也可以从自身文化的角度去审视主流文化，去发现不同文化之间的优点与不足，从而能够用批判的眼光来看待不同民族的文化，提高他们的批判性思维的能力和文化选择能力。

从该校民族文化类校本课程的目标可以看出，当前我国民族地区中小学民族文化类地方课程、校本课程目标正在向多元化发展。

2. 课程内容选择与组织的多样化

课程内容的选择是民族地区中小学地方课程和校本课程建设中的一个十分重要的问题。在对民族文化类课程内容进行选择时，应该做到多样化。

（1）课程内容要具有开放性。

在课程内容的选择方面，要选择具有多元性和开放性的内容，要全面表现出多元文化的理念，注重少数民族的社会文化情况、学生的经验和日常生活。

（2）课程内容要具有针对性。

在课程内容的选择方面，只有设定与本民族地区、学校、学生的实际情况相符合的多元文化课程，才能够全面发掘出民族文化资源，推进民族文化教育更深入的发展。

（3）课程内容要具有真实性。

在课程内容的选择方面，应该让学生更多地接触一些与民族、历史有关的真实可靠的知识。多元文化课程中的内容，应该具备真实性和客观性，使得与民族、历史、文化有关的内容都是真实的，防止出现一些偏见和扭曲。这样就可以让学生在学习真实知识内容的前提下对本民族的文化或其他民族文化有一个比较公正、客观的看法，并且可以让学生通过多元的方式来了解并学习怎样接受和欣赏文化之间的差异。

（4）课程内容要注重知识间的联系。

在对地方课程和校本课程内容进行选择时，要注重知识与知识之间的联系和融合。民族文化类课程是国家课程的一种补充，其设置的主要目的是要弥补国家课程中的不足，其内容的组织和选择主要应依据当前教育教学过程中学生的需要和兴趣，是在本民族文化情景中教师和学生、不同的文化背景等多方面互相作用得以实现的过程。因此，情境的差别、个人生活经历的不同、教育环境的变更、知识经验的选择等都会在教学效果方面呈现出较大的差异性。杜威曾经说过，如果将孩子身上的社会因素剔除，我们就仅存一个抽象的东西；如果我们将社会中的个人因素剔除，我们就只有一个死气沉沉的、缺少生命力的集体。所以，在地方课程、校本课程过程中应该着重关注课程系统中各要素之间互相作用的过程，尤其是学生的经验和心理发展特点，因为课程需要被学生了解和接纳。在选择和组织课程内容的时候，需要尊重学生的现有经验，只有将学生的现有经验作为选择课程的前提，才能够被称作真正意义上的学生课程，才能够具有课程意义和价值。

（5）课程内容要注重就地取材。

民族文化类课程的设计开发要实现课程内容的优化，不但应当充分考虑到学校的特质，重视所有学生的兴趣和特长，还要注重从学校、社区、学生生活中去发掘课程资源，指引学生在生活中学习和进步。具体来说，就是民族地区中小学在开发地方课程和校本课程时，要尽可能多地就地取材，充分利用当地、学校中蕴含着的课程资源，尤其是当地人民群众非常熟悉的民族文化资源和学生们的精神生活资源。换言之，就是要在进行课程内容选择的时候，以学生、社会、学校为中心，实现本民族文化和社会文化、少数民族文化之间的互相融合，形成一种多民族文化为一体的认同感和归属感、民族自信心和自豪感，形成一种爱国爱家的社会责任感，实现个体性与社会性的统一，指引学生认识自身、超越自身，处理好个人和社会、集体之间的关系。只有这样，才能让学生形成一种对自身认同、在丰富文化环境下有丰富的生活感受、具有不同民族心理认知风格等民族自我意识。

3. 课程类型和结构的多样化

随着我国民族地区中小学民族文化类地方课程和校本课程的建设，课程类型和课程结构也发生着深刻的变化，已经呈现出多样化发展态势。随着教育教学理论的发展和学校教育教学实践的不断深化，民族文化类课程也已摆脱了旧式课程类型和结构的束缚，不再满足于比较单一的学科课程形式，呈现出绚丽多姿的多元化的课程类型。主要包括经验课程与综合课程、必修课程与选修课程、直线式课程与螺旋式课程、显性课程与隐性课程、综合理论课程与综合实践活动课程等，可以预见，这种良好的发展态势的强化和保持，将会进一步促进我国民族地区中小学民族文化类地方课程和校本课程的建设，使之成为我国课程体系中独一无二的一道亮丽的风景线。

三　课程开发多样化的案例分析

1. 课程教学内容设计的原则

苗族在长期发展过程中，积累了丰富的民族传统文化，这些文化是人类文化的宝贵财富，但也不可避免包含一些与当前文化发展趋势不协调的内容。因此在课程设计过程中，民族地区中小学苗族文化地方课程和校本课程的内容就要有所选择，不可能把所有苗族文化内容放进现有的课程教学当中，这不仅会给学生增加学习上的负担，而且有可能会对学生的健康成长产生一些不必要的负面影响。因此，在地方课程和校本课程内容的选择上，重点是弥补国家课程在地方民族文化内容选择上的不足，其地方课程和校本课程内容的选择应当遵循以下原则：

（1）选择性和针对性原则。

就贵州黔东南地区而言，各个县分内的苗族在语言、风俗、各种歌舞等方面都存在一定的差异，因此，要根据各地苗族文化的差异，选择适合学校所在地区的苗族文化作为校本课程开发的内容。

（2）突出重点原则。

课程在内容上应以苗族语言为重要内容。因为语言是文化的载体[①]，

---

① 戴炜栋、何兆熊：《新编简明英语语言学教程》，上海外语教育出版社 2002 年版，第128 页。

民族语言和民族文化之间存在某种内在的联系。一个民族的思想、观念、意识、道德都要通过本民族的语言来形成，一个人在掌握了母语的同时，也就意味着掌握了一种民族认识世界的思维模式。一个民族若失去了语言，则意味着这个民族文化将会完全消失，留下的将只有躯壳。因此，民族地区中小学苗族文化的地方课程和校本课程的开发，应将语言作为主要内容。

（3）整体性和系统性原则。

民族文化类课程作为一类课程，在课程内容上要有一定的整体性和系统性。用各种课程类型来对苗族文化进行较系统的开发，使苗族学生及其他民族的学生对苗族文化有一个更为深刻和系统的了解，解除对苗族文化的片面认识，从而促进苗族文化的多元发展。

2. 课程类型和结构的多样化

在过去，我国民族地区学校的课程结构是比较单一的。如只设必修课程不设选修课程、只有分科课程没有综合课程等。但随着民族地区的发展，中小学的课程结构也发生了深刻变化，其中也包括民族文化类课程。原有的那种单一、固定模式被打破，呈现出了课程类型和课程结构多样化的发展趋势。在课程类型上，学科课程是最主要的表现类型。学科课程是以文化知识（科学、道德、艺术）为基础，按照一定的价值标准，从不同的知识领域或学术领域选择一定的内容，根据知识的逻辑体系，将所选出的知识组织为学科。[①] 可见，按照贵州省民族地区苗族文化地方课程和校本课程发展实际，可以设计以下学科课程：

（1）学科类课程。

第一，双语课程。如凯里的《小学苗文课本》《苗语语言》《苗汉词汇》等。

第二，苗族文学课程。苗族人民群众在他们的生产生活中创造了大量的文学作品——各种叙事诗，如创世神话叙事诗《苗族史诗》，爱情叙事诗《仰阿莎》，长寿叙事诗《榜香由》，起义斗争叙事诗《独戈王》《石柳邓》等，这些内容兼具民族性和文艺性。此类课程主要以选修课程的形式存在于贵州省黔东南部分民族中学。

第三，民俗课程。黔东南的苗族民风民俗内容丰富。近年来随着民

① 张华：《课程与教学论》，上海教育出版社 2000 年版，第 238 页。

族地区经济和教育的发展，民俗课程的价值被发现并得到重视，台江县民族中等职业技术学校就开设了此类课程。对于黔东南的民俗课程的开发来说，可以以黔东南的苗族风俗为主要内容，兼顾其他民族的民俗。

第四，民族乡土社会课程。此类课程主要包括民族历史、地理、宗教仪式等。在历史方面，可以作为地方课程和校本课程开发内容有很多，主要包括典籍文献、历史名人、名胜古迹等。这些内容对学生学习和研究苗族历史、族源，苗族的宗教信仰等科学文化知识以及苗族与汉族、侗族等民族的民族关系，各民族文化间的相互影响等，都具有重要的教育意义和课程价值。

（2）经验类课程。

经验课程也叫活动课程、生活课程或"儿童中心课程"等，它是打破学科逻辑组织界限，以学生的兴趣、需要和能力为基础，通过学生自己组织的一系列活动而实施的课程。① 民族文化类活动课程则是通过学生身临其境的活动体验，去体味民族文化的多元性存在，去深刻理解自己祖先留下的优秀文化遗产。苗族传统文化中有大量丰富的内容适合于运用活动课程的形式进行开发。如苗族的音乐、舞蹈、美术、传统体育、民间工艺等，都可以作为苗族文化地方课程和校本课程开发的内容。音乐方面像苗族民歌《飞歌》《酒歌》，台江反排多声部苗歌等；舞蹈方面如芦笙舞、木鼓舞、锦鸡舞、板凳舞等；体育活动如赛龙舟、赛马等；民间工艺有刺绣、挑花、蜡染、剪纸、各种银饰加工等。这些都可以通过相应的活动课程进行开发。如雷山西江小学的芦笙舞、刺绣等课程都是通过活动课程形式得以开发的。而松桃民族中学将苗族花鼓引入学校、引入课堂，这种艺术形式独树一帜，它不仅将音乐、舞蹈、表演等艺术种类有机地结合在一起，而且也是一种融体育性、娱乐性、艺术性于一体的民族民间体育舞蹈，较好地达到了传承和发扬民族文化遗产，使苗族花鼓舞发扬光大，全面提高学生身体素质，促进学生健康成长的目的。学生们在表演花鼓时，能够感受到花鼓的艺术魅力，提高了他们的韵律感，从而能够不断地创造美和表现美，培养并树立正确的审美观和审美能力。同时，此类课程的学习，也培养了学生团结协作的集体主义精神，使学生们更加热爱和珍惜中华民族的文化遗产，增强了学生的民族自尊

① 张人杰：《中外教育比较史纲（现代卷）》，山东教育出版社1997年版，第552页。

心和自豪感。

（3）综合类课程。

新一轮基础教育课程改革，调整了以前过于单一的课程结构，开设了综合类课程。综合课程又称"广域课程"或"合成课程"等，其目的是克服学科课程分科过细的缺陷，把几门学科的教学内容组织在一门综合学科中，并强调内容的统一性和关联性及其内在的联系。贵州省苗族传统文化部分地方课程和校本课程的设计和开发，就可以采用综合课程的形式进行，在苗族传统文化中，很多内容都适合采用综合课程的方式。以民间艺术形式为例，苗族的剪纸就与蜡染和挑花分不开；苗族的芦笙又与舞蹈、音乐彼此难以分离等。因此可以以"苗族艺术"作为一门综合课程进行开设。通过综合课程的开设，让学生把苗族各种文化融合起来理解，这样学生对苗族传统文化的感受会更深刻、更全面。

（4）隐性类课程。

受国外课程研究成果的影响，为了提高民族地区民族文化类课程的教学效果和优化教学内容，也要重视发挥隐性课程的作用。隐性课程是与显性课程相对应的课程范畴。如果说显性课程是学校教育中有计划、有组织地实施的正式课程或官方课程的话，那么隐性课程则是学生在学习环境中所学习到的非预期的或非计划的知识、观念、规范和态度等。如果对民族地区中小学隐性课程作用进行分析，可以看到学校还有必要进一步加强少数民族民风民俗等方面的课程开发，以改变目前学生对苗族文化的理解存在片断性，没有形成一个整体认识的状况。隐性课程内容以潜在性或非预期性为主要特征，它不在课程规划中体现，不通过正式的教学活动进行，一般体现在学校和班级的情景中，起着潜移默化的作用。比如黔东南某民族小学校园墙壁上的民族风情画等，就是一种基于环境影响的隐性课程。

（5）微型类课程。

受国外学术研究的影响，微型课程也逐渐在民族地区有条件的城市学校的民族文化类课程中有所体现。微型课程是类似于微格教学的一种新模式教学系统，在信息技术推动下变得日渐成熟，它是 21 世纪世界各国课程开发的一种趋势，是基于学校资源、教师能力与学生兴趣，以主题模块组织起来的相对独立与完整的小规模课程。贵州省苗族文化的地方课程和校本课程开发，也可以采用微型课程的形式，只要对苗族文化有一定的研究者都可以开设。此外微型课程也特别适用于那些学校之外的人员，如社区人员。在苗族聚居地区，有很多地方上的人员，他们对苗族的各种传统文化比较熟悉，理解也比较深刻，可以以微型课程的形式将他们请进课堂传授知识和技能。贵州省民族地区部分中小学将当地有名的苗族歌师、民间艺人请到学校，为学生传授苗族传统民族文化，收到了较好的效果。

（6）综合实践活动类课程。

综合实践活动课程是在教师的引导下，学生自主进行的综合性学习活动，是基于学生的经验，密切联系学生自身生活和社会实际，体现对知识的综合应用的实践性课程。[①] 此类课程要求学生走出教室、走进社会、走进大自然，并围绕人与人、人与社会、人与自然、人与文化等方面自主地提出问题、分析问题和解决问题。综合实践活动课程既是一种课程形式，同时也是一种学生主动的学习方式。调研结果显示，这也是贵州省民族文化类地方课程和校本课程教学中最受欢迎的课程类型。如为了了解黔东南地区苗汉双语教学现状，可以针对高中生设计研究性学习内容，让学生掌握人类学的实地调查方法等。

四　课程开发多样化的行动策略

要实现民族地区中小学民族文化类地方课程和校本课程的发展，应当考虑多角度、多方位地制定多样化的实施策略。一是必须认识民族文化的重要价值和意义，对现存的各类民族文化进行考察、整理、开发和筛选，形成丰富的民族文化资源包，为民族文化类课程的开发奠定坚实的基础。二是要拓宽民族文化类课程的开发模式，如演绎法、创新法、互动法等。三是建立完善、科学化的地方课程、校本课程设计系统，从教学方式的设计、课程内容的设计、教材资源的设计等多个方面来完善课程的开发设计体系。四是处理好民族文化类课程与其他课程的关系，既不能"厚此薄彼"，也不宜"平分秋色"，而是在遵从民族地区实际的情况下，根据学生的学习情况来调整民族文化类课程与其他课程的配置比例，安排教学时间。五是必须保持民族文化类课程的多样化发展趋势，激发课程活力，让民族文化类课程向多元化、特色化方向发展。

---

① 陈玉琨：《课程改革与课程评价》，教育科学出版社2001年版，第10页。

1. 储备课程资源，重视民族文化的开发和筛选

民族文化资源的整理、研究、开发，是做好民族文化类课程开发工作的前提和重要基础，有必要将现存和待开发的民族文化资源按照一定标准进行分类，依据一定原则进行筛选，在此基础上，整理成文册，形成系统性的民族文化资源储备包，为民族文化类校本课程的开发做好资源的储备工作。

（1）民族文化课程资源。

课程资源有广义和狭义两种理解。从广义上来说，课程资源包括一切对课程目标有促进作用的因素，如文化知识、情感、技能等都属于课程资源的范畴。不仅如此，课程资源还包括条件性的资源，如民族文化类课程实施中的人力资源、物力资源、媒介资源等。从狭义上来说，课程资源仅包括条件性的资源，即促成课程实施的各种因素的综合。

民族文化类课程资源从结构上来说可以分为两类：一类是学校内的民族文化类课程资源和学校外的民族文化类课程资源；另一类是物质形态的课程资源和精神形态的课程资源。课程资源是实施和开展民族文化类地方课程、校本课程最直接和必要的条件，要达到多样化开发课程的效果和目的，就必须注重对民族文化类课程资源的采集和整理，充分开发和利用资源优势。

此外，民族文化类课程资源，还可以结合民族地区的实际特点，从自然资源、文化资源、社会资源以及体验性资源四个方面来理解。[1]

第一，自然资源。贵州省少数民族聚居地区大多处于风景优美、地理资源丰富的山区，自然资源既包括民族地区所处的具体地理位置、民族区域在各个不同历史阶段的称谓、所属省市等，也涉及所在地域的地质地貌、水文资源、气候状况、矿产资源、自然景观等多个方面。

第二，文化资源。每个民族都有其独有的行为模式、价值观念和思维方式，这种特有的思想观念形态就是宝贵的民族文化资源。在地方课程和校本课程开发过程中，要对少数民族文化资源进行有侧重地研究和整理，一般来说，少数民族文化资源主要包括三个层次：一是少数民族的价值和精神层面，每个民族经过长时间的发展，在此过程中建立起的情感结构、民族心态、理想境界等，组合在一起即成为少数民族文化中

---

[1]　罗绍辉：《少数民族地区校本课程开发的几点建议》，《广西教育》2005 年第 14 期。

的精神层次上的精髓。二是少数民族文化的制度层面，它的作用在于通过对民族文化系统内的各个构成要素进行统一协调，使主体能够依照一定的规则和程序来表现或实施，从而产生文化效益。三是少数民族文化的物质层面，这是三个层次中最能直接表现文化的物化形式。由此而言，对民族文化资源进行合理开发，也可以从这三个层次上进行具体实施，如精神层面的文化资源开发包括少数民族的宗教信仰、民族观念、民族传说、民族图腾等；制度层面的文化资源开发包括各个民族的文化制度、婚丧嫁娶、祭祀礼仪、民族节日等；物质层面的文化资源开发包括民族服饰、民族建筑等。

第三，社会资源。我国少数民族在长期争取民族生存和发展过程中，形成了独具特色的社会实践成果，社会资源具有鲜明的民族特点，包括民族区域的政治、教育、科技、政治等多个方面。

第四，体验性资源。参与民族文化类课程开发的组成人员，包括教师、学生、教育管理者、相关学者等，他们通过自身的亲身经历和对现实生活的耳濡目染，积累了丰富的民族文化素材和民族文化情感体验，这种潜在的课程资源被称为体验性资源。简言之，此类体验性资源主要包括两种类别：一类是不同客体的生活经历资源。每个客体在社会实践中由于受到多种因素的影响，往往具有自身的独特性。教师在常年教学中会积累丰富的教学经验和文化知识；学生在学习生活中也会获得社会文化知识等，这些都是民族地区中小学宝贵的文化课程资源。另一类是各异的情境资源。即在特殊环境或情境中出现的文化资源，如社区开展的民族文化知识竞赛、学校组织的风俗纪念活动等。

（2）开发原则。

在民族文化类课程建设过程中要探索独特的开发原则。[①] 第一，乡土化原则。民族文化之所以具有吸引力和巨大的传承价值，其重要原因之一就在于它的不可复制性和特色性，对民族文化类课程进行改革和开发，必须结合民族区域的民风民俗、自然地理、人文资源、社会资源，编排与民族区域生产生活紧密联系并能让学生学以致用的民族手工制作等相关的实用性民族文化课程。第二，民族化原则。民族文化中那些与少数民族的起源、历史、艺术、习俗等相关的内容必须蕴含在课程中，这样

---

① 汪霞：《校本课程开发：理念、过程、困难及其他》，《教育探索》2006 年第 1 期。

既能够使课程与民族学生的心理认知能力相结合，也能够培养民族学生对民族文化的认同感和自豪感，从而提升其内在的自尊心和自信心，培养他们健康的心理和身体状态，以便更好地适应并融入现实社会。

（3）筛选原则。

对民族文化类课程资源进行研究和分类，仅仅是为我们提供了一个可利用资源的范围，能否对可利用资源进行加工整理，以此来将其转换为符合民族地区民族文化类课程的实用资源，还必须对这些课程资源进行筛选。

结合诸多学者的建议，可以借鉴的筛选原则有以下两个方面：第一，"筛子理论"。即通过教育哲学、学习理论、教学理论这三个"筛子"，对现存的民族文化类课程资源进行筛选。在开发过程中要注重反映课程要达到的教育目的和教育理念，并与当时当地社会发展的现实需要、学生的长远发展需求、教学内容的整体思想、教师的心理逻辑等相结合。第二，宏观、微观筛选。从宏观和微观两个角度对民族文化类课程资源进行筛选，宏观方面包括社会的适应性原则、民族文化的发展原则、个体的发展原则、科学性原则等；微观方面包括教师的自主创新原则、教育目标的导向原则、以人为本的原则等。

同时，除了以上的筛选原则外，民族地区中小学在进行民族文化类课程开发过程中，还需要结合学校自身特点和区域特色，把理论化的原则具体化和现实化；遵从学生的基本认知规律，不能盲目地按部就班对学生进行课程灌输，应当树立这样的教育理念：符合需要教育的才是最好的教育。

2. 拓宽课程的开发模式

民族文化类课程的开发是一个复杂的过程，并不只是课程的更改、教材的编排和课程的讲授等，课程的开发应该包括民族文化教学内容的选择、教学方法的选择、学习活动的设计、教学目标的分级确立等。这一过程是在经过周密的计划、科学的安排下，教师间通过密切合作，有创造性地设计出系统的地方课程和校本课程的开发模式。

在民族文化类课程开发的模式分析中，有很多问题值得我们深思。如教师必须在了解学生和民族文化课程的基础上，对课程进行决策，做出课程的设计和安排任务，地方课程和校本课程的内容应具有特色性和差异性，能够吸引教师、学生、社区进行广泛合作和积极参与，提高其关注度。拓宽民族文化类课程的开发模式，不仅要注重开发模式的动态性和实际性，更应该贴合实际，使课程与学生之间联系紧密。

（1）演绎法。

在目前的民族文化类课程开发的模式中，最常见的是整合学校课程。[①] 即学校通过管理把民族文化类课程纳入到学校的整体课程中来，并进行开设，教师主要着力于实施层面，在授课过程中推动民族文化类课程的改革与发展。这种模式要求学校能够合理统筹整个课程体系，在安排课程的过程中保持民族文化类课程与其他课程的融合性和合理性，做到时间安排合理、资源配备合理。教师应该注重学生的实际接受能力，在授课中扩大民族文化知识的讲述范围，提高学生的学习能力和理解能力。

（2）创新法。

创新是保证课程能够得到学生积极参与、获得良好教育效果的重要途径，教师应该积极研究教育发达地区或者国外的教学理论和教学方法，从民族文化类课程内容的准备、课程的设计、课程的开发模式等方面进行创新，并在结合现实条件下，在教学中实施，不断总结经验和教训，积累先进经验和教学方法，推动民族文化类课程开发模式的创新。

（3）互动法。

从广义上来讲，互动法是指增强教育部门上下级之间、各个民族地区之间、各个民族学校之间的联系，从民族文化类课程的内容编排、课程设置、课程模式等方面，进行积极研讨和实践分析，大力推广好的经验和模范典型，为其他地区树立榜样和示范。从狭义而言，互动法要求加强教师之间、师生之间、生生之间的互动。教师应该针对民族文化类课程的内容进行适当修改，积极参与开发设计活动，结合学生特点进行个性化教学，在授课过程中，加强对学生民族文化意识的培养，以学生为课堂主体，拉近学生与教师之间的距离，增强师生之间、生生之间的互动。

3. 建立完善和科学化的课程设计系统

要建立完善、科学化的民族文化类课程的开发系统。第一，教育行政部门必须重视民族文化类课程的开发和改革，发挥其应有的指导和监

---

① 黄达成：《校本课程开发有效性的问题与策略》，《教育导刊》2007 年第 8 期。

督作用，拟定较为完善的管理制度和激励政策，从实际行动上倡导民族文化类课程的开发，为确立科学化的设计系统提供政策支持。第二，学校也必须制定相应的课程计划和激励体制，积极发挥学校的领导和管理作用，其中，学校校长是民族文化类课程开发的组织者和领导者，起着带头和引领的作用。校长应从观念上进行引导，从行动上进行支持，从业务上进行协调，统筹学校的各种资源，积极做好课程开发的全过程管理。

此外，民族地区教育主管部门应该成立民族文化类课程规划的领导小组，对于各个学校呈报的课程规划方案积极进行讨论和审议。为了更好地履行审议职能，领导小组成员应该由行政人员、民族文化课程专家、学校校长、骨干教师等组成，集合精英力量对课程方案进行审议，并提出专业性的指导和建议，增强民族文化类课程开发的科学性和正规化。

同时，定期召开开放式的讨论交流会，提高学校校长和教师对民族文化类课程的重视程度，增强其对民族文化类课程的开发意识，同时为教师提供一个资源共享、共同学习的良好平台，提高课程开发效率，缩短开发时间。

民族文化类课程的开发过程是一项创造性的集体教学活动，也是在教学研究中教育理念与教育资源实现融合的过程，在一定的背景下，要立足于民族地区的现实情况，从人际环境、文化资源、师资结构等多个方面考虑问题，积极整合各个方面的力量，在实践总结中逐步建立起相对完善、科学化的民族文化类课程的开发设计系统。

4. 处理好民族文化类课程与其他课程的关系

地方课程和校本课程的开发，是在明晰学校教学宗旨和遵循国家课程改革的前提下，通过对学校进行综合评估，结合当地的民族文化课程资源来进行开发的，将各少数民族的文化精华或特色融入现有课程中。[①]学校提供多样化的民族文化类课程，其目的在于满足学生个体化发展的需要，推动民族教育改革的发展。

实施民族文化类课程的开发，不仅需要明确学校对课程的开发模式和开发流程，还要明确主流文化与民族文化的关系。在全球化时代的背

---

① 苏德：《少数民族多元文化教育的内容及其课程建构》，《中央民族大学学报》2008 年第 1 期。

景下，我们既要追求多元文化的共存性，也要保持和促进非主流文化的健康发展。民族文化类课程体现了现代课程对非主流文化的包容性，让民族文化资源进入学校课堂，能够更好地促进民族地区学生的个性化发展。

处理好民族文化类课程与其他课程的关系，需要学校在课程设置上对民族文化类课程和其他课程进行合理配置，既不能顾此失彼，也不能按照硬性条件，平分课程授课时间。而应根据学校实际情况、学生具体需求、学校师资情况等客观条件，对各类课程进行合理安排，保证学生能够按学校的要求强化对主流文化和非主流文化的学习。相比较而言，当前民族地区中小学应进一步加强对民族文化类课程的开发和实施。

5. 保持民族文化类课程多样化的发展趋势

做好地方课程和校本课程的开发工作，非常重要且需要解决的是课程改革方向和重点的预设问题。开发民族地区中小学民族文化类课程，要贯彻"以人文本"的教学理念，落实以学生需要为主的教学宗旨，基于学校自身力量，采取灵活多样的方式，打造具有本校特色的民族文化类课程。

保持民族文化类课程的多样化发展趋势，第一，要保持教学方式设计的多样化。教师应加强对民族文化资源的开发工作，从文化资源、自然资源等多种资源中进行开发和筛选，以此来丰富民族文化课程的内涵，扩大学生的知识面。第二，要加强教学资源和民族文化类教材的多样化设计。从融入地方性文化入手，将民族历史、民族文化习俗、民族技艺等内容编入地方教材和校本教材，在教材和课程内容上增加多样性。第三，做好多民族文化的整合工作。在课程的设计、课程的安排、课程的拓展等方面进行多元文化的整合，进行多样化探索和开发，让民族文化类课程能够更加多元，更具包容性，并保持多样化的发展趋势。

第三节　教学形式多样化

教学形式又被称作教学组织形式，它是教学活动的一定结构方式，是指为完成特定的教学任务，教师和学生按一定要求组合起来进行活动的结构。① 教学组织形式涉及教师组织学生的方式、教师与学生联系的方式、教学时间和空间的利用等，一般受以下条件的制约：一是生产和社会生活的需要，二是教学内容的广度和深度，三是课程的结构及其复杂程度，四是随着科学技术发展而出现的教学手段和设备提供的可能性。上述条件的变革，必然导致教学形式的发展变化，并产生与当时的历史条件相适应的教学形式。

实践证明，教学形式也是影响民族文化类课程教学质量的重要因素之一，民族地区中小学要优化民族文化类课程结构，改革课程内容和教学方法，加强教材建设，并进行教学形式的创新。

一 课程教学形式和方法现状分析

目前贵州省民族地区中小学民族文化类课程在教学形式上还存在一定的不足，在某种程度上限制了民族文化类课程教学进一步完善和发展。

1. 课程教学形式现状

（1）传统班级授课制是主要教学组织形式。

传统班级授课制是主要教学组织形式。民族地区绝大多数中小学主要选择传统班级授课制作为民族文化类课程的主要教学组织形式。班级授课制这种教学组织形式产生并广泛应用于资本主义大工业化时期，它是由捷克教育家扬·阿姆斯·夸美纽斯（Johann Amos Comeninius）首先从理论上加以总结和论述，并应用于实践的。② 班级授课制是把学生按年龄和文化程度编成有固定人数的教学班，由教师根据教学计划中统一规定的教学内容和时数，按课程表进行分科教学的一种组织形式。和中世纪的个别教学法形式相比，这种教学形式强调统一性和标准化教学，大大提高了教学效率，并一直延续到现代。

但随着社会科技和经济的发展，传统的班级授课制也逐渐暴露出了一些弊端，这种情况在民族地区中小学民族文化类课程教学中也同样存在。首先，班级授课制难以考虑到学生的个别差异性，不适合因材施教的开展。民族文化类课程教学内容是多种多样的，它既包括民族历史和文学等知识性内容，也包括民族体育和艺术等技能性内容，一个班级学生特长和兴趣存在一定差异性。有些学生可能对民族体育项目比较感兴

---

① 王道俊、郭文安主编：《教育学》，人民出版社 2009 年版，第 252 页。
② 商春锦：《班级授课制的历史、现状与对策》，《福建教育学院学报》2003 年第 7 期。

趣，而另外一些学生则比较喜欢民族历史等。这些就需要对传统班级制度进行改革，要根据学生的发展和爱好进行小组教学。其次，由于过度强调统一性和标准性，传统的班级授课制不利于学生创新能力的培养，而民族文化类课程教学目标之一，就是希望培养学生的探索能力和创造能力。

（2）对新教学形式缺乏深刻认识。

虽然开始着手探索教学形式，但新形式存在雷同，创新度则显得不够。在新课程改革推进的影响下，民族地区中小学也开始着手进行民族文化类课程教学形式的改革，教育部门也开展了相应的教师培训，其中涉及教学形式和方法等内容。虽然教师们学习了新的教学形式理论，并将其运用于课堂教学中，但由于理论水平有限，大多没有从本校实际出发，只是机械地照搬外校的某些做法，没能在实践中学活、用活，使得新教学形式没有达到应有的效果。

（3）普遍存在"填鸭式"教学形式。

现代化教学手段隐藏下的"填鸭式"教学形式。随着信息技术的发展，现代化教学手段也开始被民族地区中小学广泛采用，并被应用于民族文化类课程教学中。毋庸置疑，现代教学设备的加入，极大地提高了民族文化类课程教学的效率，减少了教师重复烦冗的工作量，但教师如果对现代教学手段使用不当，也容易产生一些副作用。部分教师在备课时将所有的教学内容、教案都复制在课件上，在课堂上一张接一张的展示，像走马灯一样，一带而过，即便将知识点归纳得很详细、很系统，但学生来不及思考与消化就翻到下一张了，甚至连笔记都来不及记。加上课件中穿插的一些动画、声音等，上一节课就好像是看了一场电影，无法使学生发挥学习的主动性，以实现有效教学。因此，如何利用现代化教学手段来提高民族文化类课程教学效果，需要教育研究者和广大教师进行反思。

（4）教学形式单一和缺乏开放性。

虽然教学模式日趋成熟，但教学形式仍然单一，缺乏开放性。当前，随着民族文化类课程教学的发展，教学模式日趋完善，但教学形式的发展跟不上教学模式发展的步伐。从表面来看，绝大多数学校民族文化类课程课堂教学内容丰富，课堂气氛活跃，教师向学生提问，学生能够积极配合教师回答问题。但调研中发现，教师所提的问题中，多以知识性问题的提问为主，没有着力注意培养学生的发散性思维以及民族文化素养。此外，教师设计的课堂问题一般都有相对固定的答案，也存在着缺乏开放性的倾向。

2. 课程教学方法现状

教学方法是教师和学生为实现共同的教学目标，完成一定的教学任务所采用的教学方式、途径和手段。它包括教学中教师的方法和学生的方法。民族文化类课程教学方法同样是实现民族文化传承、提高学生文化素养等教学目标和提高课堂教学效率的关键所在。一般而言，在教学目标、任务内容确定以后，教学方法是否恰当就成为了能否实现预期的教学目标，完成教学任务的决定性因素。

民族文化类课程最常用的教学方法主要有讲授法、谈话法、讨论法、练习法等。虽然课堂讲授法是当前民族文化类课程教学的主要方法，但调查结果表明，这种方法并不是最受学生欢迎的教学方法。

（1）课堂讲授法是主要的教学方法。

课堂讲授法是教师运用口头语言系统地向学生传授知识的方法。它包括讲述、讲解、讲读和讲演等具体方式。讲述是对事物或事件作系统的叙述和描述；讲解是对概念、原理、规律等进行说明、解释和论证；讲读是指导学生阅读教科书，应做到有讲有读；讲演是在广泛深入地分析和论证事实的基础上做出科学的结论的过程。

民族地区中小学民族文化类地方课程和校本课程采用讲授法明显具有以下优势：第一，教学效率较高。由于讲授法具有系统性，教师在前人所归纳的大量的知识基础上进行合乎逻辑的分析和论证，能够使学生在较短的时间内获得大量系统的科学知识。与讨论法相比，这种教学方法能够节约时间。此外，由于使用讲授法时包含和传递的知识信息量极大，所以相对而言教学效率也较高。第二，便于管理和控制。讲授法是和班级授课制相对应的一种传统教学方法，通过课堂讲授的形式，教师可以及时掌握学生学习的动态，较好地掌握课堂教学进度。此外，教学本身就是一个信息双向流动的过程，需要师生之间的彼此交换和沟通。而讲授法在系统知识传授方面具有得天独厚的优势，能对整个教学过程进行较好的掌控。第三，经济而简便。讲授法既经济又简便。只要有最基本的教学条件，如教室、黑板和粉笔等，就足以开展教学活动。因此这种方法非常适合教学设施相对简陋的民族地区农村学校。

当然，如果要更好地发挥讲授法的优势，也对教师提出了更高的要求。任课教师应当遵循学生的认知规律，语言表达要准确、生动和形象，从而能够引起学生的学习兴趣和进行师生互动。虽然课堂讲授法具有以上诸多的优点，但对于民族文化类课程教学而言，也存在以下弊端：第一，相对忽视学生在课程教学中的作用。过分强调教师的主体作用，而相对忽视学生的中心地位。讲授法最大的特点就是向学生"满堂灌"，输入大量的知识内容，这对于接受能力较强的学生来说是比较适用的。但长期使用这种单一的讲授法，也会影响学生的独立思考能力和自学能力，既不利于学生发挥学习的主动性和积极性，也不利于其创新思维意识的培养。和其他传统课程相比，民族文化类课程教学更注重学生创新思维能力的发展，过多地依赖于传统的课堂讲授法，会在一定程度上束缚学生的创新意识和创新能力。第二，影响学生对课堂教学的学习兴趣。单一讲授法会使学生感到上课枯燥乏味，由于民族地区经费困难，缺乏现代信息技术的支持，多媒体教学模式尚未普及，单一的黑板加粉笔的讲授法，会使原本生动有趣的民族文化类课程显得缺少生机活力，无趣无味。第三，束缚教师的教学创新意识。与其他教学方法相比较，讲授法相对比较容易掌握，因此部分教师过度地依赖"讲授法"，这样无形中束缚了教师们的教学创新意识，不会主动去钻研教材，研究教学方法和教学模式。因而，在民族文化类课程教学过程中，教师照本宣科的现象还是比较普遍的，甚至有的教师在课堂教学中不能离开教材讲授，直接影响到民族文化类课程课堂教学的效果。

（2）其他常用的教学方法。

第一，问答法。问答法是教师根据学生已有的知识经验提出问题，引导学生对问题进行独立思考，通过师生之间的问答方式，让学生自己获得知识，得出结论的教学方法。[①] 运用问答法，师生之间的交流是双向的，使用这种方法的优点是能够激发学生的思维活动，有利于培养学生的独立思考能力和语言表达能力，培养分析问题、解决问题的能力。问答法主要用于民族文化历史、语言等理论部分的教学，它要求教师课前做好充分的准备，并注意提问的技巧性。

[①] 韩辉：《小学课程资源开发和利用的实践智慧》，高等教育出版社 2004 年版，第 62—63 页。

第二，讨论法。讨论法是在教师的指导下，学生围绕某一问题发表自己的看法，学生之间相互交流、相互启发、相互商讨从而获得知识的方法。① 讨论法具有教师与学生、学生与学生多向信息交流的特点，它的优点是能调动学生学习的积极性，充分发挥学生学习的主体性；有利于培养学生独立思维能力，分析问题的能力；有助于学生与他人交流、与他人合作的意识和能力的发展。讨论法适合对民族文化部分开放式问题的探究，要求教师事先做好充分的准备，要明确讨论的目的与要求；讨论中教师要引导学生充分发表自己的观点，并认真聆听他人的观点，掌握与人交流的技巧。

第三，练习法。练习法是学生在教师的指导下，运用知识反复多次完成某些动作或活动，以帮助学生巩固知识、运用知识，形成一定的技能、技巧和发展能力的方法。运用练习法，教师要注意提高学生对于练习的自觉性和目的性，要做到有的放矢，并在相关理论指导下循序渐进，探索正确的练习方法。这种方法适合于民族音乐、美术和体育部分的教学工作。

二　课程教学形式和方法的多元发展趋势

1. 课程教学形式的发展趋势

（1）课程教学组织形式由单一走向多元。

在民族文化类课程教学组织形式上，不再局限于传统的班级授课制，而是将分组教学、小组合作学习以及小班教学等多种形式巧妙地结合。

第一，分组教学。所谓分组教学，就是按学生的学习能力和学习成绩，把他们分为水平不同的组分别进行教学的课堂教学组织形式。即在保持班级授课制的形式下，通过分组来达到照顾学生个别差异的目的而采取的教学形式。民族文化类地方课程和校本课程教学也可以采用分组教学的组织形式。譬如在"双语"课程教学中，可将汉语基础相对薄弱的学生单独分为一组，以便教师可以在日常教学中对其进行更多的指导。

第二，小组合作学习。小组合作学习是在班级内部，将学生分为若干小组，以小组为主体的教学形式。小组成员之间既有分工，又有合作，以小组目标的达成为标准。小组类型有同质小组和异质小组，一般组间同质，组内异质。小组合作学习适合于民族艺术和民族体育等类型的民

① 韩辉：《小学课程资源开发和利用的实践智慧》，高等教育出版社 2004 年版，75—77 页。

族文化课程教学。譬如要掌握苗族传统体育技艺"八人秋"，就需要小组成员通过相互合作和配合来完成。

第三，小班教学。小班教学是近年来兴起的一种新的教学形式。它将班级人数控制在30人以下，一般以15—20人为宜。其目的是将学生人数控制在教师教学能力范围内，以提高教学质量和效率，并突出教育活动中的公平和公正。为了适应小班教学的形式，教师教学观念的转变是重要的前提。小班教学适用于民族语言、历史和文化等理论性较强的课程教学。

（2）探索课程教学新形式。

课程教学新形式必须要符合民族地区民族文化类课程教学实际。首先，要实现"个性化"教学。可以把传统的班级授课制和个别辅导、小组教学等结合起来。或者在民族文化类课程教学过程中根据学生需求的兴趣，打破传统的班级编制，根据实际需要重新编班。其次，现代信息技术带来了民族文化类课程教学新形式，它和传统教学形式相比，具有生动性、趣味性和直观性的特点。我们应当把传统教学形式和现代信息技术带来的新形式结合起来，探索介于两者之间的或整合起来的民族文化类课程教学新形式。

2. 课程教学方法的发展趋势

（1）在理念上崇尚实用和创新。

要克服传统讲授法的弊端，其前提是要改变教学方法的理念。首先要有实用性。教学方法不能只注重形式而不注重内容，方法再好再有吸引力，学生学不到东西也是徒劳。此外，教学方法要培养学生的自学能力。正所谓"授人以鱼不如授人以渔"，只有学生学会学习，才能达到事半功倍的效果。另外，启发学生，培养学生创新意识，这也是民族文化类课程教学的目标之一。

（2）在实践中打破单一的"讲授法"。

参观法、情景互动法等都是近年来出现的民族文化类课程教学新方法。这些方法更加关注创建自由平等的人际交往与协调的教育环境，关注学生的主导地位，让学生灵活乐观、自由地成长。民族文化类课程的教学方法也应注重提高学生的主动性、抉择性以及参与的程度。

第一，文本阅读法。参照校本课程开发理论，民族地区中小学民族文化类课程开发小组应依据教育主题需要，首先是将所研发的民族文内容文本化，如三都水族自治县教育局、三都水族自治县水族研究所共同编写的地方教材《水族文化进校园读本》，石阡中学"中学生养成教育实践与研究"课题组编写的校本教材《石阡仡佬蹦蹦鼓》等，构成地方课程和校本课程的教学活动素材。其次是构建新课程理论引导下的教学行为，让学生自由选用，协作探寻，读中知读中悟。最后是学生通过预期、怀疑、分解、练习、想象、开拓等学习实践活动，充分领悟篇目的内容和本质。

第二，图文展览法。民族地区中小学应强调信息的充分利用，建立起以图文、实物为关键承载体的"文化展览室"，比如松桃民族中学的"民族文化展览室"。展览室有苗族文化的各种实物和图片，成为有形有感反映苗族文化的宝库，灵动地再现了贵州省民族地区本土文化的发展过往，督促学生整体地感受、领会贵州民族文化的内涵，让学生从感官上领会到贵州民族文化的翔实性、多元性以及人文性，切实地从图文中获得教育。

第三，实地体验法。实地体验法又称为参观法。它是教师根据教学目的，组织学生到事物发生、发展的现场，对实际事物进行观察、研究，从而获取知识或验证知识的教学方法。参观法的特点是，使教学与实际生产、生活联系起来；直接经验与间接经验相结合；有利于学生对所学书本知识的理解和运用。比如台江县民族中等职业技术学校在民族文化类课程实施过程中十分关注同整体实践行为的综合，关注实践基地的构建，让学生能够设身处地，经过自己亲自所看、所听、所想，加强对黔东南州民族文化的体验。再如，带领学生访问西江苗寨等一些文化景区，让学生亲身感知苗族历史、文化、宗教和艺术等。运用实地体验法，教师事先要做好充分的准备工作；在参观和体验过程中，教师要进行指导，教学结束后，教师应及时进行总结。

第四，情景互动法。在民族文化类课程实施过程中还可以使用情景互动法。在使用这种方法时，要加强情景行为的筹划，以强化学生行为为主导，通过师生间、学生间互相交流的行为，增强课堂教学效果。比如，可以在网上搜索黔东南州民族文化的有关信息、图像或 DV，保留下自己的探访流程，转发到校园论坛，同时可转发自己拍摄的相片。师生在课堂上进行沟通与交流，在这个行为情景中，老师能够让学生相互之间进行充分的沟通，提高学生的学习兴趣，充分体验贵州省民族地区多姿多彩的民族文化。关注行为情景设置，能够让民族文化类课程内容多样化、课程目标集中化，使活动氛围更加浓厚。

除了上面列举的民族文化类课程实施方式之外，有些学校还总结归纳出小组协作、角色转换、多媒体协助、社会调研式、科普教育式、导师指导式等诸多方式。所有方式之间没有显著的区分界限，它们之间是灵活结合、灵活运用、交叉融合、动态形成、持续开创的关系。①

总之，民族文化类课程教学形式和方法的多样化发展，顺应了社会变革和教育发展的进程。民族地区中小学要主动适应这种发展趋势，与时俱进，从而提高此类课程的教学质量。

第四节　评价标准多样化

教育评价是民族地区中小学教育工作中的主要环节之一，它具有两个功能：一是检验学校课程教学实施情况。二是改进教学工作，提高教学效果。民族文化类课程同样需要进行评价，这项工作具有一定的理论性和操作性。怎样有效地检验地方课程和校本课程的开发、实施效果，并进行真实的信息反馈，从而优化民族文化类课程的教学质量，这些都是课程评价的范围。

一　课程评价的问题表现

目前，民族文化类课程评价机制还不尽完善，暴露出的问题已经阻碍了地方课程和校本课程进一步的发展，主要表现为：

1. 评价功能忽视整改内容

在评价功能方面过多地强调课程的鉴定而忽视如何进行改进，过分突出评价的结果而忽视对评价结果的详细反馈，导致了地方课程和校本课程的改进与提升空间不大。

2. 评价目标过于笼统和抽象

在评价目标方面没有把非智力方面的目标评价，譬如情感、态度与价值观纳入进来，或只局限于对课程知识的评价，或目标过于笼统和抽象，缺乏可操作性。

---

① 韩立福：《从单一课型走向多元课型》，《中国教育报》2012年8月11日。

3. 评价标准缺乏弹性指标

评价标准方面过多地强调共性方面的评价，个性化评价不足，或过分要求评价标准的统一，缺乏弹性评价内容。

4. 评价对象积极性有所抑制

评价对象方面与语文、数学等主要科目相比较，被评价的民族文化课程始终处于边缘地位，担任此类课程的任课教师也没有受到足够重视，其教学积极性在一定程度上受到抑制。除外，被评价对象——学生的主观能动性没有被充分调动起来，最终影响到学习积极性。

5. 评价主体比较单一

评价主体方面缺乏多元化评价，局限于外部的单向的一元化评价，教师、学生、教育行政管理人员、教育专家、学生家长等内外结合、多边互动的评价共同体体系尚未构建起来。

6. 评价内容缺少整体性

评价内容方面过多地强调学生的学业评价，且不全面。民族文化类课程本身评价也不足，没有涉及元评价，即缺少对民族文化类课程评价的评价。

7. 评价方法有待进一步规范化

评价方法方面定量评价方法运用得过于泛滥，此外以他评为主，定性等质性评价较少，导致评价工具与方法单一，自评制度尚未建立。

8. 评价模式存在"水土不服"现象

评价模式方面使用的模式都是从国外引入的，本土化研究不够，尤其缺乏适合民族地区中小学地方课程和校本课程实际的评价模式。

9. 结果评价的权威性需进一步增强

结果评价方面大多数结果的表述过于简单或武断，缺少人性化和特色化。

可见，当前我们在对民族地区中小学地方课程和校本课程评价的各个方面都有进一步提升的空间，最大的缺陷就在于缺乏与多样化发展趋势相适应的评价机制，而这正是我们迫切需要解决的问题。

二 实现课程评价的多样化发展

在具体分析了民族地区中小学民族文化类地方课程和校本课程评价过程中存在的主要问题之后，本书力图从发展策略的角度出发寻找解决的途径。

要对民族文化类课程进行科学评价，首先要改变课程评价过于凸显鉴别和选用的职能，发挥评价在促使学生进步、教师提升和改善教学实践方面的作用。应当构建加速学生综合发展的评价系统。评价不单要注重学生的学业成果，而且还要看到和挖掘学生多层面的潜质，明确学生在发展中的需要，协助学生认识自己，加快学生的进步速度。这就需要打破传统课程评价体系的束缚，提倡一种新的评价理论，也就是多元评价的理论。

此外，民族文化类课程本身也是一项因校、因地、因生制宜的课程。因此，应该在多样化评价理论指导下开展评价工作。即实现地方课程和校本课程研发的多维度、多体系的评价系统。多样化评价，指的是地方课程和校本课程开发评价范畴的广阔性。课程评价按照不同的标准可以进行不同类型的划分。课程开发的程序有预备、编造和利用三个时期，每个时期都包含一系列的评价行为。依据课程评价行为的不同特点，可以划分为预备期间的背景性评价、编造期间的实质性评价，以及实施期间的辨别性评价等。根据课程评价不同的实行效果，可以将课程评价划分为学生成长评价、教师成长评价、学校发展评价、课程进展评价等。根据评价主体的不同，又可以将课程评价划分为学校层次的监管评价、教育体系层次的评价等。从课程评价的多样化方面考察，主要包括评价主体多样性、评价价值取向多样性、评价内容多样化、评价模式多样化、评价形式和方法多样化等。

1. 课程评价主体多样性

民族文化类课程评价主体多样性，本质在于解决由谁来评的问题，有的学者将此称为多层次评价主体。目前比较一致的看法是，民族文化类课程评价主体不应该局限于学校、教师和学生，也不单纯依赖于评价专家。应该建立一种多层次评价主体，指的是与地方课程和校本课程开发相关联的多层次主体的评价综合体，既能够是个人，比如校领导、教师、课程导师、学生父母、学生本人、社区人员等；又能够是团队，比如地方课程和校本课程开发小组。即"在可以和适合的状况下，学生必须亲自参加课程策划和课程评价"。[①] 美国学者小威廉姆·E. 多尔认为：

---

① Marsh Colin, *Reconceptualizing School: Based Curriculum Development*, London: The Falmer Press, 1990, p. 117 – 119.

从本质上说，评价应成为共同背景之中以转变为目的的协调过程。显然，教师在这一过程中要发挥核心作用，但不应是排外的评价者；评价应是共同进行的、相互作用的。应将其作为一种反馈，作为做——批评——做——批评这一循环过程的组成部分。①

在贵州省民族地区中小学民族文化课教学实践中有着鲜活的典型案例，如学生和家长参与评价工作，收到了较好的评价效果。这些学校不时邀约家长观看民族文化系列课程实施状况、参观民族艺术文化演出，尤其是对那些少数民族文化素质高的家长，学校重点邀请他们加入到课程的研发、实行和评价中来，为学校民族文化类课程开发发挥了重要作用。同样，民族地区的其他社区人员，尤其是那些民间文化专家，决不应变成地方课程和校本课程开发的旁观人员，他们同样应当是参加者、实施者和评价者。事实证明，在"苗族八人秋"、地方皮影戏等民族文化类课程的开发中，那些民间艺术传承者们在其中发挥了十分关键的作用，而学校的教师也起到了较好的辅助导向作用。

2. 课程评价价值取向多样性

我国教育活动一直以"发展"作为核心教育理念，同样，民族文化类课程评价的价值也应该建立在"发展"的基础之上。当前大家普遍认为：地方课程和校本课程评价的价值取向是要促进学生发展。但发展的内涵及理解却具有多样性。有的学者认为，地方课程和校本课程最主要的价值在于促进学生的个性化发展；而有的学者则认为，学生的全面发展比学生的个性化发展更为重要；还有的学者认为，应当从教师专业发展或学校特色打造方面来评价地方课程和校本课程的价值。可见，评价价值呈现出了多样化的发展趋势。

总体而言，民族文化类课程评价的价值主要体现在三个方面，即促进学生个性发展、教师专业发展和学校特色的形成。但这三方面价值取向所处地位是不一样的。其中促进学生个性发展处于核心的地位，学校教育的本质在于培养人，通过提升人的素质来促成社会发展。而教师专业发展和学校特色形成都必须围绕育人这个目标，并为之服务。民族文化类课程是国家课程有益的补充，在课程目标上，力求继承和发扬少数

---

① ［美］小威廉姆·E. 多尔：《后现代课程观》，王红宇译，教育科学出版社 2015 年版，第 247 页。

民族优秀文化传统，促进学生全面发展和个性塑造。如增强民族认同感，提高跨文化交际能力和进行文化创新等。在教学内容上，凸显民族特色和地方特色，并应当做到与时俱进。其最终目标都是为了促进学生发展，但在过程中则是多样化的。

3. 课程评价内容多样化

民族文化类课程评价内容关注的是"评什么"的问题。首先，从地方课程和校本课程的定义看，它是一个较为笼统和宽泛的概念，可以泛指各种课程。根据所开发的课程的特点和学校实际情况，它们可以作为必修课程，也可以作为选修课程；可以是学科课程，也可以是活动课程；可以是分科课程，也可以是综合课程；可以是显性课程，也可以是隐性课程。民族文化类课程，顾名思义，内容肯定是关于民族文化方面的，以贵州省民族地区中小学为例，它包括通识型内容和技能型内容两大类。前者主要涵盖民族历史、民族艺术、民族建筑等。后者包括民族语言、民族舞蹈、民族歌曲和民族手工艺等。这两大类型的内容并非相互隔绝，而是协调发展，互为补充的。由于内容存在形式不同，因而在评价方面还是存在一定的差异。

根据评价的具体对象，地方课程和校本课程评价的内容主要包括以下几个方面：不仅有对结果的评价，更要有对过程的评价；不仅有对学生的评价，还要有对教师专业发展的评价；不仅有对已开发的课程项目的评价，还要有对地方课程和校本课程开发成本的评价。一些教育发达地区学校民族文化类课程评价相对比较成熟，可供民族地区中小学进行民族文化类课程内容评价时予以借鉴。下面是山东省威海市羊亭学校对该校开设的"吕剧"课程的内容评价表，如表8-1所示。

表8-1　　　山东省威海市羊亭学校校本课程方案评价表

评价项目	评价要求	评价分数
课程开发目的意义（20%）	与国家地方课程的联系密切	3
	对学生各方面素质提高的意义	7
	课程宗旨的体现	5
	对学生技能培养和创新意识培养的意义	5

续表

评价项目	评价要求	评价分数
课程目标的 确立（20%）	目标明确、清晰	7
	知识目标、能力、目标和情感目标	6
	考虑到学力分层的因素，贯彻因材施教的原则	7
课程内容 （40%）	内容组织得好，层次分明，教材框架清晰	10
	内容科学、启发性强，突出能力	15
	内容新观点、新教学思想含量高	15
课程评价（20%）	评价可操作性强、方法科学、具有激励性和制约作用	20
总评		

4. 课程评价模式多样化

"课程评价模式是指一套具体实施评价的方式，是为人们提供进行具体课程评价时可以效仿的范例。"[①] 课程评价模式的选择与研究要与具体的课程改革实践相结合，在具体的现实背景下建立适当的课程评价模式。民族文化类课程评价具有动态性的特点，近年来课程评价模式多样化趋势比较明显，目前主要有斯塔克的回应模式、CSE 评价模式、差距评价模式等。其中最著名的莫过于斯塔弗比尔姆的 CIPP 模式，它可以作为构建民族文化类课程评价的一个理论参照。CIPP 模式以改进方案为主要目的，被广泛地应用于教育评价或课程评价。它是由背景评价（Context Evaluation）、输入评价（Input Evaluation）、过程评价（Process Evaluation）、成果评价（Product Evaluation）四种评价组成的一种宏观的综合评价模式。[②] 背景评价是最基本的评价，包括界定学校的背景，确认课程的服务对象并评估其需求，确认满足需求的可能方式，诊断需求所面临的问题，以及判断目标是否能响应已知的需求，这种评价旨在提供确定课程目标的依据。输入评价是对实现课程目标所需要而且可以得到的条件所进行的评价，是对课程实施可行性的评估。它涉及的问题主要包括：实现目标的可能性、各种方案的潜在成本、课程的优势与劣势、课程伦理问题、

---

① 林智中、马云鹏：《课程评价模式及对课程改革的启示》，《教育研究》1997 年第 9 期。
② "cipp 评价模式"，https：//baike. so. com/doc/6752522 - 6967090. html。

课程资源的可获得性等问题。过程评价主要是描述课程实施过程，从而确定或者预测课程中存在的问题。比如：有关活动是否按预定计划得到实施，是否在以有效的方式利用现有的课程资源等，从而为课程开发者提供修正课程的有效信息。成果评价主要是测量、解释和判断课程的成效。具体的做法是收集一些与结果有关的各种描述与判断，把它们与前三个方面的评价联系起来，对课程的价值与优点做出判断与解释。在斯塔弗比尔姆看来，成果评价仍然是质量控制的一种手段，而不只是最终的鉴定。[①]

5. 课程评价形式和方法多样化

（1）课程评价的形式。

关于民族文化类课程的评价形式，应该提倡形成性评价、发展性评价以及质性评价三类评价方式。

第一，形成性评价。形成性评价的一个鲜明特点是这种评价是在教学过程中实行的，并可以发挥评价在学习经历中的管控作用，这种评价可以及时反映课程实行过程中的问题以及相关因素，便于及时地调整、改正课程教学中所出现的问题。

第二，发展性评价。发展性评价是教师和学生主动参与课程开发评价的一种方法，形成的评价结果是个人化的。经过评价反馈，教师和学生要一起加入问题改善的行动中，希望借助评价的形式，使学生个体价值观和教师本身素质得以发展和加强。

第三，质性评价。质性评价是对价值观的一项新的评价方法，即把对教育表象的评价用单一数字法表现出来，这是一种注重突出教育整体现象，并对教育现象进行更为准确评判的教育评价方法。使用目的在于把握课程质的规定性，通过对课程广泛细致的分析，深入理解，进而从参与者的角度来描述课程的价值和特点。这种评价方式不是完全反对量化评价，而是与量化评价综合起来进行运用。质性评价方法有很多，比较典型的包括档案袋评价法、苏格拉底式研讨评定法、表现展示评定法等。

① Allan C. Ornstein, " Components of Curriculum Development, Illinois", *Journal of School Research and Development*, Vol. 26, No. 8, Autumn 1990.

（2）课程评价的方法。

课程评价的模式和形式多是比较宏观的、综合性的，因此，在涉及具体的评价信息收集的时候，还需要运用一些具体的方法。仍然以 CIPP 模式为例。在进行背景评价时可以采用系统分析、调查、访谈、座谈、诊断性测验、文献法等方法。在进行过程评价时可以采用描述性评价、故事评价、个案评价、苏格拉底式研讨评定法等。在进行成果评价的具体操作时，可以借鉴档案袋评价、实作评价、测验法、问卷法、观察与访谈等方法。如我们可以使用苏格拉底式研讨评定法对民族文化类课程进行评价。苏格拉底式研讨评定法作为一种典型的表现性课程评价方法，集中体现了课程、教学与评定整合的新理念，一改过去在课程、教学评定之间那种机械的、单向度的线性关系，取而代之的是一种新的动态关系，即一种结合式（嵌入式）的动态关系。苏格拉底研讨评定法主要的评价范围集中在学生对教学活动的参与和课堂讨论上，它不设固定的、统一的评判标准，只是如实地记录学生的表现，然后由教师、学生、同伴群体或其他有关人员根据记录的表现做出个别性的评价。民族文化类课程作为国家课程的补充，它与国家课程有着显著的区别。此类课程不以追求同质性和统一性为目标，而是以个别化和针对性为宗旨。苏格拉底研讨评定法与民族文化类课程的基本理念是一致的。

此外，民族文化类课程评价与国家课程评价相比还具有以下明显特点：一是内部评价与外部评价相结合，以内部评价为主。虽然是内部评价，但并不一定是说评价人员完全只是学校的内部人员，内部评价也可由学校自行委托外部评价团体执行，但是主要的评价者仍以学校的内部成员占主导。二是过程评价与结果评价相结合，以过程评价为主。三是质性评价与量化评价相结合，以质性评价为主。评价要关注个体的处境和需要，尊重和照顾个体差异，激发个体的主动性，以促进每个个体最大程度地实现其自身价值。

总之，民族地区在实施民族文化类课程开发时，要采用多层次的课程开发评价系统，这样有利于增强课程评价的可信度和时效度，可以积极地体现出对民族文化类课程开发过程中每个时段的反馈功效、导向功效以及激励功效，有利于推进民族文化类课程开发工作向纵向发展。

第五节　教师技能多样化

民族地区中小学教师是民族文化类地方课程和校本课程的实施者，同时也是此类课程改革的主体，要保证民族文化类课程的教学效果，一方面，教师要在教学实践中领会课程目标、内容和方法；另一方面，教师还要熟悉并亲自参与地方课程和校本课程的开发和实施过程。正如英国著名课程与教学论专家劳伦斯·斯滕豪斯（Lawrence Stenhouse）所言："没有教师的发展就没有课程的开发。"① 教师素质的高低是决定民族文化类课程开发成败的关键因素之一。在新的发展时期，民族地区中小学民族文化类课程的发展也对教师技能提出了新的要求。因此，为了促进民族文化类课程建设，有必要对教师在课程开发过程中存在的问题进行反思，并就实现教师技能多样化提出相应的对策。②

一　课程发展中对教师问题的分析

民族文化类课程是在实施国家课程的前提下，根据民族地区实际情况，基于民族传统文化，以多元文化教育理论为基础，以满足民族地区学生的实际需求为目标，以传承民族文化为旨归，充分挖掘民族的文化内涵，是在民族地区中小学中形成和开发出来的课程。它的发展离不开教师的主导地位，教师是学校教育教学工作的主要责任人，是学校教学工作的主要承担者。当前贵州省民族地区中小学民族文化类课程发展过程中教师的问题还比较突出，主要表现在如下几个方面：

1. 观念更新滞后落后，课程开发积极性不高

民族地区中小学教师普遍认为，课程开发应当由专门的教育管理部门或教育科研机构来进行，即使要突出课程的学校特色，那也不是一般普通教师的责任，学校校长和学校中那些少数资深教师才应当是此类课程开发的担当者。此外，教师们普遍对民族文化类课程存有不同程度的偏见，没有意识到设置此类课程的重要意义，总是觉得此类课程不比国

---

① Ted Wragg, "Lawrence Stenhouse: A Memorable Man", *British Educational Research Journal*, Vol. 9, No. 1, Jan 1983.

② 孟立军、吴斐：《民族文化类校本课程发展与双语教师新角色探析》，《贵州民族研究》2015 年第 9 期。

家课程，是可有可无的课程，因此最好可以将其建设为学校的兴趣选修课。教师在民族文化类课程这种认识上的误区，直接导致了民族地区各中小学之间此类课程发展不平衡的问题。

2. 心有余而力不足，缺乏课程开发的专业素养

民族文化类课程开发不能仅靠热情，还需要教师具备一定的专业素养，如深厚的民族文化知识功底，必要的教研能力等。据了解，民族地区中小学教师大多是从本地师范专科或中专毕业，即使是师范本科毕业的教师，虽然专业知识水平较高，但同样缺乏民族文化类课程开发的能力。此外，教师培训方面也存在着诸多不足。课程的改革不仅是改变课程的内容和方法，也是对人的一种变革。[1] 而对人进行变革，其主要方式就是进行专业的培训。虽然民族地区中小学为了提升教师的综合素养和专业能力，也开展了一些培训活动。特别是推行新课改以来，当地教育管理部门已分批对教师进行了全员培训，还组织过《新课程标准》的考试，要求所有的教师都必须参加。教育局教研中心也组织了一些如新课程学科培训、优质示范课、名师交流会、课程观摩等学习交流活动，让教师在参与的过程中达到培训的目的。但是这类培训主要是针对教师教学技能方面的培训和展示。在民族文化类课程培训方面，除了会进行维护社会安宁、民族团结等一些思想政治课的培训外，对民族文化资源开发和民族历史文化知识的培训则少之又少。

3. 缺乏课程开发的团队合作

民族地区中小学教师缺乏民族文化类课程开发的团队精神与合作意识。地方课程和校本课程的开发是一项复杂的系统工程，需要课程教育专家、学校师生和家长通力合作。贵州省民族地区中小学部分基础较好的教师，虽然具备了一定的课程开发能力，但由于种种条件限制，团队合作不够，难以形成合力，既难以开发出高质量的民族文化类课程，又难以编写出高质量的民族文化类地方教材和校本教材。

二 课程发展与教师多样化技能发展

1. 从教学型向教研型人才转变

通常情况下，民族地区中小学需要的是教学型人才，能够更好地让学生掌握基本知识，能够让学生在考试中获得高分，这是对民族地区中

---

① 陈向明：《参与式教师培训的实践与反思》，《教育研究与实验》2002 年第 1 期。

小学教师教学技能的基本要求，对担任民族文化类课程的教师的教学要求同样如此。教师们只要能按部就班地传授给学生民族文化知识或教会他们相关的技能，就已经达到开设此类课程的目的。至于教学研究和课程开发等，则是专家和学者们的事情。但随着社会的发展和教育观念的更新，民族地区教师已不能满足于只做教书匠了，而是要成为教育教学的研究者。其实研究并不难，简单地说，教研就是对教学过程和教学课程的反思，譬如课程本身有没有问题？怎样让所有的学生都有所长进？如果自己能在下一次课中控制一些因素，尝试一些新的方法，并取得了一些成效，又能将这些做法和体会记录下来，并不断使之趋于规范，作为以后教学的借鉴，这无疑就已经属于研究活动范畴了。

要加强民族文化类课程的教学研究，首先，教师要有问题意识，例如当前民族文化类课程教学存在哪些困境？采取什么措施可以使课程教学效果得以改善？其次，教师思考和研究的问题应该是真命题，而不是假命题。最后，要注意研究方法的有效性，选择恰当的研究方法和研究范式才能产生良好的研究效果。对于民族地区中小学民族文化类课程的教师来说，从教学型人才向教研型人才的转变，不仅只是观念上的改变，还应当体现在教学与研究的实践中，这是一个必然的发展过程。

2. 从知识的传授者到课程的引导者

"师者，传业授道解惑也。"对于民族地区中小学民族文化类课程的任课教师，除了应当将其作为民族文化知识的传播者，还应对其加以引导，尤其注意要将民族文化中的优秀元素进行弘扬。在这一过程中，教师的角色正在逐渐发生转变，即从知识的传授者转向课程的引导者，这无疑对教师掌握课堂的技能提出了更高的要求。在民族地区中小学民族文化类课程开发的过程中，要求教师更多地履行导师的职责而不是发挥教师的作用，即教师要注重学生的存在，重视他们的需要，他们的情感，他们现有的认知水平，并给学生创造一种民主、和谐、宽松的对话氛围。此外，要强调师生双方的共同参与和师生之间坦诚的碰撞、交流和沟通。

民族地区中小学民族文化类课程任课教师应当在教学中做到"四导"：第一，引导。让学生做好学习规划，设定学习目标，并寻找和确认达到目标的最佳途径。第二，诱导。创设多姿多彩的民族文化类地方课程和校本课程的教学情境，激发学生对民族文化类课程的学习兴趣。第三，指导。指导学生学会学习，掌握学习策略和提高学习能力。第四，教导。教师是学生的良师益友，在弘扬和传授民族优秀传统文化的同时，帮助学生形成高尚的道德情操和完善的人格。

3. 从课程使用者到课程研发者

一般而言，在国家课程开发模式下，参与课程开发的是教育部门的高级行政管理人员、教育理论家、课程专家、学科专家、教学法专家等，由他们设计好规范的课程文本，最后由教师去实施。所以，教师被当作一种课程实施的工具，是课程的使用者或消费者。教师考虑的是如何将规定的课程内容有效地传授给学生，至于为什么要教这些内容而不教那些内容，则不是教师考虑的事，教师的责任就在于忠实地执行。也就是说，教师只有选择怎样教的权利，而没有选择教什么的权利。

民族文化类课程开发与之不同，固然在其中教育专家仍起主导作用，但它又不完全拘泥于专家，而是赋予了教师一部分课程开发的权利，教师也成为了课程开发的主体之一。由此，教师不再仅仅是课程的消费者和被动的实施者，而在某种程度上成为了课程的生产者和主动的设计者。因为在学校课程开发模式下，所有与学校相关的人都有权参与课程开发，而作为学校之主要构成部分的教师，自然而然地成为了课程开发的主力军。鉴于此，民族地区中小学教师应主动承担起民族文化类课程开发的责任。

4. 加强和提升课程设计的能力

在从课程使用者到课程研发者的成长过程中，教师课程设计能力将不断提高。民族文化类课程开发要求教师自己确定课程目标、课程内容，并负责课程实施和课程评估，而不仅仅是实施课程教学，因而必然有助于提高教师课程设计的能力，包括制定课程目标的能力，确定课程内容的能力，实施课程教学的能力和评估课程的能力等几个方面。民族文化类课程设计的第一步是确定课程教学目标，可以从学生需求和学校实际来考虑。第二步是课程内容的设计，这是一个具有创造性的活动，包括教学内容的选择、教学组织编排等。第三步是课程实施，包括教学、学生自学、作业等形式。但最为重要的是教学工作，只有通过教学，处于静止状态的书面材料才有可能转化为活生生的动态的知识。

一名优秀的民族文化类课程的任课教师在教学设计时应当部分考虑以下三个方面的内容：第一，合理的学习情境设计。设计一个有意义的民族文化学习氛围，并提供丰富的学习材料，让学生自己去发现规律，去探索知识与完成评价。第二，高效的教学模式设计。教学方法与模式的选择关系到民族文化类课程教学效果的优劣，为此，教师要按照教学实际选择恰当的教学方法，并根据教学实践不断改进教学方法。第三，协作学习设计。协作学习突出学生的团队合作精神，要求学生主动参与，并在教师的组织和引导下一起讨论和交流，对问题提出自己的观点，并初步形成批判性思维，即根据有关材料，能对别人的看法做出自己合理的分析与评论。

5. 具备良好的信息技术素养

21 世纪以来，信息技术的快速发展改变了传统教育的途径和模式，与此同时，它在给传统教育带来冲击的同时，对教师信息素养和能力方面提出了新的要求。民族文化类课程开发同样需要教师具备良好的信息技术素养。民族文化类课程开发与其他课程一样，也必然涉及信息资源设计。通过网络，教师可以确定某个教学主题所需的信息资源，以及每种资源在学习过程中所起的作用。为此，教师将扮演在线信息查询顾问的角色，这一角色要求教师自身不仅要掌握多媒体技术以及与此相关的网络通信技术，学会在网上查找信息，能够设计开发先进的教学资源，而且要将它们融于教学活动中，为学生创设必要的、最佳的学习环境。

6. 实现知识领域的新发展

民族文化类课程开发不但改变了教师对知识本质的看法，而且促使其更新知识结构。民族地区中小学教师应当具备三类知识，即本体性知识、条件性知识和实践性知识。本体性知识是指专业课程知识，如语文、数学、物理、化学、外语等，毫无疑问，这些知识是教师胜任国家课程所需的核心知识内容。条件性知识以动态形式为主，主要包括教育学知识和心理学知识等。当然它们首先需要通过系统地学习来了解和掌握，但更多的是在课程实施过程中逐渐地习得，把握和领会后在实践中加以发展与深化。实践性知识是指教师在实际的教育教学工作中所具有的关于客观现实的背景知识。这类知识更多的是来自教师的教育实践，具有明显的经验性的成分，是教师教育经验的累积。换言之，实践性知识只能在教师的具体实践中才能获得。

民族文化类课程中大多数内容属于条件性知识和实践性知识。教师参与民族文化类课程开发，必须具备相应的民族文化知识，为此他们需要阅读大量的民族文化资料及其他课程教学书籍，以完善自己的知识结构，以便用科学的理论指导自己的工作实践。主要过程必然引发教师知识结构的重组，形成适应民族文化类课程开发的知识结构。主要包括：第一，与民族文化类课程教材有关的专业性知识，包括本民族历史、地理、宗教、礼仪和习俗的知识。第二，与民族文化类课程教材有关的技能性知识，包括民族音乐、舞蹈、体育和手工艺技能等。第三，课程与教学论知识，包括教材内容的知识、教材教法的知识、课程的知识等。第四，教学实践知识，包括对课程和教材的理解和转化；对学生的引导和教育；对课程的评价和反思等。

三 促进教师技能多样化发展的策略

课程改革是人的改革，课程发展是人的发展，没有教师发展就没有课程发展，要保证民族地区地方课程和校本课程良性发展，就要在实践中发展教师多样化技能，可以从改革教师培养体制、改变师资培训方式、优化教师评价体系等方面来促成教师技能的多样化发展，以满足民族文化类课程建设和发展的新要求。

1. 改革教师培养体制

民族地区中小学教师技能的多样化发展，要从改革教师培养体制开始。在计划经济时代，受苏联模式影响，我国实行的是三级师范培养制度，侧重于"专才"型的师范人才的培养。随着我国市场经济的建立和知识经济的迅速发展，这种制度的弊端日益凸显，培养出来的教师知识面较窄，文化素质只专而不宽，缺乏广泛的适应性和独特的创造性，严重地制约了教师的发展，也与新时期民族文化课程的开发和发展格格不入。因此，必须建立开放的师范教育体制，从根本上摆脱传统师范的办学理念和模式，在突出师范特色教育的基础上拓宽专业口径，协同人文精神教育与科学主义教育。

这种人才培养模式有利于毕业生创新能力和反思能力的提高，由课程的被动执行者转变为课程的创造者，成为学生学习的促进者，教育教学的研究者，课程的建设者和开发者。而这些正是新时期民族文化类课程开发所需要的，教师不但能从专业的视角去审视民族文化类课程开发，而且还能用深厚的文化素养去实践民族文化类课程的建设工作。

2. 改变师资培训方式

（1）加强培训内容的针对性。

除了培训传统的教育学和心理学知识外，民族地区教育部门可以定期组织有针对性地开展多元文化课程培训，培训的内容可包括民族文化资源开发理念、少数民族文化资源知识、民族文化资源开发技能技巧、民族文化类课程教学、民族文化类教材开发理念和技巧，以及一些与课程开发内容、措施、模式、方法有关的一些培训。总而言之，通过这样一些专业性的培训，使教师在民族文化资源开发时能够在内容、模式、途径、措施等方面有更深入、更科学的把握。

（2）参与式教师培训方式。

教师培训方式包括讲座式和探讨式等，当前西方国家较为流行的参与式培训方式也值得我们借鉴。所谓参与式培训，是指让教师加入到某种集体活动中，在参与过程中与其他参与者进行交流和沟通，在彼此互动过程中取得培训成果的培训方式。参与式培训重视的是过程，在参与的过程中体验并建造自己的知识系统，参与培训的教师要敞开心扉，与他人进行沟通、交流和合作，而不是像传统上课式培训那样只是坐着听课，一切听从培训者的安排。参与式培训的优势就是以教师的需求为基础，促使教师主动参与培训，鼓励教师积极参加，避免让教师在接受传统培训时带来的身份上的转变，实现真正的参与式互动。从实践案例中可以看出，参与式培训方式能够在最大程度上调动教师们的积极性以及创造力。

3. 优化教师评价体系

教师缺乏民族文化类课程开发的动力，与民族地区现行不合理的教师评价体系是分不开的。当前的学校评价，一般会把学生的升学率放在首位，而相对忽视教师的专业情意、敬业精神方面的评判。专业情意体现在思想、行为、习惯和品质等方面，表现为教师本质力量的增强，可分为专业理想、专业情操、专业性向和专业自我四个方面，具有自身的特殊性和复杂性，难以用一般尺度和标准进行衡量。如果采用一般的方法、标准去衡量，往往只见表面而看不到实质，衡量到的只是诸如分数、成绩等明示性信息，而人格、品质等隐含经验类的信息则容易被忽略。这不仅是对教师的不公平，而且是对教育与教师管理特殊性的忽略。

尽管民族文化类课程教学已经被纳入民族地区中小学教师绩效考核项目，但作为教师专业情意方面的评价往往被忽视。此外，目前在评价形式上，民族中小学以奖惩性的终结性评价为主。在实践中，有关部门应遵循主体性原则，在注重定量检测的同时加强定性分析评价，注重结果的同时加强过程的指导，可以试行更为有效的发展性教师评价的策略。发展性教师评价是一种形成性评价，是面向未来的一种评价方式。它不仅关注教师的过去所取得的成绩，而且还根据教师过去的工作表现，确定教师个人未来的专业发展需要，制定教师个人未来专业发展的方向。这种评价是有教师本人参与的双向评价，它建立在评价双方互相信任的基础上，在评价过程中气氛和谐、沟通舒畅，能有力地促进教师专业发展。发展性教师评价强调教师的主动参与，注重教师的未来发展，尊重教师的个性和专业价值，着力提高教师自我反省的思考能力，发挥全体教师的积极性，推进学校形成共同合作、学习、探究课程发展的新文化，促使学校领导、学科带头人和普通教师在一个和谐的、相互支持的文化氛围里多元互动。需要指出的是，目前国内关于教师发展性评价的研究尚不成熟，还没有形成一个通用的标准，但这种评价方式具有独特的优势，对促进民族文化类课程的发展具有重要的作用。

总之，民族文化类课程的发展离不开教师的多样化技能。可以说，教师发展是开发地方课程和校本课程的先决条件，我们在审视这一点时要采取顺应这一趋势的策略。

第六节　管理模式多样化

一　课程管理是校本管理的重要内容

校本管理（School – Based Management）是西方学校改革运动中出现的一种新的教育管理模式，它最早可追溯到 20 世纪 60 年代中后期开始的澳大利亚首都直辖区（ACT）的改革，后波及美国、英国、新西兰、加拿大等许多国家和地区。总体而言，校本管理实质上是一场涉及面广、影响深远的学校教育管理的改革运动，它注重学校的主导作用，强调学校对人事、教学课程、学校财务等方面的真正决策权，其基本理念在于发挥学校的创新作用、自主作用，让学校成为真正意义上的办学以及管理主体。[①] 同时，校本管理模式多样，它对深化我国民族地区中小学民族文化类课程管理有着重要意义。

---

① 钟启泉、张华：《世界课程改革趋势研究》，北京师范大学出版社 2001 年版，第 194 页。

1. 校本管理内涵

校本，学校本体。学校相对教育行政部门而言是管理主体，具有自主性、独立性、创造性。校本管理是以学校为本位或以学校为基础的管理，强调教育管理重心的下移，学校成为自我管理、自主发展的独立法人实体，从而提高学校管理的有效性。校本管理包含的内容广泛，学校中心管理、学校分权管理、学校改革进程、参与决策、校本财务管理等都属于校本管理的范畴，且没有形成公认的大众化定义。

美国学者戴维曾给校本管理做出如下界定：第一，学校是最主要的决策主体，同时决策的确定尽可能从底层来做出，学校应该增加经费预算和管理等方面的自主权，上层政府对学校的控制权应该逐渐减少；第二，校本管理的改革不能仅仅依靠外部动力，而应从内部人员做起，积极促进校内人员的决策参与积极性。拜雷也对校本管理做出了解释，认为校本管理或者现场管理可被理解为一种学校的参与决策行为，做出决策的人员应该对所做出的决策负责。雷诺德认为校本管理包括三个方面的含义：第一，学校代表对人事、财务预算、校本课程等教育事项做出决策；第二，决策者应该是由包括学生、社区成员、家长、教师、校长等多个主体在内的管理小组；第三，校本管理能够提高学校领导的管理水平，能够促进教学改革。[①]

在这些学者的研究中，校本管理的研究侧重点虽然不同，但其所蕴含的内容具有相通性，学校具有自主发展、自主管理、自主决策、自主承担的权利，学校的管理权由上级行政部门下放到学校本身，同时学校成员都有参与决策和管理的权利和机会，只有通过学校内部自上而下的努力，校本管理才能真正得以实现。校本管理是一种民主的先进管理方法，有利于增强学校内部成员的责任意识和主人翁意识，促使成员实现自我发展，从而从根本上促进学校和教育的发展。

2. 校本管理理念

校本管理是一种创新型的教育理念，与传统的学校管理有很大区别，传统学校管理主要侧重于外部型的控制管理，但校本管理侧重于学校主体上的自主管理。其基本理念如下：

---

① 黄崴：《校本管理：理念与模式》，《教育理论与实践》2002 年第 1 期。

（1）教育目标的多元化。

在传统的学校教育管理中，教学目标一般是统一的，教学环境也往往是一成不变的，因此学校很难有改革的环境和动力，教学目标侧重于标准化和稳定化。而在校本管理中，学校的教学目标应该是多元化的，学校的教育环境也相对复杂和多变，在这种背景下，学校就必须不断进行改革来适应外部条件的变化，提高学校的管理水平和教学质量。

（2）管理决策的分权制。

决策的集权和分权是两种不同的管理方法，在集权管理的模式下，学校的决策权力非常小，关于学校的任何管理行为学校都需要向上级部门进行请示，在这种情况下，很多决策不能及时解决问题，导致结果延后、效果不佳。分权管理属于校本管理的重要组成部分，它是为了及时、有效地解决学校教学和管理中出现的问题和困难，分权管理强调问题解决的及时性。①

（3）管理结果的相等性。

在传统的外部管理控制理论中，管理目标必须遵循标准的程序和步骤，并且这些程序和步骤适用于任何学校。校本管理的理念与此恰恰相反，它是以结果相等为基础的，具体来说，即是学校的管理方法应该具有针对性和改变性，每个学校应该根据自身特点，选择不同的方式进行自我管理，用同一种标准和模式对所有学校进行无差异管理，这在现实中是不实际的也是不可行的。校本管理强调结果等同，实际上是在尊重每个学校的特色基础上，让学校能够制定出适合自身特点的可行性管理方案，来实现学校和教学的发展。

（4）管理工作的创新性。

在传统的组织观念里，只有在明确学校的管理目标和教学任务的前提下，高效、科学的组织结构和管理系统才能够被设计出来，学校才能够在设计好的制度控制下进行有序运转和工作。在这种思维模式的驱动下，学校外部控制系统得到无限扩大，这就导致了学校管理严重依赖于外部控制，管理模式僵化，创新理念和创新思维难以生存和发展。校本管理认为要重视人在组织管理过程中的有效性影响，与严谨的组织结构相比，创新发展的思维和理念、创新过程等都有利于学校管理工作的高

① 毛亚庆：《论校本管理理论》，《北京师范大学学报》2002 年第 1 期。

效性和有效性的实现。

（5）管理系统的自主构建性。

传统学校管理主要依靠外部控制力，学校只是在外部控制力的监督下被动执行政策或者完成各级教学目标，学校没有决定事物运作的权力。校本管理则注重学校自主管理系统的构建，即是在上级行政部门的领导下，有权利进行教学管理、制定教学方针、确立管理方式、分配各级资源等，根据学校的实际情况构建科学的自主管理系统，维护学校的健康运行。

3. 校本管理原则

与传统的学校管理模式相比，校本管理原则主要体现在以下几点：

（1）质量统一原则。

传统学校管理在目标建构上往往达不到质的要求。校本管理注重多元化的教育目标，在变换、复杂的学校教育环境中对管理目标进行改革，以此来适应多变的学校外部环境，实现教育目标，在实现教育量的基础上，追求教育质的提高。

（2）秉承分权原则。

传统教育管理依赖于外部的控制力量，学校在面对紧急问题和困难时，没有直接去解决和执行的权力，易导致问题解决不力和问题拖延等不良情况。校本管理从追求问题高效解决的基础上，要求学校被赋予更多的权力和职责，在应对问题时能够进行有效解决，而不是拖延问题和回避问题。

（3）尊重差异原则。

传统学校管理遵循固定的程序和模式，所有学校遵循统一的管理方法和评价标准。校本管理主张采用差异性的管理方法，根据学校的不同类型、外在环境等客观条件，总结有效的管理学校的策略和方法，做到有针对性、有目的性地实现学校的有效管理。

（4）自主管理原则。

校本管理主张学校应该成为管理的主体，根据自身特色和客观条件选择合适的管理策略，制定教学目标、分配人力资源，在解决学校问题和评价标准上享有自主权利，制定和构建学校实现自主管理的先进系统。

（5）人本位原则。

传统学校管理重视组织的力量，对个体的作用有所忽视。而校本管理则认为，个体能够在校本管理中起重要作用甚至是关键作用，人是最宝贵、最利于开发利用的资源，校本管理应关注人力资源建设，深入挖掘学校每个成员的潜能，发挥各个成员的优势作用。

二 当前课程管理的几种模式

校本管理研究学者贝克认为校本管理存在着三种管理模式，一是行政控制模式，二是专业控制模式，三是社区控制模式。另一位学者雷斯伍德在此基础上分析得出，校本管理还存在着第四种模式，即在社区成员、家长、专业人员之间形成的平衡模式。① 以上几种模式和我国当前的民族文化类课程管理实际相符合。

1. 行政控制校本管理模式

行政控制校本管理模式，即我国的校长责任制，是由学校校长对学校财政、人事管理、课程管理等方面进行决策的一种管理模式，提倡此种管理模式的研究者认为，强有力的行政控制，能够充分调节各种教育资源，把更多更好的优势资源用于教学中，同时，有研究者也指出，在以校长负责制为主体的行政控制管理模式下，学校校长必须向学校成员，如教师、学生、社区代表、学生家长等进行相关咨询，不能不顾实际独断专行，可以建立如学校董事会之类的组织，选举代表通过组织向学校校长提供相关咨询。

在很多教育发达国家，校本课程管理采用行政控制管理模式，但不同国家、不同区域实行的方式不一样。如加拿大的埃德蒙顿市，从 1975 年开始，在整个市区实行了这种模式。在学校的日常管理中，学校校长具有人事权、管理权，学校教师、学生、学生家长、社区成员也参与管理决策，但最后的决定权力在于校长。美国得克萨斯州于 1990 年以立法的方式确定学校实行行政管理控制的校本管理模式，学校校长能够任命教师，享有人事权力，也能够对学生学习进行评估，承担教学目标的设定、课程的设置、财政管理、人事组织等多项义务和责任。调研结果显示，贵州省民族地区部分中小学民族文化类课程采用了类似的管理模式，这种模式有利于集权，但缺乏灵活性。

2. 专业控制校本管理模式

专业控制校本管理模式，是指在校本管理过程中，那些在财政预算、

---

① 黄崴：《校本管理：理念与模式》，《教育理论与实践》2002 年第 1 期。

课程管理、人事调配等方面具有相关专业知识的人员进行学校关键决策的一种管理模式。这种管理模式遵循基本假设，即参与人员在参加决策的过程中，可以提高参与人员的主人翁意识，从而提高他们在决策执行时的责任意识，增强执行力，同时，执行力的加强，会提高学校运作的效益和效率，提高教学水平。如美国哥伦比亚学校实行了学校建设联合会的管理模式，具体来说，学校联合会由一名代表和四名专业教师组成，其中两名教师由校长提名选任，另外两名教师必须经过全体教师选举产生，也有一些学校在组建联合会的过程中，会扩大范围，如由专业教师、专业学生家长等联合组成管理团体。这种管理模式受到贵州省民族地区中小学民族文化类课程任课教师的青睐，他们认为这种模式更有利于发挥内行人士的作用。

3. 社区控制校本管理模式

社区控制校本管理模式遵循的基本假设为：学校校长和教师不能完全代表学生家长以及社区的利益，学校课程的设定应该尽可能直接符合学生家长和社区的价值取向，如果学生家长和社区能够掌握学校在课程管理、财政预算、人事控制等各个方面的决策权力，就能够在一定程度上提高学校适应外部环境的能力。

这种校本管理模式范围主要限制在学校内部，只有在学生家长和社区成员占据学校委员会多数的条件下，这种管理方式才能够顺利实施。很多国家推行这种校本管理模式，新西兰是执行社区控制校本管理的典型，它于1989年开始对教育进行改革，推行这种校本管理模式。这种模式由于实际实施有难度，在贵州省民族地区中小学民族文化类课程建设中还没有得到普及。

4. 均衡控制校本管理模式

均衡控制校本管理模式，是结合专业人员与社区管理的双重方式，既能让专业人员利用知识做好关键性的决策，也能够发动学生家长和社区成员的集体力量，共同进行学校建设。与纯粹的专业人员控制模式、社区控制模式不同，均衡控制校本管理理论认为，在学生家长和社区成员参与学校管理的过程中，专业教师应该对家长以及社区的需求做出积极反应。为了保障这种管理模式的顺利实施，学校委员会的构成比例中，必须注意教师、学生家长、社区成员之间的数量平衡。这种模式的应用范围也比较广，如美国的盐城、西班牙的多个区域等都实行这种模式的校本管理。

在这四种类型的管理模式中，行政控制校本管理模式的效率是最高效的，但是由于在决策过程中，教师、学生家长、社区成员的参与机会和决策机会比较少，故积极性不高，主人翁意识不强。专业控制校本管理模式虽然发挥了专业人才的作用，有利于提高学校决策的科学性，但行政控制相对较弱，学校管理由于控制不力会陷于混乱。社区控制校本管理模式积极满足了市场的需求，但这种着眼点过于狭窄，对人才的培养前瞻性不足，考虑范围应该适度扩大。均衡控制校本管理模式希图能够有效结合专业人员和社区成员的综合力量，既能够发挥专业人员的知识决策，也能够联合社区的力量，但这种管理没有主要的核心人物，难以保障管理的执行力和控制力。因此，贵州省民族地区中小学民族文化类地方课程和校本课程在选择管理模式时，要综合衡量各方面的因素，也可以根据学校的具体情况进行管理上的创新。

三 校本课程管理中的问题分析

建立"三级课程"管理体制是我国课程改革和课程管理创新的重要内容，地方课程和校本管理是其中的重要组成部分。如前所述，发达国家对于校本管理的改革由于起步较早，已经形成了比较成熟的管理体系，相对而言，我国实行深度改革的时间周期较短，还未形成完整的理论和实践系统，尤其是对于少数民族教育而言。由于我国民族地区受到地域和环境等方面的限制，经济社会发展相对滞后，在教育方面，地方课程和校本课程的开发还不完善，实践过程中还存在着一些亟待解决的问题。

1. 对校本课程管理的重视程度不够

虽然绝大多数学校在教育改革的推动下，进行了地方课程和校本课程的各项改革，但在实际运行过程中，存在着课程开发不科学和课程开发不深入等问题。这些现象表明，学校在进行地方课程和校本课程管理的过程中，多数情况下只是为了应付上级部门的监督和检查，并没有意识到民族文化类课程校本管理的重要意义。

2. 对校本课程管理的范围相对狭窄

部分中小学对校本课程管理的理解有失偏颇，仅重视对课堂教学的管理，而相对忽视对课程评价和课程生成等系统的管理。部分教师对课程的生成带有极大的随意性，缺乏科学和有效的评估系统。

3. 部分教师缺少必备的课程素质

部分教师不具备良好的课程素质，不能担负起进行校本管理改革的重任。教师的课程素质，指的是教师已经具有的课程知识储备、课程开发能力、课程研究能力等。良好的教师课程素质是开展民族文化类课程改革的基本前提和基础。我们在调研中发现，一些教师对课程、课程标准、课程方案、校本管理等还没有形成明确的概念；一些教师接触的知识面较为狭窄，再加上现行的教师培训体制不完善，造成了教师整体课程素质偏低、校本管理改革执行不力等问题。[①]

4. 校本管理中角色定位比较模糊

在一些学校存在着领导和教师管理角色定位不明确的问题。一部分学校领导和教师对校本管理的内涵不是十分了解，在具体的执行过程中不能较好地发挥角色的作用。作为学校领导者，应当把握校本管理改革的大方向，充分发挥教师的主动参与性，集中和协调各方面的力量进行校本管理改革，这方面存在的问题亟待改善。

四　实现课程多样化管理的对策

针对民族地区中小学民族文化类地方课程和校本课程管理改革中存在的问题，可以从以下几方面来解决。[②]

1. 成立课程委员会加强管理

在学校成立专门的课程委员会，对校本课程管理进行系统化的组织和开展。学校的课程委员会应合理分配各项教育资源，对课程管理的各个步骤进行明确规划，并树立校本管理改革的目标，统筹改革过程，对校本课程的开发承担主要责任。借鉴发达国家的基本经验，课程委员会主席尽可能由校长担任，成员应尽量扩大范围，如专业教师、学科骨干教师、学生代表及学生家长等。要提高各个成员的参与积极性，激发成员的主人翁意识，从而提高校本课程管理改革的执行力。[③]

2. 拓宽教师培训渠道，提高教师课程素质

完善民族文化类校本课程管理是一项长期的、艰巨的工程。针对民

---

① 郑金洲：《走向"校本"：学校教育的发展的取向》，https://wenku.baidu.com/view/75cab5c658f5f61fb7366624.html，2010 - 10 - 20。

② 李慧君：《我国课程管理的主要问题及改革建议》，《课程·教材·教法》1998 年第 7 期。

③ 林丽燕、叶信治：《美国大学课程委员会的性质、结构、职责和运作机制研究》，《比较教育研究》2014 年第 2 期。

族地区中小学教师课程素质偏低、对校本课程管理理解度不高等普遍存在的现象，第一，要提高校本课程管理的相关知识普及度。应当根据课程改革的要求，组建一支由学科课程专家、课程理论专家以及民族教育专家组合而成的专家队伍，对民族文化类校本课程管理的实施进行专业性的指导。第二，从教师培训体系的角度而言，民族教育中的多数培训简单易行，但教师获得的知识量有限，很难达到培训的较高目标。可以采用一些创新的培训方法，如循环培训模式，教师通过培训，课程委员会对其进行评估，根据评估情况决定教师是否进行循环培训，让教师在培训中增加挑战感和压迫感，以认真、勤奋的态度积极学习，促进教师专业素质的提高。第三，要重视教师的校本管理实践过程，尽可能地为教师提供行业间优秀的交流以及合作的平台，对相对办学条件好、教育质量高的学校可以提出更高的要求，并给予重点指导与重点扶持，加强学校之间、区域之间的交流和合作。

3. 实现课程管理的层次性

在民族文化类课程管理过程中，要责权明确，实现管理工作的层次性。如学校建立校本课程开发领导小组，校长任组长，为第一责任人。学校课程开发领导小组应负责制定学校的课程实施方案，确定实施计划和相应步骤，协调各方面力量，为学校开设民族文化类课程提供各种保障。

4. 完善校本课程的评价系统

校本课程的改革是我国民族教育课程体系中不可缺少的重要组成部分，但在实际评价过程中，并没有对校本课程管理的作用给予充分肯定，这也是导致民族地区很多中小学对此项工作重视度不够、在管理过程中只下表面功夫的重要原因之一。教育管理部门以及行政管理部门应该尽快建立起相对完善、科学的校本课程管理评估机制，把校本课程引入民族教育评估系统中，明确校本课程的地位和作用，同时应对校本课程的评价方法进行创新和改革，使校本课程评价系统更加完善、更加科学。

5. 借鉴教育发达国家课程管理经验

由于环境、政治等多方面因素的影响，很多发达国家或者地区实施的校本管理模式也有所不同。我国民族地区由于实施校本管理改革的时间还比较短，有必要学习和借鉴发达国家校本管理的经验。

美国采用的分权控制管理模式的特点就十分明显。其表现为：第一，国家通过立法程序规定课程管理的模式和相关条件，并以此为前提，政府通过行政指导、拨款、协调等措施，对校本课程进行一定程度上的间接控制。第二，从大方向上确定校本课程管理改革的总体战略和目标，由目标出发，确立校本课程管理改革的思路和方案，制定相关政策文件以及课程质量标准等。第三，在部分学校推行辅导员制度，学校明确要求辅导员必须对学生的选课、学业规划等进行悉心指导，以保证学生能够进行科学选课，完成科学自我规划，在辅导员的引导下促进自身的发展。辅导员还可以在校长同意以及学生根据自己的实际情况提出申请的前提下，调整学生的学习时间表，帮助学生顺利完成学业。第四，在校本课程管理与校本课程设计的过程中，教师注重与学生实现积极的互动，引导学生主动地参与各项教学活动，这样不仅有利于提高学生学习的兴趣度，还能更好地培养学生的团体合作精神。第五，美国大多数中小学都设有学校委员会（School Council）它既可以对校本课程管理的内容进行广泛讨论，也可积极动员各方面的力量参与校本管理的改革，学校委员会的成员范围较广，除了学生代表、相关专业教师以外，还可以包括高校的成员、部分社会人士、社区代表等①。

　　虽然我国民族地区教育管理改革与西方发达国家校本管理的具体实施环境存在差异，但我们应当吸收西方多元化的校本管理理论，借鉴他们的先进做法和先进经验，在理论上包容和建立多元的校本管理理论，在改革中要重视采用经济、政治等多种策略，在实践中要注重发挥学校的特色和优势，不能按部就班，也不能故步自封，要在汲取发达国家先进经验的同时，发挥民族教育的创新性，在实践和改革中不断进步和发展。

　　综上所述，导致我国民族文化类课程多样化发展趋势的原因主要有：第一，全球一体化影响下的多元文化教育语境，为我国民族文化类课程多样化发展带来了新的机遇。教育是重要的社会语境，文化对教育的影响非常深刻，无论是正式的还是非正式的教育活动，都要满足社会发展的需求，而对民族地区而言，增强少数民族学生民族认同感就是其社会经济发展需要的重要内容。第二，在我国这样一个多民族国家，多元文化教育理论也促成了民族文化类课程的新发展，主要体现在课程目标和

---

　　①　赵朝群：《美国中小学校本课程开发研究》，硕士学位论文，东北师范大学，2008 年。

内容多样化发展方面。"中华民族多元一体"理论是多元文化理论在我国的本土化发展，民族地区中小学民族文化类课程的开发和实施都要以此为出发点。第三，当前中国社会正处于重要的转型时期，原来应以历时形态依次更替的农业文明、工业文明和后工业文明，在当前社会的嬗变和演进中呈现出并存状态，这就导致了社会价值观的多元化存在，加之信息技术和国外先进课程理论的影响，也加速了课程价值取向的多样化趋势。第四，近年来的新课程改革取得了一定的理论和实践成果，它的一些新理念和新观点，譬如校本管理等理论，也直接推动了我国民族地区民族文化类课程的多样化发展。

虽然贵州省民族地区中小学民族文化类课程开发中也暴露出了一些问题，但总体而言，民族文化类课程一直保持着良好的发展趋势。要继续保持这种健康有序的发展状态，需要注意把握以下三个方面：第一，民族地区教育管理机构和学校要满腔热忱地支持民族文化类地方课程和校本课程的多样化发展，并为其提供物质保障与制度保障，切实有效地解决好办学经费短缺、制度政策有待完善、受应试教育冲击和影响较大等制约课程建设和发展的瓶颈问题，增强进一步做好民族文化类课程开发和民族文化的传承工作的自觉性。第二，民族文化类课程发展的落脚点在于全面贯彻和落实素质教育，这就要求此项活动必须兼收并蓄，要从中外不同的课程理论中汲取营养，多样化的课程发展也会成为现实的选择。第三，民族文化类课程发展的终极目标在于凸显学校办学特色，促进民族学校的持续健康发展。

把握民族地区中小学民族文化类课程的本质和发展趋势，对方兴未艾的基础教育新课程改革具有重要意义。民族文化类地方课程和校本课程作为校本课程管理的一部分，其根本目的就在于能最大限度地满足我国民族地区学校发展、学生发展和实现优秀民族文化传承的需求。只要这一教育目的始终保持与我国经济社会发展以及民族教育发展趋势的一致性，民族文化类课程就将永葆青春，焕发出无限的生命力和创造力。

后　记

　　该书是国家社会科学基金教育学一般课题"贵州省民族文化传承的课堂志研究"（课题编号：BMA120097）的最终研究成果。

　　民族传统文化的传承一直是一个困扰我们的世界性的难题。在这方面，贵州省积极倡导及持续推进的在各级各类学校，特别是在中小学开展的民族民间文化教育活动，既较好地实现了国家基础教育的国家课程、地方课程、校本课程三类课程建设目标，也为我们解决民族文化传承和实现学校特色发展探索出了一条切实可行的路径。

　　为了完成本课题，我们先后四次去贵州省民族地区中小学进行调研。特别是 2013 年 9 月我与我的博士生和硕士生一行 8 人实地走访了贵州省铜仁市、黔南布依族苗族自治州、黔东南苗族侗族自治州的 23 所中小学，对这些学校开设的民族文化类地方课程和校本课程进行了课堂观察，力求通过研究揭示其反映的教育制度、教育过程和教学现象等有关特征和主要规则。

　　我们在完成此课题的过程中，得到了贵州省民族宗教事务委员会、铜仁市、黔南布依族苗族自治州、黔东南苗族侗族自治州、遵义市民族宗教局、教育局有关领导的支持与帮助，得到了走访学校的领导、教师们和学生们的理解与支持。从他们的身上我们切身感受到了他们对我国少数民族优秀传统文化的热爱，以及对学校教育事业蓬勃发展的赞许。

　　我们希望通过我们的研究和努力，将贵州省创造和实践的新鲜教育理论和经验传达给教育界的同仁，以期引起大家的重视和效仿，以便积极推动我国教育事业的改革和发展，为继承和弘扬我国优秀的民族传统文化，探索我国中小学多种模式的特色发展之路，贡献出我们的绵薄之力。

　　在课题研究的过程中，由于受到来自诸多方面条件的制约，我们深感此项研究成果还或多或少地存在着研究对象的范围与层次有待扩大、研究的程度有待进一步深入、某些过于形式化的做法亟待通过实践加以解决、有必要继续加强与当地研究机构的协同合作等方面的问题。不足之处，敬请各位专家、广大民族教育理论工作者和实践工作者，特别是贵州省民族地区中小学的广大师生们提出宝贵意见，以便今后进一步充实和完善。

　　此书的出版，得到了全国教育科学规划领导小组办公室课题立项支持，也得到了中南民族大学社会科学处和教育学院的大力帮助和指导，中国社会科学出版社和刘晓红编辑为此书的出版付出了辛勤的劳动，在此一并表示衷心的感谢！

孟立军
2017 年 6 月 24 日